Dieter Keller

Die Todesstrafe in kritischer Sicht

Berlin 1968

WALTER DE GRUYTER & CO.

vormals G. J. Göschen'sche Verlagshandlung — J. Guttentag, Verlagsbuchhandlung — Georg Reimer — Karl J. Trübner — Veit & Comp.

Die Rechts- und staatswissenschaftliche Fakultät gestattet hierdurch die Drucklegung vorliegender Dissertation, ohne damit zu den darin ausgesprochenen Anschauungen Stellung zu nehmen.

Zürich, den 23. Januar 1965

Der Dekan:
Prof. Dr. J. Niehans

Archiv-Nr. 27 51 681

Satz und Druck: Saladruck, Berlin 36

MEINEN ELTERN

UND MEINER GATTIN

Der Rechts- und staatswissenschaftlichen Fakultät der Universität Zürich und der Martha Selve-Gerdtzen-Stiftung in Zürich bin ich für die großherzige Unterstützung, Herrn Prof. Dr. H. Nef für die wohlwollende Förderung dieser Arbeit und ihrer Veröffentlichung zu Dank verbunden.

INHALTSVERZEICHNIS

EINLEITUNG

7. KAPITEL

Der Mißbrauch des Täters als Objekts psychischer Bedürfnisse der Gemeinschaft

8. KAPITEL

Die Mißachtung der menschlichen Fehlbarkeit durch die irreparable Todesstrafe

9. KAPITEL

Die Brutalität der Todesstrafe

10. KAPITEL

Die Unmenschlichkeit der Todesstrafe

LITERATURVERZEICHNIS

Werke, die in dieser Aufstellung als einziges eines Autors figurieren, werden mit dem bloßen Autornamen zitiert.

ALT, Hans Peter: „Das Problem der Todesstrafe", München, 1960.

ALTHAUS, Paul: „Die Todesstrafe als Problem der christlichen Ethik", München, 1955.

AMIRA, Karl v.: „Die germanischen Todesstrafen", Untersuchungen zur Rechts- und Religionsgeschichte, München, 1922.

ANGSTMANN, Else: „Der Henker in der Volksmeinung", Bonn, 1928.

ARNDT, Adolf: siehe SÜSTERHENN.

BARTH, Karl: „Kirchliche Dogmatik" III. Teil, Band 4, Zollikon-Zürich, 1951.

BAUER, Fritz: „Das Verbrechen und die Gesellschaft", München, 1957.

BAUMANN, Jürgen: „Zur Diskussion um die Todesstrafe", Archiv für Rechts- und Sozialphilosophie Heft 1, 1960.

BAUMGARTEN, Arthur: „Die Idee der Strafe", (Deutsche Akademie der Wissenschaften zu Berlin, Heft 48) Berlin, 1952.

BECCARIA, Cesare: „Über Verbrechen und Strafe", (Übersetzung K. Esselborn) Leipzig, 1905.

BEROLZHEIMER, Fritz: „Die Entgeltung im Strafrecht", München, 1903; zit.: Entgeltung.
„Strafrechtsphilosophie und Strafrechtsreform", System der Rechts- und Wirtschaftsphilosophie, Band V, München, 1907.

BETSCHART, Ildefons: „Untersuchungen über Sein und Wert der Strafe in phänomenologischer und aristotelisch-thomistischer Schau", Einsiedeln, 1940.

BJERRE, Andreas: „Zur Psychologie des Mordes", Heidelberg, 1925.

BLOCH-MICHEL, Jean: „La peine de mort en France", in „Réflexions sur la peine capitale", Paris, 1957.

BOEHM, Ernst: „Der Schöppenstuhl zu Leipzig und der sächsische Inquisitionsprozeß im Barockzeitalter", 4. Teil, ZgesStW 61, S. 300 ff., 1941/42.

BORNSTEIN, Josef: siehe OLDEN.

BRUNNER, Emil: „Gerechtigkeit", Zürich, 1943.

CAMUS, Albert: „Die Guillotine", in „Der Monat", Januar (zit. I) und Februar (zit. II) 1959 (Enthalten auch in: Die Rache ist mein).

CATHREIN, Victor: „Moralphilosophie", Band II, 5. Auflage, Feiburg i. Br., 1911.

CHESSMAN, Caryl: „Todeszelle 2455", Wien, 1954.

COING, Helmut: „Grundzüge der Rechtsphilosophie", Berlin, 1950.

DEHNOW, Fritz: „Das Für und Wider der Todesstrafe", Stuttgart, 1930.

DEL VECCHIO, Giorgio: „Individuum, Staat und Korporation", ZSR, S. 261 ff., 1935.

„Die Gerechtigkeit", 2. Auflage (Anhang: Über die Grundlage der Strafgerichtsbarkeit, S. 180 ff.), Basel, 1950.

DOMBOIS, Hans: „Mensch und Strafe", Witten, 1957.

„Der Tod im Recht", in „Hochland", Februar, 1956.

„Die weltliche Strafe in der evangelischen Theologie", Witten, 1959; zit.: Die weltliche Strafe.

DREHER, Eduard: „Für und wider die Todesstrafe", ZgesStW 70, S. 543 ff., 1958.

DÜSING, Bernhard: „Die Geschichte der Abschaffung der Todesstrafe in der Bundesrepublik Deutschland", Offenbach/Main, 1952.

EXNER, Franz: „Kriminologie", Berlin—Göttingen—Heidelberg, 1949.

FOERSTER, F. W.: „Schuld und Sühne", München, 1911.

Die *Frage* der Todesstrafe: 12 Antworten (Maurach, Eb. Schmidt, Preiser, Jeschek, Portmann, Kretschmer, Huth, Müller-Meiningen jr., Süsterhenn, Bockelmann, Künneth, Löwith), München, 1962; zit.: 12 Antworten.

GAST, Peter: „Die Mörder", Leipzig, 1930.

GEORGE, J.: „Humanität und Kriminalstrafe", Jena, 1898.

GOWERS, Ernest: „A life for a life?", London, 1956.

GRASSBERGER, Roland: „Der Ruf nach der Todesstrafe", in „Juristische Blätter", S. 429 ff., Wien, 1958.

GRAVEN, Jean: „Le problème de la peine de mort et sa réapparition en Suisse" in „Revue de criminologie et de police technique" Nr. 1, Genf, 1952.

GREINWALD, Sigisbert: „Die Todesstrafe", Westheim bei Augsburg, 1948.

GWINNER, Heinrich/ RADBRUCH, Gustav: „Geschichte des Verbrechens", Stuttgart, 1951.

HARDWIG, Werner: „Tat und Täterstrafrecht im Licht der Strafrechtsreform" in „Die weltliche Strafe".

HARTMANN, Nicolai: „Ethik", Berlin und Leipzig, 1926.

HEGEL, G. W. F.: „Grundlinien der Philosophie des Rechts", (Ausgabe Lasson), Leipzig, 1921.

HELDMANN, Hans Heinz: „Der Homicide-Act 1957", ZgesStW 71, S. 341 ff., 1959.

HENRICI, Andreas: „Die Begründung des Strafrechts in der neueren deutschen Rechtsphilosophie", Zürcher Diss., Aarau, 1961.

HENTIG, Hans v.: „Die Strafe", 2 Bände, Berlin—Göttingen—Heidelberg, 1954.
„Probleme des Freispruchs beim Morde" in „Recht und Staat", Heft 206/207, Tübingen, 1957; zit.: Freispruch.
„Der Gangster", Berlin—Göttingen—Heidelberg, 1959.
„Zur Psychologie der Einzeldelikte: II. Der Mord", Tübingen, 1956; zit.: Mord.
„Der Rückfallsmörder", ZgesStW 74, S. 562 ff., 1962.

HERRWICH, Lothar: „Menschen ohne Schlüssel", Witten, 1955.

HETZEL, H.: „Die Todesstrafe in ihrer kulturgeschichtlichen Entwicklung", Berlin, 1870.

HILDEBRAND, Dietrich v.: „Zeitliches im Lichte des Ewigen", Regensburg, 1932.

HIRSCHBERG, Max: „Das Fehlurteil im Strafprozeß", Stuttgart, 1960.

HOLLIS, C.: siehe PAGET.

JANSSEN, Karl: „Tat und Täterstrafrecht in theologischer Beleuchtung" in „Die weltliche Strafe".

JESCHECK, Hans-Heinrich: „Das Menschenbild unserer Zeit und die Strafrechtsreform" in „Recht und Staat", Heft 198/199, Tübingen, 1957.

KANT, Immanuel: „Grundlegung zur Metaphysik der Sitten", Berlin, 1913 (Ausgabe Cassirer); zit.: Grundlegung.
„Die Metaphysik der Sitten", Berlin, 1916; zit.: MdS.

KANTOROWICZ, Hermann: „Tat und Schuld", Zürich/Leipzig, 1933.

KAUFMANN, Arthur: „Um die Todesstrafe" in „Ruperto Carola", Juni, 1957.

KAUFMANN, Felix: „Die philosophischen Grundprobleme der Lehre von der Strafrechtsschuld", Leipzig/Wien, 1929.

KLEIN, Felix Josef: „Tod als Strafe?", Bonn, 1929.

KLUG, Ulrich: „Die zentrale Bedeutung des Schutzgedankens für den Zweck der Strafe", Beiheft 35 zum Archiv für Rechts- und Sozialphilosophie, Berlin, 1938.

KOESTLER, Arthur: „Réflexions sur la potence" in „Réflexions sur la peine capitale", Paris, 1957; zit.: KOESTLER, f.
„Die Rache ist mein", Stuttgart, 1961; zit.: KOESTLER, d.

KOHLER, Josef: „Das Wesen der Strafe", Würzburg, 1888.

KÜHLE, Heinrich: „Staat und Todesstrafe", Münster i. W., 1934.

KÜHN, Herbert: „Persönlichkeit und Gemeinschaft", Berlin, 1959.

LANGE, Richard: „Grundfragen der deutschen Strafrechtsreform", ZschwStR 70, S. 373 ff., 1955.

LIEPMANN, Moritz: „Die Bedeutung Adolf Merkels für Strafrecht und Rechtsphilosophie", ZgesStW 17, S. 638 ff., 1897.
„Die Todesstrafe", Berlin, 1912.

LUDWIG, Carl: „Der Sühnegedanke im schweizerischen Strafrecht", Basel, 1952.

MANNHEIM, Hermann: „Criminal Justice and social reconstruction", 2. Auflage, London, 1949.

MATTHIAS, Friedrich: „Im Gefängnis ist alles anders", Frankfurt a/M., 1956.

MEDICUS, Fritz: „Die Freiheit des Willens und ihre Grenzen", Tübingen, 1926.

MENG, Heinrich: „Die Prophylaxe des Verbrechens", Basel, 1948 (mit verschiedenen Beiträgen, u. a. einem von REIWALD).

MERKEL, Adolf: „Die Lehre von Verbrechen und Strafe", Stuttgart, 1912.

MEZGER, Edmund: „Persönlichkeit und strafrechtliche Zurechnung", München, 1926.
„Über Willensfreiheit", München, 1947.
„Probleme der strafrechtlichen Zurechnungsfähigkeit", München, 1949.
„Verbrechen als Schicksal", München, 1957.

MOHR, Peter: „Psychologische Grundlagen zum Delikt des Mordes und des Totschlags", Diss., Zürich, 1938.

MOSTAR, Herrmann: „Unschuldig verurteilt", Stuttgart, 1956.

MÜLLER-MEININGEN, Ernst jr.: „Soll die Todesstrafe in der Bundesrepublik wiederkehren?", in „Die Rache ist mein".

NELSON, Leonard: „Die Rechtswissenschaft ohne Recht", Leipzig, 1917.

NOWAKOWSKI, Friedrich: „Die Todesstrafe in Österreich" in „Die Rache ist mein".

OLDEN, Rudolf/ BORNSTEIN, Josef: „Der Justizmord an Jakubowski", Berlin, 1928.

PAGET, R. T./ SILVERMAN, S.: „Hanged — and innocent?", London, 1953; mit einem Epilog von C. HOLLIS.

Die *Rache* ist mein: mit Beiträgen von KOESTLER, CAMUS, MÜLLER-MEININGEN jr. und NOWAKOWSKI, Stuttgart, 1961.

RADBRUCH, Gustav: „Vorschule der Rechtsphilosophie", Heidelberg, 1947; zit.: Vorschule.
„Rechtsphilosophie", 4. Auflage, Stuttgart, 1950; zit.: RPh.
„Elegantiae juris criminalis", 2. Auflage, Basel, 1950; zit.: el. jur. crim.
„Der Mensch im Recht", Göttingen, 1957.
vgl. auch unter GWINNER.

RATSCHOW, Carl Heinz: „Vom Sinn der Strafe" in „Die weltliche Strafe".

RAWSON, Tabor: „Laßt mich leben", München, 1960.

REIK, Theodor: „Geständniszwang und Strafbedürfnis", Wien, 1925; zit.: Strafbedürfnis.
„Der unbekannte Mörder", Wien, 1932.

REIWALD, Paul: „Die Gesellschaft und ihre Verbrecher", Zürich, 1948.

RENDTORFF, Trutz: „Die Begründung des weltlichen Strafrechts in der theologischen Ethik seit Schleiermacher" in „Die weltliche Strafe".

RIESE, Walther: „Das Triebverbrechen", Bern, 1933.

RITTLER, Theodor: „Die Todesstrafe und das 20. Jahrhundert" in „Wort und Wahrheit", Wien, Februar, 1948.

ROEDER, Hermann: „Willensfreiheit und Strafrecht", Leipzig und Wien, 1932.

ROUSSEAU, Jean-Jacques: „Der Gesellschaftsvertrag" (nach der Übersetzung von A. Marx), Zürich, 1946.

RUESCH, Arnold: „Die Unfreiheit des Willens", Darmstadt, 1925; zit.: Unfreiheit.
„Todesstrafe und Unfreiheit des Willens", Darmstadt, 1927; zit.: Todesstrafe.

SAUER, Wilhelm: „Grundlagen des Strafrechts", Berlin, 1921; zit.: Grundlagen.
„Allgemeine Strafrechtslehre", 3. Auflage, Berlin, 1955.

SCHEIWILLER, Otmar: „Die philosophischen Prinzipien des Strafrechts", Einsiedeln, 1915.
„Die Todesstrafe im modernen Recht", Einsiedeln, 1919; zit.: Todesstrafe.

SCHIPKOWENSKI, Nikola: „Schizophrenie und Mord?", Berlin, 1938.

SCHMIDT, Eberhard: „Goethe und das Problem der Todesstrafe", ZschwStR 63, S. 444 ff., 1948.
„Einführung in die Geschichte der deutschen Strafrechtspflege", Göttingen, 1951; zit.: Einführung.
„Vergeltung, Sühne und Spezialprävention", ZgesStW 67, S. 178 ff., 1955.
„Vergeltung oder Prävention" in „Ruperto Carola", Heidelberg, Dezember, 1957.

SCHRÖDER, Joachim: „Zur Psychologie der Delikte gegen das Leben", Diss., Zürich, 1950.

SELLO, Erich: „Die Irrtümer der Strafjustiz und ihre Ursachen", Berlin, 1911.

SILVERMAN, S.: siehe PAGET.

SPENDEL, Günter: „Zur Lehre vom Strafmaß", Frankfurt a/M., 1954.

STANGE, Carl: „Über die Todesstrafe", in der Zeitschrift für systematische Theologie, S. 393 ff., 1930.

Strafe, weltliche: siehe DOMBOIS.

SÜSTERHENN, Adolf/ ARNDT, Adolf: „Wieder Todesstrafe?", Köln, 1957.

VERNET, Joseph:	„Le glaive et la croir“ in Rev. int. crim. pol. tech., Heft 1, 1955.
WEBER, H. v.:	„Selbstmord als Mordmotiv“, MonKrimStRef, S. 161 ff., 1937.
Die *weltliche* Strafe:	siehe DOMBOIS.
WELZEL, Hans:	„Naturrecht und materiale Gerechtigkeit“, Göttingen, 1951.
WOLF, Erik:	„Strafrechtliche Schuldlehre“, I. Teil, Mannheim—Berlin—Leipzig, 1928.
WÖLFLE, Thomas:	„Verminderte Zurechnungsfähigkeit und Strafrechtsschuld“, Breslau—Neukirch, 1940.

Verwendete Abkürzungen für Zeitschriften

MonKrimStRef	Monatsschrift für Kriminalpsychologie (Kriminalbiologie) und Strafrechtsreform
Rev. int. crim. pol. tech.	Revue internationale de criminologie et de police téchnique
ZgesStW	Zeitschrift für die gesamte Strafrechtswissenschaft
ZschwStR	Schweizerische Zeitschrift für Strafrecht
ZSR	Zeitschrift für Schweizerisches Recht

EINLEITUNG

§ 1. Vorbemerkungen über das Problem der Todesstrafe und unsere Arbeit

I. Die Aktualität des Problems

Das Problem der Todesstrafe, dem diese Untersuchung gewidmet ist, hat schon viele Geister beschäftigt; die Literatur zu diesem Thema ist kaum mehr überblickbar. So erstaunt es nicht, daß *v. Hentig* als einer der besten Kenner dieser Materie erklärt, es sei im Grunde genommen nur noch die geschichtliche Behandlung des Problems übriggeblieben[1]. Unserer Ansicht nach trifft das jedoch höchstens für einzelne Sektoren zu, niemals aber für den ganzen Problemkreis. Selbst in den jüngsten Publikationen finden sich nämlich noch neue Gedanken und Betrachtungsweisen[2].

Auch in praktischer Hinsicht ist das Problem der Todesstrafe durchaus aktuell. In den USA, in England[2a] und in Frankreich — um nur drei bedeutende Beispiele zu nennen — werden Todesurteile nach wie vor vollstreckt. Aber auch in den Ländern, welche die Todesstrafe abgeschafft haben, erhebt sich von Zeit zu Zeit, meist nach einem die Öffentlichkeit besonders erregenden Mordfall, machtvoll der Ruf nach ihrer Wiedereinführung. Das gilt besonders für ein Land wie Deutschland, das die Todesstrafe erst vor verhältnismäßig kurzer Zeit und ziemlich abrupt beseitigt hat[3].

II. Das Ziel unserer Arbeit

Diese Arbeit ist in erster Linie eine rechtsphilosophische Arbeit. Es geht uns also um eine *Bewertung* der Todesstrafe und nicht um eine Darstellung ihrer positiv-rechtlichen Ausgestaltung. Wir beschränken

---

[1] ZschwStR 74 (1959), S. 251.

[2] So beschränkt sich etwa BAUMANN keineswegs darauf, schon oft Gesagtes noch einmal wiederzugeben. In seinem Aufsatz „Goethe und das Problem der Todesstrafe" zeigt EB. SCHMIDT einen im Wesentlichen völlig neuen und entscheidenden Gesichtspunkt auf.

[2a] Im Sommer 1965 ist die Todesstrafe in England für die Dauer von 5 Jahren versuchsweise abgeschafft worden.

[3] Die Entwicklung bis zum Art. 102 des Grundgesetzes, der die Todesstrafe verbietet, zeichnet ausführlich DÜSING.

uns aber nicht auf rechtsphilosophische Überlegungen in dem Sinne, daß wir lediglich aufzeigen, welche Konsequenzen für die Todesstrafe eine bestimmte allgemeine Auffassung vom Staat oder von der Strafe nach sich zieht. Mit solchem Systemdenken werden wir wohl dem einzelnen Denker gerecht — sofern er selber folgerichtig denkt! —, aber dem Problem kommen wir kaum näher[4]. Unserer Überzeugung nach ist seine umfassende und gerechte Lösung nur möglich, wenn wir es in seiner ganzen Fülle aufnehmen und es von *allen* Seiten beleuchten.

Wir betrachten es also als unsere Aufgabe, möglichst alle Argumente zusammenzutragen und kritisch zu prüfen, die für und wider die Todesstrafe vorgebracht werden können. Dagegen liegt uns grundsätzlich nichts daran, eine vollständige Übersicht über die Literatur zu geben, denn uns beschäftigt die Todesstrafe als *aktuelles* und nicht als geschichtliches Problem[5].

III. Die Umgrenzung unserer Arbeit

Unser hauptsächliches Augenmerk gilt der Todesstrafe, die für Mord verhängt wird[6]. Ein wirklich abgerundetes Bild setzt aber eine nicht allzu isolierende Betrachtungsweise voraus, weshalb wir die Todesstrafe für politische und militärische Delikte nicht gänzlich aus der Diskussion ausklammern wollen.

Begrenzt ist das vom Verfasser verarbeitete Material in sprachlicher Hinsicht. Es konnten lediglich Werke deutscher, französischer und englischer Zunge berücksichtigt werden, wobei naturgemäß die ersteren vorherrschen. Doch dürfte das Material umfangreich genug sein, um die Hoffnung zu gestatten, daß auch bei einer Ausdehnung keine wesentlich neuen Argumente auftreten würden[7].

Daneben hat sich aber der Verfasser bemüht, ein möglichst weites Blickfeld zu gewinnen. So schritt er über das Wissensgebiet der Rechtsphilosophie hinaus und schenkte vor allem psychologischen Fragen große Aufmerksamkeit, in der Überzeugung, daß eine vollständige und befriedigende Lösung eines Problems erst möglich ist,

---

[4] Die auf dem Hauptteil seiner Arbeit basierenden Ausführungen HENRICIS zur Todesstrafe (S. 106 ff.) zeigen das mit aller Deutlichkeit.

[5] Wie langweilig und unergiebig ein bloßes Zusammentragen von Äußerungen zur Todesstrafe ist, zeigt abschreckend das Buch von HETZEL, der sich leider zu wenig mit der Kulturgeschichte und zu viel mit der Geschichte der Ansichten über die Todesstrafe beschäftigt.

[6] Zu einer Erweiterung unseres Gesichtskreises sähen wir uns bloß gezwungen, wenn im Laufe unserer Betrachtung die Todesstrafe für Mord sich in vollem Umfang rechtfertigen ließe oder gar als zu mild erschiene.

[7] In diesem Sinne sei auf ein Werk italienischer Sprache verwiesen, das einen eigenen Abschnitt über die Todesstrafe enthält: SOFO BORGHESE, La filosofia della pena, Milano 1952.

wenn wir auch von seiner psychologischen Bedeutung etwas wissen. Zum andern scheute er bei allem vorsichtigen Mißtrauen auch nicht davor zurück, populärwissenschaftliche oder gar auf Sensationswirkung abzielende Publikationen heranzuziehen, wo es ihm zur Erhellung eines Tatbestandes dienlich schien.

IV. Die Gefühlsbetontheit des Problems und unserer Vergehen

Die Diskussion um die Todesstrafe ist sehr gefühlsbeladen. Zuweilen wird man den Eindruck nicht los, daß alles Argumentieren praktisch wirkungslos bleibt und eigentlich nur der Errichtung eines rationalen Überbaus dient. Je besser es aber gelingt, ein Problem von allen Seiten zu beleuchten, desto schwieriger wird in der Diskussion das Ausweichen. So hoffen wir, mit diesem Buch auch einen kleinen Beitrag zur Rationalisierung der Kontroverse zu leisten.

Dabei liegt uns die Einbildung fern, die Macht der Gefühle brechen zu können. Es ist wohl unmöglich, an das Problem der Todesstrafe ohne eine gefühlsmäßige Voreinstellung heranzutreten. Das hat der Verfasser als gefühlsmäßiger Gegner in Rechnung gezogen und sich bemüht, die Argumente der Befürworter der Todesstrafe besonders eingehend zu prüfen und selbst recht ausgefallene zu berücksichtigen[8].

Dieser Aufgabe ist der erste Teil unserer Arbeit gewidmet, während die zentralen Argumente der Gegner der Todesstrafe im zweiten Teil zur Sprache kommen. Diese Zweiteilung birgt zwar den methodischen Nachteil in sich, daß gewisse Überlegungen im ersten wie im zweiten Teil erscheinen können (als selbständiges Argument oder als bloßes Gegenargument). Andererseits verschafft sie einen wirklich umfassenden Überblick und läßt beide Seiten gleich plastisch hervortreten. Der für uns ausschlaggebende Vorteil dieser Zweiteilung besteht aber darin, daß sie eine wirkliche Abwägung zwischen den Erfolgen der Bemühungen der Befürworter und der Gegner erlaubt — und so vielleicht auch zu einem eindeutigen Ergebnis führt!

§ 2. Geschichtliches

I. Die Grausamkeit früherer Zeiten

Bevor wir an die eigentliche Frage herantreten, soll uns ein besinnliches Zurückschauen in die Vergangenheit daran mahnen, zu was allem Menschen fähig sind, die im Namen des Rechts handeln. In

---

[8] Dagegen werden die uns weniger bedeutsam erscheinenden Argumente gegen die Todesstrafe von vornherein ausgeklammert, so beispielsweise die beiden folgenden: Der Vollzug der Todesstrafe wirkt auf die übrigen Gefängnisinsassen schädigend. Die Hinrichtung des Delinquenten bestraft seine Angehörigen in einem untragbaren Ausmaß mit.

unserer Betrachtung greifen wir einige wenige Bruchstücke heraus, die uns die Aussage: „Die Geschichte der Strafen ist auf vielen ihrer Seiten für die Menschheit nicht viel weniger beschämend als die Geschichte des Verbrechens“[9] verständlich machen.

Noch im Jahre 1770 „wurden in Frankreich zwei Menschen gerädert, der eine, weil er etwas Wäsche, der andere, weil er ein Stück Käse gestohlen hatte“[10]. In Preußen befahl 1725 ein Gesetz, alle Zigeuner hinzurichten, und in England wurden zur selben Zeit 13 Personen zum Tode verurteilt, weil sie einen Monat in Gesellschaft von Zigeunern zugebracht hatten[11]. In der Schweiz wurden im 18. Jahrhundert statt der gesetzlich vorgeschriebenen, aber kostspieligeren Gefängnisstrafe Todesurteile armutshalber ausgesprochen[12].

Im Vollzug der Todesstrafe hat die Menschheit viel Phantasie[13], aber noch mehr Grausamkeit an den Tag gelegt. Es schadet nichts, sich die verschiedenen Hinrichtungsarten einmal vor Augen zu halten: Kreuzigen, Gabeln, Herabstürzen vom Felsen, Erdrosseln im Kerker, Ersticken im Schlamm, Totgeißeln, Steinigen, Eiserne Jungfrau, Enthaupten, Erhängen, Rädern, Vierteilen, Lebendigverbrennen, Lebendigvergraben, Ertränken oder Säcken, Pfählen, in Öl sieden, Erwürgen oder Garottieren, Erschießen, Eingießen von flüssigem Blei in den Mund[14]. Als „Spezialitäten“ seien erwähnt: zu Tode pflügen, Abschaben des Fleisches von den Knochen bei lebendigem Leibe, Annageln des Darmendes an einen Baum, um den dann der Delinquent herumgetrieben wird[15]. Wem das alles nicht genügt, der lese einmal *Voltaires* Schilderung der Hinrichtung von *Damiens*, bei der sich sadistische Triebe bis zum Exzeß austobten[16].

---

[9] DEL VECCHIO, Gerechtigkeit, S. 186.

[10] REIWALD, S. 16. Einige noch stoßendere Beispiele (Hinrichtungen von Kindern!) aus England von der ersten Hälfte des 19. Jahrhunderts siehe KOESTLER, d, S. 20.

[11] HETZEL, S. 138 (zweites Beispiel in Anm. 70).

[12] A. a. O., S. 139/40.

[13] Über die psychologische Bedeutung der verschiedenen Vollzugsformen orientiert v. HENTIG, die Strafe I, S. 206—369.

[14] Aufgezählt nach GEORGE, S. 70, wobei wir die Formen der Todesstrafe weggelassen haben, bei denen der Delinquent noch einige Lebensaussichten behält (Kampf mit Gladiatoren oder wilden Tieren). Das Eingießen von Blei zählt GEORGE zu den verstümmelnden Leibesstrafen, doch erwähnt er selbst, daß sie in praxi mehr Todesstrafe war. — Nähere Angaben zu den einzelnen Arten gibt GEORGE S. 73 ff.

[15] ALT, S. 13, Anm. 4.

[16] Aus „Histoire du Parlament de Paris“, 67. Kap., wiedergegeben bei BLOCH-MICHEL, S. 186, Anm. 1, der auch noch darauf hinweist, daß Ludwig XV. sich über diese Hinrichtung sehr befriedigt erzeigte und die am Urteil Beteiligten reichlich belohnte.

II. Die „bewährte" Geschichte der Todesstrafe

Die Todesstrafe blickt auf eine lange Geschichte zurück. Einzelne Befürworter der Todesstrafe versuchen, daraus ein Argument zu schmieden. So schließt *Scheiwiller* aus der Tatsache, daß die Menschen bis heute die Todesstrafe ohne Bedenken angewendet und für rechtmäßig gehalten haben, auf ein allgemeines, bleibendes *„Rechtsbewußtsein der Menschheit"* und folgert kurzerhand: „Das muß *die Stimme der gesunden Vernunft sein"*[17]. Es ist aber nicht einzusehen, wieso in der Geschichte nicht auch lang anhaltende Irrtümer vorgekommen sein sollten[18].

Aus der Geschichte, die uns ja bis heute so manche Greuel beschert hat, einen ethischen Maßstab abzuleiten, ist geradezu absurd. Wo wir aber aus der Fülle der geschichtlichen Erscheinungen zuerst die „wesentlichen" herauslesen, tragen wir bereits unseren Wertmaßstab in sie hinein. Wenn es uns übrigens mit der Ableitung der Todesstrafe aus ihrer bewährten Geschichte ernst ist, dann sollten wir einmal prüfen, ob nicht auch Institute wie die Sklaverei oder die Folter auf eine solche zurückblicken können[19]. Im übrigen zeigt uns die Geschichte auch vor der Aufklärungszeit bemerkenswerte Ausnahmen: So wurde in Japan im ersten Jahrtausend n. Chr. in einem Zeitraum von 347 Jahren keine Todesstrafe verhängt[20]. Noch bedeutsamer erscheint uns ein Zeugnis über das alte Ägypten: „Aus den tausend Jahren des Alten Reiches besitzen wir weder einen Bericht noch eine Darstellung der Todesstrafe"[21]. Schließlich noch ein Beispiel aus Europa: „Mord und Totschlag wurden in Dänemark noch bis in die Reformationszeit hinein nicht kriminell geahndet, sondern durch private Bußzahlung erledigt"[22].

III. Die Bedeutung der geschichtlichen Situation

So strikte wir die Geschichte als ethischen Maßstab ablehnen, über ihre Erscheinungen dürfen wir nicht vorschnell ein apodiktisches Urteil fällen. Das Problem der Todesstrafe ist nicht abstrakt ein für allemal lösbar, sondern es kommt stets auch auf die konkrete *geschichtliche Situation* an[23].

---

[17] Todesstrafe, S. 24; ähnlich SÜSTERHENN, S. 19.

[18] Auch ALT lehnt die Begründung der Todesstrafe aus der Geschichte entschieden ab, denn „Geschichte ist der Ort des Irrtums und des Irrsinns ebenso wie der Offenbarung des göttlichen Heils" (S. 48).

[19] Unsere heutige Auffassung darüber könnten wir ja dann als eine nur oberflächliche Schwankung, als eine vorübergehende Stimmung bezeichnen! (So bewertet SCHEIWILLER, a. a. O., die Abschaffung der Todesstrafe).

[20] DREHER, S. 547.

[21] JACQUES PIRENNE, „Weltgeschichte", Bern 1944, Bd. I, S. 18.

[22] BAUER, S. 10.

[23] Großen Wert auf diese Feststellung legt DREHER, S. 544.

Das heißt aber nicht, daß wir dem Argument: „Die Zeiten sind noch nicht reif für die Abschaffung", mit dem in praxi viel Mißbrauch getrieben wird[24], große Bedeutung beimessen sollen. In dieser allgemeinen Form ist es nämlich in der Regel unbeweisbar (leider allerdings auch kaum widerlegbar). Für die Diskussion brauchbar ist der Hinweis auf die geschichtliche Situation allein, wenn die üblen Folgen konkret angegeben werden, die man von einer Abschaffung der Todesstrafe erwartet. Ein jedem Vorstoß in Neuland abgeneigtes Beharren auf dem Althergebrachten ist dagegen von vornherein entschieden abzulehnen[25].

---

[24] In Deutschland wurde es von 1848 bis 1949 immer wieder vorgebracht (DÜSING, S. 44). KOESTLER (d) erwähnt S. 75, daß es schon AUGUSTINUS entgegengehalten wurde!

[25] Eine solche konservative Grundhaltung (wenn auch ohne Geltung für die heutige Problemlage) vertritt etwa HOLLIS, S. 260, indem er erklärt, es sei früher das Argument sehr beachtlich gewesen, daß die Gesellschaft die Todesstrafe schon immer verwendet habe, so daß es ein großes Risiko darstelle, auf sie zu verzichten. — Folgerichtig gedacht bedeutet das eine Verunmöglichung jedes wirklichen Fortschritts.

I. TEIL
Die Begründung der Todesstrafe

1. KAPITEL
Die ontologische Begründung der Todesstrafe

§ 3. Die Todesstrafe als Grenzphänomen (Dombois)

Dombois' „Mensch und Strafe" ist eines der eigenständigsten Werke, das uns im Laufe unserer Arbeit begegnet ist. Zugleich ist es schwer verständlich, denn der Autor — ein stark theologisch denkender Jurist — verflicht die rechtsphilosophische und die theologische Betrachtungsweise derart ineinander, daß sie kaum mehr voneinander geschieden werden können. Zweifellos liegt das in der Absicht des Autors, doch trotz der Gefahr von Mißdeutungen müssen wir versuchen, den rechtsphilosophischen Gehalt vom theologischen Überbau abzulösen; denn sonst hätten *Dombois'* Aussagen Gewicht nur für den strenggläubigen Christen, während jeder Rationalist achtlos an diesem recht bemerkenswerten Buche vorübergehen dürfte.

I. Die Strafe im allgemeinen

A. Die ontologische Denkweise

Dombois' Hauptbestreben geht dahin, die ethisch-normative Sicht durch die ontologische zu ergänzen[1]. Dem Grundaxiom des heutigen Strafrechts — der Täter tut etwas, was er kann, aber nicht soll — stellt *Dombois* das Gegenaxiom zur Seite: „Jeder Täter, auch der Täter einer vollendeten Tat, versucht etwas, was er nicht kann"[2]. Damit will er natürlich nicht den Erfolg des Verbrechens bagatellisieren[3], sondern aufzeigen, daß der Verbrecher gerade seine eigentlichen Ziele nicht erreicht: Der Dieb erwirbt kein wirkliches Eigentum, er muß die Beute oft unter ihrem Wert abstoßen[4]; der Sittlichkeitsverbrecher findet gerade nicht die „vermißte echte Beziehung", der Mörder kann sich nicht wirklich „zum Herrn des frem-

---

[1] Mensch und Strafe, 2. Kapitel, S. 12—21.

[2] A. a. O., S. 13.

[3] A. a. O., S. 13.

[4] A. a. O., S. 13: „Der Satz: ‚Unrecht Gut gedeihet nicht' ist kein moralischer Gemeinplatz, sondern entspringt einer echten Erfahrung."

den Lebens aufwerfen"[5]. So „zeigt die ontologische Einsicht dem Menschen, daß er mit seinem Tun zugleich seine eigene Existenz verfehlt"[6].

„Der Nachweis der Durchführbarkeit dieses Gegenaxioms"[7] scheint uns aber nicht erbracht. Überzeugend wirkt eigentlich nur das Beispiel mit dem Sittlichkeitsverbrecher. Beim Dieb wie beim Mörder wird der Anteil der Gesellschaft am Zustandekommen des „Nichtkönnens" nicht in seiner entscheidenden Bedeutung gewürdigt. Entweder setzt *Dombois* die Haltung der Gesellschaft als eine Konstante voraus, die einer Wertbetrachtung nicht mehr unterzogen werden darf, oder er vernachläßigt den Umstand, daß sie ihrerseits auf Werturteilen beruht. In diesem Fall gibt also doch die ethische Betrachtung den Ausschlag, in jenem dagegen wäre der Verbrecher eigentlich nur noch zu tadeln, weil er die faktischen Machtverhältnisse falsch einschätzt oder mißachtet.

Damit ist aber die ontologische Betrachtungsweise in ihren Grundlagen erschüttert. *Dombois'* Weiterführung des Gedankens — der Verbrecher maßt sich eine Macht an, die ihm nicht zusteht, so daß entscheidend ist „nicht die Verletzung des als Objekt gedachten Rechtsgutes, sondern die Verdrängung des Subjekts dieser Befugnisse"[8] — eröffnet wohl aufschlußreiche Aspekte, vermag jedoch unser Urteil nicht umzuwerfen. Denn auch hier wird zu wenig beachtet, daß der Täter erst jemanden verdrängen kann, wenn eine Befugnisordnung bereits vorliegt, die ihrerseits auf ihre Richtigkeit zu prüfen wäre und nicht einfach vorausgesetzt werden darf.

Die grundsätzlichen Zweifel am eigenständigen Wert der ontologischen Betrachtungsweise[9] darf uns aber nicht hindern, ihren einzel-

---

[5] A. a. O., S. 14.

[6] A. a. O., S .15.

[7] A. a. O., S. 15.

[8] A. a. O., S. 16.

[9] Zu welch gewagten Gedankensprüngen sie verleiten kann, zeigt sich bei SCHEIWILLER, in dessen Werken wir am ehesten Anklänge an DOMBOIS' Denken finden. Von plausiblen Einzelfällen ausgehend — etwa vom Völler, der seine Gesundheit, oder vom Lügner, der das Vertrauen auf sein Wort untergräbt — erklärt er, daß Übeltun naturnotwendig Übelleiden nach sich ziehe. In der Welt sei das allerdings nicht vollkommen verwirklicht, so daß die Strafe *realiter* zu vollziehen habe, was sich der Täter *idealiter* bereits zugezogen habe (Todesstrafe, S. 17—18). — Das Wort naturnotwendig wird hier seines eigentlichen Sinnes beraubt! Auch darf daraus, daß die Natur die Übel zuweilen realiter zufügt, nicht einfach dort, wo sie es nicht tut, auf das Vorhandensein einer auszubessernden Unvollkommenheit geschlossen werden; ebensogut könnte ein „qualifiziertes Stillschweigen" vorliegen!

nen Ergebnissen Aufmerksamkeit zu schenken, denn auch eine ethisch-normative Betrachtung darf die Seinsgegebenheiten nicht vernachlässigen, sonst ist sie nicht nur unrealistisch, sondern verfehlt auch leicht die Probleme.

B. Die Strafe als wechselseitige Restitution

Für uns wichtig ist *Dombois'* Sinngebung der Strafe im allgemeinen: Die Strafe führt den Täter wie den Verletzten „in die Mitmenschlichkeit zurück", den Täter, indem sie ihm seine Verfehlung und Verantwortung deutlich macht, den Verletzten, indem sie ihm einerseits Genugtuung und Sicherheit gewährt, andererseits aber auch seinen Rachetrieb hemmt, der ihn der Mitmenschlichkeit zu entziehen droht[10]. Es ist also „die Strafe nicht ein für sich bestehendes Institut, sondern wesentlich ein *Vorgang*"[11]. Sie hat ontologisch zwei Funktionen, sie ist *„wechselseitige Restitution"*[12].

Diese Wesensbestimmung der Strafe entspricht den „impliziten" Definitionen, mit denen *Dombois* die wesentlichen Relationen des Menschen zu fassen suchte: „Der Mensch ist mit den Mitmenschen zugleich identisch wie nichtidentisch"[13], „keine noch so weitreichende Vergemeinschaftung vermag das Für-sich-Sein des Menschen aufzuheben . . ., aber ebensowenig gibt es ein radikales Für-sich-Sein des Menschen"[14] und vor allem „der Täter ist mit der Tat sowohl identisch wie nichtidentisch"[15]. Sie entspricht auch seiner großartigen Deutung des Gerichtes Gottes über Kain[16].

Eine Folge dieser Auffassung der Strafe ist die Ablehnung des Talionsgedankens. Die Strafe darf nur *„vermindertes* Abbild der Tat" sein, da sie sonst Gefahr läuft, ihren Sinn zu verlieren[17].

II. Die Todesstrafe im besonderen

Bei der Behandlung der Todesstrafe steht *Dombois* vor der Frage, ob diese sich überhaupt mit seinem allgemeinen Strafbegriff vereinbaren läßt[18]. Die Todesstrafe erscheint weder als wechselseitige Re-

---

[10] A. a. O., S. 74.
[11] A. a. O., S. 74.
[12] A. a. O., S. 76.
[13] A. a. O., S. 28.
[14] A. a. O., S. 50.
[15] A. a. O., S. 65. Dieser Satz besagt, daß die Tat etwas vom Wesen des Täters zum Ausdruck bringt, aber der Täter grundsätzlich auch fähig ist, sie zu transzendieren.
[16] A. a. O., S. 23—29.
[17] A. a. O., S. 93.
[18] A. a. O., S. 107.

stitution (sondern als einseitige!) noch als vermindertes Abbild der Tat (sondern als Talion!). Zwei Möglichkeiten sieht *Dombois*, um diesen Widerspruch aufzuheben: Die Todesstrafe ist keine absolute Strafe, ermöglicht also doch Restitution, oder die Todesstrafe stellt einen Grenzfall dar, der die Regel nicht aufhebt, sondern bestätigt[19].

Dombois geht nicht gerade systematisch vor, so daß nicht immer leicht zu entscheiden ist, auf welchen dieser beiden Lösungsversuche seine einzelnen Ausführungen sich beziehen. Wir müssen uns aber doch an eine Zerlegung wagen.

A. Die Todesstrafe als relative Strafe

Die Todesstrafe ist absolut nur dort, wo der eschatologische Hintergrund fehlt[20]. Das wäre eine reichlich banale Aussage, wenn *Dombois* nicht beifügen würde, nur auf diesem eschatologischen Hintergrund ließen sich strafrechtliche Verantwortlichkeit und Schuld durchhalten[21]. Wir vermissen aber eine wirkliche Begründung dieser inhaltsschweren Behauptung[22]. Wohl wird der subjektive Idealismus — dargestellt in seiner extremen Position und dadurch etwas verzeichnet — als Heimatort der Abschaffungsbestrebungen sehr scharf attackiert und ihm vorgeworfen, er sei „Personalität ohne Geschichte", denn sein grundsätzliches Ziel sei die sittliche Selbstverwirklichung des Menschen, so daß geschichtliche Forderungen nicht mehr verbindlich wirken könnten[23]. Diese Aussage wäre unverständlich (ist es denn kein geschichtliches Ziel, möglichst viele Menschen zu dieser sittlichen Selbstverwirklichung zu führen oder sie ihnen zu ermöglichen!?), wenn wir nicht von einer früheren Stelle wüßten, daß „Geschichte eigentlich und wesentlich Heilsgeschichte ist"[24]. Eine solche kennt natürlich der subjektive Idealismus als „entschlossene Immanenzphilosophie"[25] nicht, und das wird ihm von *Dombois* nicht verziehen. Natürlich weist der subjektive Idealismus seine Bedingtheiten auf, natürlich erhalten ohne eschatologischen Hintergrund Schuld und Verantwortung eine andere Bedeutung. Aber daß sich bei ihrer Annahme der subjektive Idealismus in Widersprüche verwickelte, hat *Dombois* nirgends nachgewiesen. Die Vermutung ist nicht von der

---

19 A. a. O., S. 107.
20 A. a. O., S. 127/8.
21 A. a. O., S. 128, eine frühere Äußerung auf S. 98 wiederholend.
22 Auch bei ihrem ersten Auftreten!
23 A. a. O., S. 124.
24 A. a. O., S. 93.
25 A. a. O., S. 120.

Hand zu weisen, daß er bei seiner Behauptung schon einen theologisch geprägten Schuldbegriff voraussetzte[26].

Damit bleibt es aber im wesentlichen Sache des persönlichen Glaubens, ob man anerkennt, daß die Todesstrafe über den Tod hinaus Wirkungen entfaltet, dem Hingerichteten etwa einen neuen Status einräumt oder ihn gar restituiert. Gerade diese subjektive Abhängigkeit hat aber *Dombois* vermeiden wollen[27]! Selbst wenn ihm das gelungen wäre, hätte er lediglich dargetan, daß die Todesstrafe seinem Strafbegriff nicht widerspricht. — Eine Begründung der Todesstrafe steht dagegen auf alle Fälle noch aus.

B. Die Todesstrafe in der Grenzsituation

Die rechtsgeschichtliche Betrachtung ergibt, daß die Todesstrafe dort auftritt, wo die Tat als völliger Bruch des Täters mit der Gemeinschaft erscheint und „sich nicht von vornherein als interne, auf Heilung angelegte Verfehlung darstellt"[28]. Auch die existentielle Betrachtung des Todes im Recht[29] — in Krieg, Revolution, politischer Gerichtsbarkeit, Notwehr und schließlich im bürgerlichen Strafprozeß — bestätigt dieses Ergebnis, wobei sie zusätzlich klarlegt, daß der Tod vor allem beim Vorliegen einer kritischen Kampfsituation in das Recht einzieht.

Die Todesstrafe ist also ein Grenzphänomen und „tritt gerade an den Nahtstellen zwischen Internität und Externität auf"[30], zeitlich dort, wo geschichtliche Entscheidungen unumgänglich sind[31].

Aus der Verbindung dieser beiden Elemente resultiert nun die Theorie der *Grenzsituation*, wobei allerdings das geschichtliche Moment dominiert. Mit gutem Grunde! Zwar ist Mord der „chemisch reine Grenzfall"[32]; bei ihm wird man stets mit Recht sagen können, daß er das Verhältnis zur Gemeinschaft grundlegend bricht. Bei anderen Delikten aber läßt sich die schwerwiegende Frage nicht übersehen, ob sie von der Gesellschaft nicht zu Unrecht als Fundamentaldelikte betrachtet werden, ob es nicht an der Gesellschaft wäre, sich

---

[26] In diese Richtung deutet eine Stelle auf S. 100: „Denn eine wesenhafte Verfallenheit bleibt auch als existentielle, als Erbsünde Sünde, bleibt Schuld. Ja sie ist gerade Sünde und Schuld im eigentlichen Sinne."

[27] A. a. O., S. 128.

[28] A. a. O., S. 108. Zu diesen Fundamentaldelikten zählt historisch neben dem Mord und dem Verrat auch die Verletzung ständischer Geschlechtsgrenzen!

[29] A. a. O., S. 114—120.

[30] A. a. O., S. 128.

[31] A. a. O., S. 128.

[32] A. a. O., S. 129.

zu ändern, statt den Täter auszustoßen. In einer Kampfsituation dagegen müssen Entscheidungen um jeden Preis gefällt werden.

Wir lesen also in These 20: „Die absolute Strafe rechtfertigt sich aus der Unaufhebbarkeit der Grenzsituation“[33]. *Dombois* ist sich allerdings darüber im klaren, daß heute solche Grenzsituationen sehr selten vorkommen, da die Rechtsgebiete nicht mehr so kleinräumig sind wie früher und deshalb eine nachhaltig wirkende Strafverfolgung möglich ist[34]. Es geht ihm denn auch weniger um die Frage, ob die Todesstrafe heute angewendet werden soll oder nicht[35], sondern um die Widerlegung der Auffassung, daß die Todesstrafe grundsätzlich für alle Zeiten entbehrlich ist[36].

Das nun dürfte *Dombois* gelungen sein, denn es fällt schwer, die Möglichkeit des Auftretens solcher Grenzsituationen zu bezweifeln. Wer sich der Realität nicht verschließt, muß wohl zugeben, daß jede Gemeinschaft einmal in die Lage kommen kann, entweder töten oder dann auf geschichtlich aktives Handeln verzichten zu müssen.

Grundsätzlich verfehlt dünkt uns aber die Wertung dieses Tatbestandes als Rechtfertigung. Die Grenzsituation vermag die Todesstrafe allenfalls zu entschuldigen, niemals aber vollumfänglich zu rechtfertigen. Aus der Grenzsituation wird man nie ableiten können: „Die Todesstrafe soll sein!“ — das würde nichts geringeres bedeuten, als daß es *Dombois* gelungen wäre, aus dem Sein das Sollen abzuleiten! —, sondern höchstens: „Die Todesstrafe darf sein“. Überall, wo eine Kampfsituation vorliegt (Krieg, Revolution), tötet ja der Stärkere, und es wäre absurd anzunehmen, deswegen hätte er auch recht! Selbst beim Töten in Notwehr ist es nicht „gut“, daß der Angreifer tot ist, sondern eine bedauerliche Unumgänglichkeit.

Es ist aber auch nicht unbedenklich, die Grenzsituation als generelle Entschuldigung gelten zu lassen. *Dombois* billigt es z. B. ohne weiteres, daß der Sheriff im Wilden Westen Pferdediebe aufknüpfte[37]. Weiter unten warnt er dann allerdings vor einer „Überdrehung der geschichtlichen Grenzsituation“. Eine Schranke errichtet er jedoch nirgends, so daß logisch gesehen selbst die für das Stehlen einer Wehrmachtsschokolade verhängte Todesstrafe unter diese allgemeine Entschuldigung fallen könnte. Hier wirkt es sich in vollem Umfang aus, daß *Dombois* die Gesellschaft als Konstante betrachtet und sie keiner

---

[33] A. a. O., S. 163 — Dombois stellt am Schluß seines Buches die wesentlichsten Ergebnisse in Thesen zusammen.

[34] A. a. O., S. 129.

[35] Gegen die Wiedereinführung in Deutschland bringt er selber Bedenken vor (a. a. O., S. 132).

[36] Siehe etwa a. a. O., S. 130/1.

[37] A. a. O., S. 129.

Wertbetrachtung mehr unterzieht[38]. Als Folge davon hat die Gesellschaft immer recht. *Im Ergebnis wird der Einzelne der Gemeinschaft total aufgeopfert*[39].

Bei allem Verständnis für geschichtliche Notwendigkeiten drängt sich eine ethische Begrenzung auf, um so mehr, als ja *Dombois* die ethische Betrachtung durch die ontologische nicht verdrängen, sondern ergänzen will[40]. In seinen Ausführungen zur Todesstrafe ist aber das ethische Moment entschieden zu kurz gekommen. So gibt uns *Dombois* im ganzen gesehen weniger eine Begründung der Todesstrafe als eine Erklärung.

Beim Mord, der uns ja vornehmlich beschäftigt, ist aber die ethische Situation eindeutig genug. Deshalb dürfen wir als bescheidenes Ergebnis dieser anregenden, aber auch zu Kritik herausfordernden ontologischen Betrachtungsweise festhalten: *Wenn ein Mord zu einer geschichtlichen Grenzsituation führt, dann kann die Anwendung der Todesstrafe zwar nicht gerechtfertigt, aber immerhin entschuldigt sein*[41].

§ 4. Die Todesstrafe als Notwehr der Gesellschaft

Auf der gleichen Ebene wie *Dombois,* wenn auch zumeist ohne philosophischen Überbau, argumentieren jene Autoren, welche die Todesstrafe aus der Notwendigkeit oder dem Notwehrrecht ableiten.

I. Die grundsätzliche Bedeutung von Notwendigkeit und Notwehr

Der Theologe *Alt* bestimmt die Strafe als Ahndung[42] und wendet sich dabei gegen den Sühne- wie gegen den Nützlichkeitsgedanken im Strafrecht[43] — rechtsphilosophisch ausgedrückt also gegen die absoluten wie die relativen Straftheorien. Entscheidend ist nicht, ob eine Strafe sühnt oder nützt, sondern allein, ob sie *notwendig* ist[44].

---

[38] Vgl. S. 8.

[39] Dombois ist dem individualistischen Denken ganz allgemein abhold. So erklärt er das radikale Für-sich-Sein des Menschen für eine Gotteslästerung, eine totale Vergemeinschaftung dagegen bloß für unmöglich (a. a. O., S. 50). Auch kommt der objektive Idealismus, der den Einzelmenschen bedenkenlos einer Idee opfert, als „geschichtsbewußt" (a. a. O., S. 123) wenigstens gleich gut weg wie der subjektive Idealismus.

[40] A. a. O., z. B. S. 13, 15, 19.

[41] Wir haben die vorsichtige Formulierung mit „kann" verwendet, um anzudeuten, daß im Einzelfall noch sehr genau zu prüfen ist, ob eine Hinrichtung wirklich unerläßlich ist. Die Berufung auf eine allgemeine Grenzsituation schließt ein großes Risiko ein und kann nicht zum vornherein alles entschuldigen.

[42] Alt, S. 161.

[43] A. a. O., S. 162.

[44] A. a. O., S. 163.

Diese Differenzierung zwischen Nützlichkeit und Notwendigkeit ist aber keineswegs so klar, wie es den Anschein macht. Denn im Bereiche menschlichen Handelns gibt es keine von Zweckvorstellungen losgelöste Notwendigkeit. Wenn wir uns beispielsweise auf die Notwendigkeit der Todesstrafe berufen, drücken wir damit nichts anderes aus, als daß wir die Folgen ihrer Nichtanwendung für völlig unannehmbar halten. Wo wir uns dagegen bloß auf ihre Nützlichkeit stützen, halten wir ihre Nichtanwendung zwar für unangenehm und schädlich, aber nicht für völlig indiskutabel. Offensichtlich fehlt ein objektives Kriterium dafür, ob ein mit der Todesstrafe angestrebter Zweck notwendig oder bloß nützlich ist. Lassen wir uns also nicht beeindrucken, wenn in der Diskussion um die Todesstrafe das Wort Notwendigkeit fällt, denn es handelt sich um eine grundsätzlich andere Notwendigkeit als etwa die physikalische, nämlich um eine, die bereits eine Wertung voraussetzt. So gibt auch *Alt* unwillkürlich die Ziele an, die der Staat unbedingt erreichen muß: Die Aufrechterhaltung der allgemeinen Ordnung[45] und die Bewahrung der Existenz des Staates[46]. Wir würden das Zusammenziehen dieser beiden Ziele zu einem vorziehen: Erhaltung der *rechtlichen* Ordnung. Da es ohne Macht keine Ordnung gibt, ist darin auch die Notwendigkeit des Staates enthalten, zugleich aber angedeutet, daß nur eine Rechtsmacht vollen Schutz verdient.

Es geht also um die Frage, ob der Staat das Verhalten seiner Bürger mit seinem Recht überhaupt noch wirksam zu beeinflussen vermag. Sein Versagen in dieser Beziehung bedeutet einen totalen Zusammenbruch, denn „die Ordnungsfunktion ist der elementare Wert des Rechts“[47]. Hier drängt sich deshalb der Notwehrgedanke[48] auf. Es geht um die Existenz des Rechts schlechthin, die es zu verteidigen gilt. Diese Verteidigung ist nun wahrhaft notwendig, sofern wir dem Recht überhaupt einen Wert zuerkennen. Notwehrgedanke und Notwendigkeitsdenken gehen ineinander über, durchaus folgerichtig, denn die Notwehr ist das klassische Beispiel für eine Lage, in der uns das Ergebnis des Nichtstuns als unannehmbar oder zumindest unzumutbar erscheint. Zugleich ist dort, wo wir vor den am schwersten wiegenden Alternativen stehen (Tod des Angreifers oder des Angegriffenen, Nicht-Recht oder Recht überhaupt) die ethische Situation eindeutig genug, um uns das Urteil zu erlauben: In solchen Fällen darf das Recht weder dem Einzelnen noch dem Staat das Töten grundsätzlich verbieten.

---

[45] A. a. O., S. 162.

[46] A. a. O., S. 163. ALT präzisiert dahin, daß das esse des Staates auf dem Spiele stehen müsse und nicht das bene esse, womit er gleich formuliert wie BARTH, S. 511.

[47] WELZEL, S. 120.

[48] Auch für ALT ist die Strafe in der Ahndung Notwehr (S. 162).

Mit Absicht haben wir diese negative Formulierung gewählt, um ja nicht das Mißverständnis aufkommen zu lassen, es sei damit das prinzipielle Recht des Staates zur Verhängung der Todesstrafe erwiesen[49]. Es kann nicht genug betont werden, daß es hier um eine Notmaßnahme geht, uns aufgezwungen von faktischen Gegebenheiten, die ethischem Denken nur noch einen engen Raum belassen, nämlich die Wahl zwischen zwei Möglichkeiten, die beide Übel darstellen[50]. Die Todesstrafe ist hier eher Maßnahme denn Strafe, sie dient der Elimination[51].

Sittlich verantworten können wir diese Maßnahme insofern, als wir das Unbefriedigende dem Unbefriedigenderen vorgezogen haben[52].

II. Die tatsächliche Lage der Gesellschaft

Es ist nun zu prüfen, ob im heutigen Leben Situationen vorkommen, in denen die rechtliche Ordnung als Ganzes in Frage gestellt wird.

A. Die „zivile" Notwehrlage

„Daß von wirklicher Notwehrlage gegenüber einem gefaßten Mörder keine Rede sein kann, ... läßt sich mit Händen greifen"[53]. Mit der Festnahme des Mörders ist ja die von ihm ausstrahlende Gefahr behoben. Wenn *Greinwald* fordert[54], das Notwehrdenken doch nicht auf die unmittelbar drohende Untat zu beschränken, sondern auch auf die von Dritten drohenden künftigen Untaten in der Weise auszudehnen, daß zu ihrer Verhinderung ein bereits gefaßter Mörder hingerichtet wird, weitet er den Begriff der Notwehr bedenklich aus; denn es liegt im Wesen der Notwehr, daß sie sich gegen den Angreifer selbst richtet und nicht gegen einen Dritten.

Süsterhenn glaubt, daß „Mord im Falle seiner Häufung die staatliche Ordnung ernsthaft zu erschüttern" vermöge[55]. Dem ist aber mit *Jescheck* entgegenzuhalten, daß „heute das Kollektiv so übermächtig ist, daß es durch das Verbrechen im Grunde gar nicht ernstlich in

---

49 Diese Auffassung vertritt KÜHLE, S. 107.

50 Überzeugend demonstriert das RADBRUCH: „Das Notwehrrecht ist auf die Zurückweisung des Angriffs gerichtet, gegebenenfalls auf die Vernichtung der Angriffsfähigkeit, die möglicherweise den Tod des Angreifers zu ihrer tatsächlichen Wirkung hat, aber nicht auf diese Tötung selbst" ... RPh, S. 275.

51 Das betont zu Recht auch ALT, S. 163.

52 Nur in diesem Sinne trifft die Auffassung von ALT zu, daß in der Ahndung eine sittliche Begründung der Strafe erfolge (S. 162).

53 BAUMANN, S. 83, Anm. 19; für unzulänglich halten den Notwehrgedanken auch DREHER, S. 544, und ARNDT, S. 40.

54 GREINWALD, S. 118.

55 SÜSTERHENN, S. 27.

Frage gestellt werden kann"[56]. Von einer wirklichen Bedrohung der Rechtsordnung kann man nur dort sprechen, wo sich ein eigentlicher Anti-Staat bildet, indem z. B. Gangsterbanden ihre eigenen „Gesetze" aufstellen und sie für einen bestimmten Personenkreis[57] auch durchzusetzen wissen. Wer die erschreckenden, recht pessimistischen Ausführungen *v. Hentigs*[58] über das organisierte Gangstertum in den Vereinigten Staaten gelesen hat, wird nicht von vornherein verneinen, daß sich die amerikanische Gesellschaft in einer Notwehrsituation befindet. Für die westeuropäische gilt das aber kaum[59]. Zudem ist es sehr fraglich, ob die Todesstrafe wirklich Abhilfe schaffen könnte. Das Beispiel der USA, wo sie in den meisten Staaten angewendet wird, ist nicht sehr ermutigend: „Wenn echte Gangster einmal hingerichtet werden, so muß der schlimme Ausgang ganz besondere Gründe haben"[60]. Kleine, „freie" Gangster werden dagegen ohne Zögern hingerichtet[61]. Wo eine wirkliche Notwehrsituation eintritt, scheint das Gangstertum schon so stark zu sein, daß ihm mit den bloßen Mitteln des Strafrechts kaum mehr beizukommen ist[62]. Die Krankheit sitzt bereits zu tief, die Gesellschaft bedarf eines umfassenden Heilungsprozesses[63].

---

[56] Jescheck, S. 37.

[57] Zu ihm gehören nicht nur die Gangster selbst, sondern etwa auch die „freiwillig" zahlenden Opfer oder die Zeugen, die nichts gesehen haben wollen.

[58] In „Der Gangster".

[59] Die auf wenigen Fällen beruhenden Befürchtungen Gravens über eine Bandenbildung in der Schweiz (S. 80) haben sich im Ganzen gesehen kaum bewahrheitet. Von einer der amerikanischen vergleichbaren Bedrohung kann jedenfalls nicht die Rede sein.

[60] v. Hentig, a. a. O., S. 106. Ein solch besonderer Grund ist etwa gegeben, wenn der „Schutz" der Gangster über die Polizei versagt und ein Polizist getötet wird (vgl. a. a. O., Anm. 397).

[61] A. a. O., S. 107. Man vergleiche auch die a. a. O., S. 83, wiedergegebene Beobachtung von Lamson, daß in den Todeszellen einfache und dumme Leute sitzen, während die berufsmäßigen Killer ihre Strafe absitzen!

[62] Schon darum nicht, weil die Berufskiller kaum erwischt werden! Diese betrübliche Feststellung zieht sich durch das ganze Buch v. Hentigs; so lesen wir z. B. auf S. 60 zu einem Mord: „Die Gangstertechnik war nicht zu verkennen, auch darin deutlich, daß man nie den Täter fand".

[63] Vor allem muß das korrupte Denken innerhalb der Gesellschaft überwunden werden. Was v. Hentig a. a. O., über die Verhältnisse in den USA berichtet, ist bestürzend: Die Berufsethik mancher Rechtsanwälte ist sehr zweifelhaft (S. 60), Respektspersonen lassen sich „versteckt" kaufen (S. 76 ff.), die Polizei spielt nicht selten eine Doppelrolle (S. 138 ff.) und auch Richter, Staatsanwälte, Strafvollzugsbeamte und Begnadigungskommissionen sind keineswegs immer treue, unbeeinflußbare Diener des Rechts (S. 148 ff.).

B. Die Ausnahmesituationen (Krieg, Revolution)

Größere Bedeutung als in normalen Verhältnissen gewinnt der Notwehrgedanke in Zeiten politischer Wirren (Krieg, Revolution), wo wirklich die Existenz des Staates auf dem Spiele steht. Hier ist in der Tat die Gefahr nicht unbedingt damit behoben, daß der die Pläne des Feindes fördernde Täter gefaßt wird; denn in der vom Kämpfen erzeugten Unsicherheit und Unordnung ist die Gefahr beträchtlich, daß jener wieder frei wird und seine schädliche Tätigkeit fortsetzen kann. Allerdings darf man auch hier den Notwehrgedanken nicht überschätzen, da es sehr fraglich ist, ob ein entlarvter Spion oder Verräter wirklich noch Schaden anrichten kann[64] (anders dürfte das bei einem Saboteur sein). Jedenfalls müssen wir im Einzelfall noch sehr sorgfältig prüfen, ob wirklich eine Notwehrlage vorliegt.

Gewichtiger — und wohl auch das wahre psychologische Motiv der Anwendung der Todesstrafe! — ist die Befürchtung, daß der Verräter oder der mörderische Revolutionär für seine verwerfliche Tat belohnt werde und ihre Früchte in Ruhe genießen könne (während auch der entflohene Mörder stets ein Gehetzter bleibt). Diese Gefahr ist durchaus real und enthält einen Tatbestand, der sowohl unter dem Gesichtspunkt der absoluten wie der relativen Straftheorien unannehmbar ist. In solchen Zeiten verspricht die Gefängnisstrafe weder Sühne[65] noch Sicherung (spezial- wie generalpräventiv). Im Grunde genommen drängt sich die Todesstrafe in solchen Zeiten auf, weil wir keinen Ersatz für sie auffinden können. Besonders drastisch offenbart sich das im Krieg. Der Deserteur und noch mehr der Feigling würden ja mit einer Gefängnisstrafe geradezu belohnt. Auch die für eine geordnete Kriegsführung unerläßliche Disziplin kann letzten Endes — man denke an Befehlsverweigerungen — nur mit der Todesstrafe aufrechterhalten werden.

In solchen Grenzlagen stehen wir also vor der Alternative, entweder mit dem Tode zu strafen oder überhaupt nicht. In einem Augenblick aber, da wir unsere Grundordnung in einem Kampf auf Leben und Tod verteidigen, auf das Strafrecht zu verzichten, das hieße mit halben Mitteln kämpfen und uns in einen nicht durchzuhaltenden Selbstwiderspruch verwickeln.

Auch entschiedene Gegner der Todesstrafe wie *Beccaria*, *Radbruch* und *Barth* haben sie für solche Ausnahmesituationen zugelassen. Das ist keineswegs eine Inkonsequenz[66] — und wenn es eine wäre, würde sie nur das eigene Versagen der Gegner der Todesstrafe beweisen[67]! —,

---

[64] Darauf weist zu Recht Alt, S. 164, hin.

[65] Vorderhand verwenden wir diesen Begriff als Oberbegriff über die Inhalte der absoluten Straftheorien.

[66] Diesen Ausdruck verwendet etwa Süsterhenn, S. 23.

[67] Vgl. Arndt, S. 39/40.

sondern eine Anerkennung der Macht der faktischen Gegebenheiten, die eben bis zur Ausschließung des ethischen Denkens führen kann. *Barths* Begründung[68] für diesen Ausnahmefall mag wenig überzeugen und mit seiner sonstigen Argumentation gegen die Todesstrafe nicht übereinstimmen[69]. Bei *Beccaria* und auf ihm fußend *Radbruch* wird dagegen sehr klar ausgedrückt, daß in der Notwehrlage der Gesellschaftsvertrag versagt und wieder der Naturzustand eintritt; aus der Rechtsfrage ist eine Machtfrage geworden[70].

Wenn wir die Möglichkeit offenlassen, daß sich in Katastrophenzeiten nur noch mit der Todesstrafe wirksam handeln läßt, so bedeutet das keineswegs, daß wir ihre Anwendung als positiv bewerten. Im Gegenteil! Gerade in solchen Zeiten der entfesselten politischen Leidenschaft ist die Todesstrafe von schwersten Mißbräuchen bedroht[71]. Zudem ist das ethische Verhältnis weit weniger eindeutig als in der „zivilen" Notwehrlage. Hier — im Krieg wie in der Revolution! — handelt es sich normalerweise nicht mehr um den Kampf zwischen Recht und Nicht-Recht, sondern um denjenigen zwischen zwei verschiedenen Rechtsanschauungen. Wir müssen uns für die unsrige wehren, aber wir wissen nicht mit letzter Sicherheit, ob sie auch die wertvollere ist. Die Anwendung der Todesstrafe bedeutet deshalb ein großes Wagnis. Geradezu Unrecht kann sie dort werden, wo es um die Disziplin geht. Wenn wir schon Krieg führen, müssen Befehle durchgesetzt werden, aber das Wagnis ist gewaltig, denn es gibt auch sinnlose, ja verbrecherische Befehle.

Aus all diesen Erwägungen geht hervor, daß die in der schweizerischen Diskussion nicht selten versuchte Ableitung der Todesstrafe für kriminelle Delikte aus derjenigen für militärische[72] sehr problematisch, ja unzureichend ist. *Graven,* in dessen bedeutsamer Arbeit diese Ableitung[73] geradezu einen Kernpunkt darstellt, berücksichtigt die Unterschiede doch zu wenig. Wohl ist es richtig, daß entscheidend ist

---

[68] Siehe BARTH, S. 512.

[69] Die Widersprüche werden von ALTHAUS, S. 33—35, schonungslos aufgedeckt.

[70] RADBRUCH RPh, S. 274. — Der bei den Befürwortern der Todesstrafe (z. B. bei SÜSTERHENN, S. 23, KÜHLE, S. 106) beliebte Hinweis auf das die Todesstrafe enthaltende Republikschutzgesetz vom Jahr 1922, das die Unterschrift des damaligen Justizministers RADBRUCH trägt, scheint uns deshalb nicht viel zu beweisen. Denn daß die Lage der Weimarer Republik kritisch war und ihr schließlicher Untergang zu einer Katastrophe führte, lässt sich nicht bestreiten. Widersprüchlich waren höchstens die in die Todesstrafe gesetzten Erwartungen.

[71] DEHNOW, S. 30; ALT, S. 165.

[72] Siehe etwa zwei Voten bei GRAVEN (S. 71 und 72) oder die Meinung von Ständerat MÄDER (in einer Umfrage der Illustrierten „Die Woche", Olten-Zürich, 1959, Nr. 12.).

[73] GRAVEN, S. 93—95.

die tatsächliche Gefahr, in der die Gesellschaft schwebt, und nicht, ob Krieg oder Frieden herrscht[74]. Aber eine Kampfsituation muß vorliegen, die Gefahr muß tödlich drohen und — der für uns ausschlaggebende Gesichtspunkt — die Gefängnisstrafe muß als völlig unwirksam erscheinen! Nur sofern dieser Nachweis geführt werden könnte, wäre der Vergleich mit dem Militärstrafrecht berechtigt.

Als *Ergebnis des 1. Kapitels* dürfen wir festhalten, daß auch heute noch Situationen denkbar sind, in denen wir die Anwendung der Todesstrafe nicht grundsätzlich ausschließen können. Doch ist ihre Anwendung keineswegs erstrebenswert und bedeutet ethisch gerade dort ein großes Wagnis, wo sie am notwendigsten erscheint.

2. KAPITEL

Die religiöse Begründung der Todesstrafe

§ 5. Allgemeines zum Verhältnis von Christentum und Todesstrafe

I. Geschichtliches

In ihren Anfängen war die christliche Kirche der Todesstrafe eher abgeneigt[1]. Je mehr aber ihre Beteiligung an der staatlichen Macht wuchs, desto günstiger wurde sie ihr gesinnt[2]. Schließlich verblieb als spärlicher Rest der frühchristlichen Ablehnung der Grundsatz: ecclesia non sitit sanguinem[3], den man bestenfalls als formaljuristische Ausrede, zutreffender aber wohl — besonders bei Ketzerprozessen! — als Heuchelei[4] bezeichnen muß. Auch die Reformation hat die immer mehr um sich greifende Anwendung der Todesstrafe nicht gehemmt[5]. Bis heute sind die christlichen Kirchen im allgemeinen der Todesstrafe gewogen geblieben[6], so daß ihre Abschaffung allerorten auf starke Widerstände von christlicher Seite stößt[7].

---

[74] A. a. O., S. 96.

[1] Althaus, S. 3; Alt, S. 44.

[2] Alt, S. 44/5; die Wendung erfolgte also in der nachkonstantinischen Zeit (Althaus, S. 3). In Deutschland fand dieser Übergang erst in der karolingischen Zeit statt, während die Kirche in der merowingischen eher ein Bussensystem begünstigt hatte (Schmidt, Einführung, S. 27, 28).

[3] Alt, S. 47.

[4] Der verurteilte Ketzer wurde den weltlichen Behörden mit der Bitte um Gnade übergeben, andererseits waren diese zur Hinrichtung verpflichtet (Alt, S. 47)!

[5] Barth, S. 500.

[6] Dreher, S. 551; Alt, S. 10. Bemerkenswert ist, daß die deutsche Geistlichkeit 1848 eher fortschrittlicher gesinnt war als 1948, denn sowohl in der Frankfurter wie in der Preußischen Nationalversammlung sprach sich die Mehrheit der darin vertretenen Geistlichen für die Abschaffung der Todesstrafe aus (9 von 14 bzw. 31 von 38), siehe Düsing, S. 52 bzw. S. 67.

[7] Freimütig gesteht das Barth, S. 501.

II. Der heutige Stand der theologischen Diskussion

A. Vorbemerkungen allgemeiner Art

In der gegenwärtigen theologischen Diskussion stehen allgemeine Überlegungen im Vordergrund. Mit Bibelzitaten wird nur zurückhaltend gearbeitet, da ihr Wert problematisch ist. Die Berufung auf das Alte Testament schlägt in unserer Zeit schon deshalb nicht durch, weil wir uns über sein ganzes Strafensystem vollständig hinweggesetzt haben — beispielsweise ist die Todesstrafe dort für Vergehen angedroht, die wir überhaupt nicht mehr als strafbar ansehen — und es für primitiv und roh halten[8]. Auch handelt es sich im mosaischen Gesetz nicht um Glaubenssätze, sondern um Lebensregeln[9]. Zudem enthält das häufig genannte „Wer Menschenblut vergießt, des Blut soll wieder vergossen werden" (1. Mose 9,6) eine Verheißung und nicht ein Gebot[10]. Dem Neuen Testament lassen sich dagegen überhaupt keine direkten Anweisungen für das gesetzgeberische Verhalten entnehmen[11].

B. Die hauptsächlichen Auffassungen

Eine einheitliche theologische Doktrin zur Todesstrafe fehlt. Wir versuchen, einen knappen Überblick zu geben, wobei wir die an sich wichtige Frage nach dem Verhältnis des Christentums zum Staat außer acht lassen[12].

1. auf katholischer Seite

Nach Auffassung der katholischen Moraltheologie ist die Anwendung der Todesstrafe erlaubt, wo es um des *bonum commune* willen notwendig ist[13]. Diesen Nachweis sucht etwa *Kühle* zu führen, wobei sich naturgemäß Parallelen zu den im 1. Kapitel behandelten Auffassungen von *Dombois* und vor allem von *Alt* ergeben. Was dort ausgeführt wurde, besonders über die Problematik des Begriffs Notwendigkeit[14], gilt auch hier.

Die Todesstrafe ist also von der katholischen Kirche lediglich geduldet und keineswegs gefordert[15]; im Gegenteil bemüht sich diese

---

[8] A. Kaufmann, S. 45.

[9] Baumann, S. 76/77.

[10] Alt, S. 92/3.

[11] Alt, S. 45, der damit auch den Opportunismus der Kirche in der Frage der Todesstrafe verständlich machen will.

[12] Soweit notwendig, werden wir es in § 24 behandeln, um alle Äußerungen über die Befugnis des Staates zur Verhängung der Todesstrafe an einem Ort zusammenzufassen.

[13] Rittler, S. 97.

[14] Siehe S. 14.

[15] Vernet, S. 65.

darum, ihre Voraussetzungen zu beseitigen[16]. Uns allerdings scheint der Sühnegedanke im weitesten Sinn[17] mindestens ebenso stark im katholischen Denken verwurzelt zu sein wie das Abstellen auf die Notwendigkeit. *Thomas v. Aquin* hat zwar die Todesstrafe vornehmlich soziologisch begründet[18]. Aber die meisten katholischen Autoren erstreben doch eine weitergehende Rechtfertigung der Todesstrafe[19] im Sinne der absoluten Straftheorien[20].

2. auf protestantischer Seite

Auf protestantischer Seite stehen sich zwei Richtungen gegenüber: Die traditionelle und vorherrschende betont die Unverletzlichkeit und Heiligkeit der sittlichen Ordnung[21]. Zur Todesstrafe repräsentativ für diese Richtung hat sich *Althaus* geäußert. Beim Mord als dem radikalsten Verbrechen, der Aufhebung aller Ordnung und aller Mitmenschlichkeit, müsse auch die Strafe radikal sein[22]. In der irdischen Beschränkung gelte das Gesetz unbedingt; die Gnade hebe es nicht auf, denn sie gelte nur im Verhältnis von Gott zu Mensch[23]. Nach anfänglichem Schwanken[24] bekennt sich nun auch *Brunner* entschieden zu dieser herkömmlichen Strafauffassung[25]. Die Todesstrafe ist für ihn „Ausdruck des göttlich heiligen Zornes über die verletzte Gottesordnung"[26].

---

[16] A. a. O., S. 64.

[17] Als Vergeltung, Schuldtilgung, Wiederherstellung der gestörten Ordnung, aber auch als Versöhnung des Mörders mit Gott.

[18] Nach Summa theologica II. II. q. 64. a. 2 c darf die Gemeinschaft zu ihrem Schutz ein verderbtes Glied ausstoßen, worauf sich Kühle, S. 104, beruft; Althaus dagegen hält diese soziologische Begründung für unzureichend (S. 4—5). Unsere nähere Einstellung dazu siehe § 16.

[19] So etwa Betschart: Der Staat darf wegen des Gemeinwohls Hinrichtungen vornehmen, aber nur unter der Voraussetzung, daß entsprechende Schuld besteht (S. 130). Selbst Kühle, der das bonum commune ganz ins Zentrum seines Denkens rückt, beschäftigt sich recht eingehend mit dem Vergeltungsgedanken. Das bonum commune gibt zwar den Ausschlag (S. 104), ohne aber den Rahmen der Vergeltung wirklich zu sprengen. Lediglich weil die Todesstrafe nicht die einzig mögliche Sühne für ein Kapitalverbrechen darstellt, kann sie nicht zwingend aus dem Vergeltungsgedanken allein abgeleitet werden (S. 103).

[20] Thomas v. Aquins Auffassung, Begriffsmerkmal der Strafe sei, daß sie für Schuld verhängt werde (Summa theologica I. II. q. 46 a. 6 ad 2), legt den Ausbau zu einer absoluten Straftheorie wie derjenigen Betscharts nahe.

[21] Vgl. Rendtorff, S. 48—65.

[22] Althaus, S. 25.

[23] A. a. O., S. 27.

[24] In „Das Gebot und die Ordnungen", vgl. Rendtorff, S. 59—63.

[25] In „Die Gerechtigkeit", vgl. Rendtorff, S. 63—65.

[26] „Die Gerechtigkeit", S. 266.

Auf einem ganz anderen Boden steht *Barth*[27]. Er stellt nicht das Gesetz, sondern das Evangelium in den Mittelpunkt. „Die vergeltende Gerechtigkeit Gottes hat sich ja nach christlicher Erkenntnis *schon* ausgewirkt, die von ihm geforderte Sühne für alle menschliche Übertretung ist ja *schon* geleistet, die geforderte Todesstrafe des menschlichen Rechtsbrechers ist ja *schon* vollzogen. Eben dazu hat ja Gott seinen einzigen Sohn hingegeben"[28]. Diese theologisch entscheidende Stelle verbietet das Operieren mit dem Sühnegedanken, das gerade in der Kirche gebräuchlich ist[29]. Im Unterschied zu manchen anderen Theologen nimmt aber *Barth* auch die Stellen des Neuen Testamentes ernst, die, wenigstens wörtlich genommen, das Vergelten verbieten und zu weitestgehendem Dulden verpflichten (Röm. 12, 17—20; Matthäus 5, 38—42 und die Parallelstelle Lukas 6, 29 ff.[30]). Herbe Kritik übt er an denen, die den Geltungsbereich dieser Worte einzuschränken versuchen. *Tolstoi* und *Gandhi* sind mit ihrer vielleicht irrigen Lehre von der Gewaltlosigkeit „der Wahrheit doch immer noch hundertmal näher als alle die Doktrinen, die diesen Worten durch irgendeine geistreiche Lehre von einem Reich, in dem sie gelten, und einem anderen, in dem sie nicht gelten sollten, die Spitze abzubrechen versucht haben"[31].

Rendtorff hält beide dieser entgegengesetzten Auffassungen für unvollständig und einseitig[32]. Das Problem der „klassischen" Straflehre bestehe darin, daß sie in ihrer Betonung des Ordnungsgedankens dem Menschen in der Strafe keinen Raum zu geben vermöge[33]. Wo aber wie bei *Barth* der personale Charakter der Strafe vorherrsche, lasse sich die Strafe nicht mehr als *Rechts*strafe fassen[34]. In seinen eigenen Ausführungen zur Strafe[35] gibt nun aber *Rendtorff* kaum mehr wieder als die Gedanken von *Dombois*. Dessen Auffassung von der Strafe als wechselseitiger Restitution, vom Verbrechen auch als Existenzverfehlung des Täters, scheint die gegen-

---

[27] Kirchliche Dogmatik III 4. Behandelt wird die Todesstrafe nicht zusammen mit dem ganzen Strafrecht, sondern unter dem Titel Schutz des Lebens. Auf die allgemeine Auffassung von der Strafe lassen sich trotzdem gut Rückschlüsse ziehen.

[28] BARTH, S. 506.

[29] Diese Haltung der Kirche wird von BARTH indirekt sehr heftig angegriffen, indem er fragt, ob eigentlich der Gehorsam gegenüber der Botschaft Jesus Christus nicht eher bei den Ungläubigen als bei der Kirche zu finden sei (S. 506)!

[30] Also Stellen wie: „Vergeltet niemandem Böses mit Bösem" oder „Wer dich auf die rechte Backe schlägt, dem biete auch die andere dar!"

[31] BARTH, S. 491.

[32] RENDTORFF, S. 76—78.

[33] A. a. O., S. 72, 73.

[34] A. a. O., S. 74.

[35] A. a. O., S. 78 ff.

sätzlichen Momente tatsächlich zu vereinen. Die Wiederherstellung der Ordnung bedeutet dann zugleich eine Wiederaufrichtung der Existenz des Täters. Uns allerdings dünkt, daß verborgen der Ordnungsgedanke auch bei *Dombois* zu sehr dominiert[36], als daß man von einer wirklichen Überwindung des Gegensatzes sprechen könnte.

C. Die laienchristliche Auflehnung

Im Blick auf die allgemeine Haltung der Kirchen ist es erstaunlich, wie oft die Todesstrafe von Laien gerade aus religiösen Gründen abgelehnt wird. *Rittler* stützt sich auf einige markante Stellen des Neuen Testaments[37], *Foerster* mehr auf das Urchristentum[38]; *Baumann* glaubt, daß „gerade die Bekenner der christlichen Heilslehre ein Entsetzen erfassen müßte bei der Vorstellung eines Todesurteils, das Menschenwerk ist, und seiner Vollstreckung durch menschliche Instanzen, durch Christen"[39]. Andere Autoren begnügen sich mit der allgemein gehaltenen Aussage, daß der innerste Geist des Christentums die Todesstrafe verbiete[40]. Es mag sein, daß sie sich theologisch gesehen mit ihrer Meinung im Irrtum befinden. Bezeichnend ist aber doch, daß für diese Nichttheologen im Mittelpunkt der christlichen Botschaft die Liebesethik steht. Zuweilen schimmert in der Ablehnung der Todesstrafe auch gegen die Kirchen die Überzeugung durch, damit die wahre christliche Lehre zu verteidigen. Dieses unbedingte Festhalten an der Liebesbotschaft leuchtet bei *Dickens* auf: „Selbst wenn alle Menschen, die des Schreibens kundig sind, sich in Bibelkommentatoren verwandelten, würde es ihren vereinten Anstrengungen nicht gelingen, mich davon zu überzeugen, daß die Todesstrafe eine christliche Maßnahme ist"[41]. Ein Bekenntnis, dem wir unsere volle Sympathie nicht versagen können!

---

[36] Siehe S. 12/13, 20 unserer Arbeit.

[37] Rittler, S. 103: Joh. 8, 3—11; Lukas 9, 52—56; Lukas 6, 36—37.

[38] Foerster, S. 128—130. „Nicht der Mensch, sondern das Böse soll ausgestoßen werden" (S. 130).

[39] Baumann, S. 77.

[40] So Gowers, S. 77 (allerdings bloß im Blick auf die Beweislastfrage); Koestler, d, S. 73. Mostar hält es für unerfindlich, wie man die Todesstrafe aus christlichen Gründen rechtfertigen kann („Verlassen, verloren, verdammt", München 1952, S. 288). Coing zitiert S. 213 zustimmend Tröltsch: „Der Soldat und der Henker sind nicht ganz leicht als Vollstrecker der Bergpredigt zu denken." del Vecchio warnt allgemein vor gekünstelten Bibelauslegungen, da dann leicht der wahre Geist der Lehre verloren gehe (S. 195, Anm. 9).

[41] Zitiert bei Koestler, d, S. 74 (mit Quellenangabe) und f, S. 113. Die freie Wiedergabe des Verfassers lehnt sich eher an die französische Übersetzung an.

III. Die Erklärung für die Neigung der Theologie zur Todesstrafe

Dieser Querschnitt durch das heutige christliche Denken wäre kaum vollständig und von geringem Wert ohne den Versuch, noch etwas tiefer zu loten. Das empfiehlt sich schon darum, weil manche Abolitionisten zu große Hoffnungen in das Christentum setzen und dabei die tieferen Gründe seiner Haltung übersehen.

Einmal ist für die christliche Anschauung charakteristisch, daß sie das Böse in der Welt als Realität anerkennt und ernst nimmt. Deshalb kann der Theologe den Verbrecher nicht einfach einem kranken Menschen gleichsetzen[42]. Die Angst vor dem in der Anarchie aufbrechenden Bösen ist etwa bei *Brunner* sehr ausgeprägt[43]. Diese Berücksichtigung des Bösen ist als Korrektur zu allzu schwärmerischen Auffassungen vom Verbrechen sicherlich erwünscht; zugleich erheben sich aber ernste Bedenken, denn man kann auch die Macht des Bösen überschätzen. Die theologische Lehre von der Erbsünde und von der grundsätzlichen Verfallenheit des Menschen bedeutet in dieser Beziehung eine Gefahr. So ist es bezeichnend, daß in England bei der schrittweise erfolgten Abschaffung der Todesstrafe für Eigentumsdelikte in der ersten Hälfte des letzten Jahrhunderts neben den Richtern vor allem die Bischöfe das schlimmste prophezeiten[44].

Das christliche Menschenbild schließt ferner die Ablehnung einer „innerweltlichen Idealität"[45] ein. Daß der subjektive Idealismus eine solche annimmt, indem er jedem Menschen als rein irdischem Wesen eine unverlierbare Würde zuweist, das ist es, was ihm *Dombois* im Grunde genommen nicht verzeihen kann. Denn nach christlicher Auffassung „beruht die Würde des Menschen letztlich nicht in dem, was er ist, einschließlich jener Idealität, sondern in dem, was er schlechthin nicht ist, aber zu werden bestimmt ist"[46]. Nach gemeinchristlicher Lehre hat eben „der natürliche Mensch keine Existenz vor Gott"[47]. Diese Nichtigkeit des natürlichen Menschen zeigt sich am radikalsten bei *Alt:* Der einzelne Mensch darf sich gegen das ihn treffende Unrecht nicht auflehnen, besonders wenn es von staatlicher Seite kommt, denn hinter ihm steht der Zorn Gottes. Es geschieht dem Menschen

---

[42] Dreher, S. 551.

[43] Brunner, S. 233—235. Das äußert sich besonders in der Behauptung, daß auch der ungerechteste Staat besser sei als kein Staat (S. 234).

[44] Gowers, S. 26. Was die englischen Richter betrifft, so lese man die gut belegte, bitterscharfe Kritik Koestlers im 1. Teil seines Buches, besonders f, S. 38 ff.

[45] Dombois, Mensch und Strafe, S. 126.

[46] A. a. O., S. 125.

[47] A. a. O., S. 125: Dieser Satz wird auch von Barth mit aller Deutlichkeit gelehrt und gilt nach Canon 87 des Codex juris canonici („baptismate in ecclesia catholica homo constitutur persona") für die katholische Kirche ebenfalls.

nur sein „Recht“ als Sünder, Auflehnung gegen die ungerechte Obrigkeit bedeutet Auflehnung gegen Gottes Gericht[48]. Das Erleiden der Todesstrafe ist also von vornherein gerechtfertigt, lediglich das Verhängen stellt ein Problem dar[49]. Auf katholischer Seite äußert sich die Auffassung von der aufs Jenseits bezogenen Menschenwürde vor allem darin, daß größtes Gewicht auf die Ermöglichung der Bekehrung gelegt wird[50].

Für außerordentlich bedeutsam halten wir schließlich eine Überlegung, die als einziger sehr klar *Dombois* ausgedrückt hat. Der Opfertod Christi „enthält — horribile dictu! — die Vorstellungen des magischen Realismus in sich, wonach das vergossene Blut durch das zu vergießende wettgemacht wird“[51]. Deshalb „kann der Christ die Berechtigung der blutigen Todesstrafe nicht grundsätzlich leugnen, ohne die alleinige Grundlage seines Heils zu einem rechtsgeschichtlichen Anachronismus zu machen“[52]. Zum Teil dürfte das die Neigung mancher Christen zur Todesstrafe psychologisch erklären. Entscheidend ist aber, daß die Auffassung von der Todesstrafe als einer Strafe, die die Blutschuld wirklich tilgt und dem Täter zugleich einen neuen Status einräumt[53], auf einer theologisch zentralen Stelle beruht. Wenn deshalb im theologischen Denken zur Todesstrafe immer wieder *die Versöhnung des Mörders mit Gott* — als Schuldtilgung, aber auch als „seliger“ Tod, also als wechselseitige Restitution! — ins Zentrum rückt, entbehrt das nicht der inneren Folgerichtigkeit. An unserer Überzeugung, daß der Geist des Neuen Testaments die Todesstrafe verbietet, braucht sich deswegen nichts zu ändern.

§ 6. Die Todesstrafe als Versöhnung des Mörders mit Gott

Bisher haben wir untersucht, ob und wie die Todesstrafe sich allgemein in den Rahmen des Christentums einfügen läßt. Ihre eigentliche Begründung steht aber noch aus.

---

[48] Alt, S. 144.

[49] A. a. O., S. 146.

[50] Für Vernet, S. 64, ist eine gebührende geistliche Vorbereitung eine der unabdingbaren Voraussetzungen der Hinrichtung. Wo eine solche ausgeschlossen ist, wird die Person (nicht der natürliche Mensch!) der zeitlichen Ordnung geopfert.

[51] Dombois, a. a. O., S. 111. Am gleichen Ort: „Das Bemerkenswerte und Anstößige am Karfreitagsurteil ist, in welchem Maß sich die Heilsgeschichte der innerweltlichen Rechtskategorien bedient.“

[52] A. a. O., S. 112.

[53] Der magische Realismus wird im Heilsgeschehen doch transzendiert, es vollendet sich „in einem neuen Status der Versöhnung und Erhöhung des stellvertretenden Schuldigen“ (a. a. O., S. 111).

I. Das Zutreffen der spezifisch religiösen Begründung

Das spezifisch christliche Argument für die Todesstrafe lautet nun, daß allein sie die Versöhnung des Mörders mit Gott bewirkt. Selbst die Theologen, die sich vornehmlich in den Denkgeleisen der absoluten Straftheorien bewegen[54], die Todesstrafe primär also nicht religiös begründen, treten in der Regel recht eingehend auf diese Frage ein.

A. Versöhnung durch Schuldtilgung (Die Verwerflichkeit des Mordes)

Was die Auffassung betrifft, daß einzig das Erleiden der Todesstrafe die Mordesschuld tilgen könne, steht die Theologie vor dem meist übersehenen Problem, die unbedingte Verwerflichkeit des Mordes nachweisen zu müssen. Wer an ein seliges Weiterleben nach dem Tode glaubt, muß nämlich das Töten nicht von vornherein für etwas Furchtbares halten, besonders dann nicht, wenn das getötete Geschöpf ohnehin ein sündiges ist und das irdische Leben im Vergleich zum himmlischen als Jammertal anzusprechen ist. Im Zentrum der religiösen Betrachtungsweise kann deshalb nicht der Schutz des natürlichen Menschen stehen; entscheidend ist vielmehr die Bewahrung seiner Freiheit, sich zu transzendieren[55]. Gerade diese Freiheit wird aber im Mord angegriffen, da er die Situation des Opfers abschließt[56]. Das muß nun allerdings nicht immer so schlimm sein; das Opfer kann ja im Zeitpunkt seines Todes gerade einen religiösen Höhepunkt erreicht haben, von dem es möglicherweise wieder abgesunken wäre. Wir stehen hier vor einem zweigesichtigen Argument, für die Todesstrafe läßt sich daraus nichts ableiten.

Bedeutender ist dagegen die in der Theologie herrschende Auffassung vom Mord als *crimen laesae majestatis Dei*[57]. Mord stellt einen Eingriff in Gottes Souveränität über Tod und Leben dar[58], er ist „ein Angriff auf Gottes Erhaltungswillen in der Zeitlichkeit“[59]. Aber auch diese Deutung des Mordes vermag die Verhängung der Todesstrafe nicht zu begründen, auch wenn „seine Aburteilung vor das göttliche Forum gehört“[60]; denn es ist nicht einzusehen, wieso Gott auf dieses Gericht nicht noch bis zum natürlichen Tod warten könnte. Für uns Menschen wäre das Weiterlebenlassen nur bedenk-

---

[54] Hierher gehören etwa BETSCHART, ALTHAUS und BRUNNER.

[55] DOMBOIS, a. a. O., S. 118.

[56] A. a. O., S. 118. Allgemeinverständlicher drückt sich SCHEIWILLER, Todesstrafe, S. 32, aus: Der Mord reißt das Opfer aus dem Leben und nimmt ihm die Gelegenheit zu Verdienst vor Gott.

[57] DREHER weist S. 551 darauf hin, daß das einer der entscheidenden theologischen Gesichtspunkte zugunsten der Todesstrafe ist.

[58] DOMBOIS, a. a. O., S. 118; ähnlich SCHEIWILLER, Todesstrafe, S. 32.

[59] DOMBOIS, a. a. O.

[60] SCHEIWILLER, Todesstrafe, S. 32.

lich, wenn damit Gottes Zorn auf uns herabbeschwört würde. So stellte sich das Problem in der Theokratie Israels, wo durch den Gesetzesbruch der Bund Gottes mit dem Volk in Frage gestellt wurde; unsere Situation ist aber gänzlich anders[61].

B. Versöhnung durch Bekehrung

1. Allgemeines

Die soeben aufgedeckten Unstimmigkeiten mögen dazu beigetragen haben, daß im Zentrum vor allem des katholischen Denkens der Bekehrungsgedanke steht[62]. Angesichts des Todes, so denkt man, wird der Mörder die Schwere seiner Verfehlung einsehen[63] und sich Gott zuwenden. Der Gedanke der Schuldtilgung spielt hier zweifellos mit; dabei steht aber im Mittelpunkt weniger die Überzeugung, daß einzig der Tod sühnt, als vielmehr das Bestreben, daß der Täter *überhaupt* Sühne leistet. Bei der Freiheitsstrafe, die manche Theologen als abstumpfend ansehen, steht eben zu befürchten, daß eine sittliche Besinnung gänzlich ausbleibt. Wahrhaft bessernd wirkt also allein die Todesstrafe, durch sie erlangt der Mörder ewiges Leben. Noch heute gilt die Auffassung vom seligen Tod des Hingerichteten[64]. In der christlich-europäischen Geschichte konkurrierte diese Vorstellung allerdings mit derjenigen der totalen Auslöschung[65].

2. Der Wert der Bekehrungen

Wird nun das Ziel der Bekehrung in Wirklichkeit auch erreicht?

Die meisten der zum Tode Verurteilten beanspruchen geistliche Hilfe[66]. Das ist jedoch nicht weiter erstaunlich, denn angesichts des Todes brauchte es fast übermenschliche Kräfte, die Religion, die als einzige noch etwas zu versprechen vermag, von sich zu weisen. Ausnahmen sind trotzdem vom Mittelalter bis heute immer wieder vorgekommen[67]. Entscheidend und umstritten ist aber nicht der zahlenmäßige Umfang, sondern der Wert dieser Bekehrungen:

---

[61] ALT, S. 164.

[62] Bezeichnend der kurze Überblick über die Haltung der deutschen Gefängnisgeistlichen bei DÜSING, S. 292/3. Für die anglikanische Kirche siehe GOWERS, S. 46.

[63] SCHEIWILLER glaubt, daß ohne Entzug des Lebens dem Mörder die Bosheit seiner Tat gar nicht genügend bewußt würde (Todesstrafe, S. 33).

[64] RADBRUCH, el. jur. crim., S. 171, Anm. 79. KÜHLE stimmt S. 115 dem italienischen Sprichwort zu, daß von 100 Hingerichteten 99 für die Ewigkeit gerettet seien.

[65] BLOCH-MICHEL, S. 190/1; DOMBOIS, a. a. O., S. 110; DREHER, S. 544. Eine solche vernichtende Strafe war etwa das Verbrennen.

[66] Vgl. v. HENTIG, die Strafe II, S. 35, Anm. 4.

[67] A. a. O., S. 38—41.

Die kurze Zeit, die für die geistliche Betreuung verbleibt, mag zur Bekehrung genügen[68]; die Ansicht, daß die innerliche Loslösung vom Verbrechen einen langwierigen Prozeß darstellt[69] und es nur eine allmähliche Wendung zu Gott gibt[70], verdient aber ebenfalls Beachtung.

Die Gefängnisgeistlichen berichten von manchen beglückenden Wandlungen im Angesicht des Todes[71]. Auch wenn wir nicht vergessen dürfen, daß diese Aussagen genau besehen von einer Partei stammen — denn wer gesteht schon gerne, daß seine Arbeit wirkungslos bleibt! —, dürfen wir ihnen Vertrauen schenken, denn subjektiv sind sie ohne Zweifel ehrlich. Wo es dagegen um die Qualifizierung dieser Bekehrungen geht, müssen wir diesen Geistlichen die Gefolgschaft versagen, auch auf die Gefahr hin, deswegen der „geistlosen Flachheit" bezichtigt zu werden[72]. Wenn *Greinwald* sagt, die Bekehrungen seien zweifellos (!) freie sittliche Akte[73], so bleibt das eine bloße Behauptung. Auch *Herrwigh* vermag unsere Befürchtungen, daß die Todesangst zu etwas Unechtem führt, nicht zu zerstreuen. Wie problematisch diese Bekehrungen sind, drückt er eigentlich selber aus, indem er einerseits zwar daran festhält, daß die Glaubenserkenntnis für den Augenblick ehrlichste Überzeugung ist, andererseits aber anerkennt, daß sie durch Angst geboren wurde[74]. Auch die an sich eindrücklichen Bekehrungen der politischen „Verbrecher" in der Nazizeit vermögen uns nicht davon zu überzeugen, daß hier wirklich „der Morgenglanz der Ewigkeit" durchschimmert[75].

Glücklicherweise erhalten wir für unsere Skepsis Schützenhilfe auch von theologischer Seite. So meldet *Alt* entschiedene Bedenken gegen

---

[68] SCHEIWILLER, Todesstrafe, S. 45; Erzbischof Dr. FISHER bei GOWERS, S. 46.

[69] BAUMANN, S. 81.

[70] GRASSBERGER, S. 431.

[71] So der Katholik GREINWALD, u. a. S. 59—60, und der Protestant HERRWIGH, S. 279 ff.

[72] Solcherart argumentiert KÜHLE, S. 115.

[73] GREINWALD, a. a. O.

[74] HERRWIGH, S. 281.

[75] A. a. O., S. 283. „Angst vor dem Tode bei diesen Menschen?" fragt HERRWIGH, und antwortet stillschweigend mit nein. Wir dagegen halten auch diese mutigen Kämpfer nicht für solche Übermenschen und fragen zurück: Wieso nicht? Aus der Tatsache, daß diese Menschen für ihre guten Ziele bewußt ihr Leben wagten, folgt noch lange nicht, daß ihnen die Todesangst fehlte. Groß sind sie ja gerade deshalb, weil sie sich ihren Idealen so sehr verpflichtet fühlten, daß sie die kreatürliche Angst überwinden konnten. — Im übrigen könnte man mit derselben Argumentation in den Staaten mit Todesstrafe nachweisen, daß die Mörder keine Angst vor dem Tode kennen, da auch sie ihr Leben aufs Spiel setzen!

den Wert der Bekehrungen im Schatten des Galgens an[76]. Der zum Tode Verurteilte kann sich von seiner „Bekehrung" Vorteile erhoffen, insbesondere die Begnadigung[77]. Wie unecht eine Hinwendung zum Religiösen sein kann, weist er an einem Beispiel aus *Greinwalds* Tätigkeitsbereich auf[78]. Von einem Fall, wo eine „Bekehrung" einen neuen Mord nicht verhinderte, erzählt *Greinwald* selber[79]. Natürlich beweist ein solcher Rückfall nicht, daß die religiösen Empfindungen des Mörders angesichts des Todes nur geheuchelt waren, aber sie bestätigen klar, wie recht *Alt* mit seiner Ansicht hat, daß solche Bekehrungen sehr billig sind und *„Bekehrung ohne Bewährungsmöglichkeit immer äußerst fragwürdig bleibt"*[80].

Eine sehr erfrischende Sprache führte auch Erzbischof *Temple*, der Vorgänger von Dr. *Fisher*. Generell hält er nicht viel von Sterbebettbekehrungen. Er zweifelt an der wirklichen Glaubensstärke der zum Tode Verurteilten und mißtraut der Auffassung, daß für das künftige Schicksal nur gerade die Gesinnung im Augenblick des Todes zähle und das ganze übrige Leben nichts[81].

3. Das Problem der Nichtbekehrten

Wenn wir über alle diese Einwände einmal hinwegsehen und am Bekehrungsgedanken festhalten, stoßen wir erst noch auf das Problem, ob wir auch die Nichtbekehrten hinrichten dürfen. Eine klare Antwort auf diese Frage erhalten wir lediglich von *Kühle*, der sie wegen der überragenden Bedeutung des bonum commune bejaht[82]. Wir bezweifeln, daß ihm darin andere christliche Denker ohne weiteres nachfolgen. Nach unserer Ansicht dürften wir niemals einen Menschen hinrichten, wenn wir glaubten, ihn damit der ewigen Verdammnis preiszugeben[83]. Das wäre ja letzte Unmenschlichkeit. Andererseits wäre es menschlich gesehen fast grotesk, gerade die hinzurichten, die noch am ehesten als besserungsfähig erscheinen.

Diesem peinlichen Dilemma könnte man nur mit der Behauptung ausweichen, daß es keine Nichtbekehrten gibt[84]. Dafür fehlt aber jede

---

[76] ALT, S. 73—74.

[77] ALT, S. 73. — Bleibt ihm diese versagt, so darf er wenigstens mit dem Wohlwollen des Wachpersonals rechnen.

[78] A. a. O., S. 73/4.

[79] Siehe GREINWALD, S. 49.

[80] ALT, S. 74.

[81] GOWERS, S. 112—113.

[82] KÜHLE, S. 118.

[83] Gleicher Ansicht Viscount TEMPLEWOOD, siehe v. HENTIG, die Strafe II, S. 39.

[84] Keine wirkliche Lösung des Konfliktes bringt dagegen die Auffassung, daß der auch im Angesicht des Todes Verstockte sich sowieso nie bessere und deshalb der Verdammnis später doch anheimfalle. Sein Tod ist dann eben nicht Menschenwerk, wir haben seine Folgen nicht zu verantworten.

Spur eines Beweises, es sei denn, wir lassen uns von der Argumentation *Herrwighs* beeindrucken: „Und ob jemand ohne Gott gestorben ist, wissen wir nicht, da wir nicht sehen, was unter dem Bewußtsein schlummert“[85] (!). Sie beweist lediglich unser Nichtwissen und läßt sich sogar als Waffe gegen die Todesstrafe verwenden, denn wer weiß schon, ob jemand mit Gott stirbt?

Zusammenfaßend dürfen wir also sagen, daß der Bekehrungsgedanke eine höchst unsichere Grundlage für die Todesstrafe bildet.

II. Der grundsätzliche Wert der spezifisch religiösen Begründung

Bisher sind wir den religiösen Argumenten für die Todesstrafe auf ihrer eigenen Ebene entgegengetreten. Darüber hinaus stellt sich aber die grundsätzliche Frage, welche Bedeutung wir ihnen überhaupt beimessen dürfen. Wenn die bekehrende oder versöhnende Wirkung der Todesstrafe überzeugender dargetan würde, wäre es dann wirklich Aufgabe des Staates, die Todesstrafe zu verhängen und zu vollziehen? Wir bezweifeln das sehr[86], denn damit würde er ja transzendente Ziele verfolgen und sich nicht mehr von der Vernunft, sondern vom Glauben leiten lassen. Das ist aber nicht nur unverantwortbar, weil wir über die transzendente Wirkung der Todesstrafe nichts sicheres wissen können, sondern auch völlig unvertretbar in einer Zeit, der offensichtlich eine geschlossene Weltanschauung und noch mehr ein einheitlicher Glaube fehlt. Wir bekennen uns rückhaltlos zu der Auffassung, daß die maßgebenden Bestimmungen des profanen Rechts grundsätzlich auch die Zustimmung der Nichtgläubigen besitzen müssen[87]. Andererseits sind wir durchaus damit einverstanden, daß der Staat auf die *möglichen* transzendenten Folgen Rücksicht nimmt[88], indem er beispielsweise die zum Tode Verurteilten erst nach ausgiebiger geistlicher Betreuung hinrichtet.

Wir sind also mit anderen Worten der Meinung, daß sich die Todesstrafe mit religiösen Argumenten allein ganz grundsätzlich nicht ausreichend begründen läßt. Wem diese grundsätzliche Ablehnung zu hart und zu wenig kompromißgeneigt erscheint, der möge bedenken, daß es letzten Endes um nichts geringeres als um die Unabhängigkeit der Rechtsphilosophie geht. Die heutige theologische Diskussion mutet

---

[85] Herrwigh, S. 280.

[86] Zweifelnd auch Radbruch, RPh, S. 273, Anm. 2.

[87] Mit dieser Forderung stimmt Jescheck, S. 25, im Anschluß an Weischedel (Recht und Ethik, Karlsruhe 1956, S. 33) völlig überein. Diese tolerante Haltung herrschte auch in der Großen Strafrechtskommission, die 1954 in der Bundesrepublik Deutschland die Arbeit an der Großen Strafrechtsreform aufnahm (von uns wird sie hinfort einfach deutsche Strafrechtskommission genannt).

[88] Diese Pflicht bejaht Grassberger, S. 431.

im allgemeinen zwar ziemlich philosophisch an und ist in diesem Sinne rechtsphilosophisch keineswegs unbeachtlich; aber wenn wir ihr, die sich letztlich doch auf Glaubenssätze stützt, ausschlaggebende Bedeutung zuerkennen, dann sind wir logischerweise auch wehrlos gegen unphilosophische, dogmatische Begründungen der Todesstrafe. Die Rechtsphilosophie wäre wieder zur Magd der Theologie herabgesunken.

3. KAPITEL
Die ethische Begründung der Todesstrafe

EINLEITUNG

§ 7. Die absoluten Straftheorien

I. Das Wesen der absoluten Straftheorien

Bei der ethischen Begründung der Todesstrafe stehen wir vor dem Versuch, die Todesstrafe im vollen Sinn des Wortes zu rechtfertigen; denn hier wird der Nachweis erstrebt, daß für Mord die Todesstrafe sittlich geboten oder wenigstens sittlich erlaubt sei. Es handelt sich also um einen zentralen Begründungsversuch; gelingt er, so müßten wir im II. Teil noch ganz entscheidende Argumente gegen die Todesstrafe auffinden, um auf unserer ablehnenden Haltung beharren zu können.

In der Sprache der Strafrechtstheorie ausgedrückt treten wir damit in den Bereich der absoluten Straftheorien; denn diese bemühen sich, in rein ethischem Denken die gerechte Strafe zu finden. Sie „rechtfertigen das jus puniendi aus dem Wert der Strafe selbst“[1]. Sie sind dem auf die Zukunft gerichteten Zweckdenken der relativen Straftheorien abhold[2] und blicken zurück[3] auf das in verbrecherischer Tat geschehene Unrecht. Allen absoluten Theorien ist es gemeinsam, daß

---

[1] Henrici, S. 40.

[2] Am schärfsten formuliert diese Absage Kant: „Er muß vorher *strafbar* befunden sein, ehe noch daran gedacht wird, aus dieser Strafe einigen Nutzen für sich selbst oder seine Mitbürger zu ziehen. Das Strafgesetz ist ein kategorischer Imperativ, und wehe dem, welcher die Schlangenwindungen der Glückseligkeitslehre durchkriecht, um etwas aufzufinden, was durch den Vorteil, den es verspricht, ihn von der Strafe, oder auch nur von einem Grade derselben entbinde nach dem pharisäischen Wahlspruch: Es ist besser, daß *ein* Mensch sterbe, als daß das ganze Volk verderbe“; denn wenn die Gerechtigkeit untergeht, so hat es keinen Wert mehr, daß Menschen auf Erden leben.“ (MdS, S. 139).

[3] Nach ihrer zeitlichen Blickrichtung unterscheidet Baumgarten, S. 6, zwischen archaischer und sub specie futuri konzipierter Weltanschauung, denen die beiden Strafideen der Vergeltung und der Besserung entsprechen.

sie *darauf* in der Strafe eine irgendwie ausgleichende Antwort suchen[4]. Das Ausbleiben dieser auf das Unrecht bezogenen Antwort würde als „metaphysischer Sieg des Bösen“[5] betrachtet.

II. Die Einteilung der absoluten Straftheorien

In der Einteilung der absoluten Straftheorien folgen wir *Henrici*. Dieser unterscheidet einmal zwischen sogenannt absoluten und wahrhaft absoluten Straftheorien. Die Besonderheit der letzteren besteht darin, daß die Strafe zum Verbrechen in einem *heilenden* Verhältnis steht[6]. Die Strafe erhält so einen Sinn[7] zugewiesen.

Weiter unterscheidet *Henrici* zwischen objektiven und subjektiven Straftheorien: „Objektive Straftheorien rechtfertigen das Verhängen, subjektive das Erleiden der Strafe“[8].

Das ergibt insgesamt vier absolute Straftheorien: Die Vergeltungstheorie[9] (sog. abs.-subj.) — der Täter erhält die Strafe, die seine Tat wert ist, die Sühnetheorie (wahrhaft abs.-subj.) — zusätzlich wird die Schuld des Täters irgendwie geheilt, die Strafanspruchstheorie (sog. abs.-obj.) — durch die Tat entsteht ein Strafanspruch, und die Restitutionstheorie (wahrhaft abs.-subj.) — zusätzlich wird die verletzte Ordnung geheilt.

III. Die Bedeutung der verschiedenen absoluten Theorien für die Todesstrafe (Die entscheidende Bedeutung der Vergeltungstheorie)

Für die Frage der Todesstrafe ist unter diesen vier Theorien die Vergeltungstheorie am bedeutsamsten. Ein kurzer Überblick über die Bedeutung der anderen drei soll das aufzeigen:

A. Die Sühnetheorie

Bei der Sühnetheorie ist eine weitere Zergliederung angezeigt, da man sich unter Heilung der Schuld noch verschiedenes vorstellen kann.

---

[4] Am deutlichsten findet sich das bei HEGEL, S. 88—89: Das Verbrechen ist nicht als Übel, sondern primär als *Unrecht* anzusehen. Die Rechtsverletzung als das wahre Übel ist durch *Gerechtigkeit* aufzuheben.

[5] HILDEBRAND, S. 60. Man vgl. mit HEGEL, S. 88: Der verbrecherische Wille muß aufgehoben werden, da sonst das Verbrechen gelten würde.

[6] HENRICI, S. 41.

[7] Statt Sinn könnte man auch Zweck sagen, doch im Unterschied zu den von den relativen Straftheorien verfolgten Zwecken handelt es sich um einen Innenzweck.

[8] HENRICI, S. 41.

[9] HENRICI nennt sie Entgeltungstheorie (S. 44 ff.), doch ist die von uns gewählte ältere und plastische Bezeichnung gerade für das Thema der Todesstrafe vorzuziehen.

1. Sühne als Tilgung der Schuld gegenüber der Gemeinschaft

Berolzheimer, den *Henrici* als Vertreter der Sühnetheorie nennt, versteht darunter die Tilgung der Schuld gegenüber der Gemeinschaft[10]. In den Ausnahmefällen, wo die Gemeinschaft eine solche Tilgung für unmöglich hält, kommt die Todesstrafe vor[11]; sie ist „die absolute (reine) Friedlosigkeit"[12].

Die Todesstrafe tritt also als Grenzfall auf. Im Ergebnis besteht eine verblüffende Ähnlichkeit mit *Dombois* (wobei aber dessen Konstruktion vorzuziehen ist, denn die allgemeine Anschauung von *Berolzheimer* rückt der unethischen Vorstellung eines „Verbrechenstarifs" gefährlich nahe). Was dort an Kritischem vorgebracht wurde, gilt auch hier; insbesondere gibt auch *Berolzheimer* eher eine Erklärung der Todesstrafe als eine Begründung. Noch wichtiger ist aber der Hinweis darauf, daß dieser Sühnegedanke seine besondere Würde gerade bei der Todesstrafe einbüßt, denn sie kann ja hier nicht als heilend angesehen werden. Eine Rechtfertigung des Erleidens der Todesstrafe kann also von dieser Sühnevorstellung aus nicht geleistet werden.

2. Sühne als Tilgung der Gewissenschuld

Wenn in der Diskussion um die Todesstrafe das Wort Sühne fällt, versteht man normalerweise darunter — sofern man es nicht einfach als Synonym für Vergeltung gebraucht — die Befreiung des Täters von seiner Gewissensschuld. Zu dieser Auffassung bekennt sich *Eb. Schmidt*, besonders großartig in seiner Ableitung des Sühnebegriffes aus der Gretchentragödie im „Faust"[13]. Sühne liegt demnach vor, „wenn der Verurteilte aus eigenem sittlichem Erleben heraus die Strafe anerkennt als letzten Ausdruck der Gerechtigkeit, als das, was rechtlich-sittlich notwendig ist, um die durch die Tat verlorene ethische Freiheit wiederzugewinnen"[14]. Der Täter muß sich also zu einer Bejahung des Strafleidens durchringen, so wie es Gretchen mit ihrem: „Ich darf nicht fort!" tat. Den naheliegenden Einwand, daß solche echte Sühne nicht erzwingbar ist und gerade bei der Todesstrafe selten sein wird, läßt *Schmidt* als Argument gegen die Todesstrafe nicht

---

[10] Entgeltung, S. 34: „Die Strafe ist das Äquivalent, welches nach der Anschauung der Gemeinschaft geleistet werden muß, um den durch das Verbrechen geschaffenen Zustand zu beseitigen."

[11] A. a. O., S. 34.

[12] A. a. O., S. 449.

[13] „Goethe und das Problem der Todesstrafe", S. 452 ff.

[14] A. a. O., S. 454; bestätigt in der „Einführung", S. 420, nachdem SCHMIDT dort bereits S. 292 betont hatte, daß die Gerechtigkeit ihren positiven sittlichen Gehalt nur bei einer Miterfassung des Sühneproblems gewinne, und — nunmehr als christliches Denken klassifiziert — in „Vergeltung, Sühne, Spezialprävention", S. 186.

gelten: „Für den Staat ist *in bezug auf den Täter* der Gerechtigkeitsforderung genügt, wenn gesagt werden darf, daß für die Schwere der Schuld dieses Täters *von ungebrochenem sittlichem Empfinden aus*[15] gerade das Erleiden des Todes die alleinige Möglichkeit der Sühnung bedeutet“[16].

Eine selbständige Rechtfertigung des Erleidens der Todesstrafe ist aber damit nicht gegeben; denn das Jasagen zu einer Strafe setzt voraus, daß sie verdient ist. Diese Abklärung muß aber von der Vergeltungstheorie geleistet werden, es sei denn, man verlasse sich auf den Maßstab des „ungebrochenen sittlichen Empfindens“, was wegen seiner Vagheit von vornherein nicht als angebracht erscheint[17].

Wesentlich ist weiter, daß die Todesstrafe auch hier einen Grenzfall darstellt. Die Wiedergewinnung der ethischen Freiheit als Sinn der Sühne wird ja infolge des Todes real gesehen gar nicht erreicht! Folglich entfällt auch hier die besondere Würde des Sühnegedankens. Begründen könnte man die Todesstrafe höchstens noch als „Gnadenstrafe“, indem man von der Voraussetzung ausgeht, der Tod sei besser als ein schuldbeladenes Leben. Realpsychologisch gesehen ist das ein Irrtum[18], als Bewertung Ausdruck eines zu rigorosen Menschenbildes[19]. Auch dürfte der Nachweis schwer fallen, daß die langjährige Freiheitsstrafe dem Schwerstverbrecher nicht genügend Gelegenheit zur Entsühnung bietet[20].

Somit scheitert bei der Todesstrafe auch diese ethische Auffassung der Sühne. Nur dort wäre die Todesstrafe mit ihr vereinbar, wo man an ein Weiterleben nach dem Tode glaubt. Die Aussicht, durch das Erleiden des Todes von schwerer Schuld befreit zu werden und nicht mehr so schuldbeladen vor Gottes Angesicht treten zu müssen — diese Vorstellung ist es, die Gretchen die Kraft zum Bleiben schenkt! —, verleiht der Todesstrafe höchsten Sinn, der Sühnegedanke erfährt höchste Steigerung. Aber so groß dieser Gedanke sein mag, die Vorbehalte, die wir am Schluß des vorigen Kapitels den religiösen Be-

---

[15] Diese Auszeichnung vom Verf.

[16] A. a. O., S. 455.

[17] Zudem besteht die Gefahr, daß man demjenigen ungebrochenes sittliches Empfinden zubilligt, der für sich die schwerste Bestrafung fordert; wo ist dann aber die obere Grenze zu ziehen? (was unerläßlich ist, wenn wir uns nicht den Phantasievorstellungen von Neurotikern ausliefern wollen). Man darf auch nicht übersehen, daß Schuldgefühle noch nicht Schuld beweisen (Bauer, S. 177)!

[18] Der Glaube, daß viele Verbrecher von schweren Schuldgefühlen gepeinigt werden, wird von Bauer, S. 176 ff., stark erschüttert. (Siehe auch Bjerre, S. 111/12).

[19] So wie der starre Vergeltungsgedanke überhaupt! (vgl. § 9).

[20] Hier dürfen wir uns darauf berufen, daß es unwesentlich ist, ob solche Gelegenheit auch ergriffen wird.

kehrungen gegenüber geltend machten, treffen in gleicher Weise und mit gleicher Kraft auch diese „ethischen" Bekehrungen.

B. Die beiden objektiven Straftheorien

Den beiden absoluten Straftheorien objektiver Prägung ist vorauszuschicken, daß eine Rechtfertigung des Verhängens allein nicht genügt; das Erleiden der Todesstrafe muß besonders gerechtfertigt werden[21]. Darauf verzichten könnte man nur dort, wo man sich nicht mehr zum unaufgebbaren sittlichen Eigenwert jeder Individualität bekennt[22]. Wir tun das vorbehaltlos; deshalb müßten wir auf diese beiden Theorien erst eintreten, wenn dem Vergeltungsgedanken die Rechtfertigung des Erleidens der Todesstrafe gelingen sollte. Da wir aber die Todesstrafe auf möglichst breiter Basis behandeln (und angreifen!) möchten, wollen wir diese beiden Theorien doch kurz betrachten:

1. Die Strafanspruchstheorie

Wenig ergibt die Strafanspruchstheorie, ohnehin die farbloseste unter den absoluten Theorien. Nach ihr macht der Staat in der Strafe dem Verbrecher die Überlegenheit der Staatsmacht fühlbar, wozu er wegen dessen Tat berechtigt ist[23]. Die große Frage ist aber, wie weit im Einzelfall diese Strafberechtigung geht. Es fehlt ja der Maßstab, der uns die Schwere der Verletzung einer Ordnung angibt[24] und sie mit der Schwere der Bestrafung in eine Beziehung setzt[25]. Stellen wir nämlich auf die faktische Erschütterung ab, die ein Verbrechen in der Rechtsgemeinschaft hervorruft, geraten wir nicht nur in eine vom Standpunkt der absoluten Theorien bedenkliche Nähe zu einer realem Zweckdenken keineswegs abgeneigten Bewährungstheorie[26], sondern setzen auch voraus, daß diese Rechtsgemeinschaft ihrerseits einen vollkommenen Bau darstellt[27].

---

[21] Henrici, S. 98. Die meisten Vertreter der objektiven Theorien sind sich dessen auch bewußt; lediglich der Nationalsozialismus hat darauf verzichtet (S. 98—99).

[22] Wo man also m. a. W. den kategorischen Imperativ Kants in seiner zweiten Formulierung (Grundlegung, S. 287) ablehnt.

[23] Henrici, S. 71.

[24] Etwas eingehender behandeln wir diese Frage gleich bei der weit interessanteren Restitutionstheorie.

[25] Der Einwand der Inkommensurabilität schlägt hier weit stärker durch als bei der Vergeltungstheorie, wo er auch erhoben wird (vgl. § 9 I!). Wie sollen wir das Strafleiden mit dem „Leiden" der Ordnung vergleichen können?

[26] So weist die Strafanspruchstheorie von Binding manche Beziehungen zur Notwendigkeitstheorie auf, siehe Henrici, S. 72 .

[27] Vgl. auch hierzu bei der Restitutionstheorie.

Deshalb sind wir keineswegs darüber erstaunt, daß die Ausführungen von *Merkel*[28] — den *Henrici* zu den Vertretern dieser Theorie zählt — zur Todesstrafe nicht gerade „absolut" anmuten. Mit seiner Schlußfolgerung: „Die Verwendung der Todesstrafe ist *eine Kulturfrage*"[29] können wir uns vom Notwendigkeitsdenken her durchaus einverstanden erklären[30]; von einer wirklich *ethischen* Begründung der Todesstrafe kann aber da nicht mehr gesprochen werden.

2. Die Restitutionstheorie

Der große Fund der Dissertation von *Henrici* ist die Restitutionstheorie[31]. Nach ihr erhält die Strafe den Sinn, die durch das Verbrechen verletzte Ordnung zu heilen[32]. Entscheidend ist nun, was für eine Ordnung man als verletzt betrachtet:

Denkt man an eine überreale Ordnung — z. B. an die ideale Rechtsordnung —, bietet sich sogleich der Einwand an, daß uns im Einzelfall das sichere Wissen fehlt, um das zur Heilung der Ordnung ausreichende Strafmaß bestimmen zu können. Uns scheint, daß wir hier die Grenzen menschlicher Einsichtsfähigkeit überschritten haben und uns im Gebiet reiner Spekulationen bewegen[33]. Darüber hinaus erheben sich noch zwei schwerwiegende Fragen: Ist eine überreale Ordnung überhaupt verletzbar in dem Sinn, daß sie einer Heilung bedarf? und, wenn man diese erste Frage bejaht: Ist eine Heilung überhaupt möglich, da doch faktisch durch das Verbrechen ein nicht mehr rückgängig zu machendes Übel in die Welt gesetzt wird[34]? So ist von dieser Auffassung her eine menschlich verantwortbare Ableitung der Todesstrafe unmöglich.

Denkt man dagegen an eine reale Ordnung, z. B. an die konkrete Rechtsordnung, und spricht man etwa mit *Sauer*[35] von „der Wiederherstellung des Gleichmaßes der Sozialpsyche", die durch die Strafe erreicht werden soll, so stehen wir vor der Frage, ob denn diese Sozialpsyche überhaupt richtig beschaffen ist. Sie ist es, so dürfen

---

[28] MERKEL, S. 257.

[29] A. a. O.

[30] Vgl. S. 5/6 und das ganze 2. Kapitel.

[31] Bisher wurde sie falsch eingereiht, HENRICI, S. 42.

[32] HENRICI, S. 73.

[33] Nur im Rahmen des von DOMBOIS brillant explizierten magischen Weltbildes — für uns natürlich nicht mehr aktuell! — dringt dieser Einwand nicht durch. Denn es verlangt einen realistischen Symbolismus: Wird in die Ordnung eingegriffen, so muß sie durch eine abbildmäßige Handlung wiederhergestellt werden. (Mensch und Strafe, S. 136—139).

[34] Die Anerkennung dieses Endgültigen verlangt DEL VECCHIO, Gerechtigkeit, S. 187.

[35] Grundlagen, S. 120.

wir wohl sagen, wenn sie sich mit der Strafe begnügt, die der Täter für seine Tat verdient. Erneut werden wir also auf den Vergeltungsgedanken zurückgewiesen. Eine Ableitung der Todesstrafe wäre hier nur denkbar, wenn wir auf eine Bewertung der Sozialpsyche zu verzichten bereit sind, eine Haltung, die wir bereits bei der Besprechung von *Dombois* entschieden abgelehnt haben[36], und die jedenfalls nicht zu einer ethischen Begründung der Todesstrafe führt. Die Abschaffung der Todesstrafe wäre dann lediglich ein Erziehungsproblem!

In unserer Ansicht, daß die Restitutionstheorie zu keiner selbständigen Begründung ausreicht, werden wir bestärkt dadurch, daß *Hegel* als ihr bedeutendster Vertreter die Todesstrafe praktisch auf gleiche Weise zu begründen versucht hat wie *Kant*, der große Verkünder des Vergeltungsgedankens.

1. ABSCHNITT
Die Theorie der Vergeltung

§ 8. Die Todesstrafe als einzig adäquate Vergeltung für Mord

I. Das Talion

Die Vorstellung, daß die Todesstrafe die einzig gerechte Antwort auf den Mord darstellt, basiert auf dem Gedanken des *Talion*, der Vergeltung des Gleichen mit Gleichem. Heute steht man diesem Gedanken im allgemeinen eher ablehnend gegenüber; bezeichnend ist etwa seine scharfe Verurteilung durch *Baumann*[37]; gerechterweise ist aber beizufügen, daß sein Erscheinen in der Geschichte einen Fortschritt bedeutet hat, indem es die Rache begrenzte[38].

A. Die Vergeltung der objektiven Tat

1. Gleichartigkeit: *Kant*

a) Die Todesstrafe als Ausfluß des allgemeinen Strafprinzips

Ein sehr starkes Bekenntnis zum Gedanken des Talions hat *Kant* geformt: „Welche Art aber und welcher Grad der Bestrafung ist es, welche die öffentliche Gerechtigkeit sich zum Prinzip und Richtmasse macht? Kein anderes, als das Prinzip der Gleichheit (im Stande des Züngleins an der Waage der Gerechtigkeit), sich nicht mehr auf die eine, als auf die andere Seite hinzuneigen. Also: was für unverschulde-

---

[36] Vgl. S. 8, 12/13.

[37] Zum Argument, daß beim Mord nur die Todesstrafe schuldangemessen sei: „Daß es sich dabei um mehr als atavistische Talionsvorstellungen handelt, muß entschieden zurückgewiesen werden“ (S. 81).

[38] REIWALD, S. 268/9; BAUER, S. 135.

tes Übel du einem andern im Volk zufügst, das tust du dir selbst an. Beschimpfst du ihn, so beschimpfst du dich selbst; schlägst du ihn, so schlägst du dich selbst; tötest du ihn, so tötest du dich selbst. Nur das *Wiedervergeltungsrecht (jus talionis)* ... kann die Qualität und Quantität der Strafe bestimmt angeben; alle anderen sind hin und her schwankend und können anderer sich einmischender Rücksichten wegen keine Angemessenheit mit dem Spruch der reinen und strengen Gerechtigkeit enthalten"[39].

Ein Mangel dieses Bekenntnisses besteht sicherlich darin, daß der Maßstab des Talions ethisch gar nicht begründet wird; im Gegenteil beruft sich *Kant* auf seine Zweckmäßigkeit, indem er sich auf den praktischen Vorzug der eindeutigen Bestimmtheit des Wiedervergeltungsrechtes stützt. Wir wollen aber einmal darüber hinwegsehen und einräumen, daß diesem Gedanken wenigstens fürs erste eine fast zwingende Anziehungskraft innewohnt. Auch wollen wir die ethischen Einwände gegen ihn zurückstellen; zu einem erheblichen Teil sind es die gleichen, die die Vergeltungstheorie als Ganzes treffen[40].

Selbst bei einer vorläufigen Billigung des Talionsgedankens bleibt nämlich die Begründung der Todesstrafe schwierig genug. Das „tötest du ihn, so tötest du dich selbst" mag für sich allein genommen einigermaßen überzeugen, aber wie vergelten wir dem Sittlichkeitsverbrecher, etwa dem Notzüchtiger oder dem Kindsschänder, ihre Taten? Eine Frage, die aus dem reinen Talion heraus schlechthin nicht beantwortet werden kann[41]! Bei andern Delikten, etwa bei Raub und Körperverletzung, müßte die Strafe brutal ausfallen. Wieder bei anderen, etwa beim Diebstahl, wäre sie geradezu verbrechenermunternd. Denn wenn man dem Dieb lediglich den zweifachen Wert des Diebsgutes abnimmt, lohnt sich die verbrecherische Tätigkeit für ihn selbst dann, wenn er manchmal ertappt wird, solange er nur weniger als der Hälfte seiner Diebstähle überführt werden kann. Kurz, das Talion in seiner reinen und schlagenden Form ist als Grundlage des Strafrechts unbrauchbar, zum Teil wegen seiner Undurchführbarkeit, zum Teil wegen seiner Absurdität.

---

[39] MdS, S. 139/40.

[40] Siehe im nächsten Paragraphen. Auch die in den §§ 10—12 vorgebrachten Einwände treffen den Talionsgedanken besonders stark.

[41] Beim Ehebruch wäre diese Bestimmung möglich, doch wollen wir wie A. Kaufmann, S. 46, auf die pikante Ausmalung verzichten! Die Entmannung, die Kaufmann a. a. O. als Sanktion des Talions für Sittlichkeitsverbrecher erwähnt, basiert nicht auf dem strengen Wiedervergeltungsrecht, sondern stellt eine Bestrafung des Täters am „schuldigen" Objekt dar: Dem Taschendieb würde dann die Hand abgeschlagen, dem Gotteslästerer die Zunge ausgerissen. Diese spiegelnden Strafen, die historisch die Urform des Talions darstellen mögen (vgl. del Vecchio, Gerechtigkeit, S. 181), sind natürlich für heutiges Strafrechtsdenken völlig unannehmbar.

Damit gerät aber die ganze Strafauffassung *Kants* ins Wanken, das scheinbar feste Gefüge des Talions ist erschüttert und damit auch die darauf sich stützende Todesstrafe für Mord. Dennoch darf seine flammende Bejahung der Todesstrafe in einer rechtsphilosophischen Dissertation zu diesem Thema nicht fehlen: „Hat er aber gemordet, so muß er *sterben*. Es gibt hier kein Surrogat zur Befriedigung der Gerechtigkeit. Es ist keine *Gleichartigkeit* zwischen einem noch so kummervollen Leben und dem Tode, also auch keine Gleichheit des Verbrechens und der Wiedervergeltung, als durch den am Täter gerichtlich vollzogenen, doch von aller Mißhandlung, welche die Menschheit in der leidenden Person zum Scheusal machen könnte, befreieten Tod“[42], gesteigert in ihrer Unerbittlichkeit durch die berühmten Worte: „Selbst wenn die bürgerliche Gesellschaft sich mit aller Glieder Einstimmung auflösete, müßte der letzte im Gefängnis befindliche Mörder vorher hingerichtet werden, damit jedermann das widerfahre, was seine Taten wert sind, und die Blutschuld nicht auf dem Volke hafte, das auf diese Bestrafung nicht gedrungen hat, weil es als Teilnehmer an dieser öffentlichen Verletzung der Gerechtigkeit betrachtet werden kann“[43], und apodiktisch schließend: „So viel also der Mörder sind, die den Mord verübt, oder auch befohlen, oder dazu mitgewirkt haben, so viele müssen auch den Tod leiden; so will es die Gerechtigkeit als Idee der richterlichen Gewalt nach allgemeinen, a priori begründeten Gesetzen“[44]. Aber der Boden ist dieser leidenschaftlichen Forderung bereits entzogen worden.

b) Abweichungen (?) vom Prinzip

Fraglich bleibt höchstens, ob *Kant* wirklich ein Anhänger des starren Talionsgedankens ist. Der Anfang des soeben Zitierten, besonders das Wort „Surrogat“, lassen das bezweifeln. Doch hat *Kant* in den dieser Stelle vorangehenden Ausführungen nirgends eine grundsätzliche Abweichung vom Talionsgedanken angetönt. Zwar trifft er an einem Ort insofern eine Ausnahme, als er sich mit der Gleichheit der Wirkung begnügt und auf die Buchstabengleichheit verzichtet; doch handelt es sich dort darum, zwei Prinzipien — dasjenige der Wiedervergeltung und dasjenige der Ungleichheit der Stände — miteinander in Übereinklang zu bringen. Auch seine Worte zum Diebstahl, in anderer Hinsicht sehr aufschlußreich, sind als bloße Erklärung zum Talion etikettiert. Sollten sie doch eine Abweichung andeuten, so nähert sich *Kant Hegel*, fällt also unter die diesem gegenüber vorzubringenden Argumente. Jedenfalls wäre dann *Kants* Starrheit in der Frage der Todesstrafe unangemessen.

---

[42] MdS, S. 140/1.
[43] A. a. O., S. 141.
[44] A. a. O., S. 142.

Eine besondere Betrachtung verdienen die merkwürdigen Erläuterungen von *Kant* zum Diebstahl: „Was heißt das aber: ‚Bestiehlst du ihn, so bestiehlst du dich selbst'? Wer da stiehlt, macht aller anderer Eigentum unsicher; er beraubt sich also (nach dem Recht der Wiedervergeltung) der Sicherheit alles möglichen Eigentums; er hat nichts und kann auch nichts erwerben, will aber doch leben; welches nun nicht anders möglich ist, als daß ihn andere ernähren. Weil dieses aber der Staat nicht umsonst tun wird, so muß er diesem seine Kräfte zu ihm beliebigen Arbeiten (Karren- oder Zuchthausarbeit) überlassen und kommt auf gewisse Zeit, oder nach Befinden auch auf immer in den Sklavenstand"[45]. *Kant* versucht hier also, die Gefängnis- oder genauer die Zwangsarbeitsstrafe als gerechte Vergeltung des Diebstahls nachzuweisen, ein Unterfangen, das unserer Ansicht nach vollständig mißlungen ist. Verdächtig ist schon der Umstand, daß sich *Kant* mit dem auf der Hand liegenden Sinn des „bestiehlst du ihn, bestiehlst du dich selbst", nämlich daß dem Dieb von seinem ursprünglichen Eigentum soviel weggenommen wird, wie er seinerseits gestohlen hat, gar nicht auseinandersetzt. Da aber diese Auslegung nicht nur naheliegend, sondern auch völlig logisch ist, bedeutet das einen schweren Mangel. Doch auch im übrigen ist die Argumentation wenig überzeugend. Schon die Behauptung, daß der Dieb aller andern Eigentum unsicher macht, ist problematisch; seine Tat macht ausschließlich das Eigentum des Bestohlenen unsicher[46]. Vollends unerklärlich ist aber, wieso dem Dieb die Möglichkeit des Eigentums — mit anderen Worten das Recht zu Eigentum — genommen wird. Er hat ja den Bestohlenen lediglich der Sicherheit des Eigentums —, und zwar nur eines Teiles desselben — beraubt, während er seine Eigentumsmöglichkeiten in keiner Weise anzutasten vermag; schließlich wird durch den Diebstahl nicht einmal das Eigentumsrecht an der gestohlenen Sache aufgehoben.

Beachtlicher als der leicht angreifbare Gedankengang selber ist die Frage, wieso *Kant* zu ihm Zuflucht nimmt. Uns scheint nur die Erklärung möglich zu sein, daß er sich der bereits erwähnten völligen Unzweckmäßigkeit des Talions beim Diebstahl bewußt war und so diesen Ausweg suchte. Dieses versteckte Nachgeben gegenüber Zweckmäßigkeitsüberlegungen läßt aber in uns den Verdacht aufsteigen, daß auch die vehemente Bejahung der Todesstrafe nicht ohne Seitenblicke auf ihre Zweckmäßigkeit erfolgte. Damit erhalten wir eine indirekte Bestätigung für die (nicht näher begründete) Ansicht von

---

[45] A. a. O., S. 140.

[46] Die Nichtbestohlenen fühlen sich für die Zukunft bedroht, weil die im Diebstahl zum Ausdruck gekommene Mißachtung des Eigentums weitere Delikte befürchten läßt. Das muß aber völlig irrelevant sein für eine Straftheorie, der das Abstellen auf Nutzen und Schaden als ein Greuel erscheint.

Baumann: „Oft schon wurde aus der Vorstellung der sozial-rechtlichen Notwendigkeit und Unverzichtbarkeit heraus ein Urteil über die Zulässigkeit oder Irrelevanz zu einem Urteil über sittliche Notwendigkeit“[47].

2. Gleichwertigkeit: *Hegel*

a) Das Strafprinzip

Hegel stützt sich im Gegensatz zu *Kant* nicht auf das Talion. Im Gegenteil erklärt er, daß man es leicht ad absurdum führen könne. So erstrebt er nicht eine spezifische Vergeltung, sondern begnügt sich mit einer Wertgleichheit zwischen Verbrechen und Strafe. Auch weist er darauf hin, daß das Prinzip der Vergeltung eine Forderung ist, die nur eine Annäherung zuläßt[48].

b) Die Todesstrafe als Ausnahme vom Strafprinzip

Um so erstaunlicher ist deshalb seine Stellungnahme zur Todesstrafe: „Wenn nun bei der Vergeltung nicht auf spezifische Gleichheit gegangen werden kann, so ist dies doch anders beim Morde, worauf notwendig die Todesstrafe steht. Denn da das Leben der ganze Umfang des Daseins ist, so kann die Strafe nicht in einem *Werte*, den es dafür nicht gibt, sondern wiederum nur in der Entziehung des Lebens bestehen“[49]. Mit dieser starren Forderung widerspricht *Hegel* seiner eigenen Grundauffassung von der Strafe und stellt den ganzen Fortschritt im Vergleich zu *Kant* in Frage. Denn wenn beim Mord nur die Todesstrafe gleichwertig vergilt, wieso soll es dann plötzlich etwa bei schweren Körperverletzungen ein Surrogat für die Verstümmelungsstrafe geben? Wenn wir in einem Fall dem Talionsgedanken entsprechend auf spezifische Gleichheit gehen, können wir sie nicht für alle übrigen Fälle ablehnen!

Trotz seiner ausdrücklichen Ablehnung des Talions hat sich *Hegel* anscheinend nicht ganz davon lösen können. Hält man aber wirklich konsequent an einer lediglich wertgleichen Vergeltung fest, so läßt sich die Todesstrafe niemals zwingend als sittliche Forderung ableiten. „Kann eine jede noch so entsetzliche Freveltat auf gerechte Weise durch Gefängnis gestraft werden, so gilt dies notwendig auch für den Mord“, so argumentiert *Hetzel*[50] durchaus zutreffend.

Es bliebe allerdings noch abzuklären, ob die Idee der wertgleichen Vergeltung überhaupt durchführbar ist. Soll nämlich dieser Begriff nicht einfach als Tarnung für den Gedanken des Talions verwendet werden (um seine Vorteile ausnützen zu können, ohne die gleichen

---

[47] S. 76; diese Stelle bezieht sich ausdrücklich auch auf Kant.
[48] Hegel, S. 90—91.
[49] A. a. O., S. 311. (Zusatz zu § 101).
[50] Hetzel, S. 204.

Angriffsflächen zu bieten!), wird er sehr schwankend; eine eindeutige Bestimmung des Strafmaßes ist kaum mehr möglich, ja es droht das Abgleiten in Willkür. Wo diese Gefahr nicht gebannt und das ganze Phänomen nicht noch eingehender geprüft wird[51], ist der Gedanke der wertgleichen Vergeltung nahezu gleich problematisch wie derjenige des Talions.

3. Vorläufiges Ergebnis

Durch die Bedeutung der Namen *Kant* und *Hegel* fühlten wir uns veranlaßt, deren Ausführungen im Zusammenhang wiederzugeben und zu untersuchen. Wie wir aber festgestellt haben, kommen sich *Kant* und *Hegel* trotz verschiedener Ausgangsbasis in der Frage der Todesstrafe sehr nahe. Das ist nur möglich, weil beide keine ganz klare Linie verfolgen (wobei allerdings die Inkonsequenz von *Hegel* als gewichtiger erscheint). Deshalb hat möglicherweise unsere bisherige Gedankenführung etwas unsystematisch angemutet. Aus diesem Grunde wollen wir das für unser Problem gewonnene Ergebnis geordnet vor uns ausbreiten:

Die stärkste Rechtfertigungskraft für die Todesstrafe ginge von der Vorstellung des „reinen" Talions aus. Diese ist indessen nicht durchführbar. In einigen keineswegs unwichtigen Fällen läßt uns dieser Maßstab einfach im Stich, in einem anderen ist er völlig unzweckmäßig. Schon diese zwei gewichtigen Einwände würden genügen. Darüber hinaus enthüllen die Beispiele, wo unsere Reaktion brutal ausfallen müßte, die ganze ethische Fragwürdigkeit des Talionsgedankens[52].

Müssen wir aber von einer konsequenten Durchführung abweichen, ist zumindest das Pathos und die Starrheit der Forderung nach der Todesstrafe nicht mehr gerechtfertigt. Daneben kann diese Forderung nur bestehen, wenn wir allen Bedenken zum Trotz wenigstens grundsätzlich am Talion festhalten. Praktisch läuft das aber einfach darauf hinaus, daß wir es nur dort verwenden, wo es uns gerade paßt, was nicht eben eine saubere ethische Grundlage bildet.

Wo schließlich dem Talion eine grundsätzliche Absage erteilt wird, ist für die unbedingte Forderung nach der Todesstrafe kein Raum mehr.

---

[51] Diese Aufgabe nimmt SPENDEL überzeugend an die Hand, wie wir bald unter II sehen werden.

[52] Dieser Einwand der Brutalität läßt sich selbstverständlich auch bei der Todesstrafe erheben. Wir halten ihn sogar für so wichtig, daß wir ihm im II. Teil ein eigenes Kapitel widmen. — Heute ist aber seltsamerweise die Brutalität der schwersten Körperstrafen (Verstümmelungen) weit allgemeiner anerkannt als jene der Todesstrafe, so daß wir uns hier (vgl. auch S. 38) bloß auf erstere berufen.

B. Die subjektive Tatseite

Bisher haben wir die Schwierigkeiten aufgezeigt, die sich bei der Verfolgung des Talionsgedankens ergeben. Dieser weist aber auch einen grundsätzlichen Mangel auf: Er knüpft vornehmlich an den Erfolg an und berücksichtigt kaum die subjektive Seite der Tat. Es fehlt also an einer genügenden Miterfassung der Schuldfrage. Nach dem Talion erhält der Verbrecher vielleicht die Strafe, die *seine Tat* wert ist, aber noch nicht die Strafe, die *er* für seine Tat verdient.

Der Talionsgedanke bedarf also einer subjektiven Ergänzung. Der Nachweis allein, daß Tötungen objektiv gesehen der Todesstrafe als Antwort rufen, würde folglich nicht zur Begründung der Todesstrafe genügen; er müßte vervollständigt werden durch den zweiten, daß auch die subjektive Beziehung des Verbrechers zu seiner Tötungshandlung die Todesstrafe verdient[53]. Da unseres Erachtens schon der erste Nachweis nicht gelungen ist, dürfen wir es mit dem zweiten kurz halten.

Wie wichtig die Einbeziehung des subjektiven Moments ist, zeigt sich gerade beim Mord. Denn das Tun des Mörders unterscheidet ihn keineswegs absolut von allen anderen Delinquenten; der Totschläger, aber auch der Verkehrsrowdy töten ja ebenfalls[54]. Deshalb sind gerade subjektive Kriterien für die Unterscheidung ausschlaggebend. Die Frage ist nun, ob es ein subjektives Merkmal gibt, welches die Todesstrafe fordert. Geprüft wird sie von *Dreher*, auf dessen Umsicht wir uns verlassen dürfen: „An dieser Stelle aber haben nicht erst die eingehenden Diskussionen in der Großen Strafrechtskommission, sondern alle Überlegungen, die schon früher zu diesem Problem angestellt worden sind, gezeigt, daß eine klare, in die Augen springende Unterscheidung, die gleichzeitig einen Qualitätsunterschied in der Strafart von so inkommensurabler Weise, wie ihn der Übergang zur Todesstrafe bedeuten würde, nicht gefunden werden kann“[55]. Am ehesten würde *Dreher* noch das Kriterium der „Überlegung“ anerkennen,

---

[53] Beruft man sich in der Diskussion um die Todesstrafe auf das Talionsprinzip, so wird die subjektive Seite meist auch berücksichtigt, indem man beispielsweise nicht sagt: „Wer getötet hat, muß sterben“, sondern: „Wer gemordet hat, muß sterben“; dabei wird aber meistens übersehen, daß man damit den (allerdings nur scheinbar!) sicheren Boden des Talions bereits verlassen hat.

[54] DREHER, S. 558. Einer rein formalen Auffassung vom Talion fehlt sogar jede Unterscheidungsmöglichkeit zwischen Mord, Totschlag und fahrlässiger Tötung, so daß alle drei mit dem Tode zu ahnden wären (ALT, S. 57)!

[55] DREHER, S. 558; das Zitat ist leicht verständlich, obschon nach „Weise“ offensichtlich ein Verbum fehlt; man könnte etwa „rechtfertigt“ einfügen. Zum gleichen negativen Ergebnis kam auch die Royal Commission on Capital Punishment 1949—53 (GOWERS, S. 38/9). — Einen Unterschied, der

weil der Täter „gleichsam den negativen Schöpfer spielt"[56]. Die Kritik liegt aber auch hier nahe. Einmal können auch solche Tötungen wegen ihrer Motivlage stark entschuldbar sein[57]. Zum anderen stellt sich die Frage, ob nicht alle vorsätzlich Tötenden den negativen Schöpfer spielen[58], und ob nicht gerade die tragischsten Figuren unter den Tötungsdelinquenten diese Rolle am bewußtesten erleben, nämlich jene, die aus Mitleid und auf ernstliches Verlangen hin töten.

II. Die formale Vergeltungstheorie *(Spendel)*

Wie wir gesehen haben, türmen sich die Hindernisse auf, wenn der Vergeltungsgedanke die Grundlage für eine eindeutige Strafmaßbestimmung abgeben soll. Deshalb halten wir Umschau nach einer modifizierten Anschauung; einer solchen begegnen wir bei *Spendel*. Obschon seine Studie vornehmlich die Theorie der richterlichen Strafzumessung fördern soll[59], finden sich in ihr ganz grundlegende Gedanken zur Vergeltungstheorie.

A. Die Begründung des Vergeltungsgedankens

Spendel gründet den Vergeltungsgedanken induktiv auf das Vergeltungsbedürfnis. Dieses ist eine psychische Grundtatsache, und wenn auch das Sein nicht direkt auf ein Sollen schließen läßt, so zwingt doch „die Stoffbestimmtheit der Idee" zu einer Berücksichtigung solcher Tatsachen[60]. Dem Vergeltungsbedürfnis liegt „die tiefe Sehnsucht nach Gerechtigkeit", „der brennende Wunsch nach dem *Ausgleich* von Verdienst und Schicksal" zugrunde[61]. Überraschenderweise verzichtet *Spendel* hier darauf, sich auf die ausgleichende Gerechtigkeit zu be-

---

den Sprung zur Todesstrafe rechtfertigen würde, könnte man höchstens zwischen den fahrlässigen und den vorsätzlichen Tötungen erblicken. Doch für das heutige Strafrechtsempfinden wäre es völlig unannehmbar, alle vorsätzlich begangenen — also nach der Definition von Art. 18 des schweizerischen Strafgesetzbuches „mit Wissen und Willen ausgeführten" — Tötungen mit dem Tode zu bestrafen; die subjektive Vorwerfbarkeit würde viel zu stark variieren.

[56] A. a. O., S. 558.

[57] Darauf weist auch Gowers hin, der sich entschieden gegen die Brauchbarkeit des Begriffs „premeditation" wendet (S. 36 ff.).

[58] Das Ziel der „Überlegung" besteht ja für viele Täter vor allem darin, nicht erwischt zu werden! Aber auch dort, wo ein Mörder in erster Linie sorgfältig plant, um des Erfolges seiner Tat gewiß zu sein, braucht ihm die in der Tötung liegende Anmaßung nicht bewußter zu werden als dem sich ohne langes Besinnen Entschließenden.

[59] Spendel, S. 23.

[60] A. a. O., S. 93—94.

[61] A. a. O., S. 96.

rufen, was naheliegend, wohl statthaft[62] und jedenfalls als einziges erfolgversprechend wäre; denn seine deduktive Ableitung des Vergeltungsgedankens aus der austeilenden Gerechtigkeit glückt nicht: „Nach dem Fundamentalsatz, daß Gleiches gleich und Ungleiches ungleich zu behandeln sei, gebührt sinnfällig den guten und gerechten Taten die Erwiderung mit Gleichem, also die Erweisung von Wohltaten, d. h. die Abstattung mit Dank und die Erstattung von Lohn (und nicht die Begegnung mit Undank und verletzendem Verhalten), wie umgedreht den bösen und verbrecherischen Handlungen die Zufügung von Übeln und Leiden, d. h. die Verhängung von Strafe (und nicht die Beantwortung mit Gutem) entspricht"[63]. Diese Auslegung des Fundamentalsatzes kann nämlich keineswegs überzeugen, da sie „Ungleiches ungleich behandeln" zu einer überflüssigen, ja unverständlichen Satzpartie stempelt; „Gleiches mit Gleichem erwidern" würde vollauf genügen. In Wirklichkeit besagt er lediglich, daß wir die guten und bösen Handlungen nicht gleich behandeln dürfen (da „Ungleiches ungleich zu behandeln ist"), und allenfalls noch, daß wir sie als Entgegengesetztes entgegengesetzt behandeln sollen. Mehr als diese noch ziemlich unbestimmte Forderung (sie läßt sich etwa erfüllen durch Lob und Tadel, durch Verehrung und Verachtung, durch Belohnung und Geldbuße usw.) können wir ihm aber nicht entnehmen. Der Grundgedanke der austeilenden Gerechtigkeit muß also noch ergänzt werden, aber wie das vorzunehmen ist, können wir nicht ihm selber entnehmen[64]. Für eine zwingende Ableitung des Vergeltungsgedankens reicht also die austeilende Gerechtigkeit nicht aus[65].

B. Die Ausgestaltung des Vergeltungsgedankens

Spendel lehnt das Talion ab, da es die Schuld unberücksichtigt läßt[66]. Auch wird der erstrebte Ausgleich durch Gleich*wertigkeit* von Delikt und Strafübel erreicht[67]. Jede Übeltat soll die ihr entsprechende Strafe finden, Verbrechen und Strafe sollen zueinander proportional sein[68].

---

[62] So läßt Radbruch, RPh, S. 264, die ausgleichende Gerechtigkeit als Grundlage des Vergeltungsgedankens gelten. Wie der Ersatz dem Schaden, entspricht die Strafe dem Verbrechen.

[63] Spendel, S. 97.

[64] Das lehrt wiederholt Radbruch (Vorschule, S. 25; RPh, S. 265; Der Mensch im Recht, S. 92).

[65] Radbruch leitet aus ihr just die Zwecktheorien ab. Denn bei ihm greift da, wo die Gerechtigkeit keinen Aufschluß mehr gibt, als zweites Element der Rechtsidee die Zweckmäßigkeit ein (RPh, S. 265).

[66] Spendel, S. 96.

[67] A. a. O., S. 113.

[68] A. a. O., S. 116—117.

Nun faßt aber *Spendel* das Vergeltungsprinzip als *formal* auf[69]. Es ist nicht ein Katalog, dem die Strafhöhen einfach entnommen werden können, sondern es bedarf noch der materialen Auffüllung. Insbesondere bestimmt es nicht, „*wie schwer* das einzelne Verbrechen wiegt und *was* noch als gleichwertiges Strafübel anzusehen ist"[70]. Dennoch ist es durchaus brauchbar und gibt uns fürs erste vor allem negative Aufschlüsse. So sind Strafensysteme, die für völlig wesensungleiche Delikte die Todesstrafe vorsehen — z. B. für Totschlag, Diebstahl und Ehebruch —, vom Vergeltungsgedanken her eindeutig zu verwerfen, da der formale Gedanke der Proportionalität zwischen Verbrechen und Strafe nicht mehr berücksichtigt wird[71]. Darüber hinaus ist die Beachtung der formalen Prinzipien bei der Auffindung der materialen unerläßlich; denn so wenig es Form ohne Inhalt gibt, so wenig Inhalt ohne Form[72]. Auch erfolgt die materiale Auffüllung des Vergeltungsprinzips nicht willkürlich, sondern ist vernünftiger Überlegung zugänglich[73]. So „liegt es in der ‚Natur der Sache', daß ebenso, wie verbrecherische Angriffe gegen bestimmte grundlegende menschliche Interessen (z. B. Leben, Gesundheit, Freiheit) zu allen Zeiten ziemlich konstant als schwer und ahndungsbedürftig angesehen worden sind, manchen Strafmaßnahmen in ihrer Übelsqualität stets eine gewisse Schwere beizumessen sein wird (z. B. Todesstrafe, 15jährige oder lebenslange Zuchthausstrafe), und daß damit eine gewisse Festigkeit bei der Strafmaßbestimmung gewährleistet ist"[74]. Behält man nun die schwersten Strafen den schwersten Verbrechen vor, so ist die Grundlage für die weitere Abstufung nach unten gegeben[75]. Zwar fehlt bei allen diesen Bestimmungen die letzte Eindeutigkeit; andererseits erfolgen sie keineswegs willkürlich, „die leitende Hand der Vernunft wird nicht weggestoßen"[76].

Bei dieser ganzen Überlegung könnte man noch einwerfen, daß die subjektive Seite nicht berücksichtigt wird. Indessen hat *Spendel* schon vorher recht eindrücklich den Erfolgsgedanken betont[77] und darauf hingewiesen, daß die Betrachtung der Schuld als der inneren Beziehung des Täters zum konkreten Erfolg ohne die objektive Be-

---

[69] A. a. O., S. 117.

[70] A. a. O., S. 117.

[71] A. a. O., S. 117—119.

[72] A. a. O., S. 120 ff.

[73] A. a. O., S. 123—124.

[74] A. a. O., S. 165: „Geschichtliche Ausnahmen sprechen nicht dagegen; es gibt nicht nur eine Geistesverwirrung des einzelnen, sondern auch der Massen."

[75] A. a. O., S. 167.

[76] A. a. O., S. 168. SPENDEL befleißigt sich überzeugt und überzeugend einer rein rationalistischen Denkweise.

[77] A. a. O., S. 130 ff., S. 134 ff.

trachtung des Erfolges in der Luft hängt: „Der auf der *subjektiven* Blickrichtung beruhende *Schuld*begriff ist ein an dem *Erfolgs*begriff orientierter, und insofern ist dem objektiven Faktor im Verbrechen und einer Erfolgsbetrachtung die *maßgebende* Bedeutung zuzuerkennen"[78]. Bei schwersten Delikten wie Mord, Raub und Notzucht vermag deshalb auch eine geringe Schuld die Strafhöhe nicht beliebig absinken zu lassen; wo in solchen Fällen überhaupt noch Schuld besteht, muß die Strafe fühlbar ausfallen[79]. Andererseits „kann der Erfolg nicht ausschließlich in seiner rein äußeren Erscheinung erfaßt werden"[80]. „So hat das Recht ... den verbrecherischen Erfolg nicht individuell in seiner besonderen Bedeutung für den Betroffenen zu würdigen, sondern generell als soziale Erscheinung in seiner allgemeinen Bedeutung für die Rechtsgesamtheit zu sehen"[81]. In dieser Hinsicht unterscheidet sich etwa die Körperverletzung als Folge eines mißglückten Mordversuchs grundlegend von der absichtlich und diese wieder von der fahrlässig zugefügten Körperverletzung[82].

Bei der Behandlung der richterlichen Strafzumessung wird das Problem der Bestimmbarkeit der Strafhöhe noch vertieft untersucht. Hier bekennt sich *Spendel* zur Auffassung des *Aristoteles*, daß bei gewissen Handlungen die *Qualität* von der *Quantität* abhängt, daß die Wertbetrachtung von der Seinsbetrachtung nicht gelöst werden kann[83]. Seinsmäßig nun befindet sich die Tugend in der Mitte zwischen zwei Lastern, also etwa die Freigiebigkeit zwischen Verschwendung und Geiz. Das gilt auch für die gerechte Vergeltung, die zwischen weichlicher Nachsicht und zügelloser Rache liegt[84]. Zwischen den beiden Extremen können nun aber mehrere positive Qualitäten Raum gewinnen: So liegen Sparsamkeit wie Freigiebigkeit zwischen Verschwendung und Geiz, zwischen Feigheit und Tollkühnheit nennt *Spendel* Festigkeit, Standhaftigkeit, Furchtlosigkeit, Tapferkeit, Mut, Kühnheit[85]. Somit ist eine feste Fixierung der Mitte unmöglich[86]. Auf die Vergeltungstheorie übertragen bedeutet das: In einem konkreten Fall gibt es mehrere angemessene Strafgrößen, die gerechte Strafe bewegt sich in einem Spielraum zwischen „schon gerecht" und „noch

---

[78] A. a. O., S. 132.

[79] A. a. O., S. 155.

[80] A. a. O., S. 146.

[81] A. a. O., S. 149.

[82] A. a. O., S. 153.

[83] A. a. O., S. 170—176. KANTS Kritik an ARISTOTELES wird von SPENDEL, S. 173—175, als zu „subjektivistisch" abgelehnt.

[84] A. a. O., S. 176.

[85] A. a. O., S. 176.

[86] Damit stellt sich SPENDEL in Gegensatz zu ARISTOTELES, doch wirkt seine Begründung (vgl. besonders S. 179—182) recht überzeugend.

gerecht"[87]. Die eindeutige Bestimmung der Strafhöhe ist also nicht bloß etwa aus praktischen, sondern auch *prinzipiell* aus theoretischen Gründen unmöglich[88].

C. Folgerungen für die Todesstrafe

Zur Frage der Todesstrafe bezieht *Spendel* nicht Stellung. Er erwähnt lediglich, daß „dem Ausgleichsgedanken nicht abzulesen ist, ob der Gesetzgeber als zulässige Höchststrafe schlechthin 20jähriges oder lebenslängliches Zuchthaus oder Todesstrafe androhen soll"[89]. Da Mord, wie wir vor kurzem festgehalten haben, zu den Delikten gehört, die auch bei geringem Schuldgrad eine empfindliche Strafe verlangen, dürfen wir immerhin als zwingende Folge der *formalen* Vergeltungstheorie festhalten: Mord verdient stets eine schwere Bestrafung[90].

Das scheint ein mageres Ergebnis zu sein, ist aber in Wahrheit für unsere Frage von größter Wichtigkeit. Es bedeutet nicht weniger als *eine Ablehnung der sittlichen Notwendigkeit der Todesstrafe für Mord* und bestätigt zugleich die Richtigkeit unserer Vorbehalte[91] gegen *Hegel*.

Nach der formalen Vergeltungstheorie von *Spendel* ist also die Todesstrafe bestenfalls sittlich erlaubt. Ob sie praktisch auch angedroht werden soll, wird sich nach den sekundären Strafzwecken wie Abschreckung und Sicherung entscheiden[92]. Uns allerdings scheint, daß selbst die Erlaubtheit der Todesstrafe in Zweifel gezogen werden kann. Bei der gesetzlichen Strafmaßbestimmung gilt es ja, die von *Spendel* aufgezeigte Spanne zwischen „schon gerecht" und „noch gerecht" zu bestimmen. Natürlich ist es dem Gesetzgeber vom Vergeltungsgedanken her unbenommen, sich einfach für das „noch gerecht" zu entscheiden[93]. Aber kann die Todesstrafe wirklich ein solches „noch gerecht" verkörpern? Uns will dünken, sie unterscheide sich derart von jeder Freiheitsstrafe, auch der lebenslangen, daß für sie kein Platz ist in einem System, das theoretisch verschiedene Strafmöglichkeiten offen läßt. Es gibt keine Brücke über den zwischen Freiheits- und Todesstrafe klaffenden Abgrund, also auch nicht zwischen dem „schon gerecht" der langen Freiheitsstrafe und dem „noch

---

[87] A. a. O., S. 177—178. Mit Redewendungen wie „streng, aber gerecht" und „mild, wie gerecht" anerkennen wir das eigentlich schon!

[88] A. a. O., S. 178.

[89] A. a. O., S. 168.

[90] Daß vom Vergeltungsgedanken nicht mehr gefordert wird, betont auch BAUMANN, S. 81.

[91] Siehe S. 41.

[92] Innerhalb des von der Vergeltungstheorie gewährten Spielraums dürfen diese Zwecke angestrebt werden, SPENDEL, S. 179.

[93] Vgl. SPENDEL, S. 161/2, zu den absolut bestimmten Strafdrohungen.

gerecht“ der Todesstrafe, während man doch innerhalb des von der Vergeltungstheorie gewährten Spielraums kontinuierliche Übergänge erwartet, besonders, da ja selbst die Grenzen zwischen „noch nicht gerecht“ und „schon gerecht“ wie auch zwischen „noch gerecht“ und „nicht mehr gerecht“ fließend sind[94].

§ 9. Die Fragwürdigkeit aller Vergeltungstheorie

I. Die Inkommensurabilität von Schuld und Strafe

Einer der häufigsten Einwände gegen die Vergeltungstheorie lautet: Es ist unmöglich, eine wirkliche Relation zwischen sittlicher Schuld und Strafe herzustellen[95]. Normalerweise wird damit in erster Linie die praktische Unbrauchbarkeit des Vergeltungsgedankens behauptet. Zuweilen wird aber dieser Einwand noch schärfer formuliert und die Vergeltungstheorie als Anmaßung angeprangert, da die Bewertung der Schuld die menschlichen Möglichkeiten übersteige[96].

Obgleich dieser Einwand sicherlich eine schwache Stelle trifft, halten wir ihn, als Argument gegen die Vergeltungstheorie überhaupt, nicht unbedingt für durchschlagend. Mit seiner Betrachtung über den Zusammenhang zwischen Erfolgs- und Schuldbegriff hat *Spendel* eben doch gezeigt, daß uns die Grundlagen für die Herstellung einer Beziehung zwischen Schuld und Strafe nicht gänzlich fehlen. Auch weist er geschickt darauf hin, daß diejenigen, die die Vergeltungstheorie wegen der Inkommensurabilität von Schuld und Strafe angreifen, oftmals eine noch schwächere Basis für die Strafbemessung zu bieten haben[97].

Wie es aber auch mit dem allgemeinen Wert dieses Einwandes stehe, für uns entscheidend ist, daß selbst *Spendel* auf die Herstellung einer *exakten* Relation verzichten muß. Als Folge dieser Unbestimmtheit wächst aber auch die Gefahr eines Irrtums erheblich an. Deshalb finden wir die Forderung angebracht, daß die Strafe niemals zu nahe an den Punkt herankommen darf, der uns als die obere Grenze erscheint[98].

---

[94] Diese Unmöglichkeit einer scharfen Grenzziehung wird von SPENDEL, S. 183—184, selber zugegeben.

[95] COING, S. 214; KLUG, .S 86; verschiedene Autoren bei DEL VECCHIO, Gerechtigkeit, S. 193, Anm. 2. Auch BETSCHART, S. 133, und KÜHLE, S. 73 und 76, anerkennen diese Schwierigkeit, doch vertrauen beide auf die Korrektur durch die höchste Instanz, durch Gott.

[96] VERNET, S. 63; ALT, S. 68, 70.

[97] SPENDEL, S. 114. Dieser Gegenangriff richtet sich vor allem an die Vertreter der Präventionstheorien.

[98] Daß sich wegen der Unvollkommenheit des menschlichen Urteils die Strafe immer unterhalb des vollen Schuldmaßes halten sollte, bejaht auch WIMMER, Strafgrenzen und Revisibilität, Süddeutsche Juristen-Zeitung 1948, S. 65.

Auch diese Überlegung ergibt unserer Ansicht nach ein Argument gegen die Todesstrafe. Ihre Anwendung setzt ja höchste Schuld voraus. Da wir aber die Größe der Schuld doch nicht genau einzuschätzen wissen, müssen wir ernstlich damit rechnen, einmal einen „Zu-wenig-Schuldigen" hinzurichten. Das aber ist ein Risiko, das gerade bei einer ethischen Begründung der Todesstrafe nicht eingegangen werden kann!

II. Der ethische Unwert der Vergeltungstheorie

A. Die Vergeltung des Bösen mit Bösem

Die Idee der Wiedervergeltung eines Übels mit einem andern (gleichartigen oder gleichwertigen) Übel ist aber auch in ihrem Kern ethisch stark anfechtbar. Es ist zutiefst fraglich, ob sie die Idee des Rechts wirklich hochhält und wirklich einen Sieg des Rechts über das geschehene Unrecht bedeutet.

Starke Bedenken gegen diese Überzeugung äußert *del Vecchio*[99]. Es ist dabei unerheblich, daß er genau besehen vom Boden der Restitutionstheorie[100] ausgeht; denn das vorhin erwähnte Ziel — der Sieg der Idee Recht — ist allen absoluten Theorien gemeinsam. Obschon *del Vecchio* der *Kant*ischen Strafauffassung einen gewissen Wahrheitsgehalt zuerkennt[101], betrachtet er die Vergeltung als eine bloße Möglichkeit, die zudem die abstrakte Grenze des Rechts bildet[102]. Darüber hinaus hält er den üblichen Weg der Vergeltung nicht für geeignet, das Recht wiederherzustellen. *Böses kann nur durch Gutes aufgehoben werden*, dem malum actionis ist nicht ein malum passionis, sondern ein *bonum* actionis entgegenzusetzen[103]. Aus dieser Überzeugung werden nun die Konsequenzen gezogen: „Einem andern Schmerz zufügen, wenn auch nur als Folge einer Wiedergutmachung, kann für sich selbst nicht ein erlaubtes Ziel sein, wenn man es im Lichte der höchsten ethischen Ideale betrachtet"[104]. Und noch grundsätzlicher: „Der Ausgleich, welchen die Straf- ebenso wie die Zivilrechtspflege schaffen kann, entspricht zwar einer ganz grundlegenden Forderung, welche den Wesensgehalt der Gerechtigkeit darstellt, aber er findet seine Schranken ebensowohl in der Welt der Tatsachen wie in der ethisch notwendigen Idee, daß nicht ein neues Verbrechen begangen werden darf mit dem Ziele, das andere aus der Welt zu schaffen, weil

[99] Die Gerechtigkeit, S. 180 ff.

[100] „Die eigentliche Rechtfertigung der Strafe besteht gerade darin, daß sie die Aufgabe hat, das verletzte Recht wiederherzustellen und zu erneuern", a. a. O., S. 183.

[101] A. a. O., S. 195, Anm. 6.

[102] A. a. O., S. 181.

[103] A. a. O., S. 183. Auszeichnungen vom Verf.

[104] A. a. O., S. 183.

dies nur eine Wiederholung des ersteren wäre"[105]. Schließlich rügt *del Vecchio* die heutige Auffassung, daß nach der Verbüßung der Strafe sich alles wieder in Ordnung befinde, auch wenn gar kein realer Ersatz geleistet wurde. Die innere Verwirklichung des Gerechtigkeitsgedankens werde damit vernachlässigt[106].

Dieser Gedankengang enthält eine durchdringende Kritik an jeder Strafauffassung, welche in der bloßen Zufügung eines Übels die angemessene Reaktion auf das Verbrechen erblickt, sei es nun zur Sühne oder Restitution. Besonders empfindlich wird aber die Vergeltungstheorie getroffen, deren eigentliches ethisches Grundaxiom, daß nämlich die Übelszufügung als Antwort auf eine Übeltat wertmäßig ein Gutes bedeute, gänzlich in Frage gestellt wird. Ein logisch zwingender Beweis gegen dieses Axiom wird zwar nicht erbracht (und kann wahrscheinlich überhaupt nicht erbracht werden). Aber andererseits wird es für ethisches Empfinden stets widersprüchlich bleiben, daß man um des sittlich Guten willen Übel zufügen soll. Zum sittlichen Verhalten gehört ja in erster Linie gerade die Vermeidung jeder Art von Übeln. Die Reinheit dieses Ideals wird aber durch solche „guten" Übelszufügungen irgendwie angetastet. Besonders widersprüchlich mutet die Verhängung der Todesstrafe an, wie *Baumann* treffend aufgedeckt hat: „Gegen eine sittliche Notwendigkeit der Todesstrafe spricht eigentlich, daß höchste Werte nur von Individuen postuliert und zu verwirklichen angestrebt werden können. Eine Notwendigkeit zur Vernichtung von Menschen, die doch, wenn auch schuldbeladen, höchste Werte noch einsehen und ihr Handeln nach bestimmten Maximen noch ausrichten können, ist nicht leicht zu begreifen. Eine Philosophie, die die Vernichtung auch nur einzelner Verwirklicher ihrer Werte fordert, erregt den Verdacht, in sich widersprüchlich zu sein"[107].

Eine Strafe, deren Beschaffenheit derjenigen des Verbrechens entsprechen soll, erscheint ferner kaum als geeignet, die unbedingte Geltung des Guten kund zu tun, sondern stellt — davon weit entfernt — viel eher eine Unterwerfung unter das Böse dar. Besonders eindringlich zeigt sich das gerade bei der Todesstrafe, deren „Vorbild" ausgerechnet das verwerflichste Verbrechen darstellt, der Mord. Die ethische Beurteilung der Freiheitsstrafe fällt in dieser Hinsicht unvergleichlich günstiger aus[108].

---

[105] A. a. O., S. 187. Del Vecchio denkt in erster Linie an brutale Bestrafungen: „Die vollständige Genugtuung ist übrigens dann, wenn sie nur mit Grausamkeiten des Vollzugs zu erlangen ist, nur scheinbar."

[106] A. a. O., S. 190/1.

[107] Baumann, S. 76.

[108] Es ist fraglich, ob die human vollzogene Freiheitsstrafe überhaupt einen Verbrechenstatbestand als „Vorbild" aufweist. Die verbrecherische Freiheitsberaubung ist nicht nur meist mit Nebenzwecken unzüchtiger oder

Aus den angeführten Gründen stimmen wir völlig überein mit der Ansicht von *Coing:* „Sittliche Werte fordern, wenn sie verletzt werden, keine Strafe; sie können bei einem geistigen Wesen nur Trauer, Reue und den Willen zur Besserung hervorrufen. Insbesondere fordert die ausgleichende Gerechtigkeit nicht die Zufügung eines Übels für den Rechtsbrecher“[109].

B. Gerechtigkeit und Liebe

Hält man aber allen vorgebrachten Einwänden zum Trotz daran fest, daß die gerechte Antwort auf ein Verbrechen in einer Übelszufügung besteht, so stellt sich dem Wert der *Gerechtigkeit* der hohe Wert der *Liebe* entgegen. Die völlige Lieblosigkeit des Vergeltungsgedankens ist wohl der tiefste Grund dafür, daß sein Wert immer wieder angezweifelt wird, obschon er eine natürliche Triebregung — das blind-wütige Zurückschlagen — bestätigt.

1. Die Lieblosigkeit des Vergeltungsgedankens

Lieblos ist der Vergeltungsgedanke, weil er im Täter nur noch den Verbrecher sieht und nicht mehr den ganzen Menschen, nur noch das Verabscheuungswürdige und nicht mehr das trotz allem noch vorhandene Liebenswerte. Selbst der schlimmste Verbrecher kann menschlicher Regungen noch fähig sein. Nur das eine Beispiel[110] des Mörders, der einen besonders scheußlichen Mord verübt, nach der Tat aber den Kanarienvogel des Opfers mit Futter und Wasser versorgt, damit er nicht elend zugrunde gehen muß, zeigt einprägsam genug, wie widersprüchlich und rätselvoll die Menschenseele ist; sicherlich ereignen sich aber noch weit eindrücklichere Fälle! Schließlich ist noch zu bedenken, daß eine Tat ebenso wie ein Motiv persönlichkeitsfremd sein kann[111]. — Der Vergeltungsgedanke ist also einseitig. Als Abwehr gegen eine Strafauffassung, die sich in der Strafe die ganze Persönlichkeit des Menschen ohne Rücksicht auf sein sittliches Selbstbestimmungsrecht unterwerfen will, ist diese Einseitigkeit verständlich. Aber als Mensch hat der Täter den Anspruch darauf, daß ihm nicht nur das Böse belastet, sondern auch das Gute angerechnet wird.

Lieblos ist auch jeder Vegeltungsgedanke, der in der Strafe eine Art Analogie zum Schadenersatz erblickt. Damit wird der Entzug

---

finanzieller Art verbunden, sondern beläßt auch das Opfer in einer schlimmeren psychischen Lage als die Freiheitsstrafe, denn es bleibt der Willkür ausgeliefert. — Bei der Todesstrafe dagegen steht der Mörder dem Henker ebenso hilflos gegenüber wie ihm einst sein Opfer.

[109] Coing, S. 212.

[110] Erwähnt bei Foerster, S. 145.

[111] So Grassberger, S. 433.

eines materiellen Gutes auf die gleiche Stufe gestellt wie menschliches Strafleiden, die Empfindungen des Menschen werden als bloße Sache behandelt und nicht als heiliges menschliches Gemeingut.

Im tiefsten und eigentlichen Sinne lieblos ist aber der Vergeltungsgedanke, weil er ausschließlich nach Schuld und Verdienst fragt und darum gerade vom wahren Wunder der Liebe, ihrer Bedingungslosigkeit, nichts weiß. Die Vorstellung, daß wir auch den schuldbeladenen Menschen lieben sollen, ist ihm gänzlich fremd; aus ihm spricht vielleicht die Liebe zur Menschenwürde, aber die Menschenschwachheit wird gnadenlos verdammt. Am erschreckendsten zeigt sich das bei *Kant:* Seine rigorose Ablehnung des Begnadigungsrechtes[112] überzeugt zwar logisch, enthüllt aber nur um so deutlicher die gänzliche Lieblosigkeit der Vergeltungstheorie. In seinen Worten: „Denn wenn die Gerechtigkeit untergeht, hat es keinen Wert mehr, daß Menschen auf Erden leben"[113] leuchtet nicht nur die Gerechtigkeitsliebe, sondern kündet sich auch ein Gerechtigkeitsfanatismus an, der durch die völlige Mißachtung anderer Werte, besonders der Liebe, letztlich zur Unmenschlichkeit führt[114].

2. Die Ablehnung des Vergeltungsgedankens wegen seiner Lieblosigkeit

Die Ablehnung des Vergeltungsgedankens wegen seiner Lieblosigkeit scheint sich in unserem Kulturbereich schon von der christlichen Liebesethik her aufzudrängen. Aus dieser Sicht übt etwa *Alt*[115] einschneidende Kritik. Indessen haben wir bereits früher festgestellt, daß der Vergeltungsgedanke bei manchen Theologen Anklang findet, während das Liebesgebot stark entwertet wird[116]. Auch hat *Spendel,* der sich der Spannung zwischen Liebe und Vergeltung durchaus bewußt ist, möglichen Angriffen von seiten des Christentums sehr gewandt vorgebeugt: Einmal sei der Bereich des Rechts, des menschlichen Zusammenlebens auf der Erde, für christliches Denken im Grunde genommen nicht wesentlich. Ferner anerkenne das Christentum selber in der Beziehung zwischen Gott und Mensch den Vergeltungsgedanken[117].

Das Verhältnis von christlicher Lehre und Vergeltung ist also nicht eindeutig. Deshalb ziehen wir es vor, unsere ethische Ablehnung des Vergeltungsgedankens auf die schlichten Worte von *Lao-Tse* zu stützen:

---

[112] MdS, S. 145.

[113] A. a. O., S. 139.

[114] Henrici wirft S. 111 Kant in diesem Zusammenhang das Aufgehen der Ethik in Logik vor.

[115] Alt, S. 57, S. 153 ff.

[116] Vgl. § 5, besonders S. 21/22.

[117] Spendel, S. 99.

„Gute behandle ich gut,
Nichtgute behandle ich auch gut“[118]

deren wörtliche Übersetzung: „Gute begüte ich, Nichtgute begüte ich auch“[119] nun wirklich keinen Zweifel an ihrem Sinn erlaubt. Der Unterschied zu *Konfuzius,* der den Guten gut, den Bösen aber gerecht behandeln will[120], ist außerordentlich bedeutsam und stellt eine gewaltige Vertiefung der Ethik dar. Es wird das Bild des „heiligen“ Menschen aufgerichtet, aus dessen Innerem reine Güte leuchtet, weil er den Mitmenschen nur Gutes erweist. Niemand wird diesem Ideal Größe absprechen, kaum jemand, und wohl am wenigsten ein Christ, wird bestreiten wollen, daß solche Liebe einen edleren Wert verkörpert als die Gerechtigkeit.

Selbstverständlich liegen Zweifel daran nahe, ob das uneingeschränkte Liebesgebot den irdischen Realitäten wirklich standhält. Doch erstreben wir mit unserem Bekenntnis zum Wert der Liebe weniger eine Aufhebung der Gerechtigkeit als ihre Läuterung. Wir verurteilen nicht blindlings jede Strafe, die dem Verbrecher ein Übel auferlegt; wo dieses zu einer echten Wiedergutmachung etwa im Sinne von *del Vecchio* beiträgt, halten wir es durchaus für gerechtfertigt; im Grunde genommen steht dann der Liebe, die auch vor dem Verbrecher nicht haltmachen soll, weniger die Gerechtigkeit als vielmehr die Liebe zum Opfer des Verbrechens gegenüber. Die Todesstrafe bewirkt aber weder echte Wiedergutmachung noch bringt sie unsere Liebe zum Opfer sinnvoll zum Ausdruck. Auch darf diese Liebe die andere nicht ausschließen; das bedeutete einen Verstoß gegen die Umfassendheit des Liebesgebotes, also gegen das Wesen der Liebe selbst. Deshalb wagen wir es, jede Strafe unbedingt zu verurteilen, die der Liebe zum Täter überhaupt keinen Platz einräumt und sie völlig verunmöglicht. Eine solche Strafe ist aber die Todesstrafe, denn Vernichtung ist die Verneinung der Liebe.

2. ABSCHNITT

Die besondere Problematik der auf der Vergeltung basierenden Todesstrafe

Im vorigen Abschnitt haben wir auf die allgemeinen Schwächen der Vergeltungstheorie hingewiesen, die sich besonders deutlich gerade dann offenbaren, wenn man sich um eine Rechtfertigung der Todesstrafe bemüht. Deswegen dürfte schon das bisher Vorgebrachte aus-

---

[118] Tao tĕ King, Kap. IL, Manesse Bibliothek der Weltliteratur, Zürich (1950?), Übersetzung von Victor von Strauss.

[119] A. a. O., im Kommentar, S. 325.

[120] Störig, Kleine Weltgeschichte der Philosophie, 5. A., Stuttgart 1955, S. 74.

reichen, um jede ethische Begründung der Todesstrafe als fragwürdig erscheinen zu lassen.

Daneben finden sich aber auch noch Einwände, die den Vergeltungsgedanken als Ganzes nicht treffen, sondern ihn lediglich zu Modifizierungen zwingen, zu solchen allerdings, die eine ethische Begründung gerade der Todesstrafe entscheidend erschweren, ja verunmöglichen.

§ 10. Das Problem der Willensfreiheit

Die Frage der Willensfreiheit ist eines der großen Themen der abendländischen Philosophie. Unsere Ausführungen dazu bezwecken selbstverständlich nicht, einen eigenen Standpunkt in dieser Frage zu gewinnen und ihn zu begründen, sondern lediglich, ihre Bedeutung für das Strafrecht und insbesondere die Todesstrafe aufzuzeigen. Zwar hat man immer wieder versucht, sie ganz aus dem Strafrecht auszuklammern[121]. Doch nach unserer Überzeugung — wir werden sie sogleich zu erhärten haben! — ist die menschliche Verantwortlichkeit schlechthin von der Einstellung zu ihr abhängig.

Es ist sehr zweifelhaft, ob das Problem der Willensfreiheit je eindeutig gelöst werden kann (darum wird auch seine Bedeutung für das Strafrecht als beunruhigend empfunden!). Es wäre deshalb naheliegend, schon aus seiner Unlösbarkeit ein Argument gegen die Todesstrafe zu schmieden[122]. Wir gehen aber noch einen Schritt weiter und trachten danach, die Unvereinbarkeit der Todesstrafe mit den beiden *möglichen* Lösungen zu erweisen.

I. Der Ausschluß der Verantwortlichkeit durch den kausalen Determinismus

Der Hauptgrund dafür, daß der die Willensfreiheit ausschließende Determinismus trotz seiner philosophischen Klarheit sich bis heute nicht endgültig durchzusetzen vermochte, liegt sicherlich darin, daß er die menschliche Verantwortlichkeit nicht einleuchtend zu begründen vermag. Wie wenig solche Versuche überzeugen können, setzen wir an zwei Beispielen auseinander:

A. Die gegenteilige Auffassung von *Merkel*

In der Strafrechtswissenschaft hat vor allem der Versuch von *Merkel*[123] Beachtung gefunden. Indessen stößt vom heutigen Stand-

---

[121] So jüngst HENRICI, S. 23, unter Berufung auf MERKEL.

[122] Das ist grundsätzlich das Bestreben von KOESTLER, d, S. 57, der diesen Problemkreis beinahe ins Zentrum seiner Ausführungen rückt und ihn eingehend behandelt (d, S. 56 ff.).

[123] MERKEL, S. 89 ff.

punkt aus seine Argumentation zu einem erheblichen Teil ins Leere, denn als Gegenpol seiner Auffassung betrachtet er den extremen Indeterminismus, die Annahme einer eigentlichen Willkürfreiheit[124]. Natürlich hat er damit recht, daß ein mit dem Charakter in keinem Zusammenhang stehender Wille, wie ein ursachloser Wille überhaupt, die Zurechnung von Schuld als unbegreiflich erscheinen läßt[125]. Doch ist heute die Vorstellung einer solchen Freiheit — ein Unding, das für unser Begreifen aus der Welt verständlicher menschlicher Handlungsweisen ein Chaos unter der Herrschaft des Zufalls macht[126] — überwunden. Denn: *„Der freie Wille ist nicht unbestimmter Wille,* sondern gerade ein bestimmter und bestimmt wählender"[127]. Doch bei *Merkel* ist diese Vorstellung so ausgeprägt, daß man sich sogar fragen könnte, ob er nicht die Willensfreiheit, wie sie heute vertreten wird, bejahen würde! Sonst wäre nämlich der Satz unverständlich, daß die Kausalgesetze *„eine Nötigung nur für unseren Intellekt begründen* ..., dagegen keine Nötigung für die beobachteten Objekte"[128]. Wir wollen aber diesen Gesichtspunkt beiseite lassen und die Gedanken überprüfen, welche die Bedeutungslosigkeit der Frage der Willensfreiheit für das Strafrecht nachzuweisen suchen.

In erster Linie beruft sich *Merkel* auf die Achtungsgefühle, die wir einer edlen Tat entgegenbringen. Diese kämen den in der Tat zum Ausdruck kommenden Eigenschaften unabhängig davon zu, ob der betreffende Mensch, etwa *Sokrates* oder *Luther,* auch anders hätte handeln können[129]. Darin liegt aber, wie *Roeder* aufdeckt, letzten Endes eine Verwechslung von Realgrund und Erkenntnisgrund: „Gewiß bewundern wir den Samariter nicht, *weil* (kausalmechanisch!) er anders handeln konnte, aber wir bewundern ihn allerdings allein unter der logischen Voraussetzung, daß er sich selbst zu bestimmen vermochte, daß sein freier Wille in seinem Verhalten zum Ausdruck kam"[130]. Als entscheidendes Kriterium für die Verantwortlichkeit betrachtet *Merkel* die Übereinstimmung des Handelns mit der Per-

---

[124] A. a. O., S. 89—92.

[125] A. a. O., S. 98/9; gleicher Ansicht als Anhänger der Willensfreiheit Roeder, S. 172.

[126] Roeder, S. 47. Koestler allerdings scheint das noch immer als die Alternative des Kausaldekriminismus anzusehen (siehe d, S. 65) und landet dann auch folgerichtig bei einer außer- oder übernatürlichen, bei einer „phantastischen" Konstruktion der Freiheit (siehe d, S. 66 und die Anmerkung auf S. 69/70).

[127] Hartmann, S. 588.

[128] Merkel, S. 97. Man vergleiche mit Liepmann, ZgesStW 17, S. 693: „So darf auch die Denknotwendigkeit des Kausalgesetzes niemals als psychologische Notwendigkeit aufgefaßt werden."

[129] A. a. O., S. 92—93.

[130] Roeder, S. 170.

sönlichkeit des Handelnden: „Frei sein heißt *wirksam sein nach eigenem Recht*"[131]. Das überzeugt aber nicht, „denn auch der Idiot kann sich selber treu bleiben *(v. Liszt)*"[132]. Noch durchschlagender und weit bedeutsamer ist aber der Einwand, daß gar nicht dargetan wird, wieso man für den eigenen Charakter, den man sich ja nicht selber gibt, verantwortlich sein soll[133]. In Wirklichkeit hat *Merkel* das Problem nur um eine Stufe verschoben, er hat den Willen an den Charakter geknüpft, aber dem eigentlichen Ziele, nämlich den Willen oder nun den Charakter als unser Ur-Eigenes und damit zu Verantwortendes nachzuweisen, ist er keinen Schritt näher gekommen.

B. Die gegenteilige Auffassung von *Ruesch*

Einen im Grunde beachtlicheren, wenn auch weit gewaltsameren Versuch hat *Ruesch* unternommen. Er gibt ohne weiteres zu, daß die Verneinung der Willensfreiheit die Aufhebung aller sittlichen Wertunterschiede wie der wahren Sittlichkeit überhaupt zur Folge hat[134]. Trotzdem glaubt er, die Vergeltung als gerecht begründen zu können. Im Zentrum steht dabei folgender Gedankengang:

1. Der Gedankengang

Oberste Triebfeder allen menschlichen Wollens und Handelns ist das Streben nach Glückseligkeit; der Mensch entscheidet sich notwendigerweise für die Befriedigung seines größten Bedürfnisses[135]. Die Strafe schafft nun einen gerechten Ausgleich, weil der Verbrecher bei der Begehung der Tat deren nachteilige Folgen, ihm von der Strafdrohung ins Bewußtsein gebracht, bereits einkalkuliert hat[136]. Ähnlich wie wir durch die Zustimmung zu einem Kaufvertrag den Kaufpreis als gerecht anerkennen[137], so durch die Verbrechensbegehung die Strafe: „Wer sich bei genauer Kenntnis der angedrohten Strafe zur Begehung des Verbrechens entschließt, der entschließt sich gleichzeitig zum Erleiden der Strafe, indem er sie als einen gerechten und sogar vorteilhaften Preis der Genugtuung erachtet, die ihm das Verbrechen verschafft. Man könnte, wenn man den Gedanken zur Prüfung seiner Brauchbarkeit aufs äußerste zuspitzen will, sogar sagen: Jedes Verbrechen ist erlaubt; man hat bloß den im Strafgesetzbuch verzeichneten Preis zu bezahlen[138]. Denn wenn man auch keine moralische

---

[131] MERKEL, S. 97.

[132] MEZGER, Persönlichkeit und strafrechtliche Zurechnung, S. 18.

[133] Das hebt auch der Determinist RUESCH hervor, Unfreiheit, S. 247.

[134] Unfreiheit, S. 221 ff.; Todesstrafe, S. 57.

[135] Unfreiheit, S. 196 ff. (besonders S. 200); Todesstrafe, S. 41.

[136] Unfreiheit, S. 239; Todesstrafe, S. 29.

[137] Todesstrafe, S. 30/1.

[138] Ob diese Auffassung wirklich zur Grundlage eines würdigen und nicht bloß unentbehrlichen Richterstandes dient!? (vgl. Unfreiheit, S. 14).

Schuld anerkennen mag, wo keine Willensfreiheit besteht, so wird man doch immer noch die Möglichkeit moralischer *Schulden* zugeben müssen"[139].

2. Die Bedenken dagegen

Diese ganze Überlegung weckt aber schwerste Bedenken:

a) psychologischer Art

Schon psychologisch steht sie auf schwachem Boden; denn es ist keineswegs sicher, daß zwischen der Lust der Tat (der „Befriedigung") und der Unlust der Strafe (dem „Preis") wirklich ein subjektiver Ausgleich besteht. Das würde voraussetzen, daß eine Abwägung zwischen „Befriedigung" und „Preis" tatsächlich erfolgt. Daraus, daß die Strafdrohung Determinante im Willensentschluß des Täters sein *kann*, folgt aber noch lange nicht, daß sie es auch ausnahmslos sein *muß*, selbst wenn man die allgemeine Bekanntheit der einzelnen Strafdrohungen supponiert. So stellen sich diejenigen Delinquenten, die fest damit rechnen, nicht erwischt zu werden, unter Umständen die Strafe gar nicht in ihrem Ernste vor. Das bedeutet aber letzten Endes, daß der „Preis" eine Unbekannte bleibt, eine Abwägung also gar nicht möglich ist. „Befriedigung" und „Preis" können folglich weit auseinanderklaffen. Überhaupt — ist denn für den Täter der „Preis" vorausberechenbar? Voraussetzung dafür wäre ja, daß er imstande ist, sein Verhalten juristisch einwandfrei zu qualifizieren! In dieser Beziehung hinkt der Vergleich mit dem Kaufvertrag besonders schlimm.

Ganz allgemein geht *Ruesch* von einem viel zu rationalistischen und deshalb einseitigen Menschenbild aus. Ein Vernunftwesen — oder genauer: ein vernünftiges „Lustwesen" — würde natürlich die unangenehmen Folgen seines Tuns stets einkalkulieren — aber der Mensch, und wohl am wenigsten der Verbrecher, ist kein bloßes Vernunftwesen. In ihm schlummern die Kräfte des Unbewußten, die rationalem Abwägen ohnehin unzugänglich sind, in ihm leben Triebe, die ihn ganz ergreifen können und jede Rücksicht auf die Zukunft, jedes Kalkulieren überhaupt, ausschalten. Es ist eben zutiefst fraglich, ob der Mensch zu einer richtigen Abwägung überhaupt befähigt ist. Eine solche setzt Distanz voraus, doch der Mensch fällt seine Entscheidungen mitten im Leben, aus einer *momentanen* Gemütslage heraus. Da aber „Befriedigung" und „Preis" zeitlich auseinanderfallen, liegt die Befürchtung nahe, daß die im Augenblick der Entscheidung unmittelbar erlebten Lustgefühle und Wünsche weit stärker auf ihn einwirken als an sich gleich- oder gar mehrwertige Unlustgefühle, die ihn erst in einem verhältnismäßig fernen Zeitpunkt erwarten und die er sich lediglich vorzustellen vermag.

---

[139] Todesstrafe, S. 31; der letzte Satz wörtlich, der Gedankengang im Wesentlichen bereits in Unfreiheit, S. 240.

b) wertmäßiger Art

Auch abgesehen von den psychologischen Unstimmigkeiten fehlt es nicht an Einwänden gegen die Argumentation von *Ruesch*. So führt sie zu einer völligen Subjektivierung des Gerechtigkeitsbegriffs. Durchaus konsequent weitergedacht erscheint nämlich jede angedrohte Strafe als gerecht, sofern sie das menschliche Vorstellungsvermögen nicht übersteigt. „Die Goldwaage der Gerechtigkeit ist durch die vorherige Androhung der Strafe ersetzt“[140]. Ein absurdes Ergebnis! Letzten Endes legt es den Grundstein zu einem terroristischen Strafrecht; denn wenn jede Strafe angedroht werden darf, so erscheint die denkbar schärfste als die sinnvollste, weil sie wenigstens in diesem rationalistischen Menschenbild der Verbrechensbekämpfung automatisch am besten dient. Gerechtigkeit kann also in rücksichtslosestes Zweckdenken umschlagen! *Ruesch* persönlich ist allerdings ein Anhänger der Vergeltungstheorie ungefähr in der Ausgestaltung von *Kant* geblieben. Aber es ist ihm nicht gelungen, die objektive Gerechtigkeit des durch die Strafe erzielten Ausgleichs darzutun. Jedenfalls vermag solche nicht durch die Berufung auf das im menschlichen Gemüt verwurzelte Ausgleichsverlangen[141] erwiesen zu werden, da dieses seinerseits einer Wertung zu unterziehen ist. Aber auch der Hinweis auf die der Zufriedenheit des Verbrechers gegenüberstehende Unzufriedenheit des Opfers, die miteinander ausgeglichen werden sollen[142], überzeugt wenig. Folgerichtig wäre es doch, diesen Ausgleich durch ein Mehr an Zufriedenheit auf seiten des Opfers herzustellen und nicht durch die Beseitigung der Zufriedenheit des Täters[143], was ja dem Opfer höchstens die Befriedigung des gestillten Vergeltungsverlangens verschafft. Man braucht nur von den mit der Strafe verfolgten Zwecken (also auch von der Befriedigung des Ausgleichsverlangens!) abzusehen, damit es einem klar wird, wie wenig wir das Strafleiden für etwas Unvermeidliches zu begreifen vermögen. Zwar hat der Täter in der Regel sein „Glück“ auf Kosten anderer erreicht; aber es blieb ihm gar keine andere Wahl, es galt sein Glück oder das des andern. Ja, wer ein mit der Todesstrafe bedrohtes Verbrechen begeht, beweist damit, daß diese Tat für ihn eine eigentliche Lebensnotwendigkeit darstellt[144]! Wie aber wollen wir entscheiden, wer von beiden des Glücks mehr wert ist, da doch beide gleich „gut“

---

[140] Todesstrafe, S. 55.

[141] Unfreiheit, S. 233/4; Todesstrafe, S. 27. An der erstgenannten Stelle schimmert selbst eine „Als-ob-Haltung“ durch.

[142] Unfreiheit, S. 234/5.

[143] Daß Ruesch nur die letztere Möglichkeit in Betracht zieht, ist bezeichnend für die der Vergeltungstheorie eigene negative Blickrichtung.

[144] Beim Vergleichsbeispiel des Kaufs wurden aber lebensnotwendige Bedürfnisse ausdrücklich ausgenommen! (Todesstrafe, S. 30).

sind — außer nach Zweckmäßigkeitsüberlegungen? Anders verhielte es sich lediglich, wenn *Ruesch* die menschliche Verantwortlichkeit mit der Unfreiheit des Willens zu vereinbaren gewußt hätte. Er selber ist anscheinend dieser Ansicht[145], wir dagegen erblicken nirgends eine stichhaltige Begründung. So ist die Behauptung, daß man die Möglichkeit moralischer Schulden zugeben müsse, mehr kühn als einleuchtend. Wie soll ein Verhalten, das in keiner Weise vorwerfbar ist, eine moralische Schuld begründen können? Ist übrigens nicht durch die Annahme der Unfreiheit des Willens der moralische Bereich als Ganzes aufgehoben worden? Dies und gar die Berufung auf das Verantwortlichkeitsgefühl[146] lassen die folgende Kritik von *Medicus* nur als allzu berechtigt erscheinen: „Substantielles Gerechtigkeitsverlangen kommt nicht darüber hinweg, daß alle Strafjustiz in ihrer Wurzel eine Lüge ist, wenn die Rechtsbrecher nur die notwendigen Produkte übermächtiger Zusammenhänge sind. Man kann gewiß dem Wort verantwortlich eine Bedeutung beilegen, die zum Behuf des Strafrichters die Frage der Willensfreiheit ausschaltet"[147]. Und: „Denn darauf kommt es bei der Frage nach der Tragweite, nach dem Wert des juristischen Determinismus in entscheidender Weise an, daß Klarheit darüber besteht, ob die Menschen für ihr Tun (wegen dessen sie vor Gericht gebracht werden können) verantwortlich *sind*, oder ob sie bloß als verantwortlich *angesehen werden*"[148].

C. Ergebnis

Das Mißlingen dieser beiden Versuche gestattet uns den Schluß, daß die Verneinung der Willensfreiheit eine wesenhafte Rechtfertigung der vergeltenden Strafe ausschließt. Das Erleiden der Strafe kann ohne die Annahme der Willensfreiheit und damit der Verantwortlichkeit nicht als in sich selber sinn- und wertvoll begriffen werden. Ungeachtet aller Bemühungen, die Frage der Willensfreiheit aus dem Strafrecht gänzlich auszuklammern, setzt sich die unbefangenem Denken ohnehin als zwingend erscheinende Erkenntnis immer wieder durch, daß zwischen der Gerechtigkeit der schuldvergeltenden Strafe und der Willensfreiheit ein unlöslicher Zusammenhang besteht[149]. „Was soll denn Gerechtigkeit heißen, wenn der, gegen den

---

[145] Todesstrafe, S. 57/8.

[146] Unfreiheit, S. 242.

[147] MEDICUS, S. 37.

[148] A. a. O., S. 38.

[149] Besonders vehement bejaht bei BAUMGARTEN, S. 3, 4, 12; auch die deutsche Strafrechtskommission hat sich aus dieser Einsicht heraus recht eingehend mit der Möglichkeit der Willensfreiheit beschäftigt (vgl. JESCHEK, S. 13 ff.). Weiter siehe ROEDER, S. 168 ff.; SAUER, Allgemeine Strafrechtslehre, S. 42 ff.; ALT, S. 65; HIRSCHBERG, S. 86 (Willensfreiheit als Fiktion des Vergeltungsstrafrechts!).

sie sich wendet, zwar die Strafe als Ich *leiden* kann, aber die Tat, wegen der er bestraft wird, nicht als Ich hat *tun* können?“[150]

Für das Strafrechtsdenken bedeutet die Verneinung der Willensfreiheit und damit der menschlichen Verantwortlichkeit die Unmöglichkeit einer ethischen Begründung der Strafe. Da sich das Strafleiden nicht wahrhaft rechtfertigen läßt, darf es nur dort auferlegt werden, wo es wirklich unumgänglich ist; in besonderem Maße gilt diese Überlegung für die Todesstrafe, die also nur noch durch den Nachweis ihrer unbedingten Notwendigkeit begründet werden könnte.

II. Die beschränkte Verantwortlichkeit als Konsequenz der beschränkten Willensfreiheit

A. Die philosophische Begründung und Begrenzung der Willensfreiheit durch *Nicolai Hartmann*

Der philosophisch gültige Versuch dieses Jahrhunderts zur Begründung der Willensfreiheit stammt von *Nicolai Hartmann*[151]. Wie schon bei der Besprechung von *Merkel* erwähnt, lehnt er die negative Wahlfreiheit ab[152]. „Der Sinn der sittlichen Freiheit ... ist nicht *Freiheit von etwas*, sondern gerade eine *Bestimmtheit sui generis*“[153]. Der Kausalnexus muß durchgehen[154]; doch tritt aus einer anderen Sphäre *„eine neue Determinante hinzu“*[155]. Freiheit besteht also aus einem *„Plus an Determination“*, es ergibt sich eine *„Synthese kausaler und unkausaler Determinanten“*[155]. Diese Umprägung des Freiheitsbegriffes betrachtet *Hartmann* im wesentlichen als ein Verdienst von *Kant*[156]. Lediglich dessen transzendentalen Idealismus, vor allem die bei der strengen Scheidung in empirische und intellegible Welt — in Welt der Erscheinungen und Welt der Dinge an sich — widersprüchliche Annahme der Wirkung der intellegiblen Freiheit in die Erscheinungswelt, lehnt er ab[157]. „Wesentlich ist allein, *daß überhaupt es zwei Schichten, zwei Gesetzlichkeiten, zwei Arten der Determination in der einen Welt gibt,* in der Welt nämlich, in welcher der Mensch steht, und daß beide am Menschen selbst sich aufzeigen lassen“[158]. Gewiß kann man bezweifeln, ob dieser Nachweis im folgen-

---

[150] MEDICUS, S. 38.

[151] Im letzten Teil seiner Ethik.

[152] HARTMANN, S. 587—589.

[153] A. a. O., S. 589.

[154] A. a. O., S. 590.

[155] A. a. O., S. 591.

[156] A. a. O., S. 589, 595.

[157] A. a. O., S. 592—593. Auf dieses Ungenügen der KANTischen Freiheitslehre weisen etwa noch hin: MEDICUS, S. 83; ROEDER, S. 63 ff.; BAUMGARTEN, Ansprache zu KANTS 150. Todestag, Deutsche Akademie der Wissenschaften, Heft 53, Berlin 1954, S. 6—7.

[158] HARTMANN, S. 593.

den zwingend gelingt[159]; gewiß kann man sich fragen, ob *Hartmann* das Zusammenwirken der beiden Sphären ohne eine grundlegende Verletzung ihrer Eigengesetzlichkeiten restlos zu erklären vermag[160]. Für uns entscheidend ist aber die starke (und notwendige!) Berücksichtigung der kausaldeterministischen Gesichtspunkte. Die menschliche Freiheit ist also keineswegs unbeschränkt; deshalb fallen auch die Folgerungen von *Hartmann* sehr behutsam aus. Er warnt eindringlich vor jedem kategorischen sittlichen Urteil, da wir kein Kriterium kennen, das uns den Übergang vom freien zum unfreien Willen anzeigt[161]. Auch hat er nur die Freiheit gegenüber geschauten Werten, aber nicht die Freiheit der Wertschau erwiesen; sicher ist, daß man nicht jede beliebige Höhe der Wertschau erreichen kann[162]. Ferner gibt es vielleicht eine Stufe der Unfreiheit, die dem Menschen die Entwicklung zur sittlichen Freiheit gar nicht mehr offenläßt[163].

Als für uns wesentliches Ergebnis dieser Auffassung von der Willensfreiheit halten wir fest, daß sie sittliche Verantwortlichkeit ermöglicht; aber da die Freiheit selber beschränkt ist, kann auch die sittliche Verantwortlichkeit nicht umfassend sein.

B. Die allgemeine Anerkennung der Möglichkeit bloß einer beschränkten Willensfreiheit

Es ist heute auch allgemein anerkannt, daß als Alternative zum strengen Determinismus, der alles Geschehen auf *zwingende* Ursachen zurückführt, lediglich die Annahme einer beschränkten und nicht einer totalen Freiheit in Frage kommt. Denn „der Schluß auf die Existenz der Freiheit bleibt heute immer noch ein Wagnis, aber die Naturwissenschaft gibt für den entgegengesetzten Schluß ebenfalls keine Stütze mehr ab"[164]. Wie groß dieses Wagnis ist, erkennt man daran, daß die Freiheit heute eher auf Grund der Unfähigkeit der deterministischen Lehre zur vollständigen Erklärung des Menschen bejaht wird als auf Grund eines positiven Beweises[165]. Auf dieser Grundlage kommt aber eine völlige Aufhebung des Kausaldeter-

---

[159] MEZGER hält ihn für gewaltsam, da er sich auf eine Beweislastverteilung stützt (Über Willensfreiheit, S. 23).

[160] Vgl. MEZGER, a. a. O., S. 23/4.

[161] HARTMANN, S. 731.

[162] A. a. O., S. 732—733.

[163] A. a. O., S. 734/35.

[164] JESCHECK, S. 19. Diesen Vorbehalt äußert JESCHECK, obschon er auf S. 20 erklärt, daß die Strafrechtskommission bei ihren Überlegungen mit vollem Recht von der Freiheit des Menschen zum rechtlichen Handeln ausgehen konnte".

[165] LANGE, S. 387, spricht von der „Freiheit als Enttäuschung". Auch JESCHECKS „Beweisführung" (S. 15 ff.) überzeugt mehr negativ als positiv.

minismus natürlich nicht in Frage. Schließlich darf man ganz allgemein feststellen, daß die Naturwissenschaft doch „zu viel" erklärt hat, als daß man nun plötzlich eine uferlose Freiheit annehmen dürfte. Daß die deterministische Auffassung zum Teil zutrifft, daß der Mensch zum Teil zwingenden Determinanten unterworfen ist, kann heute nicht mehr gut bestritten werden[166]. Übrigens stellen sich auch bei Anerkennung der philosophischen Möglichkeit der Willensfreiheit ihrer Realisierung noch schwere psychologische Hemmnisse entgegen. Denn zur Bändigung des Unbewußten — für wirklich freies Handeln unerläßlich — bedarf es einer voll ausgereiften Persönlichkeit, so daß auch nur eine solche ganz verantwortlich handeln kann[167].

C. Die Konsequenzen der beschränkten Verantwortlichkeit für die Vergeltungstheorie und insbesondere für die Todesstrafe

Wir dürfen also mit gutem Recht behaupten, daß die Bejahung der Willensfreiheit, so wie sie heute unter philosophischen und naturwissenschaftlichen Gesichtspunkten überhaupt möglich ist, nur zu einer beschränkten menschlichen Verantwortlichkeit führt.

Die Vergeltungstheorie als Ganzes wird dadurch nicht aufgehoben. Sie wird allerdings etwas milder werden und sich in kategorischen Verdammungsurteilen zurückhalten müssen. Auch gewinnt unser Postulat, daß die Strafe ihrer oberen Grenze nicht zu nahe rücken darf[168], erheblich an Bedeutung.

Für die Todesstrafe ist aber die Beschränktheit der menschlichen Verantwortlichkeit von ganz entscheidender Bedeutung. Die Todesstrafe vernichtet den Menschen als ganzes Wesen; statthaft ist das nur unter der Voraussetzung seiner totalen Verantwortlichkeit. Da aber eine solche auf Erden nicht besteht, kann das Erleiden der Todesstrafe nicht als verdient erwiesen werden. Die heutige Lehre von der Willensfreiheit schließt deshalb eine ethische Begründung der Todesstrafe aus[169]!

---

[166] KOESTLER hält d, S. 57, S. 60, S. 65, S. 69/70 (Anm.) einen partiellen, zwangsläufigen Determinismus ebenfalls für offensichtlich; Beachtung verdient auch seine Überlegung (d, S. 67—68), daß die volle Verantwortlichmachung des Menschen auch die seltsame Vorstellung zur Voraussetzung hat, daß der Mensch über eine unbeschränkte sittliche Energie verfügt. — vgl. auch SAUER, Allgemeine Strafrechtslehre, S. 42.

[167] Vgl. P. SEIDMANN, „Der Weg der Tiefenpsychologie in der geistesgeschichtlichen Perspektive", Zürich, 1959, S. 141. Der Gedanke entstammt der Psychologie von C. G. JUNG.

[168] Siehe § 9, Schluß von I.

[169] Im Ergebnis gleicher Ansicht, wenn auch zurückhaltender: DREHER, S. 559.

§ 11. *Die Mitschuld der Gesellschaft*

I. Ihr Vorhandensein

Die gesellschaftlichen Verhältnisse üben auf die Entwicklung jedes Menschen einen wesentlichen Einfluß aus. Da es nun mit ihnen keineswegs immer zum besten bestellt ist, erscheint es nicht als unangemessen, für die meisten Verbrechen eine gewisse Mitschuld der Gesellschaft anzunehmen[170]. Diese Mitschuld ist sehr vielfältiger Natur, so daß ihr Umfang sich kaum exakt bestimmen läßt; sie dürfte in der Regel verhältnismäßig klein sein. Lediglich dort, wo die Gesellschaft selber Maßnahmen billigt, die das Verbrechen fördern, statt es zu hemmen, kann sie derart anwachsen, daß sie selbst die Schuld des Täters zu überschatten droht.

Dieses krasse Versagen der Gesellschaft liegt nun keineswegs so fern, wie man leichthin annehmen möchte. *Radbruch/Gwinner* weisen es in der Geschichte auf: „Daß Maßnahmen, die der Bekämpfung des Verbrechens dienen sollen, in Wahrheit zur Förderung des Verbrechens gedient haben, ist ein Leitmotiv, das in unserer weiteren Darstellung immer wieder aufklingen wird"[171]. So wurden die Geächteten „zum Kerntrupp des Berufsverbrechertums"[172], so förderten die überaus demütigenden Strafen für uneheliche Geburten das Verbrechen des Kindsmordes[173]. Aus unserer Gegenwart verdanken wir *Camus* ein eindrückliches Beispiel: „Bekanntlich wird das französische Volk von seiner Parlamentsmehrheit aus zumeist schändlichen Gründen systematisch (mit Alkohol; d. Verf.) vergiftet." Nun besteht aber zwischen Tötungskriminalität und Alkoholismus ein enger Zusammenhang[174]. Es wird geschätzt, daß etwa 60 Prozent aller Bluttaten unter Alkoholeinwirkung begangen werden; bei Kindsmorden steigt diese Quote gar auf 95 Prozent! Die Steigerung der schweren Kriminalität in Frankreich gegen 1900 braucht deshalb keineswegs durch die mildere Anwendung der Todesstrafe verursacht zu sein, sondern sie kann ebensosehr auf das Gesetz von 1880, das den Ausschank geistiger Getränke ohne Lizenz erlaubte, zurückgeführt werden[175]. Es liegt auf der Hand, welch schwere Verantwortung der Staat mit solch skandalösem Verhalten auf sich lädt! Recht aufschlußreich ist auch das Bild,

---

[170] Dieser Gedanke der Mitschuld wird beispielsweise stark betont von DEL VECCHIO (Gerechtigkeit, S. 188—89), BARTH (S. 507—508) und HARDWIG (S. 132). Auch NICOLAI HARTMANN mahnt die Gesellschaft sehr eindringlich an ihre Mitverantwortung (S. 387).

[171] RADBRUCH/GWINNER, S. 16.

[172] A. a. O., S. 85.

[173] A. a. O., S. 245.

[174] Erwähnt auch von GAST, S. 16.

[175] Das alles CAMUS, II, S. 32. GOWERS erwähnt auf S. 106 einen Bericht eines französischen Justizministers, welcher die damalige Kriminalitätssteigerung vor allem auf den gesteigerten Alkoholismus zurückführt.

welches *Chessman*[176] von einer Besserungsanstalt entwirft. Es ist erschütternd, wieviel Gutes hier vollends zerstört wird, während man Verschlagenheit und Brutalität hochzüchtet. Für die Wahrheit dieser Schilderung spricht immerhin, daß *Chessman* selber sich in dieser Anstalt recht gut zurechtfindet, er also nicht zur Selbstverteidigung schreibt.

Schließlich sei noch auf jene Auffassung verwiesen, welche der Gesellschaft vorwirft, mit dem Strafrecht letzten Endes nicht die Aufhebung, sondern die Erhaltung des Verbrechens zu bezwecken[177]. Sie bürdet der Gesellschaft die totale Verantwortung auf.

II. Ihre Bedeutung

Die Mitschuld der Gesellschaft setzt die Schuld des Täters herab, freilich in der Regel nur in geringem Ausmaß[178]. Schon das genügt aber, um die Todesstrafe ernsthaft in Frage zu stellen. Denn, wie schon oft betont, setzt sie volle, tiefste Schuld voraus.

Fast noch bedeutsamer ist aber, daß die Gesellschaft durch ihre Mitschuld jede Berechtigung dazu verliert, über das Leben des Verbrechers zu richten. Als Mitschuldige sich pharisäerhaft vom Verbrecher ganz zu scheiden und über ihn ein endgültiges Verdammungsurteil zu fällen, das ist eine nicht mehr zu begründende, sondern schärfstens zu verurteilende Anmaßung. Die Mitschuld mag im einzelnen Fall klein sein, sie bleibt doch immer groß genug, um die totale Unsolidarität mit dem Verbrecher zu verbieten.

Die Berufung auf die Mitschuld der Gesellschaft erschüttert die Vergeltungstheorie als Ganzes nicht, da sie die Verantwortlichkeit des einzelnen nicht aufhebt. Sie ist deshalb auch nicht von so grundsätzlicher Bedeutung für das Strafrecht wie die Diskussion der Willensfreiheit. *Aber auch sie reicht völlig aus, um die ethische Begründung der Todesstrafe auszuschließen.*

§ 12. Vergeltung und Rache

Es ist nicht unsere Absicht, das vielfältige Problem der Beziehung zwischen Vergeltung und Rache in seinen Tiefen zu erörtern[179]. Uns genügt der Nachweis, daß die Todesstrafe dem Rachegedanken be-

---

[176] CHESSMAN, S. 87 ff.

[177] Vgl. § 27.

[178] Sofern man eine begrenzte Willensfreiheit bejaht, bildet diese Beschränkung der Schuld eigentlich nur einen Spezialfall der allgemeinen Beschränkung durch Zwangsdeterminanten.

[179] Der logische Ort dafür wäre auch § 9 gewesen! Indirekt haben wir dieses Thema dort berührt, nur haben wir den Vergeltungsgedanken nicht wegen seiner negativen Beziehung zur Rache abgelehnt, sondern weil ihm der positive Wert der Liebe fehlt.

sonders entspricht und deshalb als besonders fragwürdig erscheint. Wir lassen also die Frage offen, ob die vergeltende Strafe ganz allgemein Ausdruck der Rache sei[180] oder nicht[181].

I. Die Todesstrafe als Ausdruck der Rache

„Rache ist maßlos. Ihr Ziel ist im Grunde die Vernichtung des gehaßten Gegners; nicht eher gibt sie Ruhe“[182]. Wesentliches Merkmal der Rache ist somit ihre Maßlosigkeit[183]; auch das Streben nach Vernichtung geht auf sie zurück, da sich Rache nicht mit einer begrenzten, abgemessenen Reaktion abfinden kann.

Durch das staatliche Strafrecht ist die individuelle Rache als Institution ausgeschaltet worden; auch wird der gutwillige Gesetzgeber sich bemühen, maßvolle Gesetze zu erlassen. Das ändert aber nichts daran, daß auch eine nur für wenige Fälle vorbehaltene Todesstrafe der obigen Umschreibung der Rache in bedenklicher Weise nahekommt. Wie die Rache ist auch die Todesstrafe maßlos, denn sie grenzt nicht wie die andern Strafen auf irgendeine Weise das Leben des Verbrechers ein, sondern löscht es kurzerhand aus.

Diese Entsprechung zwischen Todesstrafe und Rache schiene uns schon bedenklich genug, um die Todesstrafe abzulehnen; andernfalls wäre eine scharfe Trennung zwischen Vergeltung und Rache von vornherein unmöglich. Die ganze Gefährlichkeit dieser Entsprechung offenbart sich aber erst dann, wenn wir unseren Blick auf die psychologische Wirklichkeit richten. Die vergeltende Strafe entspricht nämlich einem überaus mächtigen menschlichen Trieb. So bringt das Talion, wie die Selbstbestrafungsträume der Neurotiker lehren, die Gesetzlichkeit des Unbewußten zum Ausdruck[184]. Auch wer der Tiefenpsychologie skeptisch gegenübersteht, kann nicht leugnen, daß die Todesstrafe starke Affekte weckt. Obgleich sie nach Möglichkeit rational überdeckt werden und sich beispielsweise hinter dem Verlangen nach Abschreckung oder nach Sühne verbergen, wird ihre tat-

---

[180] CAMUS, I, S. 40: „Eine Strafe, die züchtigt ohne zu verhüten, kann keinen andern Namen tragen“; GRASSBERGER, S. 429, vor allem für das Talion.

[181] JESCHECK, S. 23: Die Vergeltung entspringt unmittelbar der ausgleichenden Gerechtigkeit. DOMBOIS weist recht geschickt darauf hin, daß wir auf Grund unseres Rechtsgefühls, das nach Ausgleich verlangt, die Gerechtigkeit des Schadenersatzes ohne weiteres anerkennen. Gleichermaßen könnte nun auch die Strafe auf ihm beruhen (Mensch und Strafe, S. 136).

[182] COING, S. 113.

[183] Betont auch von LUDWIG, S. 13.

[184] REIK, Strafbedürfnis, S. 145, 148; REIWALD, S. 15. Für ersteren ist „die Vergeltung als Strafzweck einfach eine Triebdarstellung als Theorie“ (S. 148)!

sächliche Rolle von *Gowers* sehr hoch veranschlagt[185]. Besonders eindrücklich tritt die Macht des Rachetriebes bei Prozessen gegen Massenmörder zutage, wenn es um die Frage der vollen Zurechnungsfähigkeit geht — und damit um die Möglichkeit, die Todesstrafe zu verhängen! „Man sollte meinen, ein Aufatmen der Erleichterung müsse durch die Menschen gehen, wenn der Psychiater oder der Gerichtsarzt erklären würde: dieser Mensch ist krank, ist anormal, er kann nicht mit dem Maßstab des gewöhnlichen Menschen gemessen werden. Bekanntlich ist das Gegenteil der Fall. Nicht ein Aufatmen geht durch die Menge, sondern stärkste Wut packt sie, es könnte der Unhold ‚der gerechten Strafe', wie es heißt, entgehen, eine Wut, die oft nahe daran ist, in Lynchjustiz überzugehen. Und die Gerichte folgen willig dieser Einstellung"[186]. Diesen Triumph ungezügelten Racheverlangens finden wir nicht weiter erstaunlich; denn auch das „normale" Vergeltungsverlangen ist Ausdruck eines eher aggressiven Triebes, der durch die vergeltende Strafe befriedigt wird[187]. Gerade die Todesstrafe in ihrer Maßlosigkeit ist geeignet, den auf der Lauer liegenden, noch aggressiveren Rachetrieb zu beleben, da sie dem Menschen eine Durchbrechung des fundamentalsten Gebotes, des Tötungsverbotes, gestattet. Darin muß aber gerade für weniger wertvolle Menschen eine tiefe Verlockung liegen[188], auch wenn das Töten durch einen andern — aber immerhin im Auftrag der Gemeinschaft, so daß sich der einzelne mit ihm identifizieren darf und kann! — vorgenommen wird.

Die Todesstrafe ließe sich folglich selbst dann nicht aus dem Vergeltungsgedanken ableiten, wenn wir das Vergeltungsverlangen als seine letzte Bastion anerkennen würden. Es mag sein, daß die staatlichen Strafgesetze sich nicht einfach über grundlegende menschliche Triebe hinwegsetzen dürfen[189] (wobei es allerdings zu denken geben sollte, daß die Vergeltungsinstinkte im Verbrecher selber sehr ausgeprägt entwickelt sind[190]!). Aber ebenso sicher ist, daß sich der Staat mit allen Kräften um eine Veredelung dieser Triebe bemühen sollte.

---

[185] Gowers, S. 116—117.

[186] Reiwald in Meng, S. 139/40.

[187] So Bauer, S. 136. Mit bemerkenswertem Mut bezichtigt Reiwald keinen geringeren als Kant einer sehr starken Gegenaggression (S. 266/7).

[188] Man vergleiche die treffende Charakterisierung durch Dombois: „Die tiefe Lust der Rache liegt darin, daß der Mensch mit dem Titel des Rechts sich gerade von den Beschränkungen des Rechts, seiner Begrenztheit und Relativität befreien und nun hemmungslos vorgehen kann." (Mensch und Strafe, S. 73).

[189] Darauf beruft sich Spendel, S. 95, unter Zitierung von Rob. v. Hippel: Sittliches Ziel ist „die Veredelung natürlicher Triebe, nicht ihre Verkennung und Bekämpfung".

[190] Bjerre, S. 31.

Angesichts der aufgewiesenen Beziehung zwischen Rache und Todesstrafe käme folglich die Anwendung der Todesstrafe einem nicht zu verantwortenden Verzicht auf diese Aufgabe gleich.

II. Die Todesstrafe als „doppelte" Vergeltung

Eine Eigenart der Todesstrafe besteht darin, daß sie dem Mörder „zuviel" vergilt. Er erleidet nämlich nicht bloß den Tod, sondern in potenziertester Form auch die Todesangst. Schon Monate, Wochen oder doch Tage vor der Hinrichtung kann sich der Verurteilte der Auseinandersetzung mit dem Sterbenmüssen kaum entziehen; häufig wird ihn immerhin die Hoffnung auf Begnadigung begleiten. In den letzten Stunden erfährt aber dieses Gefühl der Ohmacht und des Ausgeliefertseins eine furchtbare Steigerung, denn nun wird das Sterbenmüssen zur unerbittlichen und erdrückenden Gewißheit. Jedenfalls wird ihm das Sterbenmüssen immer klar ins Bewußtsein eindringen[191]; „ein doppelter Tod wird ihm auferlegt"[192]. Die zerstörerische Kraft dieser Todesangst erweist sich nicht nur an der Apathie der meisten Todeskandidaten[193], sondern auch an der überraschenden Tatsache, daß Begnadigte oft ärztlich behandelt werden müssen[194]! Auch stellt sich bei manchen in der äußersten Not eine Lähmung der Kehlkopfmuskulatur ein[195]. Die nicht eben von vorbildlich christlichem Geist zeugende Auffassung von *Stange*[196], daß unser Mitgefühl die Leiden der Todesangst überschätze, entbehrt deshalb der wissenschaftlichen Stütze.

Was die Todesangst betrifft, ist die Lage des Opfers in der überwiegenden Mehrzahl der Fälle weitaus günstiger. In manchen erlebt es gar keine Todesangst, in anderen wird es sich nur um ein kurzes Aufglimmen handeln. In den wenigen verbleibenden, wo wirklich bewußte Todesangst durchlitten wird, fällt denn auch die Reaktion der Öffentlichkeit zu Recht besonders heftig aus; aber selbst hier wird dem bedauernswerten Opfer seine Ohnmacht und die Unentrinnbarkeit des Sterbenmüssens weniger klar bewußt als dem Mörder in seiner Todeszelle[197]. Der Hinweis auf die Todesangst des Mörders beruht also nicht auf einer Mißachtung der Leiden des Opfers, ist also auch nicht zynisch[198].

Der Mörder leidet also durch die Todesstrafe sogar mehr, als er nach dem Gesetz des Talions verdient hätte. Hält man trotz der Auf-

[191] Alt, S. 59.
[192] Camus, II, S. 31.
[193] A. a. O., S. 30.
[194] v. Hentig, die Strafe II, S. 25.
[195] A. a. O., S. 41.
[196] Stange, S. 395.
[197] Vgl. Camus, II, S. 29; Alt, S. 59.
[198] Wie Kühle, S. 99, meint.

deckung dieses Sachverhalts an der Todesstrafe fest, so kann man sie nicht anders denn als Rache bezeichnen[199].

Dennoch zögern wir, dieses Mehrleiden als generell durchschlagenden Einwand gegen die vergeltende Todesstrafe anzuerkennen. Fälle, wo das Opfer eine Todesangst erlebt, die derjenigen eines Todeszelleninsassen nahekommt, sind eben theoretisch nicht ausgeschlossen. Auch kann sich der Mörder in anderer Beziehung Scheußlichkeiten zuschulden kommen lassen, auf deren Imitierung der Staat verzichtet, die aber statt dessen dieses Mehrleiden einigermaßen zu begründen vermögen. Des weiteren würde die Berufung des Mörders auf seine lange Leidenszeit insofern unbillig anmuten, als die häufig lange Zeitspanne bis zur Hinrichtung vom Staat nicht zur Steigerung der Todesangst absichtlich angestrebt wird, sondern im Gegenteil Folge der Rücksichtnahme auf den Verurteilten ist, der ja keiner Rettungschance beraubt werden soll. Andererseits verdient dieser Einwand des Mehrleidens doch beträchtliche Beachtung. Was wir gegen ihn vorgebracht haben, gilt in erster Linie für wenige Ausnahmefälle. Die Todesstrafe wird folglich nicht selten „zuviel" vergelten! Auch daß die Steigerung der Todesangst dem Staat nicht vorgeworfen werden kann, befreit ihn nicht von der Pflicht, sie zu berücksichtigen; nur so kann er zeigen, daß es ihm mit dem Grundsatz der unbedingten Gerechtigkeit auch gegenüber dem Verbrecher wirklich ernst ist. Schließlich sollte der Staat auch den bloßen Anschein vermeiden, daß er sich im Strafrecht zu Racheakten verleiten lasse. Die Todesstrafe als „doppelte" Vergeltung wird aber diesem Verdacht nicht entgehen können.

Damit haben wir das zentrale Kapitel abgeschlossen, in dem wir uns mit den Möglichkeiten zu einer ethischen Begründung der Todesstrafe auseinandersetzten. Wir haben eine Fülle von Argumenten geprüft und festgestellt, daß sich einer ethischen Begründung der Todesstrafe so viele Hindernisse in den Weg stellen, daß sie als ausgeschlossen erscheint.

4. KAPITEL

Die Begründung der Todesstrafe aus ihrer Zweckmäßigkeit

EINLEITUNG

§ 13. Die relativen Straftheorien

I. Wesen und Bedeutung der relativen Straftheorien

„Die relativen Straftheorien rechtfertigen das jus puniendi aus den mit der Strafe verfolgten Zwecken"[1]. Die Strafe soll also nicht wie bei den absoluten Theorien das Unrecht und die Schuld der begange-

---

[199] So ALT, S. 59.

[1] HENRICI, S. 40.

nen Untat tilgen oder wenigstens neutralisieren, sondern sie soll kommenden Untaten vorbeugen. Das Verbrechen wird primär nicht als Unrecht, sondern als Übel angesehen. Der Blick zurück erscheint folglich als wenig sinnvoll, denn realistisch gesehen ist durch das Verbrechen etwas Endgültiges, als Übel gerade in den schwersten Fällen nicht Aufzuhebendes in die Welt getreten. So blicken die relativen Theorien nach vorn, begnügen sich nicht mit einem „metaphysischen" Sieg über das Böse, sondern erstreben über drohende Untaten „reale" Siege mit dem Endziel, das Verbrechen gänzlich auszutilgen[2].

Die Rechtfertigungskraft der relativen Straftheorien ist nun zweifellos geringer als jene der absoluten; denn „eigentlich bedürfen sie des zusätzlichen Nachweises, daß erstens der erstrebte Zweck selbst ein gerechtfertigter sei, daß zweitens das in Frage stehende Mittel zur Erreichung des Zwecks überhaupt tauglich sei und daß drittens die Proportionalität von Zweck und Mittel gewahrt bleibe"[3]. Trotzdem würden wir es für verfehlt finden, ihnen bloß eine zweitrangige Bedeutung beizumessen. Man darf nämlich nicht übersehen, daß dieser Verlust an Rechtfertigungskraft auf einen Verzicht auf ethische Maximen zurückzuführen ist, deren absolute Gültigkeit letzten Endes nur postuliert wird, aber nie restlos nachgewiesen werden kann[4]. In dieser Beziehung zeichnen sich die relativen Straftheorien durch Bescheidenheit aus: Sie weichen zurück auf menschlich erfaßbare und kontrollierbare Positionen. Deshalb imponiert uns die leidenschaftliche Absage *Gravens*[5] an jede Metaphysik, das Bekenntnis zur Strafe als Schutzmaßnahme der Gesellschaft und das entschlossene Abstellen auf die praktischen Notwendigkeiten ebensosehr wie *Kants* scharfe Verurteilung allen Zweckdenkens.

Eine Illusion wäre es allerdings zu glauben, es gäbe reines Zweckmäßigkeitsdenken; die Setzung bestimmter Zwecke unter den unendlich vielen möglichen kann ja nur auf Grund einer Bewertung erfolgen, also, ob einem das nun bewußt ist oder nicht, nur auf Grund eines eminent ethischen Aktes. Folglich können die relativen Straftheorien, und zwar gerade im Grundlegenden, des ethischen Denkens gar nicht entraten; so dürfen sie jedenfalls der Frage nach dem Wert

---

[2] Zum ganzen Absatz vgl. § 7 I.

[3] Henrici, S. 40.

[4] Die Grundhaltung aller absoluten Straftheorien wird besonders einleuchtend kritisiert von Bauer, S. 168 ff. (auch S. 9). Eindrücklich ist auch die Warnung Eb. Schmidts: „Wer die Geschichte des Strafrechts kennt — und sie ist die Leidensgeschichte der Menschheit —, der weiß, daß Menschen sich nie tiefer in Irrtum und Ungerechtigkeiten verstricken als dann, wenn sie meinen, *unmittelbar im Namen höchster Ideen und Werte urteilen, sprechen und handeln zu sollen.*" (Vergeltung, Sühne, Spezialprävention,

[5] Graven, S. 76—78.

eines verfolgten Zwecks wie der dazu verwendeten Mittel nicht ausweichen.

Bei den bedeutsamen Zweckmäßigkeitsargumenten zugunsten der Todesstrafe für Mord wird allerdings die sittliche Erlaubtheit des Zieles — die Verhütung von Morden — kaum angezweifelt werden können. Was wir an ethischen Einwänden vorbringen werden, bezieht sich somit in erster Linie auf die Erlaubtheit des Mittels. Rechtsphilosophisch wird diese Frage beachtlicher sein als die praktisch vor allem umstrittene Frage der Tauglichkeit der Todesstrafe zur Erreichung des angestrebten Ziels.

II. Die relativen Straftheorien im einzelnen

Der Versuch, die relativen Straftheorien abschließend einzuteilen, wäre zum Scheitern verurteilt, da die Zahl der möglichen Zwecke praktisch unbegrenzt ist. Doch erübrigt er sich, da wir die für die Todesstrafe vorgebrachten Zweckmäßigkeitsüberlegungen ohnehin einzeln auf ihre Haltbarkeit untersuchen werden. Lediglich zu zwei Theorien ist in aller Kürze eine allgemeine Klärung am Platz:

A. Notwendigkeitstheorie

Bereits an früherer Stelle[6] haben wir uns recht eingehend mit der Problematik des Begriffs Notwendigkeit befaßt und damit indirekt auch mit der Notwendigkeitstheorie. Da wir dabei festgestellt haben, daß Notwendigkeit keineswegs ein von Zweckvorstellungen unabhängiger Begriff ist, sind wir völlig mit *Henrici* einverstanden, der die Notwendigkeitstheorie zu den relativen Straftheorien rechnet[7]. Trotzdem halten wir es für begründet, daß wir sie bereits vorweggenommen haben, — und zwar in einem eigenen Kapitel! Denn ihr gebührt insofern ein besonderer Platz, als sie die Grenzen des ethischen Denkens aufzeigt. So haben wir dort klargelegt, daß ein Minimum an realen Zweckvorstellungen auch bei einer ethisch geprägten Grundhaltung einfach unumgänglich ist. Die übrigen relativen Straftheorien, deren Ausflüsse uns im folgenden vornehmlich beschäftigen, schreiten dagegen häufig weit über diese minimale Einschränkung ethischen Denkens hinaus, so daß die vordringlichste Aufgabe in der Regel darin besteht, das Zweckdenken nicht jeder ethischen Wertung entgleiten zu lassen.

B. Besserungstheorie

Obschon praktisch unwichtig, verdient die Besserungstheorie[8] — die Strafe soll den Bestraften in seinem eigenen Interesse bessern — vom Standpunkt der Abolitionisten aus Erwähnung; denn nach ihr

---

[6] § 4 I.

[7] Siehe HENRICI, S. 56 ff.

[8] A. a. O., S. 50—51.

ließe sich die Todesstrafe nur durch Beiziehung religiöser Gesichtspunkte rechtfertigen, da das Erleiden des Todes nur unter der Annahme eines ewigen Lebens als den eigenen Interessen des Täters förderlich angesehen werden könnte. Da aber die religiösen Argumente zugunsten der Todesstrafe ihrerseits von sehr zweifelhaftem Wert sind, wie wir festgestellt haben, heißt das, daß die Todesstrafe mit dieser Form der Besserungstheorie gänzlich unvereinbar ist.

Wenn vom Besserungszweck der Strafe gesprochen wird, versteht man aber darunter meistens eine Beserung, die im Interesse der Gesellschaft liegt; zur Unterscheidung könnte man diesen Strafzweck auch Erziehung nennen[9]. Hier ist nun die Todesstrafe keineswegs von vornherein ausgeschlossen; denn sinnvoll ist Erziehung nur bei vorhandener Erziehungsfähigkeit. Wo diese fehlt, erscheint die Verwahrung oder bei den gefährlichsten Delinquenten die Elimination[10] als durchaus folgerichtig. Immerhin darf man nicht übersehen, daß die Todesstrafe einen Grenzfall darstellt, der gerade dann als schmerzlich empfunden werden muß, wenn man den Erziehungsgedanken als wertvoll erachtet[11]. Grundsätzlich ist deshalb die Todesstrafe auch vom Erziehungsgedanken her in keiner Weise wünschenswert[12].

1. ABSCHNITT

Die abschreckende Wirkung der Todesstrafe

Die Berufung auf die abschreckende Wirkung der Todesstrafe ist das am häufigsten vorgebrachte Zweckmäßigkeitsargument zu ihren Gunsten. Es ist heiß umstritten, und der Glaube an das Bestehen oder Nichtbestehen der Abschreckung ist praktisch wesentlich dafür ausschlaggebend, ob eine Gesellschaft die Todesstrafe anwendet oder nicht; allerdings darf man nicht übersehen, daß es als rational erscheinendes Argument dazu dienen kann, irrationale zu kaschieren[13].

§ 14. Die philosophische Problematik der Abschreckung

I. Die grundsätzliche Ablehnung des Abschreckungsgedankens wegen seiner Verwendung des Menschen als bloßes Mittel

Die tiefe Problematik des Abschreckungsgedankens besteht darin, daß er den Menschen als bloßes Mittel und nicht auch als Selbstzweck

---

[9] A. a. O., S. 51. Die Erziehungs- oder, gebräuchlicher, Spezialpräventionstheorie bildet also einfach das objektive Gegenstück zur subjektiven Besserungstheorie.

[10] Unter diesem Gesichtspunkt bejaht etwa Graven (S. 79, 84, 109) eine beschränkte Anwendung der Todesstrafe.

[11] So ist für Baumgarten, S. 3, die Besserung im Unterschied zu Unschädlichmachung und Abschreckung eine echte Strafidee wie die Vergeltung.

[12] Kennzeichnend dafür ebenfalls Graven, S. 114.

[13] Vgl. Gowers, S. 117; Bauer, S. 144.

behandelt: Der Verbrecher wird lediglich bestraft, um andere vom Verbrechen abzuhalten. Der Abschreckungsgedanke verstößt also gegen den kategorischen Imperativ von Kant in seiner zweiten Formulierung: „Handle so, daß du die Menschheit, sowohl in deiner Person als in der Person eines jeden anderen, jederzeit zugleich als Zweck, niemals bloß als Mittel brauchest“[14]. Jede Strafe, die primär aus ihrer abschreckenden Wirkung begründet wird, steht dazu in einem unversöhnlichen Widerspruch. Sie kann also nur aufrechterhalten werden, wenn die Gültigkeit dieses Imperativs dahinfällt.

Mit der Mehrzahl der sich zu diesem Punkt überhaupt äußernden Autoren[15] anerkennen wir vorbehaltlos die ethische Richtigkeit des Verbotes, den Menschen als bloßes Mittel zu gebrauchen. Wir halten es für eine der höchsten Errungenschaften unserer Kultur, daß jedem Menschen ein unaufhebbarer Selbstwert zuerkannt wird. In dieser Auffassung werden wir bestärkt dadurch, daß dieses Verbot gerade vom faschistischen Strafrechtsdenken scharf kritisiert wurde[16]. Aber auch die Argumente anderer, respektablerer Gegner verfangen wenig. *Süsterhenn* verlangt vom Staat, daß er zum Schutz des Lebens seiner Bürger vor Morden mit allen erforderlichen Mitteln vorzugehen habe[17]. Damit wird aber lediglich auf extreme Weise der alte Satz wiederbelebt, daß der Zweck die Mittel (und wörtlich genommen sogar alle Mittel!) heiligt. *Hardwig*[18] verteidigt die Generalprävention mit dem Hinweis, daß der Mensch nicht als bloßes Mittel behandelt werde, sondern als „verantwortliches Mitglied der Rechtsgemeinschaft“; um dem Täter diese Verantwortung klar zu machen, dürfe die Strafe selbst die Schuld übersteigen. Die euphemistische Ausdrucksweise kann jedoch nicht darüber hinwegtäuschen, daß diese Auffassung letzten Endes zum Auf- und Untergehen des einzelnen im Wohl der Gemeinschaft führt. Der übersteigerten Verantwortlichkeit des einzelnen gegenüber der Rechtsgemeinschaft — übersteigert, weil schon die normale Schuldstrafe auf dieser Verantwortlichkeit beruht! — steht gegenüber eine völlige Nichtverantwortlichkeit der Gemeinschaft, die den einzelnen sogar als Mittel verwenden darf. Der Schritt zu einem totalitären Gemeinschaftsdenken ist nicht mehr weit.

---

[14] Grundlegung, S. 287. — Für das Strafrecht wird die Gültigkeit dieses Satzes ausdrücklich bestätigt in MdS, S. 139.

[15] So WELZEL, S. 196/7, besonders eindrücklich, weil dieser Autor allen absoluten materialen Werten gegenüber sehr skeptisch eingestellt ist; DEL VECCHIO, Gerechtigkeit, S. 183/4 spricht seine Ablehnung aller rein zweckhaften Verfügung über den Menschen ebenfalls sehr deutlich aus. Weiter ALTHAUS, S. 23; ALT, S. 26; ARNDT, S. 35.

[16] Siehe RADBRUCH, RPh, S. 270.

[17] SÜSTERHENN, S. 18.

[18] Die weltliche Strafe, S. 128—129.

Was die Gegner des kategorischen Imperativs in seiner zweiten Formulierung vorgebracht haben, trägt nur dazu bei, uns von seinem hohen Wert zu überzeugen. Wir lehnen folglich die auf der Abschreckung basierende Strafe grundsätzlich ab, besonders natürlich die Todesstrafe, da sie einem Menschen (er mag ein Mörder sein) zumutet, zum Schutz eines andern vor der Mordlust eines Dritten sein Leben und damit sich selbst herzugeben. Nur wenn ein solcher Tod sittliche Selbsterfüllung darstellte, wäre das zulässig; denn Selbstzweck ist nicht der empirische, sondern der sittliche Mensch[19]. Aber eine derartige Vorstellung ist nicht nur höchst anzweifelbar, sondern liegt auch dem reinen Abschreckungsdenken, wie wir es ganz überwiegend antreffen, völlig fern.

II. Die trotzdem mögliche beschränkte Bedeutung des Abschreckungsgedankens

Trotz dieser grundsätzlichen Ablehnung ist die Diskussion über die Tauglichkeit der Todesstrafe zur Abschreckung weder überflüssig noch rechtsphilosophisch unter allen Umständen zu verwerfen.

Einmal darf die Abschreckungswirkung als Nebengesichtspunkt durchaus berücksichtigt werden, z. B. dort, wo eine primär ethische Begründung einen Spielraum für die gerechte Strafe offenläßt[20]. *Baumann* allerdings hält es selbst für unzulässig, innerhalb eines solchen Spielraums das Menschenleben als Objekt für kriminalpolitische Ziele zu betrachten[21]; obschon wir für diese Ansicht Verständnis aufbringen, können wir ihr keinesfalls Allgemeingültigkeit zusprechen, da sie den kategorischen Imperativ doch recht extensiv auslegt. So würden wir uns eher darauf berufen, daß Spielraumtheorie und Todesstrafe grundsätzlich nicht miteinander harmonieren[22].

Weiter ist unserer Ansicht nach auch dieser grundlegende ethische Satz, daß wir den Menschen nicht als bloßes Mittel gebrauchen sollen, der Begrenzung durch das Notwendigkeitsdenken unterworfen; die rechtsphilosophische Bewertung des Abschreckungsgedankens ist unseres Erachtens nicht ganz unabhängig von seiner Wirksamkeit! Würde z. B. das Wegfallen der Todesstrafe zu einer gewaltigen, die Gesellschaft wirklich in ihren Grundfesten erschütternden Zunahme von Morden führen, dürfte man ihr kaum grundsätzlich das Recht absprechen, sich der abschreckenden Wirkung zu bedienen. Solange auf einen Hingerichteten wenigstens ein unschuldiges Opfer vor dem Tod bewahrt bliebe, dürfte sich die Todesstrafe als die Wahl des kleineren Übels entschuldigen lassen[23]. Eine andere als diese quantitative Ab-

---

[19] Das ist trefflich dargelegt bei Welzel, S. 168 ff.

[20] Also beispielsweise bei Spendel, vgl. § 8 II B.

[21] Baumann, S. 81.

[22] Vgl. S. 48/49.

[23] Vgl. § 4 I, besonders S. 15.

wägung kommt dagegen bei grundsätzlich gleichem Personalitätsrecht des Mörders wie des Drittopfers nicht in Frage. Die Meinung, Abschreckung lohne sich schon, wenn auf sechs hingerichtete Mörder ein Opfer gerettet werde[24], scheint uns deshalb den Bereich des ethisch Zulässigen endgültig verlassen zu haben. Erst recht fragwürdig ist die Todesstrafe, wenn sie nicht zur Bewahrung von Menschenleben aufrechterhalten wird, sondern zu einem anderen Zweck. So wird in England der Frage eine überraschende Aufmerksamkeit zuteil, ob die Abschaffung der Todesstrafe zur Bewaffnung der Polizei zwinge[25]. Abgesehen davon, daß diese Befürchtung faktisch nicht zutrifft[26], ist uns die Werteinschätzung unverständlich, die den Henker, der auf wenig schöne Weise *unzweifelhaft* einmal töten wird, dem Polizisten vorzieht, der in Notwehr oder in der Verfolgung eines gemeingefährlichen Verbrechers *vielleicht* einmal töten muß; nur wenn die Bewaffnung der Polizei eine reale (und nicht bloß eine symbolische) Gefährdung der grundlegenden Freiheiten des Bürgers zur Folge hätte, würde die Todesstrafe diskutabel.

Schließlich müssen wir der Tatsache ins Auge blicken, daß weite Volkskreise, ja ganze Völker[27] sich um diesen Selbstwert jedes Menschen keinen Deut kümmern, wenn darunter ihre eigene Sicherheit leidet. Diese übrigens verständliche Einstellung — denn die Furcht ist einer der stärksten Triebe des Menschen[28] — mag rechtsphilosophisch gesehen verfehlt sein, sie bildet doch Grund genug, um sich mit der Frage der Wirksamkeit der Todesstrafe eingehend zu befassen. Allerdings wollen wir dabei die rechtsphilosophische Herkunft unserer Arbeit nicht vergessen; wir erstreben keine auf den neuesten Stand gebrachte, vollständige und ausführliche Behandlung des Problems; wir hoffen dennoch, den Glauben an die Abschreckung stark erschüttern zu können.

§ 15. Die tatsächliche abschreckende Wirksamkeit der Todesstrafe

Wenn die Gegner der Todesstrafe ihr die Wirksamkeit absprechen, behaupten sie damit nicht, die Todesstrafe schrecke überhaupt nicht

---

[24] DEHNOW, S. 58/9; warum nicht auch, wenn es dazu 7, 9, 16 Hinrichtungen braucht?

[25] Siehe KOESTLER, d, S. 24/5.

[26] GOWERS, S. 98/9.

[27] So bejaht das englische Rechtsdenken vorbehaltlos die Generalprävention (KLUG, S. 27—29); dafür bezeichnend sind etwa die Ausführungen verschiedener englischer Richter im Oberhaus (GOWERS, S. 54 ff.) sowie der ganze Aufsatz von HOLLIS. Erzbischof TEMPLE, der auf die ethische Problematik der Abschreckung hingewiesen hat (GOWERS, S. 49), steht damit allein auf weiter Flur.

[28] v. HENTIG, die Strafe II, S. 99.

ab, sondern lediglich, daß sie es nicht in höherem Maße tue als langjährige oder lebenslängliche Zuchthausstrafe. Nur darum geht die Frage, ob bei der Ersetzung der Todesstrafe durch schwere Freiheitsstrafen die Morde zunehmen oder nicht. Das zuweilen den Abolitionisten entgegengehaltene Argument, daß überhaupt keine Strafe abschrecke, wenn nicht die Todesstrafe[29], stößt deshalb von vornherein ins Leere, und es ist bloß erstaunlich, daß man das besonders betonen muß.

I. Die Statistik

A. Ihr Beweiswert

Um über die umstrittene Frage der Abschreckung Klarheit zu gewinnen, bietet sich als meistversprechendes Hilfsmittel die Statistik an. Indessen können wir von ihr nicht restlose Aufklärung erwarten, denn sie liefert uns lediglich die nackten Daten, ohne etwas über die Kausalzusammenhänge auszusagen[30]. Da viele Faktoren für die Verbrechenshäufigkeit maßgebend sind, läßt jede Statistik verschiedene Deutungen offen[31]. Trotzdem halten wir es für verfehlt, ihr jeden Beweiswert abzusprechen, wie es ein Befürworter[32] der Todesstrafe versucht. Wenn nämlich die Todesstrafe wirklich abschreckt, so bedeutet ihre Abschaffung, daß bei gleichbleibenden übrigen Faktoren die Morde zunehmen müssen. Nun kann natürlich der mordsteigernde Faktor der Abschaffung durch einen mordhemmenden, z. B. Besserung der sozialen Zustände, neutralisiert werden. Aber wenn man viele statistische Beispiele heranzieht, ist es völlig unwahrscheinlich, daß in allen Fällen solche entgegengesetzt wirkende Faktoren gleichzeitig aufgetreten sind[33]; jedenfalls im Durchschnitt wäre bei der Abschaffung der Todesstrafe eine Zunahme von Morden zu erwarten. Fällt das Ergebnis der Statistik anders aus, so drängt sich der Schluß auf, daß der Unterschied der Strafdrohung zwischen Todesstrafe und schwerer Freiheitsstrafe als kriminalitätsbeeinflussender Faktor unwesentlich ist. Allerdings gilt dieses Ergebnis genau genommen nur für jene Länder, aus deren Statistik es abgeleitet wurde; die anderen können vorbringen, bei ihnen wirke ein spezieller Faktor, so daß die Ergebnisse der übrigen Länder für sie unerheblich seien. Dieser Einwand wird nicht selten in England erhoben. Diskutabel ist er aber nur, wenn eine solche nationale Besonderheit, konkret charakte-

---

[29] So KÜHLE, S. 113; DEHNOW, S. 52. Dieses Argument setzt übrigens voraus, was bewiesen werden soll!

[30] GRAVEN, S. 92; BAUMANN, S. 80; ALT, S. 18.

[31] Ein Beispiel dafür haben wir bereits auf S. 64 angetroffen.

[32] SÜSTERHENN, S. 28/9. Gleicher Ansicht war schon GREINWALD, S. 81.

[33] Auf Grund der ungefähr gleichen Überlegung anerkennt auch DREHER, S. 553, den Aussagewert der Statistik; vgl. auch KOESTLER, d, S. 44.

risiert, auf vernünftige Weise begründet wird, was man in der englischen Diskussion vermißt[34]. Übrigens dürfte es heute, da die Todesstrafe in vielen nach Größe, Klima, Rasse der Bewohner und wirtschaftlich-sozialer Entwicklung verschiedenartigen Ländern abgeschafft ist[35], im zivilisierten Bereich ganz allgemein schwerfallen, eine so außergewöhnliche nationale Eigenart aufzufinden.

Einigermaßen zuverlässig sind jedoch Schlußfolgerungen aus der Statistik nur, wenn sie auf umfassenden Erhebungen beruhen. Vereinzelte Angaben besagen wenig und können in die Irre führen, was an einem Beispiel veranschaulicht sei: Dem Vergleich[36] zwischen Boston (mit Todesstrafe, 2,9 Mörder auf 100 000) und Detroit (ohne, 18,6), der offenbar für die Todesstrafe spricht, steht der andere[37] zwischen Rhode Island (ohne, 1,2) und Arizone (mit, 13,9) gegenüber. Die Erklärung für diesen scheinbaren Widerspruch ist verhältnismäßig einfach: Die Neu-England-Staaten mit ihrer sozial homogenen Bevölkerung weisen ganz unabhängig von der Todesstrafe eine niedrige Mordkriminalität auf. So lehrt uns dieses Beispiel, daß Vergleiche nur zwischen einigermaßen gleichartigen Gebieten sinnvoll sind.

B. Ihre Ergebnisse

Umfassende statistische Untersuchungen finden wir bei der Royal Commission on Capital Punishment 1949—1953, über deren Schlußfolgerungen wir uns durch ihren Vorsitzenden *Gowers* unterrichten lassen, sowie bei *Düsing*.

Die Royal Commission stellte das Fehlen eines Beweises dafür fest, daß die Abschaffung der Todesstrafe zu einer Zunahme und ihre Wiedereinführung zu einer Abnahme der Morde führt[38]; die von *Graven* erwähnte Serie schwerer Mordfälle in der Schweiz nach der 1874 erstmals für das ganze Land erfolgten Abschaffung[39] stellt eine Ausnahmeerscheinung dar[40] und hat sich 1942, beim Inkrafttreten des eidgenössischen Strafgesetzbuches, auch nicht wiederholt[41]. Am ehesten würde die Royal Commission einen Abschreckungsverlust bei den

[34] Vgl. Gowers, S. 54 und S. 103—105.

[35] A. a. O., S. 104/5; vgl. auch Koestler, d, S. 47/8.

[36] Graven, S. 93.

[37] v. Hentig, ZschwStR 74 (1959), S. 251.

[38] Gowers, S. 102. Zum gleichen Ergebnis kam schon das Select Committee von 1930 (a. a. O., S. 90).

[39] Graven, S. 44, enthalten auch in seinem Bericht an die Royal Commission, siehe Bloch-Michel im Anhang, S. 232 ff.

[40] Bloch-Michel, a. a. O., S. 234. Es stellt sich somit nachdrücklich die Frage, ob ein Kausalzusammenhang bestand!

[41] Nach Gravens Bericht, siehe Bloch-Michel, a. a. O., S. 233.

Gewohnheitsverbrechern, vor allem den Einbrechern, befürchten[42]: Diese könnten nämlich dazu übergehen, bei ihrer „Tätigkeit" Waffen zu tragen, was sie bisher nach Ansicht der Sachverständigen[43] wegen der Todesstrafe nicht gewagt haben; denn die beträchtliche Möglichkeit, sich doch einmal zu deren Gebrauch hinreißen zu lassen, stellte auch für sie selbst eine tödliche Bedrohung dar. Die Erwägungen der Commission[44] zeigen jedoch selber sehr deutlich, daß von einem Beweis dieser Annahme keine Rede sein kann. Die Tatsache, daß die jüngeren Kriminellen überall ganz unabhängig vom Bestehen der Todesstrafe dazu neigen, Waffen zu tragen[45], enthüllt die Brüchigkeit dieses Arguments.

Düsings weitreichende Erhebungen über den Einfluß der Todesstrafe im Ausland fallen für die Gegner der Todesstrafe ebenfalls recht günstig aus[46]. Besonders wertvoll sind aber seine Untersuchungen über die Mordkriminalität in Deutschland. Wenn man auch nicht zuviel daraus ableiten darf, ist es doch beachtlich, daß diese seit der statistischen Erfassung (1882) am geringsten im Jahr 1929 war, dem Jahr, in dem keine einzige Hinrichtung stattfand[47]! Andererseits vermochte die starke Wiederbelebung der Todesstrafe in der Machtperiode der Nationalsozialisten eine ansehnliche Kriminalitätssteigerung nicht zu verhindern, und das Jahr 1934 brachte den Höhepunkt der Verurteilungs- wie der Kriminalitätsziffer für Mord[48]. Noch bedeutsamer ist der allerdings auf einen kurzen Zeitraum sich erstrekkende Nachweis, daß die Abschaffung der Todesstrafe in Deutschland die angesichts der Festigung der sozialen Verhältnisse zu erwartende Abnahme der Mordkriminalität nicht unterbrochen hat[49]. Das gleiche darf nach den Zahlen bis 1957 für Österreich in bezug auf die 1950 erfolgte Abschaffung der Todesstrafe angenommen werden[50]. Auch die Tatsache, daß in England die sehr hohen Begnadigungsziffern für zum Tode verurteilte Frauen die weibliche Kriminalität nicht erhöht, sondern gesenkt haben[51], deutet in die Richtung, daß die Abschaffung der Todesstrafe keinen mordfördernden Faktor darstellt.

---

[42] Gowers, S. 96/7.

[43] Siehe a. a. O., S. 92—94, auch S. 65/6.

[44] A. a. O., S. 96.

[45] A. a. O., S. 97/8.

[46] Siehe Düsing, S. 232 ff.

[47] A. a. O., S. 175—177.

[48] A. a. O., S. 211.

[49] A. a. O., S. 311—319, ergänzt im Nachwort, S. 324 ff. Lehrreich sind diese Ausführungen auch, weil sie zeigen, wie leichtfertig oft von einer „erschreckenden Zunahme" der Mordkriminalität gesprochen wird.

[50] Siehe Grassberger, S. 434. Auch hier zeigt sich überzeugend, daß der Kriminalitätsverlauf im Großen alles andere als so bedrohlich ist, wie es uns manche Presseerzeugnisse weismachen wollen.

[51] v. Hentig, die Strafe II, S. 6.

Die Statistik liefert also keinerlei Stütze dafür, daß die Todesstrafe in dem Sinn abschreckt, daß die Furcht vor ihr Mordtaten verhütet, die bei bloßer Zuchthausstrafe ausgeführt worden wären. Diese Wirkung haben aber die meisten Anhänger der Todesstrafe im Auge, wenn sie sich auf die Abschreckung berufen. Die Royal Commission hält allerdings einen anderen generalpräventiven Effekt für ebenso wichtig: Sie glaubt, daß die in der Verhängung und Vollziehung der Todesstrafe liegende Mißbilligung des Mordes geeignet sein könnte, mit der Zeit in die ganze Gesellschaft das Gefühl von der unbedingten Verwerflichkeit des Mordes tief einzupflanzen und so eine Schranke aufzurichten[52]. Diese erzieherische Wirkung ist aber statistisch noch weniger überprüfbar als jene abschreckende, da sie erst nach einam langen Zeitraum sichtbar werden kann, so daß unterdessen viele andere Faktoren das Bild verfälschen können. Doch das wenige für die Abklärung dieser Frage brauchbare Material spricht nicht für eine solche Wirkung[53]. *Exner* verneint sie für Sachsen[54]; die der Royal Commission vorgelegten graphischen Vergleiche über die Entwicklung der Mordkriminalität in möglichst gleichartigen Gebieten, die sich aber in ihrer Stellung zur Todesstrafe unterscheiden — vielleicht das wertvollste statistische Aussagemittel zur Frage der Abschreckung überhaupt! — lassen ebenfalls keinen merklichen Einfluß der Todesstrafe erkennen[55]. Erwähnung verdient in diesem Zusammenhang auch, daß in der Schweiz die Mordziffern der abolitionistischen Kantone sich nicht wesentlich von jenen der anderen unterschieden haben[56].

Selbst wenn man diesen erweiterten Begriff der Abschreckung miteinbezieht, ist also die Schlußfolgerung berechtigt, daß die Statistik eher günstig für die Gegner der Todesstrafe lautet[57]. Geradezu ausschließen kann man aber, daß die Todesstrafe in einem genügenden Ausmaß abschreckt, um ethisch verantwortet werden zu können[58].

---

[52] Gowers, S. 108. In Deutschland scheint Exner, S. 104, dieser Ansicht anzuhangen.

[53] Es wäre übrigens auch in psychologischer Sicht recht gewagt, eine solche anzunehmen (vgl. 9. und 10. Kapitel).

[54] Exner, Mord und Totschlag in Sachsen, Mon KrimStRef 1929, S. 16.

[55] Siehe im Anhang zu Gowers, S. 139 ff.

[56] Graven, S. 46; Düsing, S. 251.

[57] Gleicher Ansicht u. a. Hollis, S. 262/3 (36 Staaten haben die Todesstrafe abgeschafft, ohne daß auch nur in einem einzigen eine Zunahme von Morden eingetreten wäre!); Reiwald, S. 22; Bauer, S. 216; Arndt, S. 35; Baumann, S. 80. Zum selben Resultat führt auch die Untersuchung der (zu einer Legitimierung der Todesstrafe ohnehin kaum ausreichenden) Spezialfrage, ob die Abschaffung der Todesstrafe eine Zunahme der Morde an Polizeibeamten zur Folge hat, siehe Koestler, d, S. 27—30.

[58] Vgl. S. 74/75.

II. Einzelbeobachtungen

Da das statistische Bild für sie nicht gerade günstig ausfällt, können die Anhänger der Todesstrafe versuchen, ihre abschreckende Wirkung wenigstens an Einzelfällen zu erweisen. Es ist allerdings von vornherein klar, daß selbst das Gelingen dieses Versuchs die Todesstrafe nicht ausreichend begründen würde. Denn wenn solche Einzelfälle sich nicht statistisch erfassen lassen, bedeutet das, daß sie entweder eine verschwindende Ausnahme darstellen, womit die Todesstrafe der ethisch geforderten Minimalwirkung nicht einmal nahekäme, oder daß sie durch gegenteilige Fälle aufgewogen werden. Wir treten dennoch darauf ein, um in unserer Untersuchung der Argumente der Befürworter der Todesstrafe keine Lücke zu lassen.

Graven verweist auf einige wenige Beispiele, wo gefährliche Verbrechenswellen nach Hinrichtungen aufhörten[59]. Aber wie gewagt die Schlußfolgerung auf eine heilsame Wirkung der Todesstrafe wäre, zeigt ein überaus lehrreiches Beispiel aus Belgien[60]: 1918 wurden die belgischen Landgebiete durch bewaffnete Gruppen von Banditen terrorisiert. Eine dieser Gruppen wurde gefaßt und abgeurteilt, wobei der Staatsanwalt entgegen der Übung die Vollstreckung des Todesurteils wenigstens für den Bandenführer forderte. Der sozialistische Minister begnadigte ihn trotzdem, und fast zur gleichen Zeit hörten aus unabgeklärten Gründen diese Verbrechen auf! — Wäre dieser Verbrecher hingerichtet worden und der gleiche Effekt eingetreten, hätte man die beiden Geschehnisse unzweifelhaft kausal miteinander verbunden, und fast ebenso unzweifelhaft müßten sich die Gegner der Todesstrafe noch heute mit diesem Beispiel abplagen, wobei ihre Zweifel am Kausalzusammenhang kaum mehr als Hohngelächter ernten würden[61].

Noch weniger besagen die drei von *v. Hentig* erwähnten Beispiele von Mördern, die ihr Verbrechen aus einem Gebiet mit Todesstrafe in eines ohne sie verlegten[62]. Nichts beweist nämlich, daß diese Mörder auf ihre Tat verzichtet hätten, wenn ihnen die Wahl zwischen Todesstrafe und Zuchthausstrafe nicht offengestanden hätte. Wenn man wirklich an die Abschreckung glaubt, muß es nur erstaunen, daß solche Fälle so selten vorkommen: In der kleinen Schweiz ist jedenfalls keiner bekannt geworden[63], was doch angesichts der geringen

---

[59] Graven, S. 92.

[60] Mitgeteilt von Prof. Cornil an die Royal Commission, siehe Gowers, S. 95.

[61] Daß wir in diesem Fall einem folgenschweren Irrtum nur knapp entgangen sind, wird von Prof. Cornil hervorgehoben, siehe Gowers, S. 95/6.

[62] Die Strafe II, S. 108. v. Hentig, keineswegs ein Anhänger der Todesstrafe, führt diese Beispiele bloß zur Orientierung an.

[63] Bauer, S. 218.

Distanzen zwischen Orten mit und ohne Todesstrafe zu erwarten gewesen wäre[64]! — Fast noch problematischer ist das Beispiel jenes Belgiers, der in Frankreich zwei Frauen ermordet und nachher in Belgien aus (unbegründeter) Furcht vor Auslieferung neuerlich mordet, um hier abgeurteilt zu werden und der Todesstrafe in Frankreich zu entgehen[65]. Diese Angst vor dem Tod hat ihn ja nicht gehindert, in Frankreich zu morden, womit er sich zugleich der (praktisch vielleicht geringen) Gefahr aussetzte, schon dort erwischt und abgeurteilt zu werden; bewiesen wird nur seine Angst nach der Tat!

Für unerheblich halten wir ferner die Überlegungen, mit denen *Graven*, der die statistischen Untersuchungen für müßig hält, abschließend den Abschreckungsgedanken zu stärken sucht: Er fragt, warum die Todesstrafe in so vielen Staaten bestehen bleibe oder bei einer Kriminalitätssteigerung wiedereingeführt oder doch zurückgefordert werde, und warum sie in allen Militärstrafgesetzen enthalten sei, wenn nicht wegen ihrer Wirksamkeit; er verweist auf die durch die Todesstrafe im Keim erstickten Meutereien und Rebellionen und erwähnt schließlich, daß die Gangster untereinander nur eine Strafe kennen: Den Tod[66]. Die Kritik dieser Gedanken fällt leicht. Die Tatsache der Anwendung der Todesstrafe und des Rufs nach ihr beim Ansteigen der Morde beweist lediglich, daß man an die Abschreckung *glaubt*. Der Vergleich mit dem Militärstrafrecht schlägt fehl, weil dieses vor allem für Ausnahmesituationen gilt, in denen die Zuchthausstrafe an Abschreckungskraft verloren hat[67]. Zudem werden in solchen Zeiten die prozessualen Sicherungen zugunsten des Angeklagten abgebaut, die Hinrichtung folgt unter Umständen sehr rasch der Tat, was die abschreckende Wirkung wohl erhöht. Der im ersten Augenblick noch am ehesten überzeugende Hinweis auf das Verhalten der Gangster untereinander (das deren eigene Meinung über sich selbst, nämlich daß ihresgleichen nur den Tod fürchte, zu widerspiegeln scheint) mutet bei näherem Zusehen als noch schwächer an. Die Gangster können die „Todesstrafe“ gar nicht durch eine andere schwere Strafe ersetzen, wenn sie sich nicht selber gefährden wollen. Verstümmelungen und andere schwere Peinigungen könnten im Betroffenen einen die Existenz des „Gangs“ bedrohenden Haß hervorrufen, während ein sicherer Vollzug einer langen „Freiheitsstrafe“ in dem immer wieder von internen Fehden erschütterten Gangstermilieu

---

[64] Selbstverständlich kann man gegen diese Erwartung einwenden, daß die örtliche Verlegung des Mordes die Chance des Nichtgefaßtwerdens beträchtlich senke. Damit gibt man aber nur zu, daß die Androhung der Todesstrafe von einem andern Faktor an Wirkung übertroffen wird! (vgl. bald III A).

[65] Berichtet bei Graven, S. 90/1.

[66] Alles Graven, S. 93.

[67] Vgl. S. 17.

undenkbar ist. Schließlich kennen die Gangster natürlich gar keine prozessualen Sicherungen, sie richten auf Verdacht und unverzüglich hin: die psychologische Situation eines Gangsters, der ein Gangstergebot zu brechen beabsichtigt, ist also gänzlich anders als jene eines Verbrechers, der vor der Verletzung staatlicher Gesetze steht.

III. Zum psychologischen Wert des Abschreckungsgedankens (Die Kritik des „gesunden" Menschenverstandes)

Als letzte und zuweilen vehement verteidigte[68] Position bleibt den Anhängern des Abschreckungsgedankens der sogenannte gesunde Menschenverstand. Angesichts des immerhin begrenzten Beweiswerts der Statistik darf man diese Berufung nicht leicht nehmen, so daß der psychologischen Betrachtung des Abschreckungsgedankens große Aufmerksamkeit gebührt.

Für uns geht es also darum, die Schwächen und Irrtümer des gesunden Menschenverstandes in der Bejahung der abschreckenden Kraft der Todesstrafe aufzudecken. Einen Ratschlag möchten wir aber noch vorausschicken; vielleicht hilft er, einige Fehleinschätzungen zu vermeiden: Wer auf Grund seiner eigenen seelischen Beschaffenheit über die Abschreckung urteilen will, der muß sich *ganz* in die Lage eines Mörders *vor der Tat* einzufühlen versuchen, er muß sich also mit anderen Worten wirklich vorstellen, daß er einem Menschen ernstlich nach dem Leben trachtet. Selbstbetrachtungen darüber, ob man nach einer nur theoretisch-distanziert ins Auge gefaßten Mordtat eine schwere Zuchthausstrafe oder die Todesstrafe vorziehen würde, sind völlig wertlos; bestenfalls entsprechen sie der seelischen Verfassung des Mörders nach der Tat oder noch eher nach der Verhaftung und Überführung. Aus demselben Grund beweisen auch alle Hinweise darauf, daß die meisten verurteilten Mörder sich um Begnadigung bemühen, nichts[69]; trotz dieser Todesangst im Angesicht der Hinrichtung haben sie ja gemordet[70]!

A. Die entscheidende Wichtigkeit der Sicherheit der Strafverfolgung

Der erste Irrtum der Abschreckungspsychologie des gesunden Menschenverstandes besteht darin, zu glauben, mit der Strafdrohung den

---

[68] So Lord HAILSHAM, der im Parlament etwa ausführte: Ich weiß, daß mich der Galgen abschrecken würde, so daß mich nichts auf der Welt (also weder Statistiken noch die Psychologie) vom Glauben an die Abschreckung abbringen kann. (HOLLIS, S. 267).

[69] Gleicher Ansicht HOLLIS, S. 270/1.

[70] Die Ausführungen von GREINWALD (S. 28 ff., S. 112 ff., S. 185), der sich als Gefängnisgeistlicher zur Entscheidung der Frage kompetent glaubt und die Abschreckung aus den Äußerungen von Mördern (auch zum Tod verurteilten!) ableitet, werden treffend kritisiert von ALT, S. 18/9.

bewußt planenden Täter überhaupt zu beeindrucken. Da die meisten dieser Täter darauf bauen, nicht entdeckt zu werden, ist diese Annahme sehr fraglich. Man könnte denn auch die Einsicht, daß die Sicherheit der Strafverfolgung viel wichtiger ist als die Höhe der angedrohten Strafe, fast als einen kriminologischen Gemeinplatz bezeichnen[71]. Für seine Richtigkeit sprechen etwa die Ermordungen von Zeugen nicht mit dem Tod bedrohter Delikte[72], besonders aber die Entwicklung mancher Massenmörder: „Landru, Hoch, Haarmann, Kürten hatten mehrfache und lange Freiheitsstrafen wegen Betrugs und Diebstahls hinter sich; sie sahen sich nach anderen Mitteln der Sicherung um, und ihre Gedanken verfielen auf Mord ... Von dem Augenblick an, in dem die Morde einsetzen, hören die Verurteilungen auf. Für eine Reihe von Jahren „bewährt" sich die Methode, bringt der Mord Sicherheit"[73].

Die objektiven Aussichten für einen Mörder, nicht hingerichtet zu werden, sind nun recht günstig. *v. Hentig* hält die Schätzung eines amerikanischen Gefängnisarztes nicht für abwegig, daß in den Vereinigten Staaten nicht einer von hundert Mördern hingerichtet wird[74]! Auch in Großbritannien stehen die Chancen des Mörders nicht schlecht: In England (inklusive Wales) 12 : 1 gegen seine Hinrichtung, in Schottland gar 25 : 1[75]. Wie groß die Gefahr ist, daß Morde wie Mörder unentdeckt bleiben, weisen am besten die allgemeinen Betrachtungen *v. Hentigs* über das Dunkelfeld beim Mord auf[76]. Die Voraussetzungen für eine wirksame Abschreckung sind also denkbar schlecht!

Gegen diese allgemeine Erkenntnis mag man einwenden, es gäbe vielleicht doch einzelne Mörder, die eine lange Zuchthausstrafe bewußt in Kauf nähmen, nicht aber die Todesstrafe[77]. Dieser Möglichkeit steht aber die durchaus ernstzunehmende Gefahr gegenüber, daß die Anwendung der Todesstrafe die Bestrafungsquote herabsetzt; denn es ist anzunehmen, daß die Geschworenengerichte strengere Beweisanforderungen stellen, wenn der Schuldspruch einem Todesurteil gleichkommt[78]. Nun bildet aber gerade ein unberechtigter Frei-

---

[71] Siehe v. HENTIG, die Strafe II, S. 26; LUDWIG, S. 18; GRASSBERGER, S. 430; BAUER, S. 187; BAUMANN, S. 79.

[72] ALT, S. 25.

[73] v. HENTIG, Mord, S. 63.

[74] v. HENTIG, die Strafe II, S. 111.

[75] GOWERS, S. 91. Zu beachten ist, daß diese Zahlen auf den bekannt gewordenen Morden beruhen!

[76] v. HENTIG, Mord, S. 19 ff.

[77] Man könnte an die auf S. 80/81 erwähnten Beispiele v. HENTIGS denken. Die Tatsache, daß sie eine verschwindende Ausnahme darstellen, spricht allerdings für die Richtigkeit der kriminologischen Einsicht (vgl. Anm. 64).

[78] DREHER, S. 555; in teilweisem Widerspruch zur Royal Commission auch GOWERS, S. 82.

spruch oder eine zu milde Klassifizierung des Tatbestandes eine bedeutende kriminalpolitische Gefahr[79]. Unter diesem Gesichtspunkt ist es keineswegs ausgeschlossen, daß die Todesstrafe die Mordkriminalität sogar steigert.

B. Die große Bedeutung irrationaler Antriebskräfte für das Verbrechen

Weiter basiert die Abschreckungspsychologie auf einem viel zu rationalistischen Menschenbild, nämlich der Vorstellung, daß die Menschen die Vor- und Nachteile ihrer Handlungen sorgfältig gegeneinander abwägen und dabei auch recht ferne Konsequenzen wie das mögliche Erleiden einer Strafe mit ihrem vollen Gewicht miteinbeziehen; ein Bild also, das keinen Platz für die irrationalen Kräfte des Menschen enthält.

Wir haben dieses Menschenbild schon ziemlich eingehend bei der Behandlung von *Ruesch* kritisiert[80] und können uns deshalb mit einigen Ergänzungen begnügen. Ganz allgemein darf man sagen, daß die Abschreckung gegenüber Morden aus Leidenschaft versagt[81], also gegenüber Taten, die in einer Art Rausch begangen werden. In erster Linie denkt man hier an sexuelle Motive[82], aber auch die Habsucht kann eine Leidenschaft sein[83]; nicht zu vergessen sind schließlich auch die politischen Fanatiker. Die Leidenschaftsmorde machen bereits etwa die Hälfte aller Morde aus[84]! Die Todesstrafe ist weiter aber auch gegenüber den geistig abnormen Tätern unwirksam[85]. Da nun der Großteil der Morde unter eine dieser beiden Kategorien fällt[86], ist der mögliche Bereich der Abschreckung von vornherein sehr klein. Erinnert man sich noch daran, daß die überlegt (oder „rational") handelnden Täter der Abschreckung auch nicht eben zugänglich sind, fragt man sich unwillkürlich, welche Täter es denn seien! Am ehesten dürfte die Strafdrohung noch auf verhältnismäßig vernünftige Menschen mit innerem Gleichgewicht abschreckend wirken, also groteskerweise gerade auf jene, die ohnehin nur wenig zu Verbrechen nei-

---

[79] DREHER, S. 555, und v. HENTIG, die Strafe II, S. 111—112.

[80] Siehe S. 58. Unsere dort geäußerte Ansicht, daß ein naher Gewinn unverhältnismäßig stärker lockt als eine ferne Unannehmlichkeit zu hemmen vermag, wird bestätigt von v. HENTIG, a. a. O., S. 26.

[81] GOWERS, S. 92; BAUER, S. 183; GRASSBERGER, S. 430.

[82] Auf die furchtlos machende Wucht des Fortpflanzungstriebes macht v. HENTIG aufmerksam, a. a. O., S. 11 ff.

[83] ALT, S. 24.

[84] BAUMANN, S. 79.

[85] GOWERS, S. 92. Instruktiv das Beispiel des „selbstbetrügerischen" Mörders bei BJERRE, S. 64 ff. (auch S. 49).

[86] GOWERS, S. 92.

gen[87]! Eine ins Gewicht fallende Wirkung kann also nicht erwartet werden.

C. Das Zwiegesicht des Todes

Die Abschreckungspsychologie vereinfacht ferner die Einstellung des Menschen zum Tod. Der Selbsterhaltungstrieb ist weder unerschütterlich noch stets gleichmäßig wirksam. In den wechselvollen Läufen des Lebens empfindet der Mensch den Tod nicht immer als Schrecken und Bedrohung, sondern zuweilen wird er als Erlösung von nicht mehr geliebtem Leben, als Ruhe ersehnt. Die Tatsache, daß der Tod unter Umständen herbeigewünscht wird, scheint uns einen grundsätzlichen Mangel der Todesstrafe im Vergleich zur schweren Freiheitsstrafe zu bedeuten; man kann sich nämlich kaum vorstellen, daß jemand eine lange Freiheitsstrafe als erstrebenswert empfindet.

Die Todesstrafe muß somit gegenüber Menschen mit krankem Selbsterhaltungstrieb versagen, also überall dort, wo eine latente Neigung zum Selbstmord vorliegt. Diese Neigung ist nun aber gerade bei den Mördern sehr ausgeprägt[88]. Zum Teil mag diese Neigung der der Tat folgenden Ernüchterung entspringen[89]. Die nicht seltenen Fälle, wo der Mörder unmittelbar nach der Tat (also vor der Ernüchterung, sozusagen noch im Mordrausch) sich selber tötet, wie auch die von der Psychologie erwähnte enge Verwandtschaft zwischen Mord und Selbstmord[90] deuten aber doch darauf hin, daß der Selbsterhaltungstrieb schon vor der Tat nicht mehr intakt war. Auch abgesehen von den Selbstmördern gibt es übrigens sehr eindrückliche Beispiele von Mördern mit extrem geringem Lebenswillen, der bis zum Selbstverrat führt[91].

Die Tatsache, daß eine beträchtliche Zahl von Mördern den Tod eher sucht als fürchtet, bedeutet nicht nur eine neuerliche Einschränkung der abschreckenden Wirkungsmöglichkeit der Todesstrafe, sondern enthält in sich auch eine kriminalpolitische Gefahr: Mord kann

---

[87] BAUER, S. 186.

[88] v. HENTIG, die Strafe II, S. 59/60, für England, wo der Jahresdurchschnitt der Selbstmorde denjenigen der Hinrichtungen übersteigt; insgesamt haben in 50 Jahren nicht weniger als 1674 Mordverdächtige (bei insgesamt 7454 bekannt gewordenen Morden und 4173 Verhaftungen von Tatverdächtigen) Selbstmord begangen! KOESTLER, d, S. 31 (vgl. auch d, S. 153), spricht gar davon, daß ein Drittel aller Mörder Selbstmord begeht. — Die gleiche hohe Selbstmordrate wurde auch in Deutschland für Groß-Berlin nachgewiesen, siehe DÜSING, S. 181/2.

[89] So ALT, S. 24.

[90] KIELHOLZ in MENG, S. 334; SCHIPKOWENSKI, S. 74 und S. 82; v. HENTIG, die Strafe II, S. 60; CAMUS, I, S. 36.

[91] v. HENTIG, a. a. O., S. 8—10, S. 109—110; REIK, Strafbedürfnis, S. 103 ff.; REIWALD, S. 5, S. 175/6.

ein Mittel zum Selbstmord werden. Solche Fälle haben sich früher, als die Lehre von der Sündhaftigkeit des Selbstmordes noch allgemein geglaubt wurde, häufiger ereignet als heute[92], doch einzelne indirekte Selbstmorde sind bis in die jüngste Zeit vorgekommen[93]. So selten solche Fälle geschehen, sie wären ohne Todesstrafe undenkbar, sie werden durch sie verursacht! Das stellt zumindest ein Gegengewicht dar, falls die Todesstrafe entgegen unserer Ansicht in einigen Fällen doch abschrecken sollte. Fast noch bedeutsamer als diese spezielle Gefahr ist die allgemeine, daß für all die in ihrem Lebenstrieb geschwächten latenten Mörder der Tod eher einen Anreiz bildet als ein Schreckmittel[94], einen Anreiz, der noch durch den der Todesstrafe nicht selten innewohnenden Verherrlichungseffekt[95] verstärkt wird. Auch unter diesem Blickwinkel ist es keineswegs ausgeschlossen, daß die Todesstrafe die Zahl der Morde eher erhöht statt senkt.

D. Der Selbstwiderspruch im Verhalten der Gesellschaft

Eine indirekte Bestätigung für die fehlende Abschreckung der Todesstrafe liefert schließlich das Verhalten der Gesellschaft selbst. Auf unnachahmlich sarkastische Weise deckt *Camus*[96] den darin enthaltenen Widerspruch auf: Die gleiche Gesellschaft, die an die Abschreckung zu glauben vorgibt, entzieht die Hinrichtungshandlung der Öffentlichkeit[97], nimmt „Reklame" durch wirklichkeitsgetreue Reportagen sehr übel, weil sie an die sadistischen Instinkte appellierten, und verbirgt die blutige Wirklichkeit des Vollzugs hinter abstrakten Formeln (etwa: Heute früh wurde der Gerechtigkeit Genüge getan). Kurz, es wird alles unternommen, um die Todesstrafe in den Augen der Bürger all ihres Schreckens zu entkleiden, also gerade dessen, was am ehesten abschreckend wirken könnte!

Darin liegt das stille Eingeständnis, daß die Schrecken der Todesstrafe mindestens ebensosehr verrohen wie abschrecken. Durch den Rückzug hinter die Gefängnismauern kann man dieser Verrohung zu begegnen suchen und dabei hoffen, die Todesstrafe behalte trotz ihres nunmehr abstrakteren Charakters eine gewisse Abschreckungswirkung,

---

[92] Siehe den Aufsatz v. Webers.

[93] Gowers, S. 85; v. Hentig, a. a. O., S. 9; Koestler, d, S. 31.

[94] Auch C. G. Jung ist nach Hollis, S. 270 (ohne Quellenangabe!) der Ansicht, daß Hängen eher anreizend als abschreckend wirke. Gowers hält diesen Gesichtspunkt ebenfalls für bemerkenswert (S. 86).

[95] Siehe v. Hentig, a. a. .O, S. 112 ff. Auch im Fehlen dieses Effektes zeichnet sich die langjährige, human vollzogene Freiheitsstrafe vorteilhaft vor der Todesstrafe aus.

[96] Camus, I, S. 29 ff.

[97] Daß darin ein Widerspruch liegt, betonen auch v. Hentig, a. a. O., S. 5/6, Klein, S. 4, und Alt, S. 13/4.

da die Vorstellungskraft der Verbrecher die Mauern übersteigen könne. Das muß jedoch in gleicher Weise auch der Phantasie jener Leute möglich sein, die nach Bildern voll Blut und Grauen verlangen und sie begierig in sich einsaugen. So schwächt das Verborgenhalten des Vollzugs der Todesstrafe die abschreckende Wirkung, ohne die verrohende[98] aufheben zu können.

IV. Ergebnis

Als Ergebnis dürfen wir festhalten, daß die abschreckende Wirksamkeit der Todesstrafe weder erwiesen noch nur als wahrscheinlich hingestellt werden konnte. Die Statistik deutet fast eher in die gegenteilige Richtung, während überzeugende Einzelbeobachtungen fehlen. Die Psychologie lieferte uns schließlich manche Anhaltspunkte für die Richtigkeit unserer Deutung der Statistik.

Die Vermutung wäre danach kaum unberechtigt, daß die Todesstrafe Morde eher begünstigt als hemmt. Unzweifelhaft steht aber fest, daß ihre abschreckende Wirksamkeit, sofern überhaupt vorhanden, sehr gering ist. Der Glaube an diesen beschränkten Effekt kann sich jedoch nicht auf starke Argumente gründen, sondern nur auf die recht vage Hoffnung, allen statistischen und psychologischen Einwänden zum Trotz werde durch die Todesstrafe hin und wieder doch ein Mord verhütet. Eine solche Ungewißheit des Erfolgs gestattet jedoch keine ausreichende Begründung der Todesstrafe, denn der Tod des Mörders ist „unerbittlichste Gewißheit[99]". Zieht man weiter in Betracht, daß selbst diese allfällige kleine Wirkung niemals ausreicht, um die Todesstrafe als Abschreckung zu legitimieren[100], dürfen wir abschließend feststellen: Der Versuch, die Todesstrafe aus ihrer abschreckenden Wirksamkeit zu begründen, ist zum Scheitern verurteilt!

2. ABSCHNITT

Die endgültig sichernde Wirkung der Todesstrafe

Ein unbestreitbarer Vorteil der Todesstrafe besteht darin, daß sie den Mörder endgültig unschädlich macht. Wir haben nun zu untersuchen, wie weit dieser Vorzug zur Anwendung der Todesstrafe berechtigt und ob er praktisch überhaupt ins Gewicht fällt.

§ 16. Die philosophische Problematik der Unschädlichmachung

Wenn die an einem Mörder vollzogene Todesstrafe tatsächlich einen neuen Mord von seiner Seite verhütet, sind wir geneigt, sie zu billi-

---

[98] Zu dieser vgl. § 31.

[99] Großartig auch hier CAMUS, I, S. 36—38.

[100] Vgl. S. 74/75.

gen[101]. Es handelt sich dann um eine Art vorweggenommener Notwehr, wir haben zwischen dem Tod dieses Mörders und seines zukünftigen Opfers zu wählen. Dieser unseres Erachtens an sich einwandfreien Begründung fehlt jedoch die Voraussetzung, nämlich das sichere Wissen darum, ob ein Mörder noch einmal morden wird[102]. Je nach unserer weltanschaulichen Einstellung — vor allem auch zur Frage der Willensfreiheit! — ist es schon theoretisch absurd, darüber etwas sicheres aussagen zu wollen; zweifellos übersteigt es aber die praktischen Möglichkeiten des Menschen. Bestenfalls sind wir zu einer Wahrscheinlichkeitsprognose befähigt und können wir die Mörder in stark gefährliche und wenig gefährliche scheiden.

Wenn also die Todesstrafe das Ziel der Unschädlichmachung erreichen soll, müssen wir aus praktischen Gründen mehr Mörder hinrichten, als theoretisch notwendig wäre. Das bedeutet aber, daß wir manche unter ihnen als bloßes Mittel gebrauchen, was hier ethisch noch untragbarer ist als beim Abschreckungsgedanken. Denn der Tod eines Mörders, der nicht wieder gemordet hätte, ist schlechthin überflüssig[103]; das bloße Sicherheitsgefühl der Gesellschaft kann ihn nicht im entferntesten aufwiegen. Durch die Hinrichtung eines bloß mutmaßlich gefährlichen Mörders wird dieser seines Personalitätsrechtes beraubt, als bloßer „Schädling“ angesehen und damit auf die Stufe eines Tieres herabgewürdigt[104]. Aufrechterhalten läßt sich die Todesstrafe also nur, wenn man in den Mördern oder wenigstens einem Teil derselben nur noch unverbesserliche Ungeheuer sieht, die mit Menschen nichts mehr gemein haben[105]. Auf diese Kategorie möchte etwa *Graven* die Todesstrafe beschränken[106], wobei er erst noch die Geistes-

---

[101] Daß sich die Todesstrafe am ehesten in dieser Sicht begründen läßt, ist die Meinung von Camus, II, S. 38. Auch v. Hentig, die Strafe II, S. 117, hält sie für wesentlich, und Radbruch, der Mensch im Recht, S. 77, wenigstens für verständlich.

[102] Noch viel weniger wissen wir, ob ein anderer Mensch einmal morden wird, so daß der denkbare Einwand: wieso überhaupt bis zum ersten Mord warten? nicht ins Zentrum trifft.

[103] Während man beim Abschreckungsgedanken, selbst bei kleinster Wirksamkeit, immerhin noch sagen könnte: Sein Tod war zu einem Bruchteil nützlich.

[104] Alt, S. 31. Seine weitere Kritik, daß die Todesstrafe aus Furcht dem Mord, der auch aus Furcht geschehe (?!??; ob weiter aus einer gleichwertigen? d. Verf.), gleichzusetzen sei, scheint uns dagegen weit über das Ziel hinauszuschießen.

[105] So beispielsweise Ruesch, Todesstrafe, S. 29, S. 50.

[106] Graven, S. 84.

kranken ausnimmt[107]. Aber obschon er einige eindrückliche wie erschütternde Beispiele von völliger moralischer Verstumpfung aufführt[108], ethisch ist die Vorstellung von entmenschten Menschen überaus problematisch. Aberkennt man einem Menschen sein menschliches Wesen, fällt man über einen Menschen das endgültige Urteil: lebensunwert, so wird der Gedanke der Menschenwürde überhaupt entwertet; denn wo er einmal durchbrochen werden darf, liegen weitere Ausnahmen nicht mehr fern. Das ist der Grund dafür, daß die Royal Commission sich überraschend wenig mit der sichernden Wirkung der Todesstrafe befaßte und die Berufung darauf ablehnte[109], wobei sie warnend selbst die Ausmerzungsaktionen der Nationalsozialisten heraufbeschwörte, was wohl übertrieben ist[110]. Neben diesem mehr praktischen Einwand steht der Annahme von solchen unverbesserlichen Ungeheuern die zumindest edle These entgegen, daß grundsätzlich alle Menschen läuterungsfähig sind[111]. Jedenfalls als richtunggebend muß jene Annahme eindeutig zurückgewiesen werden, da wir Menschen, alle nicht frei von Fehlern, nicht das Recht haben können, über einen anderen Menschen ein endgültiges Unwerturteil zu fällen. Lassen wir hier, obschon wir die Quintessenz bereits gezogen haben, die schöne Sprache von *Camus* auf uns einwirken: „Ohne unbedingte Unschuld gibt es keinen höchsten Richter. Wir aber haben in unserem Leben alle Böses getan, selbst wenn dieses Böse unbekannt blieb und nicht unter die Gesetze fiel. Es gibt keine gerechten Menschen, sondern nur Herzen, die mehr oder weniger arm sind an Gerechtigkeit. Das wenigstens lehrt uns das Leben, und es gestattet uns auch, in unser Tun ein bißchen Gutes einfließen zu lassen, das das Böse, das wir in die Welt gebracht haben, teilweise wettmacht. Dieses Recht zu leben, das eins ist mit der Möglichkeit, wiedergutzumachen, ist das natürliche Recht eines jeden Menschen, selbst des verkommensten. Ohne

---

107 A. a. O., S. 110. Das leuchtet allerdings wenig ein, denn wenn die Gesellschaft berechtigt ist, sich vor unverbesserlichen Mördern zu schützen, dann auch vor Geisteskranken, deren Mordfertigkeit nicht erfolgreich behandelt werden kann; schließlich ist es auch noch niemandem eingefallen, das Notwehrrecht gegenüber Geisteskranken aufzuheben!

108 A. a. O., S. 83.

109 Siehe Gowers, S. 110—112. Die tabuartige Scheu vor der Hinrichtung Geisteskranker mag dabei allerdings mehr ins Gewicht gefallen sein als der Gedanke der allgemeinen Menschenwürde.

110 Zwischen der Tötung eines wirtschaftlich nutzlosen und eines das Leben anderer bedrohenden Menschen besteht doch ein gewaltiger ethischer Unterschied, auch wenn diese beiden Betrachtungsweisen in der Praxis sich miteinander vermischen können.

111 Das war die Grundhaltung der deutschen Strafrechtskommission, siehe Jescheck, S. 9.

dieses Recht ist das moralische Leben schlechthin unmöglich. Insbesondere hat keiner von uns das Recht, an einem einzigen Menschen zu verzweifeln, bis der Tod sein Leben in Schicksal verwandelt und dann ein endgültiges Urteil erlaubt. Aber das endgültige Schicksal vor dem Tod zu verkünden, eigenhändig die Rechnung abzuschließen, solange der Schuldner noch unter den Lebenden weilt, steht keinem Menschen zu“[112].

Wir erkennen also, daß wegen der Unvollkommenheit menschlichen Wissens und Seins auch die aus dem Sicherungszweck abgeleitete Todesstrafe ethisch sehr fragwürdig ist. Verantworten könnten wir sie höchstens unter dem Gesichtspunkt der Notwendigkeit, wenn die Gefahr von Rückfällen sehr groß wäre.

§ 17. Die tatsächliche Rückfallsgefahr

Für die sichernde Todesstrafe könnte man neben der Überzeugung, daß Mörder unverbesserlich seien[113], in erster Linie die Überlegung vorbringen, die zu langjährigem Zuchthaus Verurteilten hätten nur wenig und die „Lebenslänglichen“ gar nichts zu verlieren, so daß sie leichten Herzens neue Morde auf sich nehmen könnten. Sie vereinfacht jedoch die Situation allzu sehr, denn diese Mörder besitzen keineswegs, wie oft gerügt wird, einen „Freibrief“ zu neuen Mordtaten. Nicht nur müssen sie mit durchaus empfindlichen Nachteilen im neuen Strafvollzug rechnen, sondern sie rücken auch die Möglichkeit ihrer Entlassung in weite Ferne.

Die praktischen Ergebnisse sprechen jedenfalls für eine nur geringe Gefahr, daß ein gefaßter und verurteilter Mörder neuerdings einen Mord begeht. Wohl kommen einzelne Rückfälle nach der Entlassung vor[114], wohl gibt es keine absolute Sicherung gegenüber Ausbrüchen aus dem Zuchthaus[115], die leicht mit Morden verbunden sind oder spätere Morde zur Folge haben. Aber im ganzen gesehen sind solche Fälle überaus selten. So hat in England von 129 entlassenen Lebens-

---

[112] CAMUS, II, S. 38/9.

[113] „Begnadigung, Amnestie oder Ablauf seiner Strafzeit werden ihm die Freiheit wiedergeben, und er wird dann höchstwahrscheinlich (!!! d. Verf.) seine Laufbahn fortsetzen.“ (DEHNOW, S. 58).

[114] Siehe v. HENTIG, die Strafe II, S. 120; auch in Deutschland hat sich jüngst ein solch bedauerlicher Rückfall ereignet (SÜSTERHENN in 12 Antworten, S. 132).

[115] Das betont vor allem GRAVEN, S. 85. Von den zur Illustrierung herangezogenen Beispielen (S. 119—120) überzeugt aber nur eines, während bei den andern sich in erster Linie die politischen Wirren verhängnisvoll auswirkten.

länglichen nur ein einziger einen neuen Mord begangen[116]; auch die Erfahrungen der übrigen Länder sind nicht schlechter[117]. Im Widerspruch zur populären Ansicht und auch im Gegensatz zur Grauenhaftigkeit des Mordes als Tat sind eben die meisten Mörder keineswegs unverbesserliche Ungeheuer, sondern sie passen sich den Bedingungen des Gefängnislebens und nach ihrer Entlassung meist auch des Zivillebens sehr gut an, wobei die Neigung zu kriminellen Rückfällen überhaupt erstaunlich gering ist[118]. So kann man sich dem Schluß kaum entziehen, daß die sichernde Wirkung der Todesstrafe praktisch nicht ins Gewicht fällt. Das gilt besonders dann, wenn man unter allen Umständen keine Geisteskranken hinrichten will; denn gerade manche geisteskranke Mörder sind speziell gefährlich[119].

Natürlich sind auch die wenigen Rückfallsopfer beklagenswert. Aber retten könnte man sie nur durch die Hinrichtung einer unverhältnismäßig großen Zahl von Mördern. Es liegt auf der Hand, daß eine so exzessive Todesstrafe unseren im vorigen Paragraphen dargelegen ethischen Anschauungen kraß widersprechen würde.

Es bleiben der Gesellschaft noch andere Wege offen, ihre Sicherheit zu erhöhen. So darf sie natürlich nicht an sichernden Einrichtungen sparen wollen. Vor allem aber gilt auch hier, daß die beste Sicherheit darin besteht, möglichst viele Mörder möglichst rasch zu überführen. Wie katastrophal sich das Versagen in dieser Aufgabe auswirkt, zeigt sich am besten bei den Massenmördern, wo auch der Vollzug der Todesstrafe die vielen Opfer nicht retten kann, die bei einer frühzeitigen Entdeckung gerettet worden wären[120].

Somit scheidet auch die Begründung der Todesstrafe aus ihrer sichernden Wirkung als unzureichend und unwesentlich aus.

3. ABSCHNITT

Andere Zweckmäßigkeitsüberlegungen

Neben den beiden regelmäßig vorgebrachten Zweckmäßigkeitsargumenten der Abschreckung und der endgültigen Sicherung tauchen

---

[116] v. Hentig, die Strafe II, S. 119; selbst dieser eine Fall ist trügerisch, denn wie wir bei Koestler, d, S. 97, erfahren, handelt es sich ausgerechnet um jenen Rowlands — des am zweiten Mord Unschuldigen (dazu vgl. § 28). — Nach Untersuchungen Torsten Sellins — vielleicht der Autorität auf dem Gebiet der praktischen Wirksamkeit der Todesstrafe (Gowers, S. 90) — hat gar von 384 begnadigten Mördern nur ein einziger einen neuen Mord begangen (Dreher, S. 556).

[117] Vgl. Koestler, d, S. 98—99, Gowers, S. 114; auch v. Hentig erwähnt nichts, was in diese Richtung deuten würde.

[118] Gowers, S. 114; v. Hentig, die Strafe II, S. 120; Düsing, S. 169/70; Bauer, S. 219; Koestler, d, S. 95 ff.

[119] v. Hentig, a. a. O., S. 124; Bauer, S. 220.

[120] v. Hentig, a. a. O., S. 122.

zuweilen noch andere auf, die allerdings meist nur als Nebengesichtspunkte erwähnt werden. Gerade dieses Vorbringen „en passant" kann aber dazu verleiten, den Dingen nicht prüfend auf den Grund zu sehen, so daß diese unbedeutenden Zweckmäßigkeitsüberlegungen doch einen gewissen Eindruck hinterlassen können; deshalb wollen wir auch ihnen unsere Aufmerksamkeit zuwenden.

§ 18. Die Wirtschaftlichkeit der Todesstrafe

Eines der sicherlich unsympathischsten Argumente zugunsten der Todesstrafe lautet, daß die Hinrichtung den Staat (und damit die Steuerzahler!) billiger zu stehen komme als eine lange Freiheitsstrafe. Ernsthafte Autoren erwähnen es denn auch kaum; immerhin scheint es nicht unpopulär zu sein[121].

Daß die Strafvollzugsanstalten mit Defizit arbeiten[122], wird kaum bestritten. Doch entfällt der größte Teil der Kosten auf die kleine und mittlere Kriminalität; die Hinrichtung einiger weniger Mörder würde also höchstens eine unwesentliche Entlastung hervorrufen[123].

Aber entscheidend kann die Kostenfrage gar nicht sein! Die Berufung auf die Wirtschaftlichkeit der Todesstrafe ist ein schändliches Argument und stellt der Gesellschaft, in der sie auftritt, ein schlechtes Zeugnis aus. Die Vernichtung eines Menschenlebens zur Vermeidung ökonomischer Nachteile kann gar nicht scharf genug verurteilt werden. Sie verneint die Menschenwürde, die gerade nicht auf den materiell-ökonomischen Fähigkeiten und Verdiensten des Menschen beruht, sondern auf den geistig-ethischen. Sie verletzt das Prinzip der Einzigartigkeit und Heiligkeit jedes Menschenlebens auf krasse Weise; der Weg zur Tötung von Geisteskranken, aber auch von arbeitsunfähigen Alten ist bereits geebnet. Hier scheint uns das Urteil wirklich am Platz, daß die ökonomisch begründete Todesstrafe auf der gleichen Stufe steht wie der aus ökonomischen Gründen begangene Mord[124]. Aus diesem Grund können wir der Wirtschaftlichkeit der Todesstrafe selbst als Nebengesichtspunkt auch nicht die geringste Bedeutung zuerkennen!

§ 19. Die Vermeidung von Lynchakten

Zuweilen wird vor einer Abschaffung der Todesstrafe gewarnt, weil sie zum Auftreten von Lynchakten oder zu ihrer Vermehrung führen

[121] ALT, S. 36. Vgl. auch eine Pressestimme bei GRASSBERGER, S. 429 („Wozu soll man den Engleder noch Jahre lang füttern?").

[122] Ein Zahlenbeispiel aus einem deutschen Land bringt MATTHIAS, S. 99.

[123] BAUER, S. 219, der die „Unrentabilität" des Mörders keinesfalls für gewiß hält.

[124] ALT, S. 37.

könnte. Auch dieses Argument steht aber in jeder Beziehung auf schwachen Füßen.

Faktisch ist es keineswegs erwiesen, daß die Anwendung der Todesstrafe Lynchakte verhindert. Zwar ist in Colorado nach ihrer vorübergehenden Abschaffung um die Jahrhundertwende der Jahresdurchschnitt der Lynchakte von 0,3 auf 0,75 gestiegen[125]; andererseits fanden von den zwischen 1889 und 1928 in den Vereinigten Staaten insgesamt vorgenommenen 3691 Lynchungen lediglich 34 — also nicht einmal ein Prozent! — in den Staaten statt, die durch den ganzen Zeitraum hindurch die Todesstrafe abgeschafft hatten[126], obschon diese Staaten immerhin etwa zehn Prozent der Gesamtbevölkerung ausmachten[127]! Offenbar können von Rachegefühlen aufgepeitschte Massen nicht einmal bis zur legalen Hinrichtung warten, und allem Anschein nach fördert die Todesstrafe das Entstehen solcher Gefühle; der Verdacht ist nicht von der Hand zu weisen, daß die staatliche Anerkennung der Todeswürdigkeit des Schwerstverbrechers zur Überlegung führen kann: Warum den ohnehin Todeswürdigen nicht sofort eigenhändig töten und damit langwierige Umtriebe vermeiden, die am Ergebnis doch nichts ändern würden[128]?

In Westeuropa insbesondere ist der Gedanke der ausschließlichen Strafverfolgung durch den Staat so stark verwurzelt, daß nach einhelliger Überzeugung keine reale Gefahr von Lynchungen besteht[129]. Die zahllosen, Lynchakten vergleichbaren Hinrichtungen wegen „Kollaboration" im befreiten Frankreich von 1944[130] sprechen kaum dagegen[131], denn es handelte sich um eine ausgesprochene Ausnahmesituation (Krieg, noch schwache Staatsgewalt).

Die Todesstrafe als Mittel zur Verhinderung von Lynchungen erscheint uns aber auch ethisch gesehen als überaus fragwürdig. Zweifellos sind Lynchakte verabscheuenswert, denn sie sind brutal und treffen leicht auch Unschuldige. Aber ist es nicht fast ebenso verwerflich, wenn der Staat sich dieser Primitivität fügt, ohne sie wirklich zu überwinden? Nicht nur ist die Todesstrafe selber brutal[132], sondern

---

[125] v. Hentig, die Strafe I, S. 118, Anm. 5. Die Zahlen sind so niedrig, daß sie selbstverständlich keinen statistischen Aussagewert beanspruchen können.

[126] Düsing, S. 268.

[127] Siehe a. a. O., S. 267 oben.

[128] Vgl. Baumann, S. 86.

[129] Alt, S. 33; v. Hentig, die Strafe II, S. 105; Gowers, S. 134.

[130] v. Hentig, a. a. O., S. 57. Von insgesamt 10 519 Personen wurden 8348 ohne Gerichtsverfahren hingerichtet!

[131] Dieser Ansicht muß auch v. Hentig sein, denn er verneint ja für Europa die Gefahr.

[132] Das gibt man eigentlich selber zu, wenn man einerseits Lynchakte verabscheut, andererseits aber der Todesstrafe die Befriedigung der beim Lynchen wirksamen Triebe zutraut.

sie beseitigt im Grunde genommen auch den Übelstand gar nicht. Denn ist es den Leuten, die zu Lynchungen fähig sind, nicht auch zuzutrauen, als Geschworene aus blindem Haß — vor allem Rassenhaß! — einen Unschuldigen zum Tod zu verurteilen? Kann vollends einem Staatsverband, der Lynchungen insgeheim billigt[133] oder ihnen aus Schwäche nicht begegnet, das Recht zustehen, seine Bürger am Leben zu strafen? Nein und nochmals nein, denn er hat auf seine eigentliche Würde verzichtet, nämlich darauf, das als Recht zu statuieren und durchzusetzen, was er als Recht erkannt hat. Wo Lynchungen drohen, darf der Staat der Entscheidung zwischen Primitivität und Recht nicht ausweichen wollen, sondern er muß der Gefahr seine Machtmittel entgegensetzen. Anders mag es sich dort verhalten, wo die regionale staatliche Ordnung mit den familien- und sippenrechtlichen Ordnungen noch im Kampf liegt; hier könnte jedes unbehutsame Vorgehen mühsam errungene Ansätze zum Neuen gefährden, ja zertrümmern. Der heutige Staat des abendländischen Kulturbereichs ist aber dieser Gefahr nicht ausgesetzt und versteht es in der Regel sehr wohl, seinen Ansprüchen Geltung zu verschaffen.

Aus dem Gesagten ergibt sich, daß die Begründung der Todesstrafe aus ihrer vorbeugenden Wirkung gegen Lynchakte weder praktisch haltbar noch ethisch verantwortbar ist. Im Gegenteil erscheint sie als mißbräuchlich und nicht viel weniger verwerflich als die Begründung der Todesstrafe aus ihrer Wirtschaftlichkeit.

§ 20. Das Übereinstimmen mit der Volksüberzeugung

Das Argument, bei Mord stimme nur die Todesstrafe mit der Volksüberzeugung überein, tritt nicht selten auf und wird zuweilen als ausschlaggebend angesehen[134]. Der Wunsch, die Strafrechtspflege möge sich mit der Volksüberzeugung in Übereinklang befinden, mutet

---

[133] Ein stoßendes Beispiel aus dem Jahr 1959 (leider kein Verschreiben!) aus dem Staat Mississippi: Behauptet wird die Vergewaltigung einer weißen Frau, ein Neger wird gefangengesetzt und später gelyncht, während der Sheriff „zufällig“ abwesend ist. Die Bundespolizei sammelt Material, das die Überführung der Täter ermöglicht hätte, und weist auch die Komplizenschaft des Sheriffs nach. Die „Grand Jury“ findet aber, daß kein Grund zur Strafverfolgung vorliege! Weiter werden mutige Leute, die immerhin auf die Verwerflichkeit des Lynchens aufmerksam machen, von den Wählern abberufen. (Nach einem Bericht des New-Yorker Korrespondenten Joseph Mannheim: „Lynchjustiz bleibt ungesühnt“, im Tages-Anzeiger für Stadt und Kanton Zürich, Samstag, den 14. Nov. 1959, Seite „Recht-Richter“).

[134] Siehe Gowers, S. 72, für England. In Deutschland hat vor allem Kahl der Volksüberzeugung entscheidende Bedeutung beigemessen (Düsing, S. 114); aber auch in der Debatte zum ersten Antrag (1950) auf Wiedereinführung der Todesstrafe wurde häufig auf die Volksüberzeugung verwiesen (Düsing, S. 303—306).

im ersten Augenblick auch ganz respektabel an; bei näherem Zusehen enthüllt sich aber auch seine Schwäche, ja Unverantwortlichkeit.

Wo die Volksüberzeugung bloß auf primitivem Fühlen (Racheverlangen, übersteigertem Steuerzahlerdenken) beruht, kommt ihre Berücksichtigung überhaupt nicht in Frage. Wo sie auf das Sicherheitsbedürfnis und vor allem auf den Glauben an die abschreckende Wirkung[135] zurückgeht, kann sie ebenfalls nicht wesentlich sein; denn die tatsächlichen Ergebnisse sprechen nicht für eine Erhöhung der Sicherheit. Deshalb ist dieser Art der Volksüberzeugung durch Aufklärung über den wahren Sachverhalt zu begegnen; wo sie in rücksichtslosen Egoismus umschlägt, soll aber auch auf die ethischen Schranken verwiesen werden. Am gewichtigsten ist die Volksüberzeugung dort, wo sie in einer echten ethischen Anschauung wurzelt (was allerdings unseres Erachtens bestenfalls eine seltene Ausnahme darstellt[136]!). Aber ohne jeden geistigen Hochmut muß gesagt sein, daß eine solche Volksüberzeugung nicht einfach letzter ethischer Wahrheit gleichgesetzt werden darf, sondern die ihr zugrunde liegenden Werturteile müssen überprüft werden[137]. Halten sie stand, so ist die Todesstrafe ethisch begründet worden, womit der Umweg über die Volksüberzeugung hinfällig wird; erscheinen sie als verfehlt, so müssen wir die Volksüberzeugung als Argument zugunsten der Todesstrafe mannhaft ablehnen.

Zu prüfen verbleibt somit lediglich, ob das Hinweggehen über die Volksüberzeugung sich praktisch nachteilig auswirken kann. Das läßt sich nun nicht ausschließen, denn möglicherweise versteht die Volksüberzeugung sich politisch unwiderstehlich durchzusetzen; unter Umständen ist dann ein so starker Rückfall zu befürchten, daß er gegenüber dem Zustand vor der Abschaffung eine Verschlechterung bedeutet. Sofern das Bestehen einer solchen Gefahr wirklich glaubhaft gemacht werden kann, wäre ein stures Beharren auf einer sofortigen Abschaffung wenig sinnvoll. In diesem Sinn ist also die Volksüberzeugung mitzubetrachten, ohne aber wegleitend sein zu können. Auch eine zahlenmäßig imposante, mächtige Volksüberzeugung vermag als solche die Todesstrafe nur bedingt zu begründen. Letztes Ziel muß stets die Überwindung dieser Überzeugung bleiben!

---

[135] Nach einer Umfrage der deutschen Illustrierten „Revue" (Nummer vom 12. April 1958) glauben von den Befürwortern der Todesstrafe — die nach der Demoskopie etwa drei Viertel der deutschen Bevölkerung ausmachen — 93 Prozent an die abschreckende Wirkung!

[136] So wirken nach der Ansicht von Düsing (S. 160, Anm. 78) die zweifellos „volkstümlichen" Gedankengänge Hitlers zur Todesstrafe noch heute nach und haben zur abschaffungsfeindlichen „Rechtsüberzeugung" des Volkes beigetragen; die Argumente der Anhänger der Todesstrafe in der in der vorletzten Anmerkung erwähnten Debatte widersprechen dieser These jedenfalls nicht.

[137] Gleicher Ansicht Alt, S. 52.

Ergebnis des I. Teils und Überleitung zum II. Teil

Wir haben nun unsere Übersicht über die in vier große Gruppen eingeteilten Argumente der Befürworter der Todesstrafe beendet. Am ehesten hat die ontologische Betrachtungsweise die Todesstrafe ausreichend begründet, in erster Linie allerdings für politisch-militärisch gefärbte Ausnahmesituationen, so daß gerade die uns vor allem beschäftigende Todesstrafe für Mord nur in Grenzfällen miterfaßt wird, deren Vorkommen heute wenig wahrscheinlich ist. Die religiöse Begründung der Todesstrafe ist dagegen nicht einmal teilweise geglückt, da wir starke Einwände vorbringen konnten. Das gleiche gilt für die ethische Begründung, die sich fast einer Unzahl von Hindernissen gegenübersah. Schließlich ist auch die Begründung aus der Zweckmäßigkeit gescheitert, da diese nicht erwiesen werden konnte, jedenfalls nicht in einem so bedeutenden Ausmaß, wie es allein die ethischen Bedenken aufzuwiegen vermocht hätte.

Zusammenfassend dürfen wir deshalb feststellen, daß im wesentlichen alle Versuche gescheitert sind, die Todesstrafe für Mord zu begründen; allermindestens ist keiner auch nur einigermaßen überzeugend geglückt.

Aus diesem Grund dürften wir es uns erlauben, im II. Teil etwas summarischer vorzugehen; denn wenn wir nur einige wenige Schattenseiten der Todesstrafe aufzeigen können, genügt das schon, um das Zünglein an der Waage zugunsten der Gegner der Todesstrafe ausschlagen zu lassen. Jedoch wollen wir unser breites Blickfeld bewahren und versuchen, die *ganze* Fragwürdigkeit der Todesstrafe zu enthüllen.

II. TEIL

Die Ablehnung der Todesstrafe

5. KAPITEL

Die Unvollkommenheit der Todesstrafe als Strafe

Die erste Art von Einwänden gegen die Todesstrafe ergibt sich daraus, daß sie nicht alle Eigenschaften besitzt, die man gemeinhin von einer Strafe erwartet.

§ 21. Die Nichtabstufbarkeit und die Unteilbarkeit der Todesstrafe

Nicht ganz selten wird der Todesstrafe ihre mangelnde Abstufbarkeit oder Teilbarkeit entgegengehalten[1], wobei diese eng verwandten Begriffe kaum säuberlich voneinander getrennt werden. Wir verstehen unter Nichtabstufbarkeit, daß die Todesstrafe innerhalb des Kreises der Verurteilten keinerlei Abstufungen zuläßt, unter Unteilbarkeit, daß sie kaum aus Teilen erklärt und insbesondere nicht als Weiterentwicklung und folgerichtiger Abschluß der Freiheitsstrafe begriffen werden kann[2].

Was den Vorwurf der Nichtabstufbarkeit betrifft, halten wir ihn für unerheblich. Wohl ist es richtig, daß die Todesstrafe die Berücksichtigung kleiner Unterschiede der Schuld oder der Tatschwere verunmöglicht (wie übrigens die lebenslängliche Freiheitsstrafe auch!)[3]; wohl ist das Trachten danach, den Besonderheiten jedes Einzelfalles gerecht zu werden, sehr begrüßenswert. Aber dabei darf man nicht außer acht lassen, daß dem Recht ganz allgemein ein generalisierender Zug innewohnt und innewohnen muß[4]. Unhaltbar ist demnach die

---

[1] Siehe etwa bei DÜSING, S. 76, 86, 103, 108, 112, 144; KLEIN, S. 5.

[2] Wenn überhaupt zu einer Strafe, so bildet die Todesstrafe den folgerichtigen Abschluß zu den heute schärfstens abgelehnten schweren Verstümmelungsstrafen. Schon diese Überlegung zeigt, daß die Todesstrafe im heutigen Strafensystem einen Fremdkörper darstellt!

[3] Auch die relativen Straftheorien mit Ausnahme jener, die sich über alle Ethik hinwegsetzen, weisen das Bedürfnis nach Abstufungen auf; kennzeichnend dafür ist etwa das Bemühen von GOWERS, S. 27 ff.

[4] Siehe dazu SPENDEL, S. 146.

Todesstrafe unter diesem Gesichtspunkt erst, wenn die Unterschiede innerhalb des Kreises der Hingerichteten zu groß sind; dann würde sie gegen das Grundprinzip der Gerechtigkeit verstoßen, Gleiches gleich und Ungleiches ungleich zu behandeln. In unserer Zeit, die Schärfungen der Todesstrafe von vornherein kategorisch ablehnt[5] [6], wäre folglich die Todesstrafe auf einige wenige, auf die allerschwersten Fälle zu beschränken.

Die Bestimmung dieser todeswürdigen Fälle ist nun eine sehr schwierige Aufgabe, die man praktisch wohl als ungelöst bezeichnen darf[7]. Besonders bedenklich liegen die Verhältnisse in England, wo schwere und leichte Tötungen kunterbunt unter den Mordbegriff fallen[8]. Es war denn auch die ursprüngliche Aufgabe der Royal Commission, den Mordbegriff gesetzlich einzuschränken[9]. Sie kam allerdings zum Schluß, daß sich der Mordbegriff auch durch Abänderungen nicht befriedigend umreißen lasse, so daß die wahre Frage laute, ob

---

[5] Vgl. dazu Bloch-Michel, S. 214. — Fast grotesk war die frühere österreichische Regelung, welche die Hinrichtung eines Mörders verbot, wenn dieser nach dem Mord schon wegen einer anderen Tat bestraft worden war; bei gleichzeitiger Aburteilung wäre nämlich nur die Todesstrafe verhängt worden, so daß die schon vollzogene Strafe als unzulässige Schärfung erschien! (Sello, S. 230, S. 238/9).

[6] Diese Ablehnung ist auch in kritischer Sicht völlig gerechtfertigt, da schon die bloße Todesstrafe nicht begründet werden konnte. Für die absoluten Theorien wäre es ferner logisch sehr fraglich, ob man überhaupt mehr verdienen kann als den Tod, der doch völlige Auslöschung bedeutet. Schärfungen wären aber auch keineswegs zweckmäßig; in Frage kämen sie allenfalls zur Steigerung der Abschreckungskraft, aber dazu müßten sie derart brutal ausfallen, daß viel eher eine Verrohung erreicht würde.

[7] Vgl. auch S. 43.

[8] Gowers, S. 27 ff. Besonders eindrücklich ist ein Beispiel aus einem neueren Prozeß: in der Rechtsbelehrung erklärte der Richter der Jury, der Tatbestand lasse sich unter Mord (murder) wie unter Totschlag (manslaugther) subsumieren. Nachdem die Jury auf Totschlag entschieden hatte, fand der Richter, die Untersuchungshaft genüge als Strafe; hätte die Jury aber auf Mord entschieden, hätte der gleiche Richter die Todesstrafe aussprechen müssen (a. a. O., S. 27)! Sehr beängstigend ist auch, daß unter den Mordbegriff zum Teil Taten fallen, die eher Mitleid hervorrufen, etwa die Tötung aus Barmherzigkeit (zwei bewegende Beispiele siehe a. a. O., S. 28/9 und S. 30) oder die Tötung bei einem Doppelselbstmordversuch (a. a. O., S. 34/5, ebenso Mannheim, S. 13). Nach dem Homicide-Act von 1957 gilt nun immerhin letztere — aber nur sie! — nicht mehr als Mord, sondern lediglich noch als Totschlag (Heldmann, S. 337/8); noch 1950 war aber in einem solchen Fall eine (vom Täter allerdings gewünschte) Hinrichtung erfolgt, siehe Koestler, d, S. 134, No. 19!

[9] Gowers, S. 33.

die Todesstrafe überhaupt beibehalten werden solle oder nicht[10] [11]. Eine Lösungsmöglichkeit hätte sie nur darin erblickt, die Geschworenen im Einzelfall über die Todeswürdigkeit entscheiden zu lassen, was aber in England auf erbitterte Ablehnung stoßen würde[12]. Nicht ohne gute Gründe, denn diese Regelung birgt unverkennbar die Gefahr der Willkür in sich[13]; besonders riskant ist sie, weil die Todesstrafe unvergleichlich stärkere Affekte weckt als die bloße Freiheitsstrafe, Affekte, die den objektiven Blick — den meisten, wenn nicht allen Menschen ohnehin schon verschlossen! — sehr leicht trüben können. Diese pragmatische Regelung befriedigt deshalb ebenso wenig wie die theoretischen Lösungsversuche.

Eine säuberliche Trennung von todeswürdigen und nichttodeswürdigen „Tötern" kann somit kaum gewährleistet werden. Das wirkt sich aber selbst dann stoßend aus, wenn man infolge dieser Einsicht die Todesstrafe äußerst zurückhaltend anwendet, so daß die Annahme, die Todesstrafe erfasse wenigstens ausschließlich Todeswürdige, wenn auch nicht alle davon, nicht mehr völlig unwahrscheinlich ist. Angesichts der gänzlichen Beziehungslosigkeit zwischen Todesstrafe und Freiheitsstrafe heißt nämlich auch das, daß Gleiches oder fast Gleiches derart ungleich behandelt wird, daß es nicht mehr ver-

[10] Der Homicide-Act von 1957 hat die Richtgikeit dieser Ansicht nur bestätig. Danach gelten folgende Mordtatbestände als capital murder: a) murder bei Begehung eines Diebstahls, b) murder durch Schießen oder Explosion, c) murder bei Widerstand gegen gesetzliche Verhaftung oder bei Entweichen aus gesetzlicher Inhaftierung, d) murder an Polizist oder Hilfsperson in Amtsausübung, e) murder eines Gefangenen an einem Gefängnisbeamten, f) murder ein zweites Mal (Heldmann, S. 338). Die Willkürlichkeit dieser Auswahl liegt auf der Hand. Es lassen sich leicht Beispiele aufstellen, wo ein murder (man denke an einen heimtückischen Giftmord aus niederen Beweggründen oder an einen grausamen, brutalen Mord mit einem Dolch) weit schlimmer ist als ein capital murder (man denke an die Ermordung eines schikanösen Gefängnisbeamten oder an einen Mord mit einer Schußwaffe aus verhältnismäßig begreiflichen Motiven).

[11] Gowers, S. 42. Diese Unmöglichkeit einer zufriedenstellenden Bestimmung des Mordbegriffs wird seltsamerweise als bloße Vorfrage behandelt, so daß nicht nach Gebühr betont wird, daß schon sie allein die Todesstrafe ernstlich diskreditiert.

[12] A. a. O., S. 39—42. Lieber den schlechten alten Zustand als diese Neuerung!

[13] Sie gilt in Frankreich (nicht an Regeln gebundene Möglichkeit, mildernde Umstände anzunehmen) und in den meisten Staaten der USA (a. a. O., S. 40). Auch die schweizerische Definition des Mordes (Art. 112 StGB) als die vorsätzliche Tötung, die eine besonders verwerfliche Gesinnung oder die Gefährlichkeit des Täters offenbart, würde den Geschworenen zumindest in manchen Fällen diese Entscheidungsfreiheit über Tod und Leben belassen.

antwortet werden kann[14]. Hier macht sich nun die Unteilbarkeit als ein empfindlicher Nachteil der Todesstrafe bemerkbar. Der zwischen ihr und der Freiheitsstrafe gähnende Abgrund dürfte im Grunde nur hingenommen werden, wenn es eine klare Scheidelinie zwischen todes- und nichttodeswürdigen Verbrechen und Verbrechern gäbe. Da eine solche aber offenbar fehlt, bedeutet die Anwendung der Todesstrafe zugleich, daß wir auch ernste Ungerechtigkeiten auf uns nehmen.

Die im Zusammenhang mit der Nichtabstufbarkeit und Unteilbarkeit der Todesstrafe auftauchenden Probleme können also, wie wir festgestellt haben, nicht auf einwandfreie Weise gelöst werden. Damit haben wir bereits ein beachtliches Argument gegen die Todesstrafe gefunden. Es mag sein, daß es nicht schlechthin ausschlaggebend ist — manchen wird es vielleicht etwas gekünstelt und zu formalistisch anmuten[15] —, aber zu seiner Entkräftung brauchte es jedenfalls eine überzeugende Begründung der Todesstrafe.

§ 22. Die „Todesangststrafe"

Normalerweise wird die Zufügung eines Leides als Wesensmerkmal der Strafe angesehen[16]; wo diese Voraussetzung fallengelassen wird, nähert man sich bereits dem Begriff der Maßnahme[17].

Die Todesstrafe scheint nun dieser Bestimmung in höchstem Maß zu entsprechen, denn von einer ursprünglich vitalen Lebenshaltung her erscheint der Tod als schwerstes Leid, als das Übel schlechthin. Aber eine reflektierende Betrachtungsweise muß erkennen, daß wir nicht wissen und gar nicht wissen können, ob der Tod wirklich ein Leid und damit eine Strafe ist. „Die tiefsten Denker haben seit jeher ausgesprochen, daß uns der Tod nicht als Strafe für andere zur Verfügung steht: Äschylus in der Orestie, Platon in der Apologie des

[14] Während die lebenslängliche Zuchthausstrafe, besonders jene mit Entlassungsmöglichkeit, der langjährigen doch so nahe steht, daß die Möglichkeit von Fehlentscheidungen in Grenzfällen nicht ausschlaggebend ins Gewicht fallen kann.

[15] „Hauptsache ist, daß niemand zu hart bestraft wird! Die Hinrichtung eines Todeswürdigen ist auf alle Fälle gerechtfertigt, auch wenn andere, vielleicht noch todeswürdigere, ihr entgehen sollten" könnte man sich etwa als Argument vorstellen. Wir können ihm allerdings wegen der Größe des Unterschiedes zwischen Todes- und Zuchthausstrafe nicht beipflichten.

[16] Henrici, S. 28—29.

[17] Faktisch kann die Maßnahme durchaus eine Leidzufügung enthalten, aber der Idee nach muß sie es nicht. Diesen Unterschied berücksichtigt Henrici zu wenig, so daß unseres Erachtens seine Ansicht, die Maßnahmen ließen sich höchstens als umgewandelte Strafen rechtfertigen (a. a. O., S. 115/6), nicht unbedingt haltbar ist; denn es muß doch leichter sein, ein Vorgehen zu begründen, das keine Leidzufügung bezweckt, als eines, das eine solche ausdrücklich fordert.

Sokrates, Schiller in ‚Maria Stuart' und nicht zuletzt das Neue Testament"[18]. In der Tat verwickeln sich besonders manche christlichen Denker in einen unaufhebbaren Widerspruch[19], wenn sie einerseits für den schuldbeladenen Verbrecher den Tod als einzig ausreichendes Leid fordern, andererseits aber zugleich lehren, der Tod sei nicht Ende, sondern Erlösung aus irdischer Niedrigkeit und Übergang in ein besseres Leben.

Diese Einsicht vom Doppelantlitz des Todes trifft all jene Anschauungen empfindlich, welche die Todesstrafe gerade wegen ihrer unüberbietbaren Leidqualität bejahen, also in erster Linie die ethischen und zum Teil die religiösen Begründungsversuche. Nur dort, wo Notwendigkeits- und Sicherungsgedanke im Vordergrund stehen und die Todesstrafe eher als Maßnahme erscheint, ist die (möglicherweise!) fehlende Leidqualität des Todes nicht von Bedeutung. Sonst aber kann man sich auch nicht darauf berufen, daß die Todesstrafe immerhin die Todesangst[20] als Leid hervorrufe. Denn man kann nicht mit Todesangst strafen, ohne auch zu töten, so daß man der Frage nach der wahren Bedeutung des Todes nicht ausweichen kann. Im übrigen ist man heute stark bemüht, die Qual der Todesangst möglichst zu lindern, die moderne Entwicklung zielt gerade auf eine immer „reinere" Gestaltung der Todesstrafe.

Der an sich unwiderlegbare Einwand, die Todesstrafe sei eigentlich „Todesangststrafe", wird vom „gesunden Menschenverstand" wohl für noch gekünstelter gehalten werden als jener der Nichtabstufbarkeit und Unteilbarkeit. Vor allem wird er kaum begreifen können, wie ausgerechnet wir — sonst im Bemühen nicht nachlassend, die Todesstrafe als zu schwere Strafe und als Vernichtung anzuprangern — plötzlich gegen sie vorbringen können, sie füge vielleicht kein Leid zu. Darin liegt jedoch kein Widerspruch, denn unsere Ungewißheit über die letztgültige Bedeutung des Todes zwingt uns, alle Deutungsmöglichkeiten im Auge zu behalten. Allein diese Einstellung, die die Unvollkommenheit menschlichen Wissens bezeugt, halten wir für verantwortbar.

Immerhin muß deutlich angemerkt werden, daß dieser Einwand gegen die Todesstrafe gerade vom Standpunkt ihrer Gegner aus nicht durchschlagen kann. Die Ablehnung der Todesstrafe nur darum, weil sie möglicherweise letztlich gar kein Leid verhängt, wäre nämlich sehr unbefriedigend, da ihr lediglich die Unvollständigkeit, ja sozusagen Harmlosigkeit der Todesstrafe zugrundeläge, keineswegs aber ihre Verwerflichkeit, was zur Folge hätte, daß ihre Abschaffung nicht als

---

[18] Arndt, S. 34.

[19] Aufgedeckt wird er mit gewohntem Scharfblick von Dreher, S. 552.

[20] Daß sie das eigentliche durch die Todesstrafe verhängte Übel darstelle, erwähnen Dreher (S. 552/3) und Klein (S. 6).

ethisch unerläßlich gefordert werden könnte. Die Bedeutung dieses Einwandes besteht deshalb hauptsächlich darin, daß er die Widersprüche in der Position mancher Befürworter aufzeigt, auch das ein durchaus beachtenswertes Ergebnis[21].

6. KAPITEL

Die mangelnde Berechtigung des Staates zur Verhängung der Todesstrafe

Für die rechtsphilosophische Beurteilung der Todesstrafe ist es sehr bedeutsam, ob der Staat zu ihrer Verhängung als berechtigt erscheint. Eine alle Aspekte erfassende und bis ins letzte verfolgende Abklärung dieser Frage würde jedoch so umfangreich ausfallen, daß der Rahmen dieser Arbeit gesprengt würde. So müssen wir uns darauf beschränken, wenigstens die wichtigsten Punkte herauszugreifen und sie einer genauen Betrachtung zu unterwerfen.

§ 23. Die Problematik der Einsetzung des Staates als Strafinstanz

I. Der Staat als Wesen höherer Ordnung

„Für die absoluten Theorien bleibt *das Problem der Todesstrafe ein Problem der Strafinstanz*“[1]. Mit dieser Ansicht sind wir insofern nicht einverstanden, als wir glauben, die absoluten Theorien könnten die Todesstrafe auch abgesehen vom Instanzenproblem nicht ausreichend begründen; richtig ist aber, daß das Problem der Strafinstanz für die absoluten Theorien ein sehr ernstes ist. Wo die Strafe als eine unmittelbare Verwirklichung einer ethischen Forderung angesehen wird, muß die Strafinstanz ganz besonderen Anforderungen genügen, maßt sie sich doch an, apodiktische ethische Entscheidungen zu fällen, die für den Betroffenen viel Leid, ja Vernichtung bedeuten können. Die Strafinstanz muß also gegenüber dem Strafunterworfenen als etwas schlechthin Überlegenes erscheinen. Da heute als Strafinstanz, besonders für die Todesstrafe, nur der Staat in Frage kommt, haben wir zu überprüfen, ob ihm eine solche wesenhafte Überlegenheit zukommt.

---

[21] Man könnte sich darum fragen, ob der systematisch richtige Ort für dieses Argument nicht im I. Teil gewesen wäre. Seine Aufführung im II. Teil leuchtet indessen ein, weil es sich gegen mehrere Begründungsversuche zugleich richtet und bei einer veränderten geistig-religiösen Situation (wirklich tiefer Glaube weiter Volkskreise an die Unsterblichkeit und an ein besseres Leben nach dem Tod) selbst für die Abschreckungstheorie bedeutsam werden könnte.

[1] Henrici, S. 109.

Von den relativen Straftheorien aus ist dagegen eine solche nicht unbedingt erforderlich, denn die Strafinstanz tritt hier nicht als moralisch kompetente Instanz auf, sondern lediglich als Vollstreckerin im Dienste einer Zwecksetzung. Ihre Daseinsberechtigung hängt folglich ganz entscheidend vom Wert des angestrebten Zwecks und der dazu verwendeten Mittel ab; wo man diesen bejahen darf, zählt für die Bestimmung der Strafinstanz in erster Linie ihre Fähigkeit, die gesetzten Ziele faktisch auch zu erreichen.

Daneben darf man freilich die Grundproblematik der relativen Strafe nicht übersehen, nämlich daß sie sich eine zweckhafte Verfügung über den Menschen anmaßt, was grundsätzlich, außer im Fall der Notwendigkeit, als unzulässig erscheint[2]. Sollte es jedoch gelingen, den Staat als dem einzelnen schlechthin überlegen zu erweisen, dürfte man dieses Grundproblem wohl als gelöst betrachten; in diesem Sinn sind die folgenden Ausführungen auch für die relativen Straftheorien von beachtlicher Bedeutung.

A. Der Staat als Verkörperung der Sittlichkeit

Als wesenhaft überlegen erscheint der Staat, wenn man annimmt, er stelle sozusagen die Verkörperung der Sittlichkeit dar; dann nämlich würde ihm eine überragende Würde eignen. Diese Annahme ist jedoch in mehrfacher Beziehung nicht haltbar.

Vor allem ist der reale Staat — und uns beschäftigt das Recht dieses Staates zur Verhängung der Todesstrafe! — offensichtlich mit Fehlern behaftet. Ihn einfach der bloßen Tatsache seines Bestehens wegen mit der Weihe der Sittlichkeit auszuzeichnen, ist deshalb von vornherein unverständlich und ethisch geradezu absurd. Dieser Haltung sind wenigstens dem Wortlaut nach die berühmten Formulierungen von *Hegel* verdächtig. Er erblickt im Staat weder einen Vertrag, noch sieht er Schutz und Sicherung als seine Funktion an; „vielmehr ist er das Höhere, welches dieses Leben und Eigentum selbst auch in Anspruch nimmt und die Aufopferung desselben fordert“[3]. Auch bezeichnet er den Staat als „Wirklichkeit der sittlichen Idee“[4]. Gegen diese absolute Wertsetzung des Staates wendet sich entschieden *del Vecchio:* „Nichts ist irrtümlicher als die Meinung, daß jeder Tatbestand seine volle und angemessene Rechtfertigung in sich selbst trage“ ... „Nichts ist unphilosophischer, als in irgendeinem Zustand schon *a priori* die vollkommene Erfüllung eines Ideals zu verherrlichen, und ganz speziell des Ideals der Gerechtigkeit“ ... „Jeder, der weiß (und wer kann das nicht wissen?), wie viele ungeheure und grau-

---

[2] Mit diesem Problem haben wir uns grundlegend in § 14 befaßt.

[3] Hegel, S. 90 (§ 100).

[4] A. a. O., S. 195 (§ 257).

same Ungerechtigkeiten im Laufe der Jahrhunderte vom Staat und im Namen des Staates begangen wurden, muß im Innersten seines ethischen Gewissens eine tiefe Abscheu vor solchen Formulierungen empfinden, die unter dem Deckmantel des Idealismus den niedrigsten Materialismus und die tatsächliche Verneinung jener idealen Werte, die allein dem Leben einen Wert geben, verbergen"[5]. Dieser scharfen Verurteilung schließen wir uns aus voller Überzeugung an. Es mag sein, daß sie der Hegelschen Staatsphilosophie nicht wirklich gerecht wird[6]; aber sie enthüllt mit aller wünschenswerten Deutlichkeit die Verwerflichkeit jener blinden Staatsvergottung, die in Wirklichkeit nicht einen sittlichen Wert verehrt, sondern die Macht verherrlicht.

Aber auch wo der Staat sich ernstlich bemüht, das Sittengesetz zu befolgen, gewinnt er keine grundsätzliche Überlegenheit über das Individuum. Nur der Einzelmensch besitzt nämlich sittliche Einsicht und ein Gewissen[7], nur er kann sittliche Forderungen als verbindlich vernehmen, nicht aber der Staat, den es als sittliche Person gar nicht gibt[8], sondern dessen Güte oder Schlechtigkeit von jener der sein Verhalten bestimmenden Personen abhängt. Sittliche Würde und Verantwortlichkeit kommen somit gerade dem Einzelmenschen zu, er ist dazu aufgerufen, in seinem Leben die Erfüllung sittlicher Werte anzustreben. Deshalb erscheint es als grundsätzlich verfehlt, im Staat den Treuhänder des Sittengesetzes zu erblicken[9], denn dazu ist er gar nicht befähigt; das ändert selbstverständlich nichts daran, daß auch er (oder eigentlich: die Staatslenker!) dem Sittengesetz unterworfen ist[10]. Daneben erheben sich gegen die Bestimmung des Staates als Treuhänder des Sittengesetzes sehr gewichtige praktische Bedenken, denn nichts ist wohl gefährlicher, als irdisch-unvollkommene Institu-

---

[5] DEL VECCHIO, Individuum, Staat, Korporation, S. 279—281.

[6] Gegen den Vorwurf der blinden Staatsvergottung wird HEGEL vehement und mit Geschick verteidigt von SEEBERGER: Es werde zu wenig bedacht, daß HEGELS Denk- und Ausdrucksweise nicht rationalistisch, sondern spekulativ sei. Noch lange nicht jeder Staat erfülle den Begriff der sittlichen Idee, sondern nur derjenige, der sehr hohen Anforderungen genüge; aber selbst dieser Staat werde nicht zum absoluten Selbstzweck (WILHELM SEEBERGER, Hegel oder die Entwicklung des Geistes zur Freiheit, Stuttgart 1961, S. 46 ff. und S. 535 ff; kurz und aufschlußreich vom gleichen Autor auch der Artikel: „War Hegel wirklich mitschuldig?" in „Christ und Welt", 21. April 1961).

[7] COING, S. 139.

[8] A. a. O., S. 139 und S. 202; HARTMANN, S. 223 (über den trügerischen, bloß entlehnten Persönlichkeitscharakter des Staates).

[9] Wie etwa SÜSTERHENN, S. 16—17, der dabei ganz konkret an die Bundesrepublik Deutschland denkt!

[10] So COING, S. 203; ARNDT, S. 42.

tionen mit einer metaphysisch-religiösen Weihe zu umgeben[11]. Die Vergottung des Staates führt nur allzu leicht zu seiner Verteufelung, wie uns gerade die Geschichte der jüngsten Zeit schmerzlich gelehrt hat.

B. Der Staat als Organismus

Als wesenhaft überlegen erschiene der Staat auch, wenn er ein Gesamtwesen wäre, das die Einzelwesen „Mensch“ in einer höheren Einheit zusammenfaßt. Von hier aus sucht *Kühle* das staatliche Recht zur Verhängung der Todesstrafe abzuleiten, wobei er sich vor allem auf Gedankengänge von *Aristoteles*[12] beruft. Der Mensch sei von Natur aus auf die staatliche Gemeinschaft hin geschaffen[13]; die Natur selber dränge also zur Staatsbildung, der Staat sei naturnotwendig und bedeute eine Vervollkommnung des Menschen[14]. Diese Hinordnung auf die staatliche Gemeinschaft läßt nun *Kühle* den Menschen als Teil einer Gesamtperson erscheinen, als Glied eines Organismus'[15]. Als Ganzes muß dann aber der Staat ideell vor und über seinen Teilen stehen[16], er ist ihnen schlechthin überlegen und wird zum Selbstzweck[17].

Diese Auffassung des Staates als Organismus kann aber nicht überzeugen. Schon die Berufung auf Aristoteles ist von sehr frag-

---

[11] „Das könnte dazu verleiten, daß der Staat sich anmaßte, selber im Sinne des Sittengesetzes jüngstes Gericht zu spielen“ (ARNDT, S. 42); vgl. auch COING, S. 202.

[12] Im 2. Kapitel des 1. Buches der „Politik“.

[13] Als *Folge* davon sei er dann auch auf sie angewiesen.

[14] KÜHLE, S. 61—62.

[15] A. a. O., S. 63 und S. 64.

[16] A. a. O., S. 66. KÜHLE stützt sich hier besonders auf eine Stelle bei ARISTOTELES: „Darum ist denn auch der Staat der *Natur* nach früher als die Familie und der einzelne Mensch, weil das Ganze früher sein muß als der Teil.“ KÜHLE faßt also den Begriff Natur in diesem Zitat teleologisch auf. KÜHN (S. 28/9) allerdings deutet diese Stelle aus dem Zusammenhang gerade gegenteilig, daß nämlich der Staat der zeitlichen Entwicklung nach früher sei als der Einzelne, finde er sich doch schon bei den Tieren und sei auch Voraussetzung der Entwicklung des Menschen zu einem geistigen Wesen.

[17] KÜHLE, S. 67—70. Bei KÜHLE wird diese Selbstzweckeigenschaft immerhin durch seine christliche Grundhaltung gemildert. Diese hat zur Folge, daß der Staat nicht als absoluter Selbstzweck gesetzt wird, da auch er auf den letzten Selbstzweck bezogen ist, auf Gott. Deshalb findet der Staat in der unmittelbaren Beziehung zwischen Mensch und Gott, in den Rechten der *sittlichen Person,* seine Schranken (a. a. O., S. 70—71). Diese Begrenzung gehört aber keineswegs wesensnotwendig zum ganzen Gedankengang, weshalb wir sie in unserer folgenden Kritik der Organismustheorie außer acht lassen dürfen.

würdigem Wert. So sieht *Kühn*[18] in diesem als tiefsichtigem Gegner und Kritiker des „sozialistischen" Staates von *Plato* gerade einen großen Verteidiger der ursprünglichen Rechte des Individuums, worin ihm wohl zuzustimmen ist. *Aristoteles'* Aussage: „Der Staat ist um des Lebens willen entstanden, und er besteht um des vollkommenen Lebens willen"[19] hebt ja als Eigenschaft des Staates gerade hervor, daß er den Anliegen des Individuums dient[20]. Es berührt deshalb widersprüchlich, daß auch *Kühle* diese Stelle anführt[21]; denn die Erwähnung der Vervollkommnung des Menschen durch den Staat unterstreicht weniger die Bedeutung des Staates als die des Einzelmenschen, der ja vervollkommnet werden soll. Wer also die besondere Würde des Staates aus seiner Förderung des Einzelmenschen ableitet (und wir kennen kaum einen Autor, der das nicht tut!), demonstriert damit gerade nicht die wesenhafte Überlegenheit des Staates über den einzelnen.

Vor allem ist es aber grundsätzlich unhaltbar, den Staat real als einen Organismus zu verstehen[22]. Selbst *Kühle* warnt vor der Steigerung des Vergleichs des Staates mit einem Organismus ins Extrem, da dieser Vergleich nur in einem analogen Sinn ausgesagt werde[23]. Aber noch als bloßes Bild erscheint uns dieser Vergleich völlig verfehlt, da dem Staat gerade die wesentlichsten Eigenschaften eines Organismus abgehen, nämlich das Eigenleben und die völlige Abhängigkeit der Teile vom Ganzen. Obschon der Staat (oder, um der damit leicht verbundenen Vorstellung eines Hoch- und Durchorganisierten auszuweichen: die Gemeinschaftsordnung) zur technischen und geistig-sittlichen Entwicklung des Menschen viel beigetragen hat, kann der Mensch nicht als bloßes Glied des Staatsorganismus aufgefaßt werden, denn es wäre überaus gewagt, dem staatslosen Menschen die Lebensfähigkeit und jeden Lebenssinn überhaupt absprechen zu wollen wie einer abgeschlagenen Hand oder einem abgerissenen Blatt. Noch schwieriger als diese Unterordnung ist ein Eigenleben des Staates zu erweisen[24]. Ein nüchternes Denken, das sich durch geheimnisvolle bis unverständliche Formulierungen nicht beirren läßt, wird hinter den Handlungen des Staates immer jene von Einzelmenschen erblicken. So muß sich auch *Kühle* abgesehen vom unerheblichen Hinweis auf den

[18] S. 20 ff.; KÜHN belegt seine Ansicht gut.

[19] Siehe KÜHN, S. 28.

[20] Auch VERDROSS betont, daß das für Aristoteles das einzig rechtmäßige Ziel der Gemeinschaft darstelle: „Das Wesen des Menschen begrenzt das Recht der Gemeinschaft" (ALFRED VERDROSS, Abendländische Rechtsphilosophie, Wien 1958, S. 43).

[21] KÜHLE, S. 62.

[22] COING spricht S. 138 von einem unzulässigen Begriffsrealismus.

[23] KÜHLE, S. 64.

[24] Vgl. Anm. 8.

Volkscharakter[25] mit der dunklen Formel von einem „mystischen Ineinanderleben"[26] behelfen.

Zusammenfassend dürfen wir feststellen, daß die grundsätzliche Überlegenheit des Staates über den einzelnen nicht nachgewiesen werden konnte. Jedenfalls entbehren die unternommenen Versuche des Maßes an Überzeugungskraft, das allein es rechtfertigen würde, dem Staat auch die höchste Kompetenz zuzuerkennen, nämlich jene über Leben und Tod. *Überall dort, wo nur eine wesenhafte Überlegenheit den Staat als Strafinstanz zu begründen vermag, also besonders bei den absoluten Straftheorien, scheitert deshalb die Todesstrafe auch am Instanzenproblem.*

II. Die religiöse Schau des Staates: Der Staat als Beauftragter Gottes

Die religiöse Betrachtungsweise kann den Staat nicht als absolute Größe setzen, da auch er auf die eine und letzte Größe bezogen sein muß, auf Gott. Zutiefst ist denn auch Gott die eigentlich zuständige Strafinstanz, alle andere Strafkompetenz muß von dieser ursprünglichen hergeleitet werden können. Wir haben also zu prüfen, ob der mit dem Tod strafende Staat als ein Beauftragter Gottes angesehen werden kann.

Die meisten christlichen Autoren, welche diesen Nachweis erstreben, berufen sich auf Röm. 13, 1—6[27] [28], wohl die meistzitierte Bibelstelle zur Frage der Todesstrafe überhaupt. Diese markanten Worte lassen dem Staat, und zwar gerade wegen seiner Aufgabe, Übeltäter zu bestrafen, als eine von Gott eingesetzte Institution erscheinen; dabei wird die Todesstrafe erst noch ausdrücklich erwähnt! Dennoch wäre es verfehlt, daraus eine umfassende Strafkompetenz des Staates abzuleiten. Einmal weiß die Bibel auch um den Konflikt zwischen Macht und höherem Recht, zwischen menschlicher Autorität und Gott[29]. Vor

---

[25] Wenn man überhaupt zu Recht von einem solchen sprechen darf, und wenn er weiter nicht Grund der Staatsbildung, sondern ihre Folge war, dann ist sein Vorhandensein keineswegs ein Beweis für das Eigenleben des Staates, denn hinter dessen formenden Kräften (etwa Schule, Kirche, Armee) stehen wieder Einzelmenschen mit ihren Vorstellungen von den Aufgaben und Zielen des staatlichen Handelns.

[26] KÜHLE, S. 67.

[27] So SCHEIWILLER, die philosophischen Prinzipien des Strafrechts, S. 46; KÜHLE, S. 75; BETSCHART, S. 121; BRUNNER, S. 233 und S. 266.

[28] „Es gibt keine Obrigkeit, die nicht von Gott wäre" . . . „Wer sich also der Obrigkeit widersetzt, lehnt sich gegen Gottes Ordnung auf" . . . „denn sie trägt das Schwert nicht umsonst; sie ist ja Gottes Dienerin, eine Vergelterin zur Vollziehung des Strafgerichts an dem Übeltäter."

[29] RADBRUCH, der Mensch im Recht, S. 107, verweist in diesem Zusammenhang auf Apostelgeschichte 5,29; „Man muß Gott mehr gehorchen als den Menschen".

allem aber ist es zu gewagt, aus dem Wortlaut einer einzigen Bibelstelle so weitreichende Konsequenzen zu ziehen[30]; sie muß sich erst organisch in den Gesamtzusammenhang einfügen, also mit den grundlegenden Glaubenserkenntnissen übereinstimmen. Deshalb ist vornehmlich in dieser allgemeinen Sicht abzuklären, ob dem Staat das „Schwert“ zusteht. Entscheidend ist also, mit welchem *Sinn* man die staatliche Gewalt von Gott ausgestattet glaubt.

A. Der Staat als Lebenserhalter

Nach der einen Auffassung „ist der Staat zu begreifen als eine Hemmung des Vernichtungswillens Gottes, als ein Schutzwall gegen das das Leben bedrohende Chaos“[31]; gemäß göttlichem Auftrag obliegt also dem Staat die Aufgabe, der Erhaltung des menschlichen Lebens zu dienen[32]. Die Erfüllung dieser Aufgabe ist ihm aber nur möglich, wenn es ihm auch erlaubt ist, Zwangsmaßnahmen anzuwenden; denn nur durch solche läßt sich das im gefallenen Menschen auf der Lauer liegende Böse im Zaume halten[33]. Die Strafe wird also aus ihrer *Notwendigkeit* begründet, berechtigt ist eine Strafe dann, wenn eine mildere Bestrafung oder der gänzliche Strafverzicht gegen die Aufgabe der Lebenserhaltung verstoßen würde[34]. In den seltenen Fällen, da selbst die Todesstrafe als in diesem Sinne notwendig bezeichnet werden darf, steht also dem Staat das Recht zu ihrer Verhängung von Gott her zu. Dieses Ergebnis ist jedoch für uns wenig belangreich. Im Fall der Notwendigkeit muß nämlich das Instanzenproblem ohnehin in den Hintergrund treten[35]; denn in solchen Situationen ist es das Gewährenlassen, das am wenigsten verantwortet werden kann, weil es schlimmere Folgen zuläßt als jene, welche selbst ein unkompetentes Eingreifen verursacht. Wir haben deshalb die aus der Notwendigkeit fließende Todesstrafe stets gebilligt[36].

B. Der Staat als Vergelter der göttlichen Ordnung

Die Mehrzahl jedenfalls der von uns herangezogenen Autoren kann sich aber mit dieser Beschränkung der Strafe auf die Not-

---

[30] Vgl. dazu ALTHAUS, S. 24/5, und ALT, S. 102.

[31] ALT, S. 112; auch BRUNNER veranschlagt den Ordnungswert des Staates sehr hoch (vgl. S. 24 unserer Arbeit).

[32] ALT, S. 133/4, S. 138.

[33] A. a. O., S. 134/5.

[34] A. a. O., S. 139.

[35] So wie wir dem in Notwehr Befindlichen das Töten gestatten müssen, obschon ihm kein grundsätzliches Verfügungsrecht über das Leben des Angreifers zusteht.

[36] Siehe das erste Kapitel, aber auch § 14 und § 16.

wendigkeit nicht befreunden[37]. Für sie besteht der Sinn der staatlichen Strafgewalt darin, die Verletzung der von Gott gesetzten, heiligen sittlichen Ordnung wertmäßig gebührend zu beantworten. Die Strafe wird also ganz wie bei den absoluten Straftheorien gesehen, nur daß an Stelle einer unpersönlich-metaphysischen die göttliche Ordnung als verletzt betrachtet wird. Wenn nun dem Staat die Kompetenz oder gar die Pflicht zukommt, diese Verletzung sittlich zu beurteilen und zu bestrafen, so bedeutet das nicht weniger, als daß er Gottes Interessen wahrnimmt und gleichsam dessen Stellvertreter wird[38]. Dadurch wird der Staat im Rang gewaltig erhoben, ein Angriff auf seine Ordnung erscheint als indirekter Angriff auf Gott[39]. Der Staat wird somit gottähnlich, besonders dann, wenn er auch mit dem höchsten Recht ausgestattet ist, mit jenem über Leben und Tod.

Gegen die auf dieser Konzeption des Staates beruhende Ableitung der Todesstrafe richtet *Barth* seine wohl überzeugendsten Einwände. Der Todesstrafe fehle es an der dem Menschen gebotenen Demut vor Gott; das menschliche Richten könne nicht Abbild der vergeltenden Gerechtigkeit Gottes sein, da der Abstand zwischen dem heiligen Schöpfer und dem sündigen Geschöpf zu groß sei. „Wie kann man erwarten, daß ein menschliches Todesurteil nur darum, weil es allerdings den furchtbaren Charakter des Ultimativen, des Unwiderruflichen hat, die Majestät der ewigen Entscheidungen Gottes auch nur widerspiegeln könne?“[40]. Es läßt sich in der Tat schwer verstehen, wie das gleiche christliche Denken, das den einzelnen Menschen Demut und Bescheidenheit lehrt, den für den Staat tätigen Menschen eine so große, beinahe göttliche Machtfülle zuweisen kann. Da die Menschen alle Sünder sind, ist es letzten Endes unbegreiflich, daß Menschen zur sittlichen Beurteilung von Untaten und gar zur Verwerfung und Vernichtung von Rechtsbrechern zuständig sein sollen.

Aber auch praktisch ist diese Vergöttlichung des Staates bedenklich, denn sie macht, weil religiöse Überzeugungen das Gewissen vielfach stärker zu binden vermögen als Vernunftseinsichten, das Individuum

---

[37] Hierher gehört neben den in Anm. 27 erwähnten Autoren vor allem auch ALTHAUS, vgl. S. 21 unserer Arbeit.

[38] So schreibt BRUNNER, S. 266: „Der menschliche Richter ist also, recht verstanden, bloß ein Stellvertreter Gottes.“ Das „bloß“ vermag allerdings nicht darüber hinwegzutäuschen, daß die Würde des Richteramtes dadurch gewaltig erhöht wird, so daß leicht vergessen gehen kann, daß auch der Richter ein Mensch mit all seinen Fehlern ist. — Daß in der berechtigten Todesstrafe nicht der Mensch oder die Gesellschaft tötet, sondern „das von Gott geordnete Amt“, hebt hervor auch ALTHAUS, S. 31.

[39] So etwa SCHEIWILLER, a. a. O., S. 45.

[40] BARTH, alles S. 505.

gegenüber der Staatsgewalt womöglich noch wehrloser als die Konstruktion des Staates als eines höheren Wesens. Das bedeutet aber nicht nur, daß das Individuum dem Unrecht von staatlicher Seite ausgeliefert wird — diese Bedrohung wiegt dem christlichen Denken verhältnismäßig gering, denn die Betroffenen sind ohnehin Sünder[41] —, sondern das schließt auch die Gefahr ein, daß die Machthaber wegen der passiven Hinnahme des Unrechts zu immer schlimmeren, vor Gott nicht verantwortbaren Machtmißbräuchen verleitet werden.

Auch das christliche Denken — dessen Ergebnis nach unserer grundsätzlichen Überzeugung allerdings nicht allein ausschlaggebend sein könnte[42] — hat also ein eigentliches Recht des Staates zur Verhängung der Todesstrafe nicht nachweisen können. Im Gegenteil hat es sich bei diesem Versuch in einen kaum aufhebbaren Widerspruch verwickelt. Der Schluß scheint uns deshalb berechtigt zu sein, *daß gerade für christliches Denken die Todesstrafe auch am Instanzenproblem scheitern muß.*

§ 24. Die grundsätzliche Beschränkung der Staatsgewalt und die Verneinung ihres Rechts zur Todesstrafe durch die Staatsvertragstheorie

I. Die Vereinbarkeit der Todesstrafe mit dem Staatsvertrag

A. bei seiner Auffassung als historisches Faktum

1. Die Verneinung durch *Beccaria*

Vom Staatsvertragsgedanken her hat der Ahnherr aller modernen Abschaffungsbestrebungen, der bedeutende italienische Aufklärer *Cesare Beccaria,* den wissenschaftlichen Kampf gegen die Todesstrafe eröffnet. In seiner 1764 erschienenen Schrift „Dei delitti e delle pene", die eine große Verbreitung erfahren[43] und einen starken Widerhall ausgelöst hat, lehnt er die Todesstrafe ab, weil der einzelne im Gesellschaftsvertrag nicht in die Todesstrafe einwilligen könne. „Wie ließe sich ein solcher Grundsatz mit dem anderen, daß der Mensch kein Recht hat, sich selbst zu töten, in Einklang bringen? Er müßte doch dieses Recht besessen haben, wenn er es anderen oder der ganzen Gesellschaft abtreten könnte"[44]. Für *Beccaria* ergibt sich also das Verbot der Todesstrafe aus dem Verbot des Selbstmordes!

---

[41] Vgl. vorne S. 24/25.

[42] Vgl. den Schluß von § 6.

[43] So lag sie 1841 bereits in acht verschiedenen deutschen Übersetzungen vor (DÜSING, S. 15)!

[44] BECCARIA (ESSELBORN), S. 106.

2. Die Bejahung durch *Rousseau*

Fast zur gleichen Zeit wie *Beccaria* hat sich *Rousseau* im „Contrat social" (erschienen 1762) mit der Frage der Vereinbarkeit von Staatsvertrag und Todesstrafe befaßt[45] und sie im Gegensatz zu jenem bejaht. Der Sinn der Todesstrafe liege gerade in der Erhaltung derjenigen, die den Gesellschaftsvertrag abschließen: „Um nicht das Schlachtopfer eines Meuchelmörders zu werden, willigt man ein zu sterben, falls man selbst ein solcher werden sollte. Weit entfernt, in diesem Vertrag über sein eigenes Leben zu verfügen, ist man vielmehr nur darauf bedacht, es zu sichern; denn es ist nicht zu vermuten, daß irgendeiner der Vertragsschließenden im voraus daran gedacht habe, sich hängen zu lassen"[46]. Nach *Rousseau* ist somit die Einwilligung in die Todesstrafe statthaft, weil man das Leben zu seiner Erhaltung wagen darf[47].

3. Untersuchung dieses Gegensatzes

Beccaria und *Rousseau* sind also in der Frage der Todesstrafe entgegengesetzter Meinung. Das ist nach *Radbruch*[48] auf ihre unterschiedliche Auffassung vom Gesellschaftsvertrag zurückzuführen: *Beccaria* huldigt einer partiellen — „Wie kann jemals in dem Opfer des kleinstmöglichen Teiles der Freiheit eines jeden das des höchsten aller Güter, des Lebens, einbegriffen sein?"[49] —, er erstrebt die weitestmögliche Wahrung der individuellen Freiheiten auch vor dem Staat, seine Haltung kann als liberal charakterisiert werden[50]. *Rousseau* dagegen steht im Banne einer totalitären Auffassung — der Inhalt des Gesellschaftsvertrages läßt sich auf eine Norm reduzieren, „nämlich auf die Hingebung jedes Gesellschaftsgenossen mit allen seinen Rechten an das ganze Gemeinwesen"[51]; auch ist, da der einzelne nur dank des Gesellschaftsvertrages in Sicherheit gelebt hat, „sein Leben nicht mehr bloß eine Wohltat der Natur, sondern ein bedingungsweise verliehenes Geschenk des Staates"[52] —, für ihn steht nicht der Gedanke der Freiheit, sondern jener der Gleichheit im Vordergrund[53].

---

[45] Im 5. Kapitel des 2. Buches.

[46] Rousseau, S. 42.

[47] A. a. O., S. 42: „Hat man je behauptet, ein Mensch, der sich zum Fenster hinausstürzt, um einer Feuersbrunst zu entgehen, sei des Selbstmords schuldig?"

[48] El. jur. crim., S. 186.

[49] Beccaria (Esselborn), S. 106.

[50] Radbruch, el. jur. crim., S. 186 und S. 190.

[51] Rousseau, S. 21 (1. Buch, 6. Kapitel).

[52] A. a. O., S. 42.

[53] Radbruch, a. a. O., S. 186 und S. 190.

Die Bedeutsamkeit dieser Verschiedenheit der Ausgangslage ist in der Tat offensichtlich. Das dennoch Gemeinsame halten wir aber fast noch für beachtlicher. Trotz seiner totalitären Auffassung hat sich ja auch *Rousseau* um eine individualistische Rechtfertigung der Todesstrafe bemüht[54], ganz einfach darum, weil sich gerade der Abschluß eines so totalen Vertrages nur vorstellen läßt, wenn er wirklich im Interesse aller Beteiligten liegt. Das zeigt schlagend, daß vom Staatsvertragsgedanken aus eine völlige Mißachtung der Rechte und Bedürfnisse des Individuums gar nicht in Frage kommt[55], ein Ergebnis, das festgehalten zu werden verdient.

B. bei seiner Auffassung als Wertmaßstab (Der Gedankengang von *Radbruch*)

1. Charakterisierung dieses Wertmaßstabes

Bei der Behandlung der Frage der Todesstrafe ist es *Beccaria* und *Rousseau* gemeinsam, den Staatsvertrag als ein historisches Faktum zu betrachten[56]. Eine solche Betrachtungsweise ist aber nicht nur geschichtlich völlig unbegründet, sondern auch rechtsphilosophisch ungenügend; denn ein einmaliger historischer Akt könnte die Bindung der folgenden Generationen an diesen Vertrag gar nicht erklären[57]. In Wirklichkeit ist der Staatsvertrag nur als ein fiktives Bild anzusehen, als ein von grundsätzlich individualistischem Denken geprägter Wertmaßstab[58]. „Die Vertragstheorie erklärt also den Staat für gerechtfertigt nicht *weil*, sondern *wenn* er sich als durch Vertrag entstanden denken läßt, *weil* er nämlich nur dann als im Interesse jedes seiner Mitglieder gelegen angesehen werden kann"[59]. Dieses Abstellen auf die individuellen Interessen führt nun keineswegs zu einem Durcheinander von unvereinbaren Wünschen, denn der Staatsvertragsgedanke ist zugleich auch rationalistisch; als vertragsschließend wird nämlich fingiert nicht das Individuum in seiner tatsächlichen Widersprüchlichkeit, sondern der Mensch als vernünftiges Wesen[60]. Maßgebend sind also die vernünftigen Wünsche des Einzelmenschen, oder besser, um gewaltsame Konstruktionen des „Vernünf-

---

[54] Obschon vor BECCARIA verfaßt, liest sie sich teilweise wie eine Antwort an ihn.

[55] Man kann sie höchstens verkennen!

[56] Radbruch, RPh, S. 271 (zu BECCARIA) und S. 272 (zu ROUSSEAU); ROUSSEAU begebe sich damit in einen Widerspruch zu den Eingangsworten des Contrat social.

[57] DEL VECCHIO, Individuum, Staat, Korporation, S. 277.

[58] RADBRUCH, Vorschule, S. 18, el. jur. crim., S. 186, RPh, S. 151.

[59] RADBRUCH, RPh, S. 152. BECCARIA hat also zu Unrecht gefragt, ob der Bestrafte die Todesstrafe *wirklich* will, statt, ob sie sich als gewollt *denken* lasse (RPh, S. 271).

[60] A. a. O., S. 160.

tigen“ von vornherein zu entschärfen und den individuellen Besonderheiten den ihnen zustehenden Spielraum wirklich zu gewähren, jene Wünsche, die nicht unvernünftig sind.

2. Die grundsätzliche Verneinung

Für uns stellt sich somit die Frage, ob ein die Todesstrafe enthaltender Staatsvertrag diesem Wertmaßstab entsprechen kann. Grundlegendes dazu hat *Radbruch* ausgesagt, so daß seinen Gedankengängen eine wörtliche Wiedergabe zukommt:

„Wenn man im Staatsvertrag ein bloß fiktives Bild sieht, muß man ihn sich zeitlos, nicht *einmal* abgeschlossen, sondern in jedem Augenblicke erneuerbar denken. Ein rechter Staat muß in jedem Augenblick für jeden seiner Vorgänge die Bejahung der Frage gestatten, ob er sich als durch den Vertrag seiner sämtlichen Glieder entstanden denken lasse, also auch in dem Augenblicke, in dem der Mörder den Kopf auf den Block legt. Nur dann wäre also die Todesstrafe der Vertragstheorie gegenüber gerechtfertigt, wenn dargetan werden könnte, daß sogar in diesem Augenblicke die Einwilligung des Straffälligen in seinen Tod fingierbar sei.

Diesen verzweifelten Nachweis unternimmt in der Tat *Kant* gegen *Beccarias* ‚Sophisterei und Rechtsverdrehung‘, indem er mit einem für seine Denkweise charakteristischen Kunstgriff, was bei *Rousseau* als ein zeitliches Verhältnis erscheint, als ein transzendentales Verhältnis erfaßt. An die Stelle der angeblich einmal erteilten Einwilligung des Straffälligen in die Todesstrafe tritt das zeitlose Urteil seiner Vernunft über ihre Notwendigkeit“[61] [62]... „Aber das Individuum kann auch dann, wenn man es nicht in seiner empirischen Tatsächlichkeit, sondern als Konkretion der Vernunft ins Auge faßt, als der Todesstrafe zustimmend nicht gedacht werden. Für jede Strafe, die dem Bestraften nur das Leben, sei es auch in noch so elender Gestalt, beläßt, könnte der Nachweis der Zustimmung der eigenen Vernunft, des Interesses auch des Straffälligen selbst an seiner Bestrafung grundsätzlich geführt werden: Auch die lebenslängliche Zuchthausstrafe läßt dem Bestraften noch immer eine Reihe von Rechtsgütern, die durch seine eigene Bestrafung, durch die damit bewirkte Abschreckung anderer geschützt werden. Die Todesstrafe aber kann als

---

[61] A. a. O., S. 272.

[62] Wie schon aus der Wendung „Sophisterei und Rechtsverdrehung“ hervorgeht, greift KANT (MdS, S. 142/3) in seiner Auseinandersetzung mit BECCARIA diesen sehr scharf an. Er bezichtigt ihn auch der “teilnehmenden Empfindelei einer affektierten Humanität“, ein Vorwurf, der wirklich als unbegründet erscheint, wenn man weiß, welch strenge, ja barbarische Ausgestaltung der Freiheitsstrafe BECCARIA als zulässig erachtete (siehe DÜSING, S. 19/20).

auch den eigenen Interessen des Verbrechers dienlich in keiner Weise erwiesen werden, da sie ja das Subjekt dieser Interessen vernichtet“[63]. *Radbruch* verneint also die Vereinbarkeit von Staatsvertrag und Todesstrafe mit aller Entschiedenheit, da vernünftigermaßen niemand an seiner eigenen Vernichtung interessiert sein könne. *Nelsons* sarkastische Kritik: „Eine außerordentlich fruchtbare und weittragende Beweismethode. Läßt sich doch z. B. durch ihre Anwendung unmittelbar die Unmöglichkeit des Selbstmords beweisen“[64] geht geradezu katastrophal daneben, denn *Radbruch* denkt selbstverständlich nicht an alle realen psychischen Neigungen des Individuums, sondern lediglich an seine vernünftigen[65]; solange man aber dem Leben überhaupt einen Sinn beimißt, kann die eigene Vernichtung niemals für sinnvoll erachtet werden.

3. Die Unwichtigkeit der denkbaren Ausnahmen von dieser Verneinung

a) Die der religiösen Betrachtung entspringende Ausnahme

Dieser Haupteinwand *Radbruchs* gegen die Todesstrafe gilt allerdings nur unter der Voraussetzung, daß der Tod wirklich Vernichtung bedeutet. Wo man dagegen an ein ewiges Leben glaubt, kann das Erleiden der Todesstrafe zum Zweck der Schuldtilgung und der Versöhnung mit Gott als durchaus sinnvoll für den Verbrecher angesehen werden[66]. Die Bedeutung dieser Einsicht ist aber unseres Erachtens gering. Einmal muß man auch mit der Möglichkeit rechnen, daß der Tod dem Uneinsichtigen oder Ungläubigen etwas noch viel Schlimmeres bringt als die Auslöschung — man denke nur an die Vorstellung einer Hölle. Die Vereinbarkeit der Todesstrafe mit dem Staatsvertrag ist also selbst dann höchst zweifelhaft, wenn man die Unsterblichkeit des Menschen annimmt. Vor allem aber erhebt sich die grundsätzliche Frage, ob das staatliche Handeln überhaupt auf transzendentalen Erwägungen fußen darf. Wir haben unsere Ablehnung bereits an einer früheren Stelle ausgesprochen und begründet[67]; vom Staatsvertragsgedanken her scheint sie uns aber besonders berechtigt zu sein. Nur dann entspricht nämlich der Inhalt eines

---

[63] Radbruch, RPh, S. 273.

[64] Nelson, S. 135.

[65] Zur Entschuldigung von Nelson ist immerhin anzumerken, daß Radbruchs damalige Gedankenführung (in: Grundzüge der Rechtsphilosophie, Leipzig 1914) noch Mängel aufwies und tatsächlich eine Stelle enthielt, die zu polemischer Kritik herausforderte (sie wird von Nelson, S. 136, auch mit Recht glossiert).

[66] Radbruch, RPh, S. 273, Anm. 2.

[67] Siehe den Schluß von § 6. Auch Radbruch hält es a. a. O. nicht für die Aufgabe des Staates, solche transzendentale Interessen wahrzunehmen.

Staatsvertrages mit Sicherheit dem Wertmaßstab des Staatsvertragsgedankens, wenn er auf eine allgemeinverbindliche Weise als den Anliegen des Individuums dienend nachgewiesen werden kann. Diese Eigenschaft der Allgemeinverbindlichkeit kann aber nur Vernunfgründen zukommen, da nur diese wenigstens grundsätzlich beweisbar und auf ihre Richtigkeit hin überprüfbar sind, niemals aber Glaubenssätzen.

b) Die einer Gesamtlebensschau entspringende Ausnahme

Im Gegensatz zu *Radbruch* sind wir aber der Meinung, daß auch untersucht werden darf, ob die Institution der Todesstrafe dem Mörder früher Vorteile einbrachte, die den Nachteil der Hinrichtung aufwiegen. *Radbruchs* Forderung, daß dem Mörder sein Tod selbst im Augenblick der Hinrichtung als für ihn sinnvoll erscheinen muß, mutet uns nämlich etwas überspitzt an; gerade als vernünftigem Wesen muß es doch dem Menschen offenstehen, sein Leben rückblickend wie vorschauend als Ganzes zu betrachten und im Hinblick auf dieses Ganze seinen Vorteil zu suchen. Uns würde deshalb die Todesstrafe vom Staatsvertragsgedanken her als haltbar erscheinen nicht nur, wenn der Mörder im Augenblick des Todes an diesem ein vernünftiges Interesse aufzuweisen hat, sondern auch, wenn der Mörder noch in diesem Augenblick zugestehen muß, daß das Institut der Todesstrafe im Blick auf sein ganzes Leben auch in seinem Interesse gelegen hat. Ein solches Interesse kann offensichtlich nur angenommen werden, wenn das Institut der Todesstrafe sein Leben früher bewahrt hat[68]. Das aber setzt zumindest voraus, daß die Todesstrafe dank ihrer abschreckenden und sichernden Wirkung gesamthaft gesehen — also unter Einrechung der Hinrichtungen! — die Sicherheit des Lebens erhöht; denn dann steigt die Durchschnittschance des Menschen, einem gewaltsamen Tod zu entgehen. Es ist allerdings sehr fraglich, ob solche Durchschnittserwägungen im Grunde genommen nicht antiindividualistisch sind, also dem Ethos des Staatsvertragsgedankens widersprechen, und ob nicht die Todesstrafe ausschließlich vom Kreis der mordgefährlichen Menschen her gesehen als sinnvoll erwiesen werden müßte[69]. Jedoch ist es müßig, diesen Gedanken weiter zu verfolgen,

---

[68] Dann könnte man auch mit einem gewissen Recht sagen, das Leben sei teilweise eine Gabe des die Todesstrafe vollziehenden Staates. ROUSSEAUS Gedankengang, in seiner Formulierung das Bild eines historischen Vertragsschlusses heraufbeschwörend, läßt sich also recht leicht in eine dem Wertmaßstabsdenken gemäße Form umprägen.

[69] In diesem Fall wäre eine viel größere Wirksamkeit der Todesstrafe vonnöten als bei der Durchschnittsbetrachtung; letzten Endes müßte eine beträchtliche Möglichkeit dafür bestehen, daß ohne Todesstrafe der Mörder selber bereits einem Mord zum Opfer gefallen wäre.

denn die lebensbeschützende Wirksamkeit der Todesstrafe ist auf jeden Fall zu gering[70], um in der uns beschäftigenden Frage ins Gewicht fallen zu können.

Wir dürfen somit ohne Bedenken am Urteil festhalten, *daß die Todesstrafe mit dem Wertmaßstab des Staatsvertragsgedankens nicht vereinbar ist.*

II. Die Geltung des Staatsvertragsgedankens

Bisher haben wir den Staatsvertragsgedanken einfach akzeptiert und in seinem Verhältnis zur Todesstrafe gedeutet, ohne seinen allgemeinen Wert abzuklären. Das muß nun nachgeholt werden, um die Bedeutung der soeben aufgewiesenen Unvereinbarkeit von Staatsvertrag und Todesstrafe bestimmen zu können.

A. Seine Durchführbarkeit und Begrenzung

Gegen die Idee des Staatsvertrages läßt sich vorbringen, daß ihre allgemeine Durchführung zu unannehmbaren Konsequenzen führe.

Eine solche läge etwa vor, wenn der Staatsvertragsgedanke jede Strafe verböte. Das ist aber keineswegs der Fall. Gerade die uns als Ersatz für die Todesstrafe angehende langjährige oder lebenslängliche Freiheitsstrafe ist vom Staatsvertragsgedanken her durchaus haltbar; denn sie respektiert das grundlegendste Recht des Mörders, seinen Anspruch auf Leben, und sie schützt es weiterhin. Das bedeutet aber für den Mörder im Vergleich zum vertragslosen Zustand, in dem er der Triebnatur des Menschen gemäß wohl ohne weiteres umgebracht würde, eindeutig einen Vorteil[71].

Fragen könnte man sich weiter mit *Radbruch*[72], ob der Staatsvertragsgedanke die Wehrpflicht verbiete. Wir allerdings halten das grundsätzlich für unerheblich, denn die Wehrpflicht ist als eine Institution, die von der ganzen ungeheuren Problematik des Krieges nicht losgelöst werden kann, so fragwürdig, daß ihre Unvereinbarkeit mit dem Staatsvertragsgedanken diesem nicht ernstlich angekreidet werden dürfte; trotzdem wollen wir diese Frage um der Vollständigkeit willen kurz verfolgen:

Prinzipiell erscheint die Wehrpflicht zumindest als sehr zwiespältig: „Welchen Sinn sollen alle Grundrechte, die Zusicherungen geistiger und materieller Rechte haben, wenn die Aufopferung des Daseins selbst verlangt werden kann?“[73]. Aber diese Grundeinstellung ist weder ausnahmslos gültig noch allgemein durchführbar. In gewissen

---

[70] Siehe unsere Ausführungen in den §§ 15 und 17.

[71] Wir haben uns bemüht, die an sich schon überzeugende Entgegnung Radbruchs auf den Einwand der Unrechtmäßigkeit jeder Strafe konkreter zu formulieren.

[72] RPh, S. 273.

[73] Coing, S. 215.

Fällen kann der Einsatz des Lebens im Interesse des einzelnen als „vielleicht Überlebenden“ liegen[74], nämlich dort, wo durch den Angriff auf den eigenen Staat zugleich die grundlegenden Rechte des einzelnen bedroht werden[75]. Vor allem aber ist die Wehrpflicht in unserer unvollkommenen Welt einfach unentbehrlich[76], solange es aggressive Staatengebilde gibt. Was hülfe dem Individuum der vollkommene Staat, wenn dieser gerade wegen seiner unbedingten Achtung der individuellen Rechte einfach von einem anderen aufgeschluckt würde? Der Staatsvertragsgedanke muß eben berücksichtigen, daß neben der Rechtsfrage sich auch die Machtfrage stellt und Macht eine Vorbedingung des Rechtes ist. Das heißt mit anderen Worten, daß auch er sich den Anforderungen der Realität beugen muß.

Damit sind wir bei der positiv ausgefallenen Untersuchung der Frage nach der Durchführbarkeit des Staatsvertragsgedankens immerhin auf seine Begrenzung durch den Gesichtspunkt der Notwendigkeit gestoßen. Diese Begrenzung gilt natürlich auch in bezug auf die Todesstrafe, die in gewissen Situationen als unentbehrlich anerkannt werden darf, und sei es auch nur zur Vermeidung eines noch Schlechteren. Von welchem Nutzen wäre ein die Todesstrafe ausschließender Staatsvertrag für den einzelnen, wenn als Folge davon der Staat gar nicht effektiv werden könnte und die allgemeine Sicherheit des Lebens sänke? Wo der einzelne zwischen einer generellen Rechtsunsicherheit mit zahllosen Bluttaten wie Lynchungen und zwischen der in einem ordnungsmäßigen Verfahren verhängten Todesstrafe zu wählen hat, fällt die Entscheidung zugunsten der letzteren nicht schwer. Erfreulicherweise stehen wir aber in der Regel nicht vor dieser unangenehmen Wahl[77].

B. Sein grundsätzlicher Wert

Unzweifelhaft ist der Staatsvertragsgedanke stark in den Hintergrund gedrängt worden, und er wird heute im allgemeinen nicht mehr als lebendige, wirkende Idee empfunden. Er wird mit vornehmlich historischem Interesse betrachtet und gilt vielen als überholt[78]. Diese

---

[74] Radbruch, RPh, S. 273. Da diese Überlegung für den Augenblick des Todes versagt, begibt sich Radbruch in einen Widerspruch zu seiner extremen Auffassung bei der Todesstrafe und nähert sich unserem Standpunkt der Zulässigkeit einer Gesamtschau.

[75] Für die Bewertung maßgebend sind dabei weniger die Angriffshandlungen, die diese Rechte immer in einem gewissen Grad verletzen, als die Angriffsziele. Praktisch ist diese an sich richtige Unterscheidung allerdings kaum durchführbar und in der Regel sicherlich auch überflüssig.

[76] Daß die Wehrpflicht nur unter diesem Gesichtspunkt haltbar ist, betont unseres Erachtens zu Recht Coing, S. 215.

[77] Vgl. § 4, II.

[78] Siehe etwa Dreher, S. 545.

Einschätzung, die zum Teil auf Mißverständnisse zurückgeht, scheint uns aber seinen wahren Wert zu verkennen und nicht berechtigt zu sein.

1. Der Schutz des einzelnen vor der Allmacht des Staates

Die große Bedeutung des Staatsvertragsgedankens liegt darin, daß er das Individuum vor der staatlichen Allmacht schützt. In unserer Zeit, in der so viele Verbrechen von staatlicher Seite begangen werden und in der nicht der Anarchismus, sondern der Totalitarismus die wahre Gefahr darstellt[79], ist dieser Schutz besonders notwendig. Der Staatsvertragsgedanke unterstreicht auf eine kaum mehr überbietbare Weise die unbedingte Verantwortung des Staates *für jeden einzelnen seiner Bürger*. Hier ist kein Raum für den rücksichtslosen Egoismus einer Mehrheit[80] oder gar einer Minderheit, sondern jedes staatliche Wirken muß jedem Bürger gegenüber als auch in seinem vernünftigen Interesse liegend verantwortet werden können. Den Staat, der dieser hohen Anforderung einigermaßen genügt[81], darf man wirklich mit der ehrenden Bezeichnung Rechtsgemeinschaft versehen. Als ein Akt, der diese umfassende Verantwortung verneint, stellt nun eben die Todesstrafe die Rechtsgemeinschaft von Grund auf in Frage[82].

2. Die Sinnhaftigkeit des ihm zugrunde liegenden Individualismus

Für den Staatsvertragsgedanken stehen im Zentrum jene Bedürfnisse des einzelnen Menschen, die als vernünftig anzusprechen sind. In diesem tiefen Sinn darf die ihm zugrunde liegende Haltung als individualistisch bezeichnet werden, was aber seinen Geltungsbereich nicht einzuengen vermag. Denn eine andere Grundhaltung vermöchten wir — offen gestanden! — gar nicht zu begreifen, da wir uns überhaupt nicht vorstellen können, an was sonst ethisches Denken sich ausrichten sollte[83].

Die wahre Gegnerschaft erwächst dem Staatsvertragsgedanken aber auch nicht wegen dieser unserer Ansicht nach unanfechtbaren

---

[79] Camus II, S. 42.

[80] Auch die dem Staatsvertragsgedanken wohl am ehesten gemäße Staatsform der Demokratie bietet durchaus keine unbedingte Gewähr dafür, daß seinem Ethos auch praktisch nachgelebt wird.

[81] Eine vollkommene Verwirklichung dieses Ideales kann man natürlich nicht erwarten.

[82] Sehr schön ist das ausgedrückt bei Barth, S. 508.

[83] Etwa am Staat oder an der Menschheit, die als Selbstwesen gar nicht existieren und deren „Bedürfnisse" von jenen einzelner Menschen abgeleitet werden können? Selbst die Ausrichtung an Gott ist ethisch wertvoll nur unter der Voraussetzung, daß er letztlich für den Menschen das Beste will; andernfalls wäre diese Ausrichtung bloße Unterwerfung unter die göttliche Macht.

Grundhaltung[84], sondern weil man in ihm einen übertriebenen Individualismus verkörpert sieht. Man glaubt, der Staatsvertragsgedanke vermöge die durch das Staatsleben geförderten Werte gar nicht einzusehen und zu berücksichtigen, und man befürchtet, er lasse letztlich jederzeit den Weg in die Anarchie offen. Das ist aber eine grundlegende Fehleinschätzung, die im wesentlichen darauf zurückgeht, daß man sich von der historischen Deutung des Staatsvertragsgedankens nicht ganz loszulösen vermag. Da die *vernünftigen* oder doch die *nicht unvernünftigen* Interessen des Individuums maßgebend sind, läßt sich nämlich auch vom richtig verstandenen Staatsvertragsgedanken her der Wert des Staates, zum Beispiel als Vermittler von wissenschaftlichen und kulturellen Gütern, sehr wohl einsehen. Wem würde es übrigens nicht einleuchten, daß manche große Aufgaben nur dank der Zusammenfassung der vielen einzelnen und schwachen Kräfte im Staat zu einer einzigen und machtvollen bewältigt werden können? Auch gegen die Anarchie bildet der Staatsvertragsgedanke durchaus einen Schutzwall. Wer kann sich ihre verheerenden Folgen nicht leicht ausmalen, wer kann sich der Folgerung entziehen, daß das Wegfallen der staatlichen Ordnung zu krassesten Verstößen gerade gegen das Grundprinzip der Gleichberechtigung der einzelnen Individualitäten führen würde? Die grundsätzliche Zustimmung des einzelnen Individuums zum Staat ist deshalb keineswegs als ein freiwilliger Akt aufzufassen, der nach Belieben erfolgen kann oder auch nicht, sondern als eine „kategorische Pflicht"[85]. Die Staatsgewalt wird also durch den Staatsvertragsgedanken nicht nur auf eine einschneidende Weise begrenzt, sondern zugleich auch begründet, ein nicht unwesentlicher Vorteil.

3. Das Ergebnis und seine Bedeutung für die Todesstrafe

Wir haben somit am Staatsvertragsgedanken nichts Nachteiliges feststellen können. Im Gegenteil sind seine Vorzüge deutlich ans Licht getreten, er hat sich als ein sehr brauchbarer und wertvoller Maßstab erwiesen. *Wir glauben deshalb, daß ausreichende Gründe dafür vorliegen, ihn wiederzubeleben und als gültig anzuerkennen. Da er aber dem Staat das Recht zur Verhängung der Todesstrafe absprechen muß, heißt das nicht weniger, als daß die Todesstrafe schlechthin abzulehnen ist. Ein Ergebnis von allerhöchster Bedeutsamkeit!*

Doch selbst wer dieser allgemeinen Anerkennung des Staatsvertragsgedankens abgeneigt ist und unsere Wertschätzung nicht teilt,

---

[84] Für sie spricht auch, daß selbst ein „Antiindividualist" wie Kühle — und er steht nicht allein! — ihr unversehens seinen Tribut zollt (vgl. S. 106).

[85] In diesem Sinn hat del Vecchio den Staatsvertragsgedanken noch vertieft (Individuum, Staat, Korporation, S. 283—285).

muß wohl einräumen, daß dieser für die relativen Straftheorien sehr nahe liegt, weil er auf eine befriedigende Weise ihre Grundproblematik löst[86]. Eine ihm gemäße Strafe stellt nämlich nicht mehr eine egoistisch-zweckhafte und damit tief fragwürdige Verfügung über den Betroffenen dar, sondern sie hat auch ihn selber zum Zweck. Um jeden Anschein der Ähnlichkeit mit dem totalitären Staat zu vermeiden, der seine Untertanen ebenso rücksichtslos wie willkürlich seinen Zwecken opfert, und um jedem Abgleiten zu ihm radikal vorzubeugen, drängt sich deshalb für die relativen Straftheorien der Staatsvertragsgedanke geradezu auf. Das heißt immerhin, daß dem Staat das Recht fehlt, eine aus Zweckmäßigkeitsüberlegungen hergeleitete Todesstrafe zu verhängen.

Auch dieses Mindestergebnis unserer Betrachtung des Staatsvertragsgedankens ist aber von größter Wichtigkeit, denn es schließt die im vorigen Paragraphen (wo wir die unüberwindlichen Schwierigkeiten der absoluten Straftheorien aufgezeigt haben, die staatliche Strafkompetenz zu begründen) *offengelassene Lücke und bedeutet letzten Endes gleichwohl, daß dem Staat ein eigentliches Recht zur Verhängung der Todesstrafe schlechthin fehlt.*

§ 25. Die Unsittlichkeit des Henkeramtes

Bisher haben wir uns mit der grundsätzlichen Kompetenz des Staates zur Verhängung der Todesstrafe beschäftigt. Daneben stellt sich aber noch ein spezielles Problem, das daraus hervorgeht, daß der Staat keine reale Person ist. Der Staat kann nicht „als solcher in unpersönlicher Majestät einen Verurteilten schnell und schmerzlos sterben lassen"[87] — wie es Gott als Strafinstanz könnte! —, sondern zur Vollstreckung des Todesurteils bedarf er eines Menschen, des Henkers. In der Todesstrafe tötet *ein Mensch* auf Geheiß des Staates einen anderen Menschen. Daher muß sich die Todesstrafe auch in Hinsicht auf diesen Menschen verantworten lassen, ihm, aber auch uns selbst gegenüber. Wir haben also das *Henkeramt* auf seine sittliche Haltbarkeit hin zu untersuchen.

I. Die Abscheu vor dem Henker

Man könnte versucht sein, das Henkeramt schon allein deshalb als unsittlich abzulehnen, weil die Gesellschaft dem Henker starke Gefühle von Abscheu und Verachtung entgegenbringt[88]. Unzweifelhaft

---

[86] Es ist bezeichnend, daß neben RADBRUCH auch COING als bedeutender rechtsphilosophischer Vertreter einer relativen Straftheorie dem Staatsvertragsgedanken starke Sympathien entgegenbringt (COING, S. 78, S. 208 ff.).

[87] EB. SCHMIDT, Goethe und das Problem der Todesstrafe, S. 455.

[88] Siehe dazu etwa ANGSTMANN, S. 80 ff.

ist es nämlich unbillig, daß der Henker von der Gesellschaft als irgendwie beflecktes Glied ausgeschieden wird, denn er handelt ja nur in ihrem Auftrag und in ihrem Namen, letztlich trägt sie die Verantwortung. Ihr Bestreben, sich vom Henker zu distanzieren, ist vielleicht in praktischer Hinsicht fast genial zu nennen[89], ethisch gesehen zeugt es von einer ebenso unverantwortlichen wie rücksichtslosen Selbstgerechtigkeit[90]. Indessen dürfte heute diese pharisäische Haltung den Henker nicht mehr so fühlbar treffen wie in früheren Zeiten; insbesondere hat er keine Rechtsnachteile mehr zu gewärtigen — jedenfalls nicht von staatlicher Seite[91]! —, und auch der Wiedereintritt in ein normales bürgerliches Leben sollte ihm nicht unmöglich sein, obschon er vielleicht mit beträchtlichen Schwierigkeiten verbunden ist[92]. Deshalb kann die Lage des Henkers in der Gesellschaft von heute kaum allgemein als unerträglich bezeichnet werden. Die verbleibenden Nachteile sind wohl gering genug, um mit dem Hinweis darauf in Kauf genommen werden zu dürfen, daß niemand zum Henkersgewerbe gezwungen wird; wer sich ihm aber freiwillig zuwendet, darf sich nur über wirklich schwerwiegende Nachteile beklagen. Völlig befriedigend ist diese Argumentation allerdings nicht, denn sie duldet doch die ungerechte Haltung der Gesellschaft. Sie kann also nur zur Not gelten, berechtigt aber immerhin zum Schluß, daß aus der Einstellung der Gesellschaft zum Henker allein keine entscheidende Waffe gegen die Todesstrafe geschmiedet werden kann; dazu muß man tiefer loten und nach dem wahren der Henkerstätigkeit innewohnenden Wert fragen.

II. Die verwerfliche Gesinnung des Henkers (Der grundlegende Einwand *Eb. Schmidts*)

Die in Europa dem Henkeramt schon seit Jahrhunderten bezeigte Verachtung deutet darauf hin, daß man seine Fragwürdigkeit schon

---

[89] Die Gesellschaft kann auf diese Weise Hinrichtungen vornehmen lassen, verhindert aber zugleich, daß ihre Glieder sich mit dem Tötenden völlig identifizieren.

[90] Zu Recht sehr scharf getadelt wird dieses Abwälzen der Verantwortung — das beispielsweise SCHEIWILLER, Todesstrafe, S. 37—38, ausdrücklich vornimmt! — von BARTH, S. 502.

[91] Wohl aber von kirchlicher Seite, denn der Henker ist „irregulär", das heißt unfähig zur Priesterweihe (RADBRUCH, el. jur. crim., S. 143).

[92] So mußten die Schweizerischen Bundesbahnen vor einigen Jahrzehnten den „Schweizer Henker" entlassen, weil das übrige Personal nicht mit ihm zusammenarbeiten wollte (GRAVEN, S. 46, Anm. 115). Je unpersönlicher aber die Beziehungen der Menschen am Arbeitsort untereinander werden, desto weniger sind solche Widerstände zu erwarten; außerdem kann ihnen ein ehemaliger Henker jedenfalls in größeren Staaten dadurch ausweichen, daß er seinen Wohnsitz in eine entfernte Gegend verlegt.

seit langem empfunden hat. Aber obschon (oder weil?) die Gestalt des Henkers auf die menschliche Phantasie stets eine faszinierende Wirkung ausgeübt hat, ist man kaum in die Tiefe gedrungen. Es bedeutet deshalb ein nicht zu unterschätzendes Verdienst von *Eb. Schmidt*, die Unsittlichkeit des Henkeramtes klar enthüllt und die Todesstrafe von da aus grundlegend in Frage gestellt zu haben: „Welcher Henker könnte guten Gewissens jemals gesagt haben oder heute sagen, er töte nur um des rechtlichen Solls der gesetzlich verfügten Todesstrafe willen? In die Handlung des Henkers stehlen sich allenthalben unsittliche Motive, die oft genug die Herkunft aus trüben sadistischen Quellen nicht verleugnen können. Darum hat das Volk letzten Endes auch sittlich immer richtig empfunden, wenn es den Nachrichterberuf als anrüchig und schimpflich erachtet, und wenn es jede Berührung mit dem Henker vermieden hat“[93] ... „Der Henker macht aus der Tötung ein Geschäft. Erst schwingt er das Schwert, dann rechnet er ab. Wem dabei nicht der Ekel kommt, dem ist nicht zu helfen“[94] ... „Und hier ist der Punkt, wo *jede* Todesstrafe ihre Berechtigung verliert. Der Staat kann kein Recht beanspruchen, das unsittliche Handeln eines zu kaltblütiger, geschäftsmäßiger Tötung bereiten Menschen für seine rechtlichen Zwecke zu verwenden. Vom Staat her gesehen und auf den Staat bezogen, bleibt also die Todesstrafe in jedem Fall eine wegen ihrer unvermeidlichen Unsittlichkeit der Rechtfertigung unzugängliche Maßnahme“[95].

Diese Gedankenführung von *Eb. Schmidt* ist kaum angreifbar und selbst in unserer knappen Wiedergabe überzeugend. Es kann nämlich vernünftigerweise nicht bestritten werden, daß vom Henkerberuf sich in erster Linie sadistisch veranlagte Menschen angezogen fühlen müssen. Deshalb ist die Befürchtung berechtigt, daß der Henker häufig nicht mehr wäre als „ein Sadist gegen Bezahlung“[96]. Aber auch der Henker, der nicht um der sadistischen Befriedigung willen tötet, steht nicht viel besser da; denn auch er tötet kaltblütig und geschäftsmäßig. Darin gleicht er aber keinem anderen als dem Mörder, den er hinrichtet (es ist denn auch nicht besonders erstaunlich, daß manche Henker selber auf dem Schaffot geendet haben[97]). Diese bedenkliche Verwandtschaft[98] in der seelisch-geistigen Verfassung läßt nun den Henker nicht als ein geeignetes Werkzeug der Gerechtigkeit erscheinen, seine Verwendung durch den Staat wäre für alle Beteiligten würdelos und erniedrigend, der Staat würde damit unsittlich handeln.

---

[93] Goethe und das Problem der Todesstrafe, S. 457.

[94] A. a. O., S. 457.

[95] A. a. O., S. 458.

[96] Dreher, S. 547.

[97] Radbruch, a. a. O., S. 144; v. Hentig, die Strafe II, S. 5.

[98] Nach Reiwald (in Meng, S. 249) ist sie nur zu offenbar!

Nur wenn der Henker wirklich ausschließlich um des rechtlichen Solls willen tötete, würde seine Verwendung nicht stoßend wirken. Eine solche Einstellung des Henkers ist indessen derart unwahrscheinlich, daß man sie praktisch ruhig ausschließen darf. In unserer Gesellschaft bestehen gegen das Töten derart starke Hemmungen, daß man sich kaum vorstellen kann, es melde sich jemand freiwillig zum Henkeramt, der beim Töten nicht insgeheim eine Befriedigung niederer Triebe verspürt.

III. Der jeder Henkerstätigkeit objektiv innewohnende Unwert

Der soeben gewürdigte grundlegende Einwand *Eb. Schmidts* gegen die Todesstrafe hat ihr den Boden bereits entzogen, da die bei ihrem Vollzug auftretenden unsittlichen Motive selbst eine im übrigen berechtigte Todesstrafe gänzlich entwerten würden. Trotzdem scheint uns noch eine Vertiefung des Gedankenganges angebracht. Die umfassendste und tiefste Fragestellung lautet nämlich nicht, ob die Einstellung des Henkers zum Töten anfechtbar sei, sondern ob das Töten überhaupt als eine für den Menschen wertvolle Handlung angesehen werden könne. Wo man wirklich an die Heiligkeit des menschlichen Lebens glaubt, muß das sicherlich verneint werden. In einer Gesellschaft, die sich nach Kräften bemüht, in jeden das Gefühl von der Schrecklichkeit und Verwerflichkeit des Tötens einzupflanzen, muß das Töten gerade bei jenem, in dem dieses Gefühl wahrhaft lebendig wurde, einen furchtbaren Schock auslösen, denn er wird in einen Selbstwiderspruch verwickelt, der ihn an seiner Überzeugung zweifeln und verzweifeln läßt. Bestenfalls kann ihm das Töten als erlaubt erscheinen, niemals jedoch als für ihn selber sinn- und wertvoll. *Das bedeutet aber letzten Endes, daß das bewußte, methodische Töten eines Menschen eine des Menschen unwürdige Tätigkeit darstellt*[99]. Das Töten ist dem Menschen nicht bekömmlich[100], es reißt eine mühsam errichtete Schranke nieder, die bestehen bleiben sollte. Die Haltung all der vielen, die sich entschieden weigern würden, ein Todesurteil eigenhändig zu vollstrecken, ist also durchaus begründet. Nur

---

[99] Im Krieg und in der Notwehr wird das weniger empfunden, weil hier das Töten durch die Not des Augenblicks aufgezwungen wird. Trotzdem beklagt Dombois das Schicksal des Notwehrtäters, und er bezeichnet es als die tiefste Schuld des Angreifers, daß er den Angegriffenen zu völliger Nichtidentität zwingt (Mensch und Strafe, S. 117/8). Um wieviel schlimmer ist da aber die Lage des Henkers, der in völliger Nichtidentität handeln muß, ohne im geringsten selber bedroht zu sein!

[100] In diese Richtung deutet das Los jener zahlreichen Henker, die selber zu Mördern wurden, die in geistige Umnachtung verfielen oder ihrem Leben durch Selbstmord ein Ende setzten, siehe Radbruch, a. a. O., S. 144; v. Hentig, a. a. O., S. 5.

fehlt es dort an einer wirklichen ethischen Durchbildung, wo man die verabscheute Tätigkeit einfach einem anderen überläßt. Was man für sich selber als erniedrigend ansieht, erniedrigt auch den andern. Wer den Gedanken der Menschenwürde wirklich hochhält, kann eine solche Entwürdigung nicht zulassen, ob der Henker selber sie nun empfindet oder nicht. *In der Todesstrafe handelt also der Staat nicht nur unsittlich, weil er sich des aus unlauteren Motiven tötenden Henkers bedient, sondern auch, weil er einem Menschen eine menschenunwürdige Tätigkeit zumutet.*

Erst damit ist die ganze Fragwürdigkeit des Henkeramtes enthüllt worden, erst hier gewinnt der Einwand der Unsittlichkeit des Henkeramtes seine volle Durchschlagskraft. Ob nun der Staat einmal imstande sein sollte, Sadisten und andere primitive Menschen vom Henkeramt fernzuhalten[101], ob nun die Hinrichtung derart „maschinell" gestaltet werden könnte, daß man den Bediener der Maschine kaum mehr als Tötenden empfände[102], das alles ist völlig unerheblich. Denn ethisch gesehen wird in der Todesstrafe doch immer ein Mensch töten und damit gegen seine menschliche Würde verstoßen.

IV. Ergebnis

Die Henkerstätigkeit hat sich somit sittlich in mehrfacher Beziehung als sehr fragwürdig, ja verabscheuenswert erwiesen; dasselbe gilt nun, da sie zu jeder Todesstrafe notwendigerweise gehört, zugleich auch für diese. Der Einwand der Unsittlichkeit des Henkeramtes ist von grundlegender Bedeutung, er ist nicht nur kaum widerlegbar, sondern er trifft auch *jede* Todesstrafe, unabhängig davon, wie sie begründet wird. Selbst die aus der Notwendigkeit hergeleitete Todesstrafe wird davon betroffen, auch sie ist absolut gesehen stets wertwidrig, nur daß im echten Fall der Notwendigkeit der Verzicht auf die Todesstrafe noch weniger wertvoll wäre[103]. *Aber abgesehen von diesem Ausnahmefall ist die Todesstrafe entschieden abzulehnen, weil es in keiner Weise verantwortet werden kann, daß der Staat (also wir!) den Henker einen Menschen töten läßt.*

---

[101] Die Frage ist allerdings, ob er dann überhaupt noch einen Henker auftreiben könnte!

[102] Das würde immerhin bedeuten, daß die unsittliche Lust am Töten durch die Henkerstätigkeit gar nicht mehr gestillt zu werden verspräche und sie folglich als Motiv zum Ergreifen des Henkeramtes in den Hintergrund träte.

[103] Man sollte sich dann immerhin überlegen, ob nicht Änderungen in der Form des Vollzuges angebracht wären. Man könnte etwa dem Verurteilten die Möglichkeit einräumen, sich selber mit Gift zu töten (Sokrates!); wenn er davon keinen Gebrauch macht, sollte man wenigstens eher nach einem militärischen Modus hinrichten, um die allgemeine Verantwortung zu betonen und nicht einen Einzelnen ungebührlich zu belasten.

Die Feststellung von der Unsittlichkeit des Henkeramtes ist also überaus bedeutungsvoll, sie gehört zu den schlechthin ausschlaggebenden Gesichtspunkten gegen die Todesstrafe. Es ist nur erstaunlich, daß die Gegner der Todesstrafe daraus nicht schon lange ein schlagkräftiges Argument geformt haben[104]. Das läßt sich nur daraus erklären, daß sie ebenso wie die Befürworter sich zu ausschließlich mit dem abstrakten Problem auseinandersetzten, ob und woher dem Staat ein Recht zur Verhängung der Todesstrafe zustehe; dabei wurde die konkrete Frage, ob nämlich dieses Recht überhaupt auf eine wertvolle Weise ausgeübt werden könnte, gänzlich übersehen, die Vollstreckung eines Todesurteils wurde für eine bloße Formsache erachtet. *Aber es ist* — daran muß unbedingt festgehalten werden — *keine bloße Formsache, daß ein Mensch einen Menschen tötet.*

Damit haben wir die Behandlung der wichtigen Frage, ob der Staat zur Verhängung der Todesstrafe berechtigt sei, abgeschlossen. Unsere Untersuchung, in deren Verlauf wir einige sehr bedeutsame Argumente gegen diese Berechtigung vorbringen konnten, hat zu einem klaren und erst noch doppelten[105] Nein geführt, *womit die Ablehnung der Todesstrafe bereits als vollauf begründet erscheint.*

7. KAPITEL

Der Mißbrauch des Täters als Objekts psychischer Bedürfnisse der Gemeinschaft

§ 26. Die Todesstrafe als Menschenopfer

I. Das Nachklingen des Opfergedankens in der Todesstrafe

Beim Vollzug der Todesstrafe werden noch heute seltsame Gebräuche befolgt, die von einer rationalen Begründung der Todesstrafe her unverständlich sind. Trotzdem halten sie sich sehr zäh am Leben, so daß es sich lohnt, dem ursprünglichen Sinn dieser „archaischen Einsprengungen"[1] nachzugehen:

Während der Hinrichtungsprozedur wird Stillschweigen verlangt. Nun aber „steht Schweigen an erster Stelle der kultischen Observanzen, die Unheil abwehren"; profane Laute würden die Wirksamkeit

---

[104] GOWERS, S. 84, wundert sich zu Recht über die Einstellung der englischen Gegner der Todesstrafe, die das Bestehen des Henkeramtes für völlig unwesentlich halten.

[105] Die Befürworter der Todesstrafe müßten unsere Gedankengänge sowohl über die begrenzte Kompetenz des Staates als auch über die Unsittlichkeit des Henkeramtes widerlegen.

[1] Ihre ausführliche Darstellung und Deutung verdanken wir v. HENTIG, die Strafe II, S. 71 ff.

des Vorganges gefährden, ihm seine heilende Kraft nehmen[2]. Die Exekution wird also wie ein sakraler Akt behandelt[3]!

Vor der Hinrichtung wird der Verurteilte auch gebadet und mit frischen Kleidern ausgestattet; die Schuhe werden ihm weggenommen und durch Pantoffeln ersetzt[4]. Das alles gehört zu einem alten Reinigungsritus: Der Mensch soll die irdische Unreinheit abstreifen und des Erscheinens vor der Gottheit würdig gemacht werden[5]. Aus dem gleichen Grund wird es auch begrüßt, wenn der Delinquent sich für die Hinrichtung herausputzt. Die saubere Kleidung soll auch festlich wirken, und nicht wenige Verbrecher sind mit einer Blume geschmückt hingerichtet worden[6].

Viel Wert wird weiter darauf gelegt, daß der Verurteilte willig in den Tod geht. Geständnis, Anerkennung der Gerechtigkeit des Urteils, Reuebezeugungen und Bekehrung sind in den letzten Stunden sehr erwünscht, Proteste oder gar tätlicher Widerstand verpönt. Es sind denn auch „allerlei Vorkehrungen getroffen, um den vorgesehenen Ablauf der Hinrichtung ohne allzu lauten oder allzu heftigen Widerstand zu sichern"[7], der Widerstand wird also verunmöglicht oder doch verborgen. Das dient der Fiktion der Freiwilligkeit ebenso wie der alte Brauch, wonach die zum Tode Verurteilten von ihren schweren Banden gelöst werden[8]. Als am störendsten wird jedoch die radikalste Flucht vor der Bestrafung empfunden, die Selbsttötung. Der Selbstmord eines Todeskandidaten wird mit geradezu minutiösen Vorsichtsmaßnahmen verhindert[9]; der Verurteilte wird sozusagen mit Gewalt am Leben erhalten[10]. Rational gesehen scheint dieses ganze Betragen völlig sinnlos, ja lächerlich zu sein, aber von der Übung des Tier- und Menschenopfers aus ist es leicht verständlich; „denn ein Opfer galt nichts, wenn nicht Freiwilligkeit, ja freudige Hingabe dazu kam"[11]. Selbstmord aber ist „Unwillen, Widerstand, Protest"[12], er zerstört die Fiktion der Freiwilligkeit[13].

---

[2] A. a. O., S. 75.

[3] Schweigen ist etwa auch in der Kirche und am Grab geboten.

[4] A. a. O., S. 79.

[5] A. a. O., S. 80.

[6] A. a. O., S. 83—86.

[7] Alles a. a. O., S. 90.

[8] A. a. O., S. 91/2. Anders verhält es sich offenbar in Frankreich, siehe Graven, S. 104, Anm. 253.

[9] Ihre Schilderung siehe v. Hentig, a. a. O., S. 93.

[10] Vgl. dazu a. a. O., S. 94.

[11] A. a. O., S. 94 (vgl. auch S. 92).

[12] A. a. O., S. 95.

[13] A. a. O., S. 95. — Gerade darin, daß er dem Urteil vorgreift, zeigt der Delinquent, daß er seinen Tod nicht als feierliches Opfer, nicht als umfassende Aussöhnung mit der Gottheit zu begreifen und zu bejahen vermag.

Bemerkenswert ist schließlich die nur selten in gespannten Situationen durchbrochene Übung, ausschließlich gesunde Verbrecher hinzurichten, während kranke erst wieder aufgepäppelt werden[14]. Auch diese rational gesehen fast grausame Sitte weist hin auf den Opfercharakter der Todesstrafe: „In wohlbekannten Regeln verlangt das Opferritual aller alten Kulturvölker ein fehlerloses, ein vollkommenes Opfer“[15]. Dieses Bestreben nach Makellosigkeit äußert sich bei der Todesstrafe auch darin, daß der Friseur sich um ein gutes Aussehen des Todeskandidaten bemüht und der Arzt mit peinlicher Genauigkeit über seine Gesundheit wacht[16]. Der Todeskandidat soll sich wohl fühlen — vielleicht läßt sich der alte Brauch der Henkersmahlzeit, der heute kaum mehr als eine Mischung aus Sadismus und Sentimentalität darzustellen scheint, von hier aus verstehen; in Zeiten und Gebieten, in denen die Menschen regelmäßig von Hunger heimgesucht werden, könnte sie die Stimmung des Opfers durchaus erheben[17] —, er soll auf seinem letzten Gang einen stattlichen Eindruck hinterlassen[18], er soll ein würdiges Opfer sein.

Alle diese aufschlußreichen Beobachtungen *v. Hentigs* über die beim Vollzug der Todesstrafe auftretenden irrationalen Momente leiten zum Ergebnis hin, daß die Todesstrafe noch heute wie ein sakraler Akt vollstreckt wird, wobei ihr Ritus jenem des Menschenopfers in erstaunlichem Ausmaß gleicht. Auch wenn man berücksichtigt, daß heute vielleicht nicht mehr überall so genau an den geschilderten Bräuchen festgehalten wird, ist diese Verwandtschaft doch zu eng, als daß sie einfach mit dem Hinweis auf den historischen Ursprung der Todesstrafe aus dem Menschenopfer[19] erklärt werden könnte. Diese Bräuche werden nicht nur aus bloßer Gewohnheit befolgt, dazu ist ihre Lebenskraft doch zu zäh, sondern irgendwie, größtenteils wohl unbewußt, wird die Todesstrafe auch heute noch als ein heiliges Opfer empfunden; im christlichen Denken wird das zuweilen sogar

---

[14] A. a. O., .S 95—96.

[15] A. a. O., S. 96.

[16] A. a. O., S. 96/7. In Sing-Sing kümmert sich ein Zahnarzt selbst um das Gebiß, und zwar keineswegs bloß zur Bekämpfung akuter Zahnschmerzen.

[17] Vgl. a. a. O., S. 97. v. HENTIG vermag hier keine so klare Deutung zu geben wie bei den anderen Eigentümlichkeiten.

[18] A. a. O., S. 96/7.

[19] Nach v. HENTIG läßt sich dieser sakrale Ursprung der Todesstrafe nicht leugnen (die Strafe I, S. 133), eine Erkenntnis, der v. AMIRA die Bahn gebrochen hat. Zur Ableitung aus dem Menschenopfer siehe auch RADBRUCH/GWINNER, S. 13, BAUER, S. 212 und — mehr tiefenpsychologisch orientiert — REIWALD, S. 224 ff.

ausgesprochen[20]. Es bedeutet deshalb auch für die Bewertung der Todesstrafe von heute durchaus keine verlorene Mühe, den Opfergedanken einer Beurteilung zu unterziehen.

II. Die Bedeutung dieses Tatbestandes

A. Sinn und Unwert des Ofergedankens

„Das Menschenopfer ist eine religiöse Einrichtung und dient dem Schutze der Gesellschaft. Ein Mensch hat zu sterben, und seine soziale Funktion ist, Unheil abzuwenden“[21]. Der einzelne wird also der Gemeinschaft aufgeopfert. Dieser Egoismus der Gemeinschaft ist aber nicht nur dort vorhanden gewesen, wo das Menschenopfer auf der primitiven Vorstellung[22] beruhte, die Gottheit sei mit ähnlichen Bedürfnissen wie die Menschen ausgestattet und lasse sich durch kostbare Gaben beeinflussen, sondern er hat auch weitergelebt, als das Menschenopfer sich umwandelte, als man anfing, an Stelle des Teuersten und Liebsten das Verachtetste und Verhaßteste zu opfern, und als der Schuldgedanke zögernd Einzug zu halten begann[23]. Bezeichnend dafür ist die Institution des „Sündenbocks“[24], der, nachdem alle Schuld auf ihn übertragen worden ist, aus dem menschlichen Antlitz getilgt wird; dazu genügt beim Tier, etwa beim Bock mit dem unbezähmbaren Freiheitsdrang, die Austreibung[25]; wo aber — was seltener geschieht[26] — ein Mensch als Sündenbock dient, muß er getötet werden, da nur so seine Rückkehr verhindert und die ihm anhaftende Materie der Schuld unschädlich gemacht werden kann[27]. Diese Vorstellung des Sündenbocks wirkt aber heute noch nach und hat den Fortschritt in der Frage der Todesstrafe aufgehalten[28]. Insbesondere liegt sie dem christlichen Denken nicht fern[29]. So leidet nach *Althaus*

---

[20] „Er ist nicht ein unnützes Glied der Gesellschaft, das wir abschlachten und mit der Miene des Ekels und der Verachtung wegwerfen, nein, er ist uns ein heiliges Opfer, das der sittlichen Ordnung Sühne leisten muß... Die Tötung ist nicht ein Abschlachten, sondern ein heiliges Opfern!“ (Scheiwiller, Todesstrafe, S. 61).

[21] v. Hentig, die Strafe I, S. 133.

[22] Siehe a. a. O., S. 132/3.

[23] Zu dieser Umwandlung des Menschenopfers siehe a. a. O., S. 146 ff., besonders S. 149.

[24] Siehe dazu a. a. O., S. 193 ff.

[25] A. a. O., S. 198/9.

[26] A. a. O., S. 196.

[27] A. a. O., S. 203.

[28] A. a. O., S. 203.

[29] Das ist durchaus verständlich, denn im sühnenden Opfertod Christi hat der Sündenbocksgedanke seine höchste Steigerung erfahren. Nur — das ist der entscheidende Unterschied zu allen menschlichen Praktiken der Schuldübertragung — hat Christus die fremde Schuld freiwillig auf sich geladen.

„der Gestrafte *auch* stellvertretend für alle“[30], so drückt sich nach *Dombois* in der Haltung des Volkes gegenüber dem Hinzurichtenden die Einstellung aus, „daß der Täter bei aller persönlichen Schuld immer auch ein Stück allgemeiner Schuld trage und abtrage“[31]. Diese Auffassung berührt in ethischer Sicht befremdlich, „weil es doch nicht entsühnt, einen andern zu opfern statt sich selber“[32]; besonders stoßend mutet sie an, wenn man an die konkrete Mitschuld der Gesellschaft denkt[33].

B. Folgerungen für die Todesstrafe

Nach unseren heutigen Maßstäben ist das Menschenopfer also deshalb besonders verwerflich, weil es einen Menschen als bloßes Objekt der Gemeinschaft behandelt. Mithin ist das Nachklingen des Opfergedankens in der Todesstrafe für diese durchaus bedenklich, denn es läßt den Verdacht aufsteigen, daß versteckterweise auch sie vom Egoismus der Gemeinschaft zeugt. Solange dieser Egoismus nur nebenbei mitschwingt, stellt er, obzwar unschön, die Todesstrafe nicht grundsätzlich in Frage. Wenn aber die Gemeinschaft, ähnlich wie sie früher zur Beruhigung ihrer Ängste nach dem Menschenopfer verlangte, heute innerlich ein Bedürfnis nach der Todesstrafe verspüren sollte, bildet das ein ernstzunehmendes Argument gegen die Todesstrafe. Dann nämlich liegt die Vermutung nahe, daß dieses Bedürfnis das wahre oder doch wenigstens eines der ausschlaggebenden Motive für die Anwendung der Todesstrafe darstellt und daß die üblicherweise angeführten Begründungen wie Sühne oder Schutz nur vorgeschützt werden. Das aber würde heißen, daß nicht oder zumindest nicht allein das Verbrechen die Todesstrafe erfordert, sondern vielmehr die seelische Beschaffenheit der Gemeinschaft, die die Todesstrafe zur Befriedigung eines inneren Bedürfnisses braucht. Eine solche aus dem Egoismus der Gemeinschaft motivierte Todesstrafe könnte aber natürlich nicht hingenommen werden.

Wir haben manches dafür vorbringen können, daß ein solches Bedürfnis als Überbleibsel des magisch-religiösen Menschenopfers wirklich vorhanden ist, aber zu einer sicheren Entscheidung reicht es

---

[30] Althaus, S. 30.

[31] Mensch und Strafe, S. 101.

[32] Arndt, S. 35.

[33] Wohl ruft Althaus a. a. O., alle Glieder des strafenden Volkes zur Buße auf. Aber bei der überwiegenden Mehrzahl wird dieser Appell wirkungslos verhallen (was bedeutet, daß der Mitschuld der Gesellschaft häufig überhaupt keine Rechnung getragen würde), während es höchst gewiß ist, daß die Mitschuldigen dem Hauptschuldigen das ganze Strafleiden allein aufhalsen. Das ist aber einfach unbillig (vgl. § 11, II) und besonders unhaltbar dann, wenn gemäß der Vorstellung des Sündenbocks das Strafleiden des einen auch diese Mitschuld tilgen hilft; die Mitschuldigen würden so vom Strafleiden des Hauptschuldigen noch profitieren!

bei weitem nicht aus. Deshalb erscheint es als angeraten, den Blick ins allgemeine zu weiten und nach den grundlegenden psychischen Motiven zu fragen, die beim Bestrafenden wirksam sind.

§ 27. Allgemeines zur Psychologie der Bestrafung

Wenn man heute eine Umfrage veranstaltete, aus welchem Motiv die Gesellschaft strafe, würde sich die überwältigende Mehrzahl der Antworten in zwei große Gruppen einreihen lassen; die einen — wohl die Mehrheit — würden antworten: „Um sich selber zu schützen!", die andern: „Um dem Gerechtigkeitsgebot Genüge zu tun!" (Hier würden allerdings einige wenige, die durch die desillusionierende Schule der modernen Psychologie gegangen sind, von Racheverlangen sprechen.) Wenn man aber weiter fragte, ob die Gesellschaft gern auf das Strafen verzichten würde, sofern nur die Verbrechen aufhörten, würde einem, kaum mehr für ganz zurechnungsfähig gehalten, wohl ein übereinstimmender Chor von Antworten entgegenschallen: Natürlich würde die Gesellschaft das Verschwinden des Verbrechens und damit das Überflüssigwerden des Strafens von Herzen begrüßen.

I. Die ausschlaggebende Rolle dunkler affektiver Bedürfnisse (Die Thesen von *Reiwald*)

Diese landläufigen Vorstellungen von den psychologischen Gründen des Strafens und von der unzweideutigen Ablehnung des Verbrechens durch die Gesellschaft sind von *Reiwald*[34] aufs schwerste erschüttert worden. Seine fesselnde Untersuchung der Psychologie der strafenden Gesellschaft gipfelt im Ergebnis, daß die Gesellschaft das Verbrechen und die Verbrecher[35] ebenso wie die Bestrafung[36] brauche zur Bändigung und Befriedigung eigener innerer Affekte; deshalb unterlasse sie bei aller scheinbaren Energie der Verbrechensbekämpfung in Wirklichkeit alles, was das Übel an der Wurzel anpacken könnte[37].

---

[34] „Die Gesellschaft und ihre Verbrecher", Zürich 1948.

[35] Siehe dazu a. a. O., vor allem die Kapitel 4—7 (Der Verbrecher in der Phantasie I und II, der Verbrecher in der Wirklichkeit, die Contrary ones), besonders S. 110 und S. 214; vgl. auch S. 22.

[36] Siehe a. a. O., das ganze 9. Kapitel (Die Aggression im Strafrecht), S. 251 ff.; aufschlußreich ist aber auch das 8. Kapitel (Zur Entstehung der Strafen).

[37] A. a. O., S. 43, S. 188 ff. („Die Strafe im Dienst der Verbrechenserhaltung"!). So ist es etwa bestürzend, zu erfahren, daß in den USA sich ein großer Teil der Gefängnisse (es sollen 2500 von 3000 sein!) in einem für die Besserung des Verbrechers ungenügenden Zustand befindet, indem sie beispielsweise überfüllt sind, keine sinnvolle Beschäftigung für die Gefangenen kennen und die verhältnismäßig noch Unerfahrenen in Berührung mit den routinierten und abgebrühten Kriminellen bringen. — Wenige andere Länder haben aber Anlaß, sich über diese Verhältnisse erhaben zu fühlen (a. a. O., S. 190).

Das sind überraschende und schockierende Thesen, welche sich herzlich schlecht mit dem moralischen Überlegenheitsgefühl vertragen, das die Gesellschaft zumeist dem Verbrecher gegenüber als ganz selbstverständlich an den Tag legt; es ist deshalb damit zu rechnen, daß sie bei vielen, vielleicht sogar bei den meisten, von vornherein auf erbitterte Ablehnung stoßen werden. Gerade darum und auch, weil es sich um folgenschwere Behauptungen handelt, müssen wir ziemlich ausführlich nachzuweisen versuchen, daß *Reiwald* — fern von allem gekünstelten Bemühen um bloße Originalität — seine Ansichten auf eine einleuchtende Weise begründet.

A. Die Haltung gegenüber Verbrechen und Verbrecher

1. Der Zwiespalt in der Einstellung

Die Einstellung zu Verbrecher und Verbrechen ist merkwürdig zwiespältig:

a) Berührungsangst

Einerseits wird die Berührung mit dem Verbrecher aufs peinlichste vermieden. Das äußert sich etwa im Spruch der Gesellschaft über die Verbrecher, der häufig weit strenger ausfällt als jener der Gerichte und auf „lebenslänglich!" lautet[38]; das kommt zum Ausdruck im Gerichtszeremoniell, das den Angeklagten isoliert, das Hauptgewicht auf die Wahrung der Formen legt und es so ermöglicht, den eigentlich drängenden Fragen auszuweichen[39]. Am eindrücklichsten erweist es sich jedoch darin, daß selbst die Wissenschaft bis vor kurzem auf die Erforschung des Verbrechers und damit des Verbrechens verzichtet hat[40] und in dieser Beziehung noch heute mit schweren Hemmungen belastet ist[41]. Dabei ist es erst noch überaus fraglich, ob Forschungsergebnisse auch in die Praxis Einzug halten können. Jedenfalls gegen die Tiefenpsychologie bestehen von seiten der Juristen starke Widerstände[42]. Es ist erstaunlich, wie zäh sie an der althergebrachten Bewußtseinspsychologie trotz ihres offensichtlichen Ungenügens[43] fest-

---

[38] A. a. O., S. 74/5. — Dieses lebenslängliche Ausstoßen aus der Gesellschaft bewirkt auch, daß es für den Verbrecher sehr schwierig ist, vom Verbrechen loszukommen. Der scharfsichtige Psychologe wird aber dieses Resultat nicht so leicht für ungewollt halten.

[39] A. a. O., S. 80—83.

[40] Den Bann hat LOMBROSO gebrochen — ein Nichtjurist!

[41] A. a. O., S. 75—80.

[42] Siehe a. a. O. das 2. Kapitel, S. 29 ff.

[43] Deutlicher als alle grundsätzliche Kritik enthüllen es praktische Beispiele. So ist es fast unglaublich, wie schwach das Gericht im Fall des mehrfachen Mörders Angerstein argumentiert hat (vgl. a. a. O., S. 36—40).

halten; offenbar ziehen sie es vor, weiterhin über „unbekannte Angeklagte“ zu richten[44].

Diese Angst vor der Berührung mit dem Verbrecher erklärt sich aus der Angst vor der ansteckenden Wirkung des Verbrechens, in ihr liegt das Eingeständnis, daß die den Verbrecher bewegenden Triebe auch sonst innerhalb der Gesellschaft noch keineswegs abgestorben sind[45].

b) Hinneigung in der Phantasie

Andererseits verlangen die Menschen danach, daß ihnen das Verbrechen in der Phantasie vorgeführt wird, und sie werden seiner kaum überdrüssig. Von diesem Verlangen legt selbst die große Weltliteratur ein beredtes Zeugnis ab[46], und zum Beweis seiner heutigen Stärke genügt es, auf den Erfolg des Kriminalromans hinzuweisen[47]. Diese Erscheinung kann nicht als bloße Denkspielerei abgetan werden[48], sondern offenbar besteht ein tiefes Bedürfnis nach Verbrechensdarstellungen, weil die Menschen sie als Ersatz für die wirkliche Begehung von Verbrechen brauchen[49].

2. Die Übersteigerung des Verbrechers

a) Der Tatbestand

Für uns bemerkenswert ist, daß der Verbrecher von der Phantasie übersteigert und häufig mit heldischen Eigenschaften ausgestattet

---

[44] A. a. O., S. 5; S. 34—35.

[45] Siehe a. a. O. neben S. 74 ff. besonders S. 42 (unter anderem die grundlegende Äußerung FREUDS) und S. 107 (die Bestätigung durch C. G. JUNG, besonders wertvoll, weil dieser sich ja in vielem von den Auffassungen seines Lehrers getrennt hat).

[46] A. a. O., S. 85.

[47] A. a. O., S. 97. Der Psychologie des Kriminalromans widmet REIWALD das ganze 5. Kapitel (S. 115 ff.). Schon daraus ersieht man, daß er dem Phänomen Verbrechen von einer völlig ungewohnten Seite beizukommen sucht.

[48] Sonst wäre es zum Beispiel unerklärlich, wieso der Kriminalroman sich fast ausschließlich mit Mord befaßt (a. a. O., S. 118—119).

[49] A. a. O., S. 85 ff. Die Verbrechensdarstellungen sind also keineswegs ohne Sinn, denn sie führen den Trieb, der als solcher nicht radikal ausgerissen werden kann, in eine verhältnismäßig ungefährliche Bahn. „Damit ist die phantasierte Wiederholung des Verbrechens ein großartiges Mittel der Kulturentwicklung geworden, um die Abschwächung all der aggressiven Triebe zu ermöglichen, die die Kultur bedrohen“ (a. a. O., S. 86). Nur besteht die Gefahr, daß die Beschäftigung mit dem Verbrechen den Menschen an seinen aggressiven Trieben festhält und ihre echte Sublimierung (z. B. in Arbeiten und Forschen) vereitelt (a. a. O., S. 95).

wird[50]. Der Verbrecher soll ein außergewöhnlicher Mensch sein, mit sich selber im reinen, sozusagen ein vollkommener Vertreter des Bösen[51]. Diese Vorstellung wird nun auch auf den Verbrecher der Wirklichkeit übertragen. Dieser stimmt jedoch damit keineswegs überein, vielmehr ist er in der Regel eine erbärmliche und minderwertige Figur[52]. Um so überraschender ist es, daß selbst erfahrene Kriminalisten diesem Bedürfnis nach dem „großen" Verbrecher erliegen, indem sie, nicht selten in frappantem Widerspruch zu anderen ihrer eigenen Äußerungen, die Bedeutung und die Kräfte des Verbrechertums weit übersteigern. Die gleichen Autoren, welche feststellen, daß die Polizei von verhältnismäßig wenigen Verbrechern in Atem gehalten werde und die schwere Kriminalität eher im Abnehmen begriffen sei, die gleichen Autoren, welche den Verbrecher als minderwertig und dumm darstellen, scheuen sich nicht, die vom (womöglich fabelhaft organisierten) Verbrechtertum ausstrahlende Gefahr in den schwärzesten Farben an die Wand zu malen und die Gesellschaft zu schärfsten Gegenmaßnahmen aufzufordern, um die Flut, die jeden Augenblick verheerend über die Schutzwälle hereinzubrechen drohe, im letzten Moment noch aufhalten zu können[53].

b) Die Projektion als Erklärung

Wenn nun aber diese Vorstellung des starken Verbrechers nicht dem wirklichen Verbrecher entspringen kann, woher anders sollte sie dann stammen als aus der Triebwelt der „Sozialen" selbst? Wir stehen hier vor einem der grundlegenden psychologischen Vorgänge, der Projektion: Die Gesellschaft verlegt ihre eigenen unbewältigten Triebe von innen nach außen, auf den Verbrecher, dessen Bild somit verfälscht wird[54]. Aber die Gesellschaft erkennt sich in diesem Bild nicht wieder, sondern sie bemüht sich im Gegenteil, den Graben zwischen sich und den Verbrechern möglichst bis zur Unübersteigbarkeit zu vertiefen[55]. Aber diese Triebe sind vorhanden, die von uns besprochenen Erscheinungen lassen keinen anderen Schluß zu. Ihre ungebrochene Macht offenbart sich am erschreckendsten darin, daß bis auf den heuti-

---

[50] In den Kriminalromanen ist der Verbrecher oft eine Widerspiegelung des Detektivs (a. a. O., S. 135), der seinerseits mit übermenschlichen Fähigkeiten versehen ist! (Zum Mythos des Detektivs siehe a. a. O., S. 124 ff.)

[51] A. a. O., S. 99—100; S. 105 (der Verbrecher als Nachfahre des Teufels!).

[52] A. a. O., S. 152—153.

[53] Siehe a. a. O., S. 146—155 (zur abnehmenden Häufigkeit des Mordes insbesondere auch S. 159 ff.), eine der lehrreichsten Stellen dieses Buches. Anders als psychologisch lassen sich nämlich diese Widersprüche gar nicht erklären.

[54] A. a. O., S. 102 ff., besonders S. 104 und S. 106.

[55] A. a. O., z. B. S. 43, S. 159; Reiwald in Meng, S. 245, S. 249; vgl. auch Reik, der unbekannte Mörder, S. 30.

gen Tag die „Sozialen" oder zumindest zahlreiche von ihnen im Rahmen des Kollektivs zu scheußlichsten Verbrechen fähig sind[56].

3. Die Funktion des Verbrechers

Damit sind wir bereits imstande, einzusehen, inwiefern die Existenz von Verbrechern der Gesellschaft von Nutzen sein kann. Die feindliche Gruppe der Asozialen trägt nämlich dazu bei, die Gesellschaft innerlich zusammenzuhalten: Die aggressiven Kräfte innerhalb der Gesellschaft können sich nach außen wenden und gefährden das innere Gefüge nicht, das eigene Ideal der Gesellschaft wird durch die Ausscheidung jener, die sich ihm nicht unterwerfen wollen oder können, verdeutlicht, die Konzentration des sozial Unerwünschten ruft Abscheu hervor und ist dank der Projektion zugleich mit dem beruhigenden Gefühl verbunden, selber frei von all dem Verachteten zu sein[57]. Das Verschwinden des Verbrechers würde also für die Gesellschaft nicht unbedingt eine Erleichterung bedeuten, und jedenfalls in der unsrigen, die sich in der Phantasie so rege mit dem Verbrecher beschäftigt — wobei besonders in den Kriminalromanen viel Mühe darauf verwandt wird, dem Leser die Wirklichkeit all der unwahrscheinlichen Ereignisse einzureden[58] —, erscheint die Behauptung[59] nicht als unberechtigt, daß die Gesellschaft den Verbrecher in gewisser Hinsicht noch braucht und an ihm festhalten will. Man erinnere sich hier an das Verhalten der Gesellschaft gegenüber den Strafentlassenen, das diese manchmal fast zwingend zum Verbrechen zurücktreibt, man denke daran, daß die resozialisierende Wirkung der Gefängnisstrafe recht zweifelhaft ist[60], und man wird die Auffassung, die Gesellschaft wolle das Verbrechen in Wirklichkeit nicht endgültig beseitigen, gar nicht mehr für so abwegig halten, wie sie am Anfang wohl geklungen hat.

---

[56] Reiwald, S. 196—198, wobei er natürlich besonders an Faschismus und Nationalsozialismus denkt. Aber die Greueltaten, die sich alle am Kampf beteiligten Gruppen während des algerischen Aufstandes gegen Frankreich haben zuschulden kommen lassen, zeigen, wie weit auch wir noch vom Ziel entfernt sind.

[57] A. a. O., S. 209. Reiwald erläutert diese soziale Funktion der Asozialen am Beispiel eines Indianerstammes, der, obschon weder Sexualität noch Aggressivität stark unterdrückt werden, sich trotzdem seine Außenseiter schafft, die „Contrary ones" (a. a. O., S. 203 ff.). Dieses Bedürfnis nach Abhebung der eigenen Werte durch Kontrastierung ist ein allgemein-menschliches und läßt sich selbst im Gefängnis beobachten (a. a. O., S. 211/2).

[58] Vgl. a. a. O., S. 118/9

[59] A. a. O., S. 214.

[60] A. a. O., S. 189 ff. Auch v. Hentig äußert tiefe Zweifel (siehe das Vorwort zum zweiten Band der „Strafe" und dort S. 200 ff. über die Problematik der Gefängnisstrafe).

4. Die Bestätigung der affektiven Bedürfnisse am Beispiel des „White Collar Crime"

Wer immer noch nicht an die wichtige Rolle der erwähnten affektiven Bedürfnisse glauben kann, sei auf das Verhalten der Gesellschaft gegenüber dem „White Collar Crime"[61] verwiesen, an dem sich eindrücklich bestätigt, daß sie das Verbrechen und den Verbrecher nach affektiven Gesichtspunkten beurteilt. Diese Delikte, die, wie ihr Name besagt, vorwiegend von Angehörigen der oberen Schichten begangen werden, gelten nämlich kaum als ehrenrührig und wecken kaum die Aufmerksamkeit der Öffentlichkeit, obschon sie, und zwar durchaaus aus Verschulden, einen enormen Schaden anrichten. So ist in den Vereinigten Staaten der Schaden, der allein durch die zwei Wirtschaftsverbrechen des betrügerischen Bankrotts und des Verkaufs wertloser Wertpapiere verursacht wird, beträchtlich größer als jener, den die „klassischen" Eigentumsverbrechen anrichten[62]. Aber offenbar vermögen diese eher abstrakten Delikte die Phantasie und die in ihr zum Durchbruch drängenden Triebe nicht anzuregen, „sie erhalten das Prädikat: ungenügend"[63]. Selbst die fahrlässige Verkehrstötung als das bedrohlichste „Gentleman-Delikt" schreckt die Gesellschaft als Ganzes noch wenig auf. Die Strafpraxis mag zwar langsam schärfer werden, aber der rücksichtslose Autofahrer erfährt im allgemeinen noch nicht einmal annäherungsweise jene Diskriminierung und Mißbilligung, die jeden kleinen Dieb trifft[64]. Ebenso wie diese Vernachlässigung des „White Collar Crime" selber — die natürlich zum Teil auf die Haltung der oberen Schichten zurückzuführen ist, die ihre Machtmittel zugunsten ihrer fehlbaren Glieder einsetzen[65] — gibt aber auch die Tatsache zu denken, daß sich die Gesellschaft trotz der weitgehenden Amnestie für diese nicht seltenen und zum Teil recht folgenschweren Delikte der „inneren" Kriminalität anscheinend recht wohl fühlt. Beides läßt nämlich zutiefst daran zweifeln, daß ihre Reaktion gegenüber der „äußeren" Kriminalität wirklich von so hohen Gedanken wie Gerechtigkeit und Sühne oder wenigstens von vernünftigen Zielen wie Schutz der Menschen vor schädigendem Verhalten bestimmt wird; vielmehr wird hier eine ungleiche Behandlung sichtbar, ein Unrecht, einem selbstgerechten Egoismus der „Sozialen" entstammend, der nicht einmal mehr als völlig unbewußt entschuldigt werden kann.

---

[61] Siehe Reiwald, S. 180 f.

[62] Der erste Schaden wird auf eine Milliarde Dollar jährlich geschätzt, der zweite auf 250—400 Millionen Dollar (Mannheim, S. 119)! — In der Schweiz ist die Bedeutung dieser Verbrechen gering (Reiwald, S. 181).

[63] Reiwald, S. 182, vgl. auch S. 185/6.

[64] Vgl. a. a. O., S. 182/3.

[65] A. a. O., S. 180, S. 182.

Zusammenfassend ist also die Feststellung vollauf gerechtfertigt, daß das Verhalten der Gesellschaft zu Verbrechen und Verbrecher überaus zwielichtig ist. Insbesondere spricht manches dafür, daß die Gesellschaft den Asozialen auf eine seltsame Weise benötigt. Sie wird von ihm nicht allein geschädigt, sondern sie zieht auch Nutzen aus ihm, er ist, obschon er die Gesellschaft fundamental in Frage zu stellen scheint, zugleich auch ihr Objekt!

B. Der Gehalt des Strafens selber: die Mächtigkeit des Aggressionsverlangens

Nicht so komplex wie ihre Haltung zu Verbrechen und Verbrecher ist das Verhältnis der Gesellschaft zum Strafen selber. In der Bestrafung findet nämlich vor allem ein Verlangen seine Befriedigung, jenes nach Aggression[66], nach der gewaltsamen Bemächtigung des Mitmenschen. Von seiner Wirksamkeit legen zahlreiche Eigenheiten im Benehmen und Empfinden der strafenden Gesellschaft ein deutliches Zeugnis ab.

1. in der Geschichte

Am eindrücklichsten und am schrecklichsten hat sich die Mächtigkeit dieses Verlangens in der Geschichte offenbart. Im Mittelalter und weit bis in die Neuzeit hinein hat die Aggression der Gesellschaft im Strafrecht eine fast unvorstellbare Steigerung erfahren. Die Gesellschaft hat sich solche Scheußlichkeiten zuschulden kommen lassen, sie hat selbst auf geringfügige Vergehen mit derart überbordender Härte reagiert, daß es nicht mehr bloß aus ihrem Schutzbedürfnis und noch viel weniger aus ihrem Gerechtigkeitsverlangen abgeleitet werden kann. Man erinnere sich der stoßenden Beispiele, die wir bereits in der Einleitung aufgeführt haben[67], man halte sich Vorschriften vor Augen wie: „Wenn jemand einen Grenzstein mutwillig umpflügt, soll er bis an den Gürtel eingegraben und der Hals ihm abgepflügt werden" — „Hat jemand einen Baum geköpft, so wird ihm das Haupt abgeschlagen und dem Baum aufgesetzt, bis er aufwächst" —. „Dem Baumfrevler, der einen Baum abschält, werden die Därme aus dem

---

[66] Zum Begriff der Aggression siehe a. a. O., S. 257 ff.

[67] Nachgetragen seien hier noch zwei Beispiele aus England: „Noch im 18. Jahrhundert wurden Verräter zunächst aufgeknüpft, dann abgeschnitten, ehe das Leben erloschen war, die Eingeweide wurden ihnen herausgeschnitten und vor ihren Augen verbrannt. Schließlich wurden sie enthauptet, gevierteilt und die Asche wurde an verschiedenen Orten niedergelegt" (a. a. O., S. 16). Als man diese Gräßlichkeiten beseitigen wollte, entrüsteten sich die Rechtsberater der Krone, das „reiße die Bollwerke der Verfassung ein" (a. a. O., S. 19)! — „Noch im Jahre 1832 wurde ein neunjähriges Kind zum Tod verurteilt, weil es ein Schaufenster eingeschlagen und für 2 Pence Farbe gestohlen hatte" (a. a. O., S. 17).

Leib gezogen und dem Baum umwunden, um den Schaden zu bedecken"[68], man denke an die häufigen sadistischen Exzesse der Gefangenenhalter gegenüber den Gefangenen in der Anfangszeit der Gefängnisstrafe[69], und man gemahne sich schließlich an die ungeheure Vielzahl der Delikte, auf die die Todesstrafe sich einst erstreckte[70]. Alle diese für die damaligen Zeiten durchaus kennzeichnenden Erscheinungen lassen vernünftigerweise nur einen Schluß zu: Daß die Gesellschaft von einem wilden Verlangen nach Aggression getrieben wurde, das nur darauf wartete, losgelassen zu werden, um sich dann ohne jedes Maß auszutoben[71]; die Anwendung des uns so roh erscheinenden Talions hätte im Vergleich dazu wirklich „mildes Erbarmen bedeutet"[72].

2. in der Gegenwart

Trotz unbestreitbarer Fortschritte ist aber das Aggressionsverlangen der Gesellschaft auch in der Gegenwart noch keineswegs völlig verschwunden.

a) Die vielsagende Wahl der Mittel

Vielsagend ist allein schon die Wahl der Mittel, derer sich das Strafrecht bis heute bedient[73]. Sie alle, von der Todesstrafe bis zur zwangsweise erfolgenden Geldeintreibung, sind aggressiver Natur[74] — und Änderungen daran stoßen auf den Widerstand der Gesellschaft, wie sich eindrücklich etwa daran zeigt, daß sie Anstaltsleitern, die mit neuartigen und weniger aggressionsgeladenen Methoden das Ziel der Besserung zu erreichen trachten, das Wirken von vornherein nach Kräften erschwert oder gar verunmöglicht[75]. Bei der Freiheitsstrafe, wenigstens sofern sie auf einwandfreie Weise vollzogen wird, also vor allem ohne jede Brutalität (lies: Aggression) von seiten der Wärter, ist

---

[68] Zitiert a. a. O., S. 294, Anm. 17. Es ist in der Tat unwesentlich, ob diese Vorschriften in Wirklichkeit auch befolgt wurden; daß sie überhaupt „Bestandteil geschriebener Rechtssatzungen" werden konnten, ist wahrhaftig aufschlußreich genug.

[69] A. a. O., S. 243; vgl. auch v. Hentig, die Strafe II, S. 183 ff.

[70] Vgl. Reiwald, S. 16; zur Bedeutung dieser Tatsache siehe a. a. O., S. 271.

[71] Vgl. a. a. O., S. 274, auch S. 271.

[72] A. a. O., S. 273.

[73] Die angewendeten Mittel sind nämlich für den Psychologen meist aufschlußreicher als die verfolgten Ziele, da sie leicht zum Selbstzweck werden (a. a. O., S. 267).

[74] A. a. O., S. 267.

[75] A. a. O., S. 301—302. Übrigens erneut ein gewichtiger Hinweis darauf, daß ihr an einer wirklichen Besserung des Verbrechers nicht so viel gelegen ist.

die Aggression immerhin schon stark zurückgedrängt und jedenfalls im Vergleich zu jener der schlimmsten Verbrecher — mit denen ja wir es zu tun haben — dermaßen abgeschwächt, daß man wohl von einem qualitativen Unterschied sprechen darf. Die Aggressivität der Todesstrafe ist dagegen offensichtlich und steht jener des Mordes nur insofern nach, als das Töten in strenge Formen eingegrenzt ist. Jede nicht durch äußerste Not aufgezwungene Verwendung der Todesstrafe ist also eo ipso ein Anzeichen dafür, daß aggressive Triebe das Verhalten der Gesellschaft mitbestimmen. Könnte der Ruf nach der Todesstrafe so leidenschaftlich erschallen, wie er es häufig tut, wenn nicht im Untergrund mächtige aggressive Kräfte wirkten, die nach Entladung verlangen[76]?

b) Die Festlichkeit

Für ein geheimes aggressives Gelüst der Gesellschaft spricht weiter einer der seltsamsten Charakterzüge des Strafens, seine Festlichkeit[77]. Besonders groß ist diese bei der Todesstrafe (wie nicht anders zu erwarten, wenn unsere bisherigen Äußerungen den Kern getroffen haben). „Bis weit ins 18. Jahrhundert hinein waren die Hinrichtungen regelrechte Volksfeste, und noch in unserer Zeit wurde bei der Lynchjustiz an Negern zu Hanging-parties eingeladen"[78]. Heute gibt man sich dieser Festlichkeit nicht mehr so unverblümt hin, die Strafe hat sich hinter Mauern zurückgezogen. Aber der Strafverhandlung wohnt immer noch etwas Festliches inne, das etwa in einer gut geleiteten Schwurgerichtsverhandlung sichtbar wird[79]. Gerade bei Mordprozessen wird sich die Festlichkeit schwerlich bestreiten lassen, am wenigsten dann, wenn es um das Leben des Angeklagten geht und am Schluß in *feierlicher Form* das Todesurteil verkündet wird. Festlich aber ist das Strafen, weil es ein Verlangen befriedigt, das normalerweise unterdrückt werden muß, eben jenes nach Aggression[80].

c) Einzelbeobachtungen

Die These der gesellschaftlichen Aggression im Strafrecht wird endlich durch einige nur scheinbar nebensächliche Einzelheiten er-

---

[76] Daß der Ruf nach der Todesstrafe auf solche Affekte zurückgeht, ist auch die Überzeugung von GRASSBERGER, S. 429.

[77] REIWALD, S. 253—255. Als Eideshelfer beruft er die drei großen Seelenkenner LICHTENBERG, NIETZSCHE und FREUD.

[78] A. a. O., S. 254; zum ersten Teil des Satzes vgl. auch BAUER, S. 213.

[79] REIWALD, S. 254.

[80] A. a. O., S. 255. Als festlich wird allgemein das empfunden, was den Rahmen des Alltäglichen sprengt. Was aber könnte das alltägliche Erleben mehr übersteigen als die Durchbrechung des sonst Verbotenen? Am Karnevalsfest läßt sich diese Bedeutung des Festes noch deutlich genug erkennen (a. a. O., S. 254/5).

härtet: Der Selbstmord eines Todeskandidaten erregt, wie wir schon erwähnt haben, den Unwillen der Gesellschaft. In manchen Prozessen versuchen die Ankläger, von den unvollkommenen Beweisen ablenkend, das Gericht durch die Schilderung der Bestialität der Tat zu einem Schuldspruch zu veranlassen[81], nicht selten erschallt das pathetische: „Diese Untat darf nicht ungesühnt bleiben!"[82], und „noch immer häufig ist das wichtigste Indiz in einer schwachen Indizienkette, daß eben niemand anders da ist als der Angeklagte, an den man sich halten kann"[83]. Führende Kriminalisten fordern dazu auf, mit *allen* Mitteln gegen das Verbrechertum vorzugehen[84] — nach ihren eigenen Untersuchungsergebnissen ohne zwingende Not, wie wir gesehen haben. Bei getrennter Verhandlung gegen Mitschuldige wird oft ohne ersichtlichen Grund der erste zum Tod verurteilt, während die Chancen der folgenden auf ein günstigeres Urteil oder gar auf Freispruch anwachsen[85].

Alle diese Verhaltensweisen erklären sich allein aus dem Wirken aggressiver Triebe auf seiten der Gesellschaft, und zwar auf ebenso einfache wie einleuchtende Weise. Auf den Selbstmord des Todeskandidaten reagiert die Gesellschaft unwillig, weil ihre Aggression keine Entladung finden kann[86]. Das dem offiziell angestrebten Zweck der reinen Wahrheitsfindung manchmal zuwiderlaufende Verhalten im Prozeß ist auf die durch das Verbrechen geweckten Aggressionswünsche zurückzuführen, die nach Entladung drängen — darum appelliert der Ankläger an sie, und ihretwegen leisten die Geschworenen dem Gebot nicht immer Folge, einen Verdächtigen, aber nicht Überführten, auch auf die Gefahr hin freizusprechen, daß eine

---

[81] Ein Beispiel siehe a. a. O., S. 252.

[82] Apsychologisch betrachtet eine vor Gericht völlig sinnlose Äußerung. Wenn die Schuld erwiesen werden kann, wird das Gericht ohnehin nicht freisprechen.

[83] A. a. O., S. 264.

[84] A. a. O., S. 151.

[85] v. HENTIG, Freispruch, S. 62.

[86] REIWALD, S. 265/6. — Im vorigen Paragraphen haben wir wiedergegeben, wie v. HENTIG die Einstellung zum Selbstmord eines Todeskandidaten vom Opfergedanken her ableitet. Die Erklärung hier ist aber um einiges plausibler und weniger gekünstelt. Wohl mag im Selbstmord des Todeskandidaten auch eine Ablehnung des Opfergedankens liegen (in dieser Richtung haben wir in Anm. 13 v. HENTIG zu erläutern versucht). Aber gerade der Verbrecher als aggressiver Mensch wird die aggressiven Strömungen auf seiten der Gesellschaft viel deutlicher empfinden als ihre im Vergleich dazu doch recht schwachen Strebungen magisch-religiöser Art; darum ist die Annahme naheliegend, daß der Selbstmord in erster Linie Widerstand gegen das Töten der andern ausdrückt.

schwere Missetat ungesühnt bleibt[87]. Der Aufruf der Kriminalisten bezieht seine Kraft nicht von der (zweifelhaften) Dringlichkeit des Zieles, sondern von den Mitteln, die Enthemmung verheißen, einen totalen Krieg gegen das Verbrechertum, in dem alles erlaubt ist[88]. Die seltsame Ungleichheit in der Behandlung Mitschuldiger erweist schließlich ebenfalls den Einfluß des Aggressionsverlangens, das offenbar bereits durch die erste Verurteilung erheblich abgeschwächt wird.

d) Ergebnis

Zusammenfassend dürfen wir also das Urteil fällen, daß die Bestrafung von der Gesellschaft keineswegs bloß mit Widerwillen vollzogen wird, wie es sein sollte, wenn die Gesellschaft das verbrecherische Tun wirklich als solches verabscheute[89]. Vielmehr ist der Gesellschaft am Strafen durchaus gelegen, es stillt das offenbar auch auf ihrer Seite vorhandene aggressive Verlangen auf für sie selber ungefährliche Weise[90]. Auch in bezug auf die Bestrafung selber dient also der Asoziale der Gesellschaft als Objekt, und zwar ausgerechnet als Objekt jenes Verlangens, dessen Ausleben dem Verbrecher am schärfsten verübelt wird, des aggressiven.

II. Die Bedeutung dieses Tatbestandes

Die anregenden Untersuchungen *Reiwalds* haben uns gelehrt, daß unabhängig vom Verlangen nach Gerechtigkeit und vom Wunsch nach einer zielstrebigen Verbrechensbekämpfung meistenteils unbewußte und jedenfalls uneingestandene Motive das Verhalten der strafenden Gesellschaft in erheblichem Maße beeinflussen. Diese geheimen Regungen darf man nun nicht außer acht lassen, wenn man nach der Zulässigkeit des Strafens im allgemeinen und bestimmter Strafarten im besonderen fragt; denn von ihrem Wert hängt die Würdigkeit des Strafenden mit ab, hier erweist es sich, ob die Strafe den ihr theoretisch zugewiesenen Sinn auch in Wirklichkeit erfüllt. Eine Beurteilung, die darauf keine Rücksicht nimmt, ist jedenfalls unvollständig, wenn nicht verlogen, und darum auch unrichtig.

---

[87] Es handelt sich hier um Nachklänge der ungerichteten Gegenaggression, die sich notfalls auch mit einem anderen als dem Schuldigen zufrieden gibt — was das Eingeständnis bedeutet, daß die fremde Aggression vor aller Empörung die Lust nach eigener Aggression hervorruft (vgl. a. a. O., S. 263, S. 289). Besonders eindrücklich läßt sich das bei primitiven Menschengruppen beobachten.

[88] Vgl. a. a. O., S. 151.

[89] Rein tatbestandsmäßig unterscheiden sich ja Strafakt und Delikt kaum voneinander, jedenfalls nicht bei der Todesstrafe.

[90] Im Gegenteil bindet die gemeinsame Triebbefriedigung, a. a. O., S. 281.

A. Die Minderwertigkeit und Untragbarkeit der affektiven Bedürfnisse

Diese Regungen sind nun alles andere als wertvoll zu nennen. Selbst jene, die nicht so eindeutig zu verwerfen sind wie die aggressiven, legen viel eher von der Macht des Bösen über die „Sozialen" als von jener des Guten Zeugnis ab. Ihr Einfluß auf das Verhalten der strafenden Gesellschaft wirkt sich denn auch höchst unerfreulich aus. Allenthalben sind wir auf die aus ihnen hervorgehenden Ungereimtheiten und Ungerechtigkeiten gestoßen. Es genügt, die beiden krassesten davon wieder in Erinnerung zu rufen: Obschon im Hintergrund eine derart umfassende Verantwortung der Gesellschaft für das Verbrechen sichtbar geworden ist, daß der Verbrecher geradezu als ein von ihr gewolltes Produkt erscheint, stößt die Gesellschaft den Verbrecher für seine Tat aus! Und obschon die Gesellschaft die Verbrecher schärfstens tadelt, die ihrem Aggressionsverlangen nachgegeben haben, frönt sie selber im Strafen dem gleichen niederen Verlangen! Die mehrfach getroffene Feststellung, daß der Verbrecher diesen Affekten als Objekt dient, berührt deshalb in doppelter Hinsicht sehr bedenklich. Schon allein die Verwendung des Verbrechers als Mittels ist ja selbst bei sonst erstrebenswerten Zwecken überaus fragwürdig; ihn aber gar als Mittel für unlautere Zwecke zu verwenden, ist schlechthin unzulässig, eine Ungeheuerlichkeit.

B. Folgerungen für die Strafe, besonders für die Todesstrafe

Danach scheint das Strafen, so wie es die Gesellschaft namens der „Sozialen" bis heute vornimmt, wegen deren Unwürdigkeit zu einem Tun gestempelt zu werden, das ganz allgemein nicht aufrecht erhalten werden darf. Hier ist jedoch zu bedenken, daß wir nirgends behauptet haben, die von *Reiwald* aufgedeckten Motive seien *allein* ausschlaggebend. Wohl hat sich gezeigt, wieviel an Suspektem sich hinter dem Ruf nach Gerechtigkeit oder nach Schutz verbergen kann; aber daraus zu schließen, es gäbe überhaupt keine echte Sehnsucht nach Gerechtigkeit und kein echtes Bedürfnis nach Schutz, wäre verwegen. Wir haben lediglich nachgewiesen, daß diese neuentdeckten Motive das Verhalten der strafenden Gesellschaft dermaßen beeinflussen, daß vernünftigerweise ihre Eigenschaft, *auch* ausschlaggebend ins Gewicht zu fallen, anerkannt werden muß. Wir lassen somit die Möglichkeit offen, daß edlere Antriebe ebenfalls eine Rolle spielen.

Diese Präzisierung bedeutet für die *human vollzogene* Freiheitsstrafe, die dem Aggressionsverlangen als dem verwerflichsten ohnehin nur wenig Raum beläßt, daß sie nicht eindeutig und allgemein als sittlich untragbar verurteilt werden kann[91]. Anders bei der viel

---

[91] Was hinwiederum nicht heißen will, es ließe sich nicht noch vieles zum Bessern wenden!

aggressionsgeladeneren Todesstrafe. Diese, die den Betroffenen ganz und unwiderruflich vernichtet, muß nämlich bis ins letzte einwandfrei beschaffen sein, um verantwortet werden zu können. Die Aussicht, daß die mit dem Tod strafenden „Sozialen" die gleichen sind, die sich *auch* in geheimer Lüsternheit zum Verbrechen (nicht am wenigsten zum Mord!) hingezogen fühlen und das bestrafte Verbrechen indirekt sogar mitverursacht haben, die gleichen, die entgegen aller zur Schau getragenen Indignation das Töten insgeheim doch *auch* genießen, ist darum schlechthin unerträglich. *Die Gewißheit, daß unlautere Regungen am Zustandekommen der Todesstrafe wesentlich beteiligt sind, genügt also, um diese entschieden abzulehnen.*

Dieser Einwand gegen die Todesstrafe ist nun allerdings gewissen Einschränkungen unterworfen. Fast selbstverständlich ist sein Versagen im Fall der echten Notwendigkeit[92]. Sodann gilt er nicht unbedingt an allen Orten und für alle Zeiten. Wohl glauben wir, an manches Allgemein- und Ewig-Menschliche gerührt zu haben, das sich nicht einfach austilgen läßt; aber das heißt nicht, daß seine Erscheinungsformen sich nicht in einer Weise ändern könnten, die als wesentlicher Fortschritt anzusehen wäre[93]. So wird es vielleicht mit der Zeit gelingen, all die niederen Affekte in immer harmlosere und besser verantwortbare Bahnen zu lenken. Das ist jedoch für die heutige Problemlage völlig belanglos und auch allgemein ziemlich unwichtig; denn — das ist keine schwierige Voraussage — eine so weit fortgeschrittene, von der blinden Macht der Affekte befreite Menschheit würde gar nicht mehr nach der Todesstrafe verlangen. Vor allem besagt schließlich dieser Einwand nicht, daß die Todesstrafe als Idee an sich wertwidrig sei, sondern lediglich, daß ihre Konkretisation größte Gefahr laufe, tatsächlich eine Wertwidrigkeit darzustellen. Er liefert also keinerlei Aufschlüsse darüber, ob bei einem untadeligeren Empfinden der „Sozialen" die Todesstrafe grundsätzlich erstrebenswert wäre oder nicht. Bei einem überzeugenden Nachweis dieses abstrakten Wertes der Todesstrafe müßten wir uns deshalb jetzt sehr eingehend mit der Frage befassen, ob der Einfluß der minderwertigen Affekte auf die Gesellschaft sich nicht so stark zurückdrängen ließe, daß er, jedenfalls im Vergleich zu jenem der höherwertigen, als unerheblich erschiene. Indessen ist im I. Teil kein solcher Nachweis geglückt. *Der Schluß ist somit erlaubt, daß dieser Einwand in bezug auf die Situation unserer Zeit ein durchaus schlagkräftiges Argument gegen die Todesstrafe bildet.* Dieses doch recht eindeutige Ergebnis hat

---

[92] Natürlich bleibt die psychologische Fragwürdigkeit der Todesstrafe auch dann bestehen, aber der Verzicht auf die Todesstrafe hätte reale Morde zur Folge, was schlimmer wäre.

[93] So verkörpert das heutige Strafrecht im Vergleich zu jenem des Mittelalters zweifellos einen gewaltigen Fortschritt!

den überraschend breit ausgefallenen psychologischen Exkurs über die Bestrafung gelohnt.

8. KAPITEL

Die Mißachtung der menschlichen Fehlbarkeit durch die irreparable Todesstrafe

Zu den wichtigsten Fragen um die Todesstrafe gehört zweifellos jene, ob angesichts der menschlichen Irrtumsmöglichkeiten der endgültige Charakter der Todesstrafe sich verantworten lasse. Dieser schließt nämlich jede nachträgliche Korrektur aus, ein durch die Todesstrafe zugefügtes Unrecht läßt sich auch bei seiner Entdeckung dem Betroffenen gegenüber nicht mehr im geringsten wiedergutmachen.

§ 28. Der Justizmord

Der schlimmste Irrtum, der bei der Anwendung der Todesstrafe unterlaufen kann, ist der Justizmord[1], das heißt die Hinrichtung eines Menschen, der das Verbrechen gar nicht begangen hat, dessen man ihn beschuldigt. Das ist offensichtlich ein so furchtbares Unrecht, daß die Gefahr seines Auftretens und deren Bedeutung für die Institution der Todesstrafe genauestens abgeklärt werden müssen.

I. Die Gefahr des Justizmordes in der Gegenwart

Im Zentrum der Auseinandersetzung steht die Frage, ob in der heutigen Zeit überhaupt noch die Gefahr eines Justizmordes besteht.

A. Die Antwort der Erfahrung

Erste wesentliche Aufschlüsse darüber liefert uns die Erfahrung. Wenn diese nämlich zeigen sollte, daß Justizmorde bis in unsere Zeit hinein vorgekommen sind, so ist die Befürchtung, daß Justizmorde sich auch weiterhin ereignen können, nicht nur naheliegend, sondern auch völlig berechtigt, wenigstens solange, als keine grundsätzliche Veränderung dargetan werden kann, die Wiederholungen begangener Fehler ausschließt.

---

[1] Wir verwenden dieses Wort, ohne damit ausdrücken zu wollen, das aus Irrtum erfolgende Töten des Staates sei dem Mord an Unwert gleichzusetzen. Das in dieser Beziehung vielleicht befriedigendere Wort Justiztötung ist eben völlig ungebräuchlich, während das Wort Justizirrtum bei der Todesstrafe zu blaß anmutet. Im übrigen beruhen Fehlurteile zuweilen auf so unverantwortlichen Handlungs- und Denkweisen, daß der moralische Abstand zum Mord nicht mehr so groß ist.

1. Beweisziel und Beweislastverteilung

Bevor wir an die Fragen tatsächlicher Natur herantreten, noch einige Worte über das anzustrebende Beweisziel und über die Verteilung der Beweislast.

Grundsätzlich genügte der Nachweis, daß Justizmorde *möglicherweise* vorgekommen sind. Für eine Rechtsauffassung, die den allgemein anerkannten und viel gepriesenen Grundsatz wirklich ernst nimmt, daß die Schuld bewiesen werden muß und nicht die Unschuld, ist nämlich jede Verurteilung eines nicht vollständig Überführten untragbar, ob nun dessen Unschuld erwiesen werden kann oder nicht. Bei der Todesstrafe gilt das natürlich in besonderem Maß; unhaltbar ist jede Hinrichtung, von der wir nicht die Gewißheit erlangen können, daß sie einen Schuldigen getroffen hat. Diese uns günstige Erledigung der Frage der Beweislastverteilung[2] soll uns aber selbstverständlich nicht daran hindern, das Vorkommen von Justizmorden möglichst zwingend aufzuzeigen. Das soll anhand konkreter Beispiele erfolgen.

2. Beispiele von Hinrichtungen Unschuldiger

Unser Bestreben richtet sich nun nicht darauf, im folgenden möglichst viele Beispiele aufzuführen, sondern wir greifen einige wenige unter den Fällen heraus, die auch für die aktuelle Problemlage noch von Bedeutung sind, also vornehmlich die neuesten.

Diese wenigen Fälle analysieren wir dafür sehr eingehend, nicht bloß um die Überzeugungskraft unserer auf Unschuld lautenden Urteile zu steigern, sondern auch, um jeden einmal wirklich mit den nackten, durch keine allgemeinen Formeln beschönigten Fakten zu konfrontieren. Auf Grund dieser Fakten soll sich jeder sein Urteil bilden, nicht auf Grund allgemein gehaltener Aussagen und Versicherungen von Theoretikern und Praktikern des Strafrechts! Die Sprache dieser Fakten hätten alle jene einleuchtend zu entkräften, die leichthin die Unmöglichkeit des Justizmordes behaupten! Bei unseren Analysen werden wir uns indessen nicht darauf beschränken, die These der Unschuld zu verfechten, sondern wir wollen auch untersuchen, wie weit der Irrtum den urteilenden Instanzen vorgeworfen werden kann, womit wir bereits einiges zur Abklärung der wichtigen Frage der Vermeidbarkeit des Justizmordes beitragen können.

---

[2] Es handelt sich hier um eine Erledigung aus ethischer, nicht aus rechtlicher Sicht! Deshalb lasse man sich nicht durch den Gedanken der Rechtskraft eines gefällten Urteils beirren, der *prozessual* zu einer partiellen Umkehrung der Beweislast führt, was aus dem praktischen Grund der Rechtssicherheit bis zu einem gewissen Grad berechtigt sein mag. Uns geht es um die *inhaltliche* Verantwortlichkeit eines Urteils, die gerade bei den am schwersten wiegenden Entscheidungen wie jenen über Leben und Tod ganz im Vordergrund der Betrachtung stehen muß.

a) Der Fall Lesurques

Wegen Beteiligung an einem mörderischen Raubüberfall unweit von Paris im April 1796 wurde am 10. März 1797 trotz seiner leidenschaftlichen Unschuldsbeteuerungen und ungeachtet ihrer ebenso leidenschaftlichen Bestätigung durch einen Mitverurteilten Joseph Lesurques hingerichtet. Unterdessen hat sich seine Unschuld so zweifelsfrei erwiesen, wie das menschlichem Wahrheitsstreben überhaupt möglich ist, und der Fall Lesurques gilt heute geradezu als das klassische Beispiel eines Justizmordes[3].

Der Überfall auf die einen großen Geldbetrag mit sich führende Postkutsche war, wie sich unschwer erkennen ließ, von fünf Männern ausgeführt worden, vier Reitern, die an einer unübersichtlichen Stelle über den Postillon hergefallen waren, und dem einzigen Passagier, der wohl im Augenblick dieses Angriffs den Schaffner erstochen hatte. Die vier Reiter hatten sich vor der Tat überaus sorglos benommen und waren denn auch von mehreren Personen bemerkt worden, die sie zum Teil während längerer Zeit sogar aus der Nähe hatten beobachten können. Auch nach der Tat, nun zu fünft, hatten sie es nicht verstanden, unbeachtet nach Paris zurückzugelangen. So schritten die Ermittlungen rasch voran, und die zahlreichen Zeugen ließen einen sicheren Beweis der Täterschaft erhoffen.

Lesurques wurde nur durch einen unglücklichen Zufall überhaupt in das Verfahren verwickelt: Unter den Erstverdächtigten befand sich sein alter Freund Guesnot, der jedoch ein überzeugendes Alibi erbringen konnte. Unterwegs zur Untersuchungsbehörde, um noch einige Formalitäten zu erledigen, traf er Lesurques an und lud ihn ein, ihn zu begleiten, um nachher einige Stunden gemeinsam zu verbringen. Anfangs widerstrebend, gab Lesurques schließlich zu seinem Unheil nach. Im Vorzimmer des Untersuchungsrichters[4] — ein neuer unglücklicher Zufall — warteten nämlich gerade die für die Abklärung des Postüberfalls wichtigen Zeugen, um andere Verdächtige zu identifizieren. Zwei davon glaubten nun, in den beiden Freunden zwei der Reiter zu erkennen, und sie verständigten den Untersuchungsrichter von ihrem Verdacht, auf dem sie bei der persönlichen Gegenüberstellung mit Entschiedenheit beharrten. Während die übrigen Zeugen

[3] Gesamtdarstellungen dieses Falles siehe bei SELLO, S. 327 ff., sowie, zum größten Teil auf ihm aufbauend, bei MOSTAR, Unschuldig verurteilt, S. 30 ff., und bei HIRSCHBERG, S. 37—38. Für die Schilderung der bloßen Begleitumstände, die weder mit der Frage der Unschuld noch mit jener der gerichtlichen Fehler unmittelbar etwas zu tun haben, lassen wir es bei diesem allgemeinen Quellenhinweis bewenden.

[4] Dahinein gelangten die beiden Freunde nicht ohne Schwierigkeiten! Die Wache hatte ihnen nämlich den Eintritt verwehrt, so daß sie warten mußten, bis jene sich abwendete. Wahrhaftig ein seltsames Schicksalsspiel!

in bezug auf Guesnot schwankten, erkannten alle einhellig in Lesurques einen der Reiter wieder.

Im Prozeß standen nun alle Zeugen fest zu ihren früheren Aussagen, sieben Zeugen erklärten, Lesurques mit Gewißheit wiederzuerkennen[5]. Das stellte das einzige, aber auch schwerwiegende Indiz für seine Schuld dar, dem die Geschworenen offenbar Vertrauen geschenkt haben. Kann man ihnen daraus einen Vorwurf bereiten? Wir glauben nein! Wenn sieben unbescholtene Zeugen, die zum Angeklagten in keiner persönlichen Beziehung stehen, in diesem einen Menschen wiedererkennen, den sie unter vorzüglichen äußeren Bedingungen[6] haben beobachten können, stellt das unzweifelhaft eine sehr schwere Belastung dar, die dem gesunden Menschenverstand[7] leicht als vernichtend erscheint. Immerhin war in diesem Fall den Zeugen gegenüber insofern ein gewisses Mißtrauen am Platz, als wenigstens einzelne unter ihnen jene zwei Angeklagten ebenfalls als Täter identifizierten, die ihr Alibi einwandfrei beweisen konnten[8]. Aber in bezug auf Lesurques war die Meinung der Zeugen nicht nur geschlossen, sondern sie konnte sich auch auf zwei sehr ausgefallene Merkmale stützen — auf eine Narbe rechts auf der Stirn und einen verstümmelten Daumen an der rechten Hand[9]! Lesurques wies beide Merkmale auf — und wir zweifeln nicht daran, daß das auch den meisten heutigen Gerichten zur Verurteilung vollauf genügen würde.

Nun hat sich allerdings auch Lesurques um sein Alibi bemüht, zunächst nicht ohne Erfolg. Mehrere Zeugen bestätigten seine Darstellung, wie er den Mordtag verbracht hatte. Der Goldschmied Legrand und der Juwelier Aldenhof für den Morgen, sein Vetter und der Zeichner Hilaire für das Mittagessen, seine „fille" Clotilde für den späten Nachmittag und der Maler Baudert für den Abend[10]. Aber belegen konnten diese Entlastungszeugen ihre Aussagen nicht, außer, so schien es anfangs, Legrand und Aldenhof. Denn ersterer erinnerte

---

[5] SELLO, S. 331.

[6] A. a. O., S. 331.

[7] Mit der Institution der Geschworenengerichte anerkennt man im Grunde genommen diesen gesunden Menschenverstand. Denn mangels besonderer Sachkenntnisse können ja die Geschworenen gar nicht anders als nach ihm urteilen.

[8] Guesnot wurde von dreien, Bruer von zweien mit Sicherheit „wiedererkannt" (a. a. O., S. 336)!

[9] MOSTAR, a. a. O., S. 35.

[10] SELLO, S. 331. Ja, nach einem der vorliegenden Berichte sollen noch weitere Zeugen zugunsten Lesurques' ausgesagt haben, darunter fünf Arbeiter, die angaben, an diesem Tag in Lesurques' Wohnung sein Bildnis aufgehängt zu haben und von ihm selbst entlohnt worden zu sein (a. a. O., S. 331/2)!

sich daran, daß er am kritischen Morgen letzterem in Gegenwart Lesurques einen Silberlöffel verkauft und dieses Geschäft noch am gleichen Tag verbucht habe. Aber als die Geschäftsbücher vorgelegt wurden, zeigte sich, daß das ursprünglich eingetragene Datum (9. floréal, das ist der Tag nach dem Überfall) durchgestrichen und durch jenes des Vortages überschrieben worden war. Daraufhin wurde Legrand sogleich wegen Fälschung verhaftet und wagte nun ebenso wie Aldenhof nicht mehr, an seiner Aussage festzuhalten[11]. Das war im Verein mit dem unkorrekten Verhalten des Gerichtspräsidenten, der weitere Entlastungszeugen einschüchterte, verächtlich behandelte und bedrohte[12], entscheidend, denn nun glaubten die Geschworenen auch den übrigen nicht mehr. So hat vielleicht ein zufälliges simples Verschreiben Lesurques das Leben gekostet! Um ein Versehen muß es sich nämlich wohl handeln, denn wenn Legrand Lesurques wirklich durch eine Fälschung hätte retten wollen, dann hätte er das höchstwahrscheinlich weder derart ungeschickt angepackt noch sich vor Gericht auf eine so augenfällig mißglückte berufen[13]. Das nicht erkannt zu haben, ist ein recht schwerer Vorwurf, den wir dem Gericht nicht ersparen können. Aber immerhin konnten die Geschworenen ein Abrücken von den entlastenden Aussagen verzeichnen, und die anderen Entlastungszeugen waren vielleicht wegen ihres allgemeinen Lebensmilieus wie wegen ihrer Beziehung zum Angeklagten nicht besonders vertrauenerweckend[14]. Das ist zwar kein ausreichender Grund, über ihre Aussagen einfach hinwegzusehen, aber den scheinbar so überzeugenden Aussagen der Belastungszeugen können sie nicht die Waage halten. Das gleiche gilt für die an sich durchaus erwägenswerte Überlegung, daß ein Mann wie Lesurques, der von der Verpachtung seiner Güter behaglich leben konnte, kaum ein vernünftiges Motiv für die Beteiligung an einem gewagten Raubüberfall aufzuweisen hatte[15];

---

[11] Alles a. a. O., S. 232. — Legrand hat sein Zurückweichen, in dem er die Sorge um sein eigenes Ich vielleicht etwas über Gebühr berücksichtigte, sehr teuer bezahlt. Den von Lesurques in einem Brief aus dem Gefängnis erhobenen Vorwurf, für das Fehlurteil verantwortlich zu sein, hat er offenbar nicht ertragen und ist dem Wahnsinn verfallen (Mostar, a. a. O., S. 38, vgl. ebenfalls Sello, S. 338/9).

[12] Sello, S. 232.

[13] A. a. O., S. 339; Hirschberg, S. 51. Höchstens ein Überraffinierter könnte auf eine solche Idee kommen.

[14] Diese These wird von Mostar (a. a. O., S. 42) verfochten: „Seine Zeugen waren nicht so reich wie er, waren Bohemiens und Winkeljuweliere und eine Dirne: Sie konnten bestochen sein." — Sello dagegen spricht auf S. 339 von den „übrigen unbescholtenen Alibizeugen, auf denen nicht der geringste Verdacht der Begünstigung haftete".

[15] Hirschberg, S. 45.

aber zwingend ist diese Überlegung nicht, denn die Gier nach leichtverdientem Geld wohnt nicht nur bei den Armen[16]. So kann man den Geschworenen jedenfalls die subjektive Überzeugung nicht absprechen, in Lesurques den wahren Schuldigen vor sich gehabt zu haben, und man kann sie ihnen auch nach den heute üblichen (was nicht unbedingt heißt: richtigen!) Maßstäben nur in geringem Maß vorwerfen[17].

Dem Gerichtsvorsitzenden dagegen kann man auch abgesehen von seiner parteiischen Verhandlungsführung diese Redlichkeit kaum mehr zubilligen. Während nämlich die Geschworenen noch berieten, meldete sich bei ihm die Geliebte des Mitangeklagten Couriol und erklärte, nur dieser sei schuldig, nicht aber Lesurques, der einer Verwechslung zum Opfer falle. Auf diese alles umstürzende, aber auch glaubhafte Enthüllung, belastete sie doch zugunsten einer völlig gleichgültigen Person den (noch ungeständigen!) Geliebten, wagte er — „sein mit ewiger Schande bedeckter Name ist Gouhier“[18] — die Antwort zu erteilen: „Die Verhandlungen sind geschlossen. Es ist zu spät.“ Auch unterrichtete er die Geschworenen nicht von dieser Aussage[19].

Aber auch nach der Verurteilung hätte sich Lesurques' Schicksal noch wenden können. Nunmehr gesteht nämlich Couriol seine Teilnahme, beteuert aber zugleich, daß von den drei Verurteilten er allein schuldig sei[20]. Von da an bemüht er sich fast verzweifelt, Lesurques vor der Guillotine zu bewahren[21]. Ohne Erfolg! Die zur Überprüfung eingesetzte Kommission hält Couriols Angaben für unglaubwürdig[22]. Das wäre noch verständlich, wenn Couriol die Unschuld Lesurques' ohne nähere Angaben einfach behauptet hätte. Dann könnte man in der Tat die Befürchtung hegen, er, ohnehin

---

[16] Der Vorsitzende des Gerichts hat sich allerdings auch hier in der Form unkorrekt benommen (Mostar, S. 42, vgl. auch Sello, S. 332)!

[17] Die Richtigkeit dieses Urteils hängt allerdings erheblich davon ab, ob die in Anm. 10 erwähnten zusätzlichen Zeugen auch wirklich aufgetreten sind. Bei so viel Alibizeugen hätte man sich nachgerade doch fragen müssen, wie Lesurques es überhaupt fertig gebracht haben könnte, alle miteinander zu bestechen und so zu instruieren, daß keine Widersprüche aufgetreten sind.

[18] Hirschberg, S. 38.

[19] Zum Ganzen siehe Sello, S. 333.

[20] Möglicherweise ist also bei der Verfolgung dieses mörderischen Postüberfalls ein zweiter Justizmord vorgekommen! Nach Couriols Aussage ist nämlich auch der hingerichtete Pferdeverleiher Bernard unschuldig. Die Anteilnahme am Schicksal Lesurques' hat aber sehr rasch alle andere verdrängt, so daß Bernards Schuld oder Unschuld heute nicht mehr so eindeutig wie jene Lesurques' abgeklärt werden kann (Sello, S. 328/9). Sein Name sei aber wenigstens nicht vergessen!

[21] A. a. O., S. 333—334.

[22] Mostar, a. a. O., S. 38.

verloren, habe sich bestechen lassen, etwa um seiner Freundin und seinen Nachkommen Versorgung zu sichern[23]. Aber Couriol hat gleich wie seine Geliebte sogar die Namen der Komplizen genannt und auch erwähnt, daß Lesurques mit einem gewissen Dubosq verwechselt werde. Daß man daraufhin nicht genaue Recherchen angestellt hat und sich mit der bequemen Feststellung begnügte, man wisse nichts von der Existenz dieser Personen[24], ist schlechthin unverzeihlich. Aber hier haben sich — leider nicht zum letzten Male! — die Dogmatiker durchgesetzt, die jeden Zweifel an der Unfehlbarkeit der Gerichte und jede Erschütterung der Rechtskraft eines gefällten Urteils für verderblich, ja unerträglich ansehen[25]. Daher wurde Leserques weder begnadigt noch auch seine Hinrichtung nur aufgeschoben[26].

Trotz der Tatsache dieser Hinrichtung sind aber der Reihe nach die von Couriol genannten Mittäter Durochat, Vidal, Dubosq und Beroldy gefaßt, abgeurteilt und — hingerichtet worden[27]. Vidal und vor allem Dubosq gestehen zwar nicht[28]. Ja, in Dubosq will mit Ausnahme einer Zeugin keiner einen der vier Reiter wiedererkennen[29], die Zeugen bestreiten sogar seine besondere Ähnlichkeit mit Lesurques[30]. Trotzdem wird er zum Tod verurteilt, allerdings nicht wegen direkter Beteiligung, sondern nur wegen überlegter Beihilfe zu Mord und Raub[31]. Das ist offensichtlich ein unsinniger Schuldspruch, denn die Verurteilung konnte ja im wesentlichen nur auf Grund der Zeug-

---

[23] Auch in dieser Beziehung verteidigt Mostar, a. a. O., S. 43, die Instanzen der Justiz nicht ohne Geschick.

[24] A. a. O., S. 38.

[25] A. a. O., S. 38; Sello, S. 334.

[26] Hier mögen die politischen Umstände insofern einen nachteiligen Einfluß ausgeübt haben, als man schon den bloßen Anschein vermeiden wollte, die traditionelle Begünstigung der Vermöglichen wieder aufzunehmen.

[27] Sello, S. 327/8. Beroldy nennt er mit einem seiner anderen Namen Roussy.

[28] Mostar, a. a. O., S. 40; Sello, S. 328.

[29] Sello, S. 336.

[30] Die Polizeiakten lehren aber das Gegenteil, wie die Gegenüberstellung der beiden Signalelemente bei Mostar, a. a. O., S. 44, zeigt. Die Ähnlichkeit ist groß, besonders verblüffend jene in den besonderen Kennzeichen. — Wenn dagegen Sello, S. 336, unter Berufung auf diese Zeugenaussagen die besondere Ähnlichkeit verneint, verkennt er die psychologischen Hemmnisse, die ihrem Eingeständnis entgegenwirken mußten. Dieses Eingeständnis hätte ja bedeutet, der Möglichkeit einer Täuschung ins Auge sehen zu müssen — und damit auch jener schrecklichen anderen, für den Tod eines Unschuldigen verantwortlich zu sein (vgl. hierzu Mostar, a. a. O., S. 40)! — Die Ähnlichkeit zwischen Lesurques und Dubosq ehrt übrigens die Zeugen; sie haben wohl geirrt, aber nicht gefehlt.

[31] Die genaue technische Umschreibung siehe Sello, S. 328.

nisse Couriols, seiner Geliebten und Durochats erfolgen, nach denen allen Dubosq einer der vier Reiter gewesen war[32]. Aber auf diese Weise konnte das Gericht einen offensichtlichen Widerspruch zum Urteil über Lesurques vermeiden — und damit auch dessen offizielle Rehabilitation[33]. Lesurques' Unschuld dürfte aber trotzdem offenkundig geworden sein. Ihre endgültige Erhärtung erfährt sie durch die Geständnisse von Durochat und Beroldy, die die Aussagen Couriols ohne Abweichung bestätigt haben[34] — und hier wird niemand mehr dunkle Machenschaften des schon lange toten Lesurques vermuten können.

Der Justizmord an Lesurques ist auch noch für die heutige Zeit sehr lehrreich. Er zeigt, wie sehr wir auch den ehrlichsten Zeugenaussagen mißtrauen müssen. Vor allem aber hat er ein für allemal demonstriert, daß unglückliche Zufälle auch einen völlig Unschuldigen tückisch in ein tödliches Netz verstricken können. Wir wollen zwar nicht so weit gehen wie *Mostar*, der urteilt[35], daß heute noch gleich entschieden werden müßte wie damals und die Verurteilung unvermeidbar war. Aber — und das ist entscheidend! — viel fehlt dazu nicht. Eindeutig suspekte Alibizeugen oder gar keine — was keineswegs außergewöhnlich wäre — und ein Mitverurteilter, der nur an sich allein denkt — durchaus die Regel —, und Lesurques würde, ja müßte, so wie das Strafrecht normalerweise gehandhabt wird, auch heute noch schuldig gesprochen werden!

b) Der Fall Jakubowski

Am 15. Februar 1926 wurde in Strelitz der Landarbeiter Josef Jakubowski wegen Ermordung des dreijährigen Knaben Ewald Nogens enthauptet[36]. Jakubowski hat auf seine einfache, plumpe Weise[37] — und vielleicht gerade dadurch besonders eindrücklich — stets an seiner Unschuld festgehalten und leider nur zu fest darauf vertraut, daß sie ihn beschützen werde[38]. Inzwischen hat sich seine Unschuld praktisch zweifelsfrei herausgestellt.

---

[32] Vgl. a. a. O., S. 342.

[33] Das diese Rehabilitation ablehnende Urteil des Kassationshofes von 1868 ist rein formell wohl nicht unkorrekt (a. a. O., S. 341 ff.).

[34] A. a. O., S. 335.

[35] Mostar, a. a. O., S. 42, S. 44.

[36] Zu diesem Fall siehe vor allem Olden/Bornstein, besonders wertvoll, weil das Gerichtsurteil im Wortlaut enthalten ist; über die sehr bedeutsame Nachgeschichte orientiert Mostars Darstellung, a. a. O., S. 164 ff.

[37] Sein stereotyper Satz war: „Ich unschuldig. Ich nichts getan. Wozu viel reden?" (Olden/Bornstein, S. 13).

[38] Die Gefängniswärter sollen Jakubowski eine Gelegenheit zur Flucht gewährt haben, die dieser ausschlug (a. a. O., S. 50)!

Jakubowski war polnisch-russischer Abstammung. Als Kriegsgefangener für landwirtschaftliche Arbeiten eingesetzt, verblieb er, wegen seines Fleißes geschätzt, auch nach dem Krieg in Palingen. Palingen ist ein ärmliches Dörfchen nicht fern von Lübeck, aber als Bestandteil einer kleinen Exklave zu einem anderen Land gehörend — ein Umstand, der zu Jakubowskis unglücklichem Geschick erheblich beigetragen hat; denn dieses Land Mecklenburg-Strelitz war sehr auf Wahrung seiner Eigenstaatlichkeit bedacht, was hieß, daß die Untersuchung den eigenen unerfahrenen Leuten anvertraut wurde und nicht etwa der Lübecker Kriminalpolizei.

Jakubowski war Palingen auch durch eine menschliche Beziehung verbunden, durch seine Geliebte Ida Nogens und deren zwei Kinder. Das eine davon, Ewald, war zwar von ihm lediglich anerkannt worden, aber das andere, Anni, war sein leibliches Kind. Die Heirat wäre wohl nicht mehr fern gewesen, aber kurz nach der Geburt ihrer Tochter verschied Ida Nogens, die samt ihren Kindern immer noch bei der Mutter gewohnt hatte, wohl infolge der elenden Lebensumstände. Die Familie Nogens vegetierte nämlich unter den erbärmlichsten Bedingungen, auch in moralischer Hinsicht, da die Mutter ziemlich stark verkommen war. Der älteste Sohn August war denn auch bereits vorbestraft, und die Familie als Ganzes stand in einem sehr schlechten Ruf[39].

Diese Vorbemerkungen haben uns nicht nur mit den näheren Verhältnissen um das Verbrechen etwas vertraut gemacht, sondern sie waren auch notwendig, um im folgenden die Verantwortungslosigkeit, der Jakubowski zum Opfer gefallen ist, in ihrem ganzen Umfang aufzeigen zu können.

Zu diesem vernichtenden Urteil, daß an Jakubowski auf eine verantwortungslose Weise Recht gesprochen und vollstreckt wurde, genügt allein schon die genaue Lektüre der Urteilsbegründung. Was hier an leichtfertigen Annahmen und Schlußfolgerungen vorkommt, ist fast unvorstellbar. *Olden/Bornstein* können praktisch in jedem Absatz Unrichtigkeiten nachweisen, die Indizien, auf die das Gericht seine „Überzeugung" von der Schuld Jakubowskis gestützt hat, werden von ihnen Punkt für Punkt aufs schwerste erschüttert. Ihrer eingehenden und treffsicheren Kritik haben wir nichts beizufügen; um aber unser Urteil auch an dieser Stelle nicht unbegründet zu lassen, seien wenigstens die schlimmsten Entgleisungen des Gerichts angeprangert:

Gegen acht Zeugenaussagen wagte das Gericht festzustellen, daß Jakubowski seine Kinder nicht geliebt habe[40]. Diese Ansicht stützte

---

[39] Zu den beiden Absätzen siehe a. a. O., S. 7—10.

[40] Siehe, auch zum Folgenden, a. a. O., S. 23 ff.

es neben einer unerheblichen[41] und einer fehlgedeuteten[42] Zeugenaussage nicht zuletzt auf zwei scherzhafte Äußerungen Jakubowskis, von denen eine bereits drei Jahre zurücklag! Ein unglaubliches Vorgehen, denn wenn man Scherze als beweiskräftige Indizien ansieht, könnte man die meisten Menschen mit fast jedem Verbrechen belasten. Einige Aufmerksamkeit verdient lediglich das Zeugnis des Vormundes von Ewald, Jakubowski habe ihm mit strahlender Miene erklärt, daß Ewald verschwunden sei. Hierbei kann es sich aber sehr leicht um eine Täuschung handeln[43], vor allem aber widerspricht es völlig dem an späterer Stelle[44] wiedergegebenen Eindruck des Gerichts von Jakubowski als einem „schlauen, durchtriebenen und skrupellosen" Menschen (denn ein schlauer und durchtriebener Mensch würde doch niemals seine Freude über den Erfolg des von ihm begangenen Verbreches zeigen). Die Richtigkeit dieses Eindrucks seinerseits wird übrigens ebenfalls auf wenig gewissenhafte Weise untermauert. Jeder Bestätigung durch Zeugenaussagen ermangelnd, kann das Gericht dafür neben einer geringen Vorstrafe wegen Diebstahls und neben dem damaligen Bestreiten (das aber, was das Gericht entweder nicht weiß oder verschweigt, nach dem allgemeinen Gemunkel der Dorfbewohner über die wahre Täterschaft durchaus berechtigt war) lediglich anführen, daß Jakubowski — nichts zugibt! Daraus aber irgendwelche Schlüsse zu ziehen, ist eine unerhörte Gewissenlosigkeit. Auf solche Weise läßt sich jede Unschuld aufheben. Aber selbst wenn dieser gesamte Eindruck von der Persönlichkeit Jakubowskis, von seiner Lieblosigkeit, Durchtriebenheit und Skrupellosigkeit, zuträfe, wäre es alles andere als wahrscheinlich, daß er einen Mord begangen hätte, um sich seinen Vaterpflichten zu entziehen. Denn das hätte er auf anderem Wege ohne jede Schwierigkeit erreichen können, durch einen

---

[41] Frau Nogens hatte ausgesagt, ihr Enkel Ewald sei nicht aus Liebe zum Angeklagten häufig an dessen Arbeitsstelle spielen gegangen. Diese Behauptung steht nicht nur im Widerspruch zu anderen Zeugenaussagen, sondern ist letzten Endes auch eine bloße Mutmaßung, da sich die psychischen Regungen eines dreijährigen Kindes einer sicheren Erkenntnis entziehen. So offensichtlich das ist, das Gericht formulierte abschließend: „Die Witwe Nogens hat eingezeugt und steht danach fest, ..." (!).

[42] Eine Jakubowski durchaus lobende Frau hatte ausgesagt, dieser hätte sich beklagt, die Kinder seien so verwahrlost und schmutzig, daß man sie gar nicht anfassen möge. Im Gerichtsurteil wird das aber als Vorwurf an Jakubowski umgedreht und ihm Lieblosigkeit vorgeworfen, weil er die Kinder nicht habe anfassen mögen.

[43] Die Zeugen haben sich in Mißachtung der offiziellen Mahnungen natürlich oft schon eine Meinung über die Schuld eines Angeklagten gebildet. Wo sie an diese glauben, ist die Gefahr sehr groß, daß sie nachträglich ihre Beobachtungen und Eindrücke unbewußt so zurechtbiegen, daß sie sich gut in das Bild von der Schuld einfügen.

[44] Siehe a. a. O., S. 36—37.

Ortswechsel etwa oder sogar — in Anbetracht seines geringen monatlichen Barlohns von 30 Mark — schon durch eine bloße Weigerung zu zahlen[45]. Im Grunde genommen fehlte es also Jakubowski an dem ihm unterschobenen Motiv zur Tat! Das Gericht hat das nicht bemerkt oder jedenfalls nicht gewürdigt, was unentschuldbar ist.

Das Gericht schenkte des weitern der Aussage des übelbeleumdeten Knechtes Blöcker Vertrauen, daß er noch „vor 6 Uhr" Ewald lebend gesehen habe, obschon zwei gut beleumdete Zeugen um die gleiche Zeit die von Blöcker bezeichnete Stelle passiert hatten, ohne von Ewald das geringste zu bemerken, was, falls er wirklich dort gewesen wäre, fast als ausgeschlossen erscheinen mußte. Außerdem war Ewald nach dem Gutachten des medizinischen Sachverständigen drei bis vier Stunden nach der letzten Mahlzeit ermordet worden, was nach der dem Gericht vorliegenden Aussage, Ewald habe zum letzten Mal um ein Uhr gegessen, bedeutete, daß Ewald spätestens um fünf Uhr tot war! Vielleicht hat Ewald nach ein Uhr noch von jemandem etwas zu essen erhalten, aber das hätte das Gericht dartun müssen! Im Urteil schweigt es sich aber über diese schwerwiegenden Bedenken einfach aus und trifft auf Grund des Zeugnisses von Blöcker unbekümmert die „Feststellung", Ewald sei „vor 6 Uhr" noch am Leben gewesen. Von dieser unverantwortlichen Feststellung — nur Voreingenommenheit kann diesen ungeheuerlichen Mißgriff erklären — hängt aber die ganze Beweisführung gegen Jakubowski ab, denn erwiesenermaßen konnte dieser den Mord frühestens eine Viertelstunde vor sechs Uhr begangen haben[46].

Wohl den Gipfel der Unverfrorenheit erreichte das Gericht mit seinem Abstellen auf die „Aussage" des schwachsinnigen Hannes Nogens, der angab, von Jakubowski zum kritischen Zeitpunkt von der Tatstelle weggeschickt worden zu sein. Wohl bestätigten Zeugen — darunter allerdings die selber verdächtige Frau Nogens und ihre neunjährige (!) Tochter Gertrud —, daß Hannes das auch ihnen schon erzählt habe; die Frage bleibt allerdings, wie das auf klare Weise geschehen sein soll. Hannes Nogens war nämlich gänzlich blöd, nach dem Landjäger bestand sein Sprachschatz aus dem einen Wort „Kuchen" (gesprochen: Gu-gu-ch-ch-ch-en). Selbst das Gericht erkannte seine Schwäche und vereidigte ihn nicht. Der Grad dieser Schwäche wird aber im Urteil aufs übelste beschönigt, sein von Grinsen begleitetes grölendes „Djäh!", mit dem er auf eine Frage des Vorsitzenden Jakubowski als den Mann bezeichnete, der ihn fortgeschickt hatte, wird als beweiskräftig anerkannt! Dabei hat Hannes Nogens, wie das später anhand von Akten (auch aus der Zeit dieses

---

[45] A. a. O., S. 26.

[46] Zum ganzen Absatz siehe a. a. O., S. 26—27.

Prozesses) erstattete Gutachten Prof. *Aschaffenburgs* feststellt, die geistige Stufe eines Zweijährigen nicht überschritten! Die Berücksichtigung dieser Aussage von Hannes Nogens muß deshalb als schlechthin verbrecherisch bezeichnet werden[47].

Den Gipfel der Absurdität erklomm das Gericht bei der Würdigung der Aussage einer Zeugin, die um die kritische Zeit zwei kurz aufeinanderfolgende jämmerliche Kinderaufschreie gehört hatte. Diese wurden nämlich als die Todesschreie Ewalds bezeichnet, da „es ganz selbstverständlich ist, daß ein Erdrosseln Schreie loslösen muß und losgelöst hat". Das ist eine so widersinnige Begründung, daß man sich an den Kopf greift. Die brutale Erdrosselung verhindert ja gerade solche Schreie, und speziell ein dreijähriger Knabe besitzt niemals die Kraft zu einem durchbrechenden Schrei. Im übrigen wäre selbst der Schrei eines Kindes, das nicht gedrosselt wird, für diese Zeugin kaum vernehmbar gewesen, wie spätere Versuche ergeben haben; zu allem Überfluß sind diese Schreie schon bald nach der Mordtat auf eine völlig harmlose (und dafür glaubhafte!) Weise erklärt worden[48].

Mit äußerster Leichtfertigkeit wurde schließlich verneint, daß ein anderer als Jakubowski die Tat ausgeführt haben könnte[49]. Dieser Ausschluß war schon deshalb unzulässig, weil nach der eigenen Konstruktion des Gerichts um die kritische Zeit herum sich immerhin ein Irrer in der Nähe Ewalds befunden hatte, nämlich Hannes Nogens. Auch die Nachprüfung des Alibis zweier Verdächtigter, darunter August Nogens', erfolgte sehr nachlässig, wie sich später zeigte. Aber das Gericht sprach mit derselben Oberflächlichkeit, mit welcher es Jakubowski beides unterschoben hatte, jedem andern Motiv und Fähigkeit zum Mord ab.

Auf derart unhaltbaren Erwägungen, und zwar durchaus zu wesentlichen Punkten, fußte also das Todesurteil gegen Jakubowski. Das ist, noch gelinde ausgedrückt, skandalös. Es verdient besonders hervorgehoben zu werden, daß es sich bei der verurteilenden Instanz nicht um ein reines Geschworenengericht handelte, sondern neben sechs Laien amteten auch drei Berufsrichter[50]. Diese drücken aber in der Regel trotz ihrer Minderzahl einer Jury ihre Prägung auf, und vieles spricht dafür, daß es sich auch hier so verhalten hat. Jedenfalls haben sie der Verurteilung Jakubowskis keineswegs widerstrebt. Sie haben dieses üble Machwerk einer Urteilsbegründung abgefaßt und sich nach Kräften und leider auch mit Erfolg bemüht, es gegen eine

---

[47] Zu diesem Absatz siehe a. a. O., S. 30—32.

[48] Zu diesem Absatz siehe a. a. O., S. 33.

[49] Siehe hierzu a. a. O., S. 37—38.

[50] Zur Zusammensetzung des Gerichts und ihrer Bedeutung für den Verlauf dieses Prozesses siehe a. a. O., S. 14—16.

Revision abzuschirmen[51], und ihr späteres Verhalten zeigt eindeutig, daß sie sich mit dem Urteil identifiziert haben[52]. Von den Laienrichtern soll sich dagegen immerhin einer erst zum Todesurteil bereit gefunden haben, als ihm Jakubowskis Begnadigung zugesichert wurde[53]; das ist sicherlich kein ideales Urteilen, aber es verrät wenigstens Ansätze zu Verantwortungsbewußtsein.

Fast ebenso skandalös wie Jakubowskis Verurteilung ist seine Nichtbegnadigung. Schon seit längerer Zeit waren nämlich in Deutschland nur auf Grund von Indizien Verurteilte nicht mehr hingerichtet worden; auch handelte es sich um die erste Vollstreckung eines Todesurteils im Land Mecklenburg-Strelitz[54]. Außerdem war die Tötung Ewalds kein besonders schlimmer Mord — ganz abgesehen davon, daß es der diesem Gericht eigenen Leichtfertigkeit bedurft hatte, um den Tatbestand des Totschlags auszuschließen[55]. Trotzdem verweigerte das Ministerium unbegreiflicherweise die Begnadigung, das blutige Geschehen nahm seinen Lauf. Es half Jakubowski nichts mehr, daß er nach der Verurteilung etwas aus seiner vor Gericht geübten Teilnahmslosigkeit heraustrat und verschiedene bemerkenswerte Angaben machte[56], die allerdings andere in Verdacht brachten. Die darauf fußenden Anstregungen, vor allem des Verteidigers, blieben zwar nicht ganz ergebnislos; der Gerichtspräsident vernahm zwei der nunmehr Belasteten ein, begnügte sich aber dann mit ihrer Erklärung, sie seien unschuldig[57]! Aber für das Schicksal Jakubowskis wirkten sich diese Bemühungen, die Wahrheit zu finden, vielleicht sogar verhängnisvoll aus. So widersetzte sich der Staatsanwalt der Begnadigung, weil Jakubowski keine Reue zeige und Unschuldige

---

[51] Dabei schreckten sie auch vor einer Unwahrheit nicht zurück und „stellten fest" (siehe a. a. O., S. 20/21), Jakubowski spreche gut deutsch, um die Verweigerung eines Dolmetschers als Revisionsgrund auszuschließen. In Wirklichkeit konnte er sich gerade noch für den Dorfgebrauch verständlich machen, wie die Palinger erzählen und auch seine Briefe (siehe einen im Wortlaut a. a. O., S. 49) deutlich machen.

[52] Olden/Bornstein schreiben vor allem dem adeligen Gerichtspräsidenten einen verhängnisvollen Einfluß zu. Seine Haltung ist in der Tat erstaunlich. Noch während der Verhandlung erklärte er dem Zeugen August Nogens gegenüber, nachdem dieser belastende Aussagen widerrufen hatte, sehr scharf: „Wenn Sie nicht ein Alibi hätten, würde ich sagen, Sie sind der Täter!" (a. a. O., S. 15/6). Das hinderte ihn jedoch nicht, später die Begnadigung für nicht angezeigt zu halten, weil sich an der Überzeugung von der Schuld Jakubowskis nichts geändert habe (a. a. O., S. 50).

[53] A. a. O., S. 57.

[54] Mostar, a. a. O., S. 175.

[55] Siehe Olden/Bornstein, S. 40.

[56] Siehe a. a. O., S. 45 ff.

[57] A. a. O., S. 47/8.

grundlos verdächtige[58]. Angesichts dieser verabscheuenswerten Argumentation, die von der ungeheuerlichen Anmaßung erfüllt ist, selber im Besitz unumstößlicher Wahrheiten zu sein, wird einem klar, in welch unentrinnbarem Dilemma ein unschuldig Verurteilter steht. Soll er gestehen und Reue spielen, womit er vielleicht sein Leben retten könnte, aber praktisch endgültig auf Rehabilitation verzichten würde, oder soll er an seiner Unschuld festhalten und gerade damit das Risiko eingehen, wegen „Verstocktheit" das Schafott besteigen zu müssen?

Zwei Jahre ruhte nun wenigstens offiziell der „Fall" Jakubowski. Dann brachte ihn seltsamerweise eine inhaltlich völlig unrichtige Zeitungsnotiz wieder ins Rollen[59]. Der Staatsanwalt setzte sich zwar aufs hohe Roß[60], aber zugleich mit dem Dementi veröffentlichte fast die gesamte deutsche Presse Kritiken des Urteils, so daß der neue Minister nach einigem Zögern eine neue Untersuchung anordnete[61]. Zwei Fachleute, darunter der uns wohlbekannte *v. Hentig*, wurden damit betraut. Diese dachten den Fall zunächst einmal in bezug auf das Motiv wirklich durch, und schon erschien alles in einem ganz anderen Licht! Ein wirkliches Motiv zur Tötung Ewalds wies nämlich nicht der Hingerichtete, sondern die Familie Nogens auf, denn ihr versprach sie eine Ersparnis; Jakubowskis Beitrag für den Unterhalt seiner beiden Kinder war nämlich so gering, daß er auch dann nicht gekürzt worden wäre, wenn nur noch für ein Kind hätte gesorgt werden müssen[62]. So wurde die Familie Nogens unter die Lupe genommen. Mit einem vernichtenden Ergebnis[63]! Innerhalb der letzten Jahre waren in der Familie, abgesehen von der Ermordung Ewalds, drei verdächtige Todesfälle vorgekommen! Vor allem aber brach das Alibi von August Nogens zusammen. Die Untersuchung gelangte sehr rasch zu greifbaren Resultaten — mehr als drei Jahre nach der Tat, was die Liederlichkeit der ersten deutlich erweist! —, schon nach acht Tagen wurden August Nogens und die mit der Familie befreundeten Blöcker und Kreutzfeldt verhaftet. Alle drei gestanden Meineide[64],

[58] Mostar, a. a. O., S. 175.

[59] Gemeldet wurde, Mutter Nogens habe auf dem Sterbebett gestanden!

[60] Siehe Olden/Bornstein, S. 60. Seine ganze Naivität und damit Unfähigkeit dokumentierte übrigens seine der Presse aufgezwungene Berichtigung, in der die Verdächtigungen gegen Frau Nogens als „müßiger Klatsch" bezeichnet wurden, weil Frau Nogens bei der Suche nach dem Enkel — geweint habe! (Mostar, a. a. O., S. 186).

[61] Mostar, a. a. O., S. 183.

[62] A. a. O., S. 183. Diese ganze Überlegung ist wirklich nicht fernliegend.

[63] Siehe a. a. O., S. 184.

[64] Olden/Bornstein, S. 61. In bezug auf Kreutzfeldt schreibt Mostar, a. a. O., S. 185, allerdings nichts dergleichen.

die beiden ersten auch die Beteiligung am Mord[65]. Aber nunmehr mußten die Verhafteten der ordentlichen Rechtspflege übergeben werden, dem gleichen Staatsanwalt, der Jakubowskis Verurteilung und Hinrichtung betrieben hatte! Das ist natürlich eine unsinnige Regelung, und es erstaunt nicht, daß der Staatsanwalt nach einigen Stunden mit dem Widerruf der Geständnisse zurückkehrte und die Verhafteten freiließ (Blöcker allerdings widerrief beim Anwalt Jakubowskis in bezug auf den Meineid allsogleich diesen Widerruf[66]!). Der Presse teilte er unverschämterweise mit, daß sich nichts dafür ergeben habe, daß die drei Verhafteten mit dem Mord etwas zu tun hätten[67]. Die beiden Untersuchenden waren mit diesem Abschluß ihrer Bemühungen wenig zufrieden, aber vornehmlich aus politischen Rücksichten wurde ihnen jede weitere Ermittlungstätigkeit verboten[68]! Dank dieser „Deckungstaten"[69] des Staatsanwaltes schien die Wahrheit doch wieder in die Finsternis zurückzusinken; jedenfalls beenden *Olden/Bornstein* ihre Schrift, die sie kurz nach diesem Eingreifen des Staatsanwaltes abschließen, ziemlich resigniert[70]. Aber glücklicherweise war der Druck der Öffentlichkeit doch zu stark, es kam zu neuen Gerichtsverhandlungen mit einem anderen Staatsanwalt und anderen Richtern. Verurteilt wurden: August Nogens wegen Mordes (zur Todesstrafe, die offenbar nicht vollstreckt wurde) und wegen Meineides, Fritz Nogens[71] wegen Beihilfe zu Mord und wegen Meineides, Blöcker wegen Meineides und Frau Nogens — die weinende Großmutter! — wegen Beihilfe zu Mord und wegen Meineides (immerhin zu 9 Jahren Zuchthaus)[72]. Jakubowski aber war damit nicht freigesprochen und rehabilitiert[73]! Die Unsinnigkeit des Gerichtsurteils, das ja Jakubowski wegen Ausführung des Mordes verurteilt hatte, war nun zwar offensichtlich, aber seit dem Widerruf der Geständnisse (also seit der Begegnung mit dem Staatsanwalt!) versteifte sich die Familie Nogens darauf, Jakubowski als Anstifter zu bezeichnen, was sie vorher nie auch nur angedeutet hatte. Schon allein dieses Umstandes wegen verdient diese Beschuldigung wenig Vertrauen, sie erscheint als ein billiger „Dreh". Alles, was wir bisher erfahren haben, spricht gegen sie; vor allem hätte Jakubowski gar

---

[65] Olden/Bornstein, S. 61; Mostar, a. a. O., S. 185.

[66] Mostar, a. a. O., S. 187.

[67] A. a. O., S. 186.

[68] Olden/Bornstein, S. 61.

[69] A. a. O., S. 60—61. Es ist bezeichnend, daß man schon damals so zu schreiben wagte.

[70] Siehe a. a. O., S. 62.

[71] Von ihm hatte es im Gerichtsurteil gegen Jakubowski geheißen, die Tat sei ihm nicht zuzutrauen! (vgl. a. a. O., S. 38).

[72] Mostar, a. a. O., S. 186.

[73] Siehe zum Folgenden a. a. O., S. 186—188.

kein Motiv zu einer solchen Anstiftung besessen. Aber zwingend widerlegen läßt sich diese Konstruktion leider nicht, denn der Beweis ist schlechterdings unmöglich, daß jemand einen Täter *nicht* angestiftet hat. So ist sie denn schließlich auch vom Reichsgericht gebilligt worden, formalistisch gesehen vielleicht zu Recht. Wer aber sein Gewissen auf Grund so höchst zweifelhafter Annahmen beruhigt, an den wollen wir keine weiteren Worte verschwenden. Im übrigen bleibt gewiß, daß Jakubowski ohne die Spur eines Beweises hingerichtet worden ist.

Der Justizmord an Jakubowski ist unter unseren fünf Beispielen der skandalöseste. Nicht kaum vermeidbare Fehleinschätzungen haben ihn verursacht, sondern krasses intellektuelles und moralisches Versagen. So betrachtet, ist er der am wenigsten tragische, was aber seinen Wert als abschreckendes Exempel nicht mindert. Die Einsicht in die theoretische Begrenzung der menschlichen Erkenntnismöglichkeiten ist wohl verdienstlich, aber sie genügt nicht. Gerade hinsichtlich der Strafrechtspflege, die so tief ins Leben eingreift, dürfen wir nicht blindlings darauf bauen, daß sie von vollkommenen Menschen gehandhabt werde. Der Justizmord an Jakubowski offenbart auch für heute noch gültig sehr eindrücklich die der Gerechtigkeit von der menschlichen Mangelhaftigkeit drohenden Gefahren. Man vergesse nicht, er hat sich in unserem Jahrhundert abgespielt, vor einem ordentlichen, von den politischen Machthabern unabhängigen Gericht. Unfähige Untersuchungsorgane, leichtgläubige Geschworene, voreingenommene Richter — wer wagt es auszuschließen, daß solche an einem anderen Ort und zu einer anderen Zeit wieder auftreten könnten, heute oder morgen, einen Unschuldigen wie Jakubowski vernichtend, Dich oder mich?

c) Der Fall Rowland

Am 17. Februar 1947 wurde in Manchester Walter Graham Rowland gehängt, der schuldig gesprochen worden war, in der Nacht vom Samstag, dem 19., auf Sonntag, den 20. Oktober 1946 die ihm bekannte Olive Balchin mit einem Hammer erschlagen zu haben. Rowland hat bis zuletzt seine Unschuld beteuert, und sowohl in seinen stolzen Schlußworten vor Gericht[74] wie in seinen Abschiedsbriefen[75] drückte er vor allem den einen Wunsch aus, daß seine Unschuld eines Tages sich erweisen möge. Dieser Wunsch ist wohl durch *Silvermans* mustergültige Analyse des Falles erfüllt worden, die durch Genauigkeit, Klarheit und leidenschaftslose Sachlichkeit besticht[76].

---

[74] Siehe PAGET/SILVERMAN, S. 11/12.

[75] Siehe a. a. O., S. 80/1.

[76] A. a. O., S. 11—83. Dieser allgemeine Hinweis soll wiederum für alles weniger Wesentliche genügen.

Die Anklage gegen Rowland stützte sich hauptsächlich auf die Angaben dreier Zeugen: Mr. Macdonald sagte aus, am Nachmittag des 19. Oktobers die Mordwaffe an Rowland verkauft, die Kellnerin Mrs. Copley, ihn in Gesellschaft des Opfers und einer weiteren Frau abends zwischen 10 und 11 Uhr bedient, und Mr. Mercer, ihn um Mitternacht herum an einer Straßenecke in der Nähe der Mordstelle in einem Wortwechsel mit dem Opfer angetroffen zu haben. Alle drei hielten vor Gericht unerschüttert an ihrer Identifizierung Rowlands fest. Ein Eingehen auf die Einzelheiten enthüllt jedoch, daß die drei Identifizierungen keineswegs unanfechtbar sind.

So war Mr. Macdonald[77], der vor Gericht auch nicht die geringsten Zweifel zugestand, im Kreuzverhör völlig unfähig, andere Personen, mit denen er ebenfalls bloß in eine flüchtige geschäftliche Verbindung getreten war, auf eine brauchbare Weise zu beschreiben. Rowland will er allerdings wegen des speziellen Verkaufsobjektes — es handelte sich um einen außergewöhnlichen Hammer — und wegen ihrer Unterhaltung darüber besonders beachtet haben; vor dem „magistrate“[78] hatte er indessen noch nichts von einer solchen Unterhaltung erwähnt. Des weiteren hatte er vor dem „magistrate“ nach sorgfältiger Umschau zuerst beschwört, unter den Anwesenden den Mann nicht entdecken zu können, dem er den Hammer verkauft habe. Erst auf die Aufforderung hin, sich dessen nochmals zu vergewissern, bezeichnete er Rowland als diesen Mann; das anfängliche Nichterkennen begründete er damit, Rowland hätte das erste Mal den Kopf über den Tisch gebeugt. Das ist durchaus möglich, aber überzeugend kann man ein solches Wiedererkennen nicht mehr nennen; auch das sofortige Herausgreifen Rowlands bei der „Identifizierungsparade“ verliert dadurch erheblich an Wert. Ferner hatte Macdonald vor dem „magistrate“ wie vor Gericht den Käufer des Hammers als dunkelhaarig beschrieben. Rowland war aber, wie Macdonald einräumen mußte, nicht dunkelhaarig. Diesen Widerspruch versuchte er dadurch zu erklären, daß Rowlands Haar am fraglichen Abend

[77] Die Durchleuchtung seiner Aussage siehe a. a. O., S. 16—20.

[78] Das Wörterbuch gibt dafür besonders die Übersetzung Polizeirichter an, und SILVERMAN spricht ebenfalls an einer Stelle von „police Court“. Da uns indessen das englische Verfahrensrecht fremd ist und wir nicht wissen, welche Funktion diesem „magistrate“ zukommt, verzichten wir lieber auf eine Übersetzung, die vielleicht zu Mißverständnissen Anlaß geben könnte (so dürfte die bei KOESTLER, d, S. 84, gewählte Übersetzung „Friedensgericht“ jedenfalls ein zu idyllisches Bild vermitteln). Möglicherweise handelt es sich um jene Instanz, die über ungewöhnliche Todesfälle das tatbestandsmäßige Urteil (also: gewaltsame Tötung, Selbstmord, Unfall) fällt und allenfalls auch schon eine Person als der Tat verdächtig bezeichnet. Eine Abklärung dieses Sachverhaltes ist jedoch für unsere Zwecke gänzlich überflüssig.

wegen Verwendung eines Haarfettes dunkel ausgesehen habe, und er beharrte darauf, diese Vermutung schon früher geäußert zu haben. Das blieb indessen eine durch nichts weiteres bestätigte Behauptung. Schließlich hatte es in der von der Polizei aufgenommenen und von Macdonald unterschriebenen Beschreibung des Hammerkäufers geheißen, dieser hätte ein weißes Hemd mit weißem Kragen getragen. Die ebenfalls von der Anklage als Zeugin aufgerufene Mutter Rowlands sagte dagegen aus, ihres Wissens hätte ihr Sohn nie ein weißes Hemd oder einen weißen Kragen besessen[79]. Diese Aussage der Mutter ist aber ebenso Bestandteil des anklägerischen Beweises wie jede andere[80], und sie wurde auch von keiner Seite angefochten[81].

Auch die Identifizierung durch Mrs. Copley[82] ist von schwachen Punkten nicht frei. Vor Gericht hielt Mrs. Copley zwar unbedingt daran fest, Rowland wiederzuerkennen. Aber bei der „Identifizierungsparade" hatte sie erst nach fünf, möglicherweise sogar erst nach zehn Minuten Rowland als den Mann bezeichnet, der zusammen mit zwei Frauen damals von ihr bedient worden war. Darüber hinaus war sie nicht einmal völlig sicher gewesen und hatte sich vorsichtig lediglich darauf festgelegt, daß Rowland so aussehe wie dieser Mann; das, obschon sie Rowland früher schon zweimal gesehen hatte, wie sie sich später erinnerte! Diese nur schwer erklärbare Unsicherheit wurde von ihr, keineswegs alle aufgetauchten Zweifel zerstreuend, auf eine Veränderung der Frisur zurückgeführt. Daneben hatte auch Mrs. Copley den Mann als dunkelhaarig beschrieben, aber vor Gericht lieferte sie dafür dieselbe Erklärung wie Macdonald. Die gleichermaßen wichtige Identifizierung von Olive Balchin[83] überzeugt ebensowenig. Mrs. Copley sprach von ihr mehrmals als einem Mädchen oder einer jungen Frau, und selbst dort, wo sie ihr Alter etwa auf 38 Jahre schätzte, fügte sie gleich bei, jene hätte jung ausgesehen. Der die Tote untersuchende Mediziner, also ein Mann mit geschulter Beobachtungsgabe, hatte sie dagegen beschrieben als eine Frau zwischen 40 und 50 Jahren, deren Haar wie Gebiß bereits deutliche Zeichen des Alters trugen. Sollte Mrs. Copley, die sie immerhin während einer halben Stunde gut beobachten konnte, davon wirklich nichts bemerkt haben? Unbefriedigend ist schließlich, daß nicht auch die von Mrs. Copley erwähnte zweite Frau vor Gericht auftrat (ob sie von

---

[79] A. a. O., S. 21.

[80] A. a. O., S. 37.

[81] A. a. O., S. 20.

[82] Ihre Aussagen, am wichtigsten jene im Kreuzverhör, siehe a. a. O., S. 23 ff., die zusammenfassende Kritik SILVERMANS a. a. O., S. 32—34.

[83] Die alleinige Anwesenheit Rowlands in diesem Café würde praktisch nichts beweisen.

der Polizei überhaupt gesucht wurde oder gar aufgetrieben und einvernommen worden war, kam im Verfahren nicht zur Sprache); ihrem Zeugnis wäre nämlich entscheidende Bedeutung zugekommen, ob es nun zugunsten der Anklage oder der Verteidigung gelautet hätte.

Die Identifizierung durch Mr. Mercer[84] schließlich ist schon der äußeren Umstände wegen die fraglichste. Bei einer bloß im Vorbeispazieren getätigten Beobachtung kann man nämlich gewissenhafterweise selbst bei einigermaßen günstigen Sichtverhältnissen einen Irrtum nicht ausschließen[85]. Dazu kommt, daß dieser Zeuge in der „Identifizierungsparade" vorerst versagt hatte. Im übrigen enthielt auch seine Beschreibung das Kennzeichen: dunkles Haar, ein Irrtum, den er gleich wie die anderen zwei Zeugen zu erklären suchte. Wie Macdonald behauptete auch er, schon früher auf die Möglichkeit einer Veränderung der Haarfarbe aufmerksam gemacht zu haben, wie dieser entbehrte er dafür jeder Bestätigung.

Diese drei Identifizierungen sind aber nicht nur einzeln angreifbar, sondern sie stehen zum Teil auch in Widerspruch zueinander. Besonders beachtlich sind die Unterschiede im Signalement: Mr. Macdonalds Kunde war schmalgesichtig und sehr bleich, Mrs. Copleys Gast von frischem Aussehen, Mr. Mercers Mann wies ein volles, rundes Gesicht auf[86]! Auffallend ist auch, daß der letztgenannte nichts von einem Paket bemerkt hatte; Macdonald hatte aber den Hammer in braunes Papier eingewickelt, Mrs. Copley hatte dieses Paket gesehen — und neben der Waffe war auch die Pakethülle am Tatort aufgefunden worden[87]! Zu allem Überfluß ist auch die Erklärung des Irrtums bezüglich der Haarfarbe wenig glaubhaft, denn die Mutter Rowlands beschwörte, ihr Sohn hätte nie Haarfett verwendet — und diese Aussage blieb unangefochten[88]! Die Ersatzerklärung mit Wasser reicht aber nicht aus; nicht nur verfliegt dessen Wirkung rasch, sondern alle drei Zeugen hatten auch ausdrücklich von reichlich eingeschmiertem Haar geredet[89].

Die genaue Untersuchung hat also gezeigt, daß an der Identifizierung Rowlands durch die drei Zeugen erhebliche Zweifel angebracht sind[90]. Damit gerät aber unweigerlich das ganze Gerüst der Anklage ins Wanken; denn die übrigen von der Anklage zusammengetragenen Belastungsmomente reichen zu einer Verurteilung bei weitem nicht aus.

---

[84] Siehe a. a. O., S. 34/5.

[85] Silverman tritt auf diesen Punkt überraschenderweise kaum ein. Doch geht aus dem geringen Umfang der Besprechung dieser dritten Identifizierung hervor, daß er sie ebenfalls für die unwichtigste hält.

[86] A. a. O., S. 37.

[87] A. a. O., S. 37.

[88] A. a. O., S. 38.

[89] A. a. O., S. 38.

[90] Zu diesem Urteil vgl. a. a. O., S. 38.

Das wissenschaftliche Gutachten[91], welches nach dem Bestreben der Anklage Rowlands Anwesenheit am Tatort beweisen sollte, fällt im Ergebnis eher zu seinen Gunsten aus. Wohl wurden an seiner Kleidung Haare gefunden, die sich von jenen des Opfers nicht unterschieden, ohne aber zweifelsfrei von ihm zu stammen. Wohl fanden sich in den Hosenstößen Ziegeltrümmerchen, die sehr gut vom Tatort herrühren konnten, aber ebenso auch von vielen anderen Ruinenplätzen. Mit solchen Feststellungen konnte jedoch höchstens die Möglichkeit bestärkt werden, daß Rowland den Mord verübt hatte. Deshalb ist fast aufschlußreicher, was nicht gefunden wurde. So ließen sich an der Kleidung Rowlands auch nicht die geringsten Blutspritzer feststellen, was zu erwarten gewesen wäre, da infolge der gräßlichen Verletzungen viel Blut hervorgespritzt sein mußte. So fehlten an der Mordwaffe jedenfalls Rowlands Fingerabdrücke; seltsamerweise kam aber die Frage der Fingerabdrücke trotz ihrer eminenten Wichtigkeit im Prozeß gar nicht zur Sprache.

Die nicht zutreffenden Angaben Rowlands über sein Verbleiben in der Mordnacht bei der ersten Einvernahme erscheinen ebenfalls als wenig erheblich[92]. Diese erste Einvernahme hatte sich nämlich nicht unbedingt unter fairen Umständen abgewickelt, worauf auch der Richter in seiner Rechtsbelehrung hinwies. Rowland war um 11 Uhr nachts aus dem Schlaf gerissen und unmittelbar danach verhört worden. In seiner Müdigkeit konnten ihm aber leicht Zweideutigkeiten, Ungenauigkeiten, Erinnerungsfehler und Unklugheiten unterlaufen, sie konnte ihn auch zu (für den Augenblick!) bequemen Unwahrheiten veranlassen. Trotzdem enthielt die von ihm schließlich unterschriebene Darstellung lediglich zwei Abweichungen von seiner endgültigen Aussage, die eine — über den Zeitpunkt des Aufsuchens seiner Schlafstätte — sicherlich keine bewußte Verfälschung, weil er ihn zu seinen Ungunsten zu spät angesetzt hatte, die andere — über den Unterkunftsort — jedenfalls auch leicht als Irrtum erklärbar, denn in der angegebenen Gaststätte hatte er die der Mordnacht folgende Nacht verbracht. Im übrigen hätte für Rowland selbst zu bewußten Lügen durchaus Grund bestanden. Zwölf Jahre vorher hatte er nämlich in einem heftigen Temperamentsausbruch schon einmal einen Mord begangen, er war verurteilt, aber begnadigt worden, und hatte im Krieg mitgekämpft[93]. Über diesen früheren Mord war natürlich die Polizei informiert, vor ihr war Rowlands Situation angesichts seiner Bekanntschaft mit dem Opfer von allem Anfang an verzweifelt, auch wenn er am neuen Mord gänzlich unschuldig war.

---

[91] Siehe dazu a. a. O., S. 38—40.

[92] Siehe dazu a. a. O., S. 46—54.

[93] A. a. O., S. 14.

Am belastendsten ist noch, daß Rowland nach seinen eigenen Äußerungen ein Motiv zur Tötung Olive Balchins besessen hat, nämlich Wut über die vermeintliche Ansteckung mit einer Geschlechtskrankheit; vor der Polizei ließ er sich sogar zu Worten voll unverhüllten und unbezähmten Hasses hinreißen[94]. Das offenbart aber ebenso wie die frühere Mordtat[95] nicht mehr, als daß Rowland die Ermordung Olive Balchins wohl zuzutrauen war. Brauchbar ist diese Erkenntnis indessen nur zur Verstärkung anderer Beweise, für sich allein begründet sie lediglich einen Verdacht, der anderweitig bestätigt werden muß.

Den Hinweisen der Anklage auf die Täterschaft Rowlands stehen die Bemühungen der Verteidigung entgegen, ein Alibi zu errichten. Diese blieben keineswegs erfolglos[96]. So konnte Rowland für seine Behauptung, um halb elf Uhr im Hotel „Wellington" geweilt zu haben und nicht in dem in einem anderen Stadtteil liegenden Café, wo Mrs. Copley ihn um diese Zeit bedient haben wollte, eine indirekte Bestätigung erbringen. Er berichtete nämlich, während seines dortigen Aufenthaltes sei das Lokal von zwei Polizisten kontrolliert worden, und er war imstande, ihren Weg durch das recht verwickelt angelegte Gebäude zutreffend zu schildern. Das ging aus der Aussage des vor Gericht vernommenen Polizisten hervor, der zugleich auch klarlegte, daß es sich nicht etwa um einen regelmäßigen Kontrollgang gehandelt hatte. In den Augen der Jury mußte aber diese Aussage durch unglückliche Interventionen des Richters völlig entwertet werden. Dieser vermochte nämlich ihre Bedeutsamkeit nicht einzusehen, was fast unbegreiflich ist. Denn wenn Rowland ein Ereignis, daß sich im Hotel Wellington abgespielt hat, richtig wiedergeben kann, so lautet der nächstliegende Schluß einmal, daß er tatsächlich selber dort gewesen ist; lediglich strikt erwiesen werden kann das nicht, weil Rowland theoretisch das Wissen darum von einem anderen empfangen haben könnte. Aber noch viel wichtiger als dieses nur faktisch in bezug auf das Prozeßergebnis gescheiterte indirekte Alibi ist das direkte durch einen Zeugen. Mr. Beaumont, der Geschäftsführer einer Pension, sagte mit Bestimmtheit aus, Rowland sei am fraglichen Samstagabend schon einiges vor Mitternacht in der Pension eingetroffen und hätte sie außer für wenige Minuten kurz darauf nicht mehr verlassen. Diese Aussage, die sich mit jener von Mr. Mercer in keiner Weise verträgt, wurde durch den Eintrag im Gästebuch erhärtet. Obschon Beaumont wenig selbstsicher auftrat, wich er im Kreuz-

---

[94] A. a. O., S. 51.

[95] Von ihr wußte allerdings die Jury nichts, Zeugnis einer vorbildlichen Fairneß, das SILVERMAN, für die britische Denkart bezeichnend, für selbstverständlich hält! (vgl. a. a. O., S. 14).

[96] Siehe dazu a. a. O., S. 54—58.

verhör auch nicht im geringsten von seiner Aussage ab, und auch der Eintrag im Gästebuch konnte wesentlich[97] nicht beanstandet werden.

Auf Grund dieses Beweismaterials hatte also die Jury ihr Urteil zu fällen. Sie entschied sich nach zwei Stunden Beratung zur Schuldigsprechung. Objektiv gesehen scheint uns diese ziemlich klarermaßen unhaltbar zu sein; denn nach allem, was wir angeführt haben, kann von einem zuverlässigen Beweis der Schuld keine Rede sein. Trotzdem zögern wir, der Jury ihren Entscheid vorzuwerfen. Denn die Identifizierung durch drei unbescholtene, sehr sicher wirkende Zeugen stellt unzweifelhaft ein schweres Schuldindiz dar, besonders wenn diese Zeugen voneinander unabhängig sind, so daß der Verdacht auf verabredete Lügen oder gegenseitige Suggestion praktisch entfällt. Kommt erst noch ein so starkes Motiv dazu wie hier, dann fällt es tatsächlich schwer, noch an eine Täuschung zu glauben, speziell, da kleine Unstimmigkeiten in der Masse der vielen Eindrücke, die die Geschworenen aufnehmen und verarbeiten müssen, leicht untergehen können. Viel eher wird das Alibi durch den einen Zeugen, dem eben bei seinen Eintragungen doch gewisse Fehler unterlaufen waren, als unzuverlässig erscheinen[98]. Wir wollen hier die Haltung der Jury nicht vollumfänglich rechtfertigen; gewisse Schwächen der Beweisführung mußten auch ihr auffallen. Aber um deren Bedeutung wirklich abzuklären, hätte es einer durchdringenden Analyse des Falles bedurft, wie sie ein durchschnittliches Gericht unmöglich selber leisten kann. Eine so umfassende und durchdachte Kritik wie jene *Silvermans* hat langwierige Arbeit zur Voraussetzung, ein mühsames Zusammentragen und Vergleichen, ein peinlich genaues Überlegen. Vom Gericht erwartet man aber eine Entscheidung und nicht eine wissenschaftliche Arbeit, man traut ihm zu, auf Grund des Gesamteindrucks[99] auch

[97] Um ja nichts zu verschweigen, was für Rowlands Schuld vorgebracht werden könnte, sei auch hier erwähnt, daß Beaumont offenbar irrtümliche Eintragungen zuweilen unterlaufen sind; aber er konnte sie auf eine befriedigende Weise erklären, und an Rowlands Ankunft am Samstagabend vermochte er sich auf Grund verschiedener besonderer Umstände speziell zu erinnern.

[98] Da die Geschworenen wie in den meisten Ländern ihren Schuldspruch nicht begründen mußten, wissen wir leider nicht, aus welchem Grund der Alibizeuge nicht als ausschlaggebend angesehen wurde, und müssen uns mit solchen Mutmaßungen behelfen. Es ist nicht zu verkennen, daß die Pflicht zu einer Urteilsbegründung insofern vorteilhaft wäre, als sie die Geschworenen, wenn nicht zu einem wirklichen Durchdenken, so doch wenigstens dazu zwänge, Farbe zu bekennen. Nur dann bestände aber Aussicht, dem Gericht wirklich Fehler nachweisen zu können (man erinnere sich der zerfetzenden Kritik, die dank der Urteilsbegründung an der Verurteilung Jakubowskis möglich gewesen ist).

[99] Selbst Silverman erweist diesem seine Reverenz (a. a. O., S. 36), womit er unseres Erachtens den konstruktiven Wert seiner Analyse etwas gefährdet.

ohne detaillierte Analyse das richtige Urteil fällen zu können. Der Fall Rowland ist gerade deshalb besonders lehrreich, weil er die Gefahren eines solchen Urteilens eindrücklich demonstriert.

Bis jetzt haben wir lediglich festgestellt, daß Rowland ohne genügende Beweise verurteilt worden ist; darauf läßt sich nicht mehr gründen als der allerdings schwerwiegende Verdacht, daß seine Hinrichtung einen Justizmord darstellte. Seit dem Todesurteil vom 16. Dezember 1946 haben sich aber Ereignisse abgespielt, welche die Unschuld Rowlands nahezu sicher erweisen.

Am 22. Januar 1947 — also noch vor der Hinrichtung Rowlands — legte David John Ware, der seit dem 21. Oktober des Vorjahres im Gewahrsam der Polizei war und eine Gefängnisstrafe absaß, das schriftliche Geständnis ab, den Mord an Olive Balchin begangen zu haben; zwei Tage später detaillierte er dieses Geständnis. Es widersprach den bekanntgewordenen Tatsachen in keiner Weise; auch war Ware auf die Befragung durch die Anwälte Rowlands durchaus imstande, Einzelheiten anzugeben, etwa das Aussehen von Mr. Macdonald, die Lage seines Ladens und den Preis des Hammers[100]. Aber Rowland war rechtskräftig zum Tod verurteilt, es mußte sich erst zeigen, ob dieses Geständnis die zuständigen Instanzen dazu bewegen konnte, der Vollstreckung des Urteils in den Arm zu fallen; an zwei Fronten wurde Rowlands Schicksal entschieden.

Vorerst verweigerte der „Court of Criminal Appeal" am 10. Februar die Anhörung Wares und wies die Berufung Rowlands ab. Begründet wurde dieser Entscheid hauptsächlich folgendermaßen: Wenn Ware einvernommen worden wäre und an seinem Geständnis festgehalten hätte, so hätte der Gerichtshof sich über Wares Schuld schlüssig werden und seine Meinung darüber auch öffentlich aussprechen müssen. Damit hätte er aber nicht nur, wie es ihm zukam, über Rowland entschieden, sondern auch in bezug auf Ware die Funktion einer Jury usurpiert; denn jedes zukünftige Verfahren gegen diesen wäre durch die höherinstanzliche Meinungsäußerung präjudiziert gewesen[101]. Diese Begründung, obzwar mit dem Nimbus hohen juristischen Verantwortungsbewußtseins umgeben, bricht jedoch bei einer genaueren Betrachtung zusammen. Gerade im wesentlichsten Punkt unterlag nämlich der Gerichtshof einem folgenschweren Irrtum: Nicht über die Täterschaft Wares hätte er ein Urteil abgeben müssen, sondern lediglich darüber, ob dessen Geständnis eine vernünftige Jury zu einer Freisprechung Rowlands hätte veranlassen können, was keineswegs aufs gleiche herauskommt. Denn Wares Geständnis konnte beträchtliche Zweifel an der Schuld Rowlands wecken, selbst wenn seine Richtigkeit unbeweisbar blieb; ja, wenn es

[100] Siehe zu diesem Geständnis a. a. O., S. 60—62.
[101] Siehe a. a. O., S. 63.

nicht nachweislich falsch war, mußte es diese Zweifel sogar hervorrufen, wenn der Grundsatz „in dubio pro reo“ — eine der unaufgebbaren Grundlagen einer aufgeklärten Strafrechtspflege — nicht zu einer heuchlerischen Phrase verblassen sollte. Die Freisprechung Rowlands hätte deshalb allein bedeutet, daß dem Gericht Zweifel an der Schuld Rowlands aufgestiegen sind, niemals aber, daß es von Wares Schuld überzeugt ist[102]. Bestürzenderweise verfiel aber der Gerichtshof diesem Entweder-Oder-Denken und ließ das Element des Zweifels gänzlich außer acht. So befürchtete er die Präjudizierung eines allfälligen Mordprozesses gegen Ware, obschon rein logisch von einer solchen keine Rede sein konnte; in der Wirklichkeit allerdings hätte Unverständnis und Uneinsicht der Geschworenen zu einer solchen führen können. Aber diese entfernte und immerhin bekämpfbare Gefahr dadurch zu vermeiden, daß man einen möglicherweise Unschuldigen sogleich dem Henker ausliefert, ist äußerst befremdlich; letztlich enthält es die Hinnahme des höchst unbefriedigenden Tatbestandes, daß die Strafrechtspflege ihre Aufgabe nicht in einer gerechten Weise zu erfüllen vermag, was einer ethischen Abdankung gleichkommt. Die Gleichgültigkeit gegenüber dem Los Rowlands berührt wirklich abstoßend. Offenbar ist es dem Gerichtshof bei seinem Entscheid selber nicht ganz wohl gewesen, denn er verwies darauf, daß das Innenministerium zur Abklärung und Beurteilung solcher Fälle die geeignetere Instanz sei[103]. Diese Flucht in die Nichtverantwortlichkeit unterstreicht indessen nur die Fragwürdigkeit dieses Entscheides, der übrigens auch ein allerdings nicht amtlich publiziertes Präjudiz mißachtete[104]. Alles in allem ist also dieser Entscheid so wenig überzeugend, daß er kaum verständlich wäre, wenn wir nicht zu ahnen begännen, wie ungern die Strafrechtspflege ihre Irrtümer zugibt und korrigiert.

Die Verantwortung lastete also nunmehr allein auf dem Innenminister, der über die Begnadigung entscheiden mußte. Am 21. Februar beauftragte er Mr. John Catterall Jolly, einen „King's Counsel“, das Geständnis von Ware zu untersuchen und abzuklären, ob an der Rechtmäßigkeit der Verurteilung Rowlands irgendwelche Zweifel bestünden. Bereits am 25. Februar erstattete Jolly seinen Bericht, in dem er zum Schluß gelangte, daß erfreulicherweise kein Grund zur Annahme eines Fehlspruchs vorliege. Dieses Ergebnis stützte er im wesentlichen auf drei Gründe, auf den Widerruf Wares, auf das Nichterkanntwerden Wares anläßlich einer Identifizierungsparade und auf einige zusätzliche Einzelheiten verschiedener Art.

Die zusätzlichen Einzelheiten, von Jolly ebenfalls für schlüssig gehalten, sind im wesentlichen unbedeutend, wenn nicht belanglos.

[102] Zu diesem zentralen Punkt siehe a. a. O., S. 64.
[103] Siehe a. a. O., S. 63.
[104] Siehe dazu a. a. O., S. 66.

So bezweifelte Jolly Wares Täterschaft, weil dieser als Zeitpunkt des Mordes 22 Uhr angegeben hatte; das sei mit den Zeugnissen von Mrs. Copley und Mr. Mercer unvereinbar und widerspreche auch einer der Polizei zu Protokoll gegebenen Aussage, wonach am fraglichen Abend um halb elf Uhr ein Hund über das Grundstück gerannt sei, wo der Mord stattgefunden habe, ohne etwas zu entdecken, was sicherlich nicht der Fall gewesen wäre, wenn die Leiche bereits dort gelegen hätte. Diese Beweise dafür, daß der Mord später als 22 Uhr geschehen ist, sind indessen höchst fragwürdig; weder ist einzusehen, wieso die Aussagen von Mrs. Copley und Mr. Mercer untrüglich zutreffen sollten, noch darf die bloße Überzeugung eines Hundebesitzers als Tatsache gewertet werden. Darüber hinaus hängt Wares Glaubwürdigkeit kaum von der Richtigkeit seiner Angabe des Zeitpunktes ab. Erwähnt hatte er ihn nämlich bloß in der ersten kurzen Aussage, später war er nie mehr darauf zurückgekommen noch näher darüber befragt worden; er hatte also nie auf ihm beharrt, was allein zu weitreichenden Schlußfolgerungen berechtigt hätte. Ziemlich unerheblich ist weiter, daß nach einer Äußerung Wares gegenüber einem Dritten auf der Leiche eine Zehnschillingnote hätte gefunden werden müssen. Jollys „Wissen“ darüber beruht nämlich lediglich auf unüberprüftem Hörensagen; auch ist nicht einzusehen, wieso Ware in bezug auf diese Note sich nicht einfach geirrt haben könnte. Fehl am Platz ist ferner die Erklärung Jollys, daß alle Einzelheiten in den Geständnissen Wares aus Zeitungsberichten, Gefangenendiskussionen und der eigenen Vorstellungskraft stammen könnten. Eine durchaus wichtige Tatsache war von den Zeitungen nicht erwähnt worden, nämlich jene, daß das Blut aus der Wunde stoßweise hervor*spritzte.* In Wares Geständnis steht das aber ausdrücklich; natürlich kann diese Schilderung der Einbildungskraft entsprungen sein wie jede andere auch, aber das besagt nicht das geringste dagegen, daß sie tatsächlich Erlebtem entsprungen ist. Nichtssagend ist schließlich, daß an den Hosen Wares keine Blutspuren gefunden wurden. Die Untersuchung fand nämlich erst dreieinhalb Monate nach der Tat statt und war außerdem insofern höchst unvollständig, als sie nicht auch auf die anderen am fraglichen Abend getragenen Kleidungsstücke, besonders den Regenmantel, ausgedehnt wurde[105].

Ebenso unwichtig wie diese Zusatzüberlegungen ist auch das Scheitern der Identifizierungsparade mit Ware[106]; weder Mr. Macdonald (auf eine unkorrekte Fragestellung hin!) noch Mrs. Copley und Mr. Mercer erkannten in ihm den Mann wieder, den sie am Mordabend beobachtet hatten. Das ist sehr begreiflich, denn diese drei aller Wahrscheinlichkeit nach sehr ehrenwerten Zeugen hatten ja

[105] Zum ganzen Absatz siehe a. a. O., S. 67—71.
[106] Dazu siehe a. a. O., S. 71/2.

Rowland bereits mehrfach öffentlich als diesen Mann bezeichnet und diese Identifizierung auch beeidet; ihre Meinungsänderung hätte sie leicht zu allgemein wenig vertrauenswürdigen Zeugen stempeln können. Das Abgehen vom ursprünglichen Zeugnis hätte also einen weit überdurchschnittlichen moralischen Mut erfordert. Außerdem war ihre Erinnerung sozusagen fixiert. Das ist leicht zu erkennen. Deshalb ist es unbegreiflich, ja unverzeihlich, daß Jolly dem Festhalten der Zeugen an ihrer Aussage entscheidende Bedeutung beimißt. Uns lehrt das mit bestürzender Eindringlichkeit, wie sehr wir den Versicherungen des Justizapparates mißtrauen müssen, daß er aus begangenen Fehlern lerne; das Verhalten der Zeugen im Fall Lesurques hätte doch aller künftigen Strafrechtspflege klarmachen müssen, was man von Zeugen erwarten darf und was nicht[107].

Weitaus am wichtigsten ist aber, daß selbst der Widerruf des Geständnisses keinerlei entscheidende Schlüsse zuläßt[108]. Skeptisch gegenüber ihm stimmt schon, daß Ware zu Beginn der Untersuchung Jollys immerhin auf der Richtigkeit seines Geständnisses bestanden hatte; es wäre darum aufschlußreich gewesen. Näheres über Häufigkeit, Dauer und Intensität dieses Beharrens wie über die Entwicklung zum Widerruf und über dessen Begleitumstände zu erfahren. Jollys Schweigen darüber befriedigt also nicht. Vor allem aber vermag der Inhalt des Widerrufs in keiner Weise zu überzeugen. Ware erzählte nunmehr, die kritische Nacht zusammen mit einer Prostituierten in einem Hotel verbracht zu haben; dabei gab er an, er sei im Register mit seinem richtigen Namen eingetragen. Das ist eine Aussage, deren enorme Bedeutung offensichtlich ist; ließ sie sich bestätigen, was dank dem Registereintrag keine großen Schwierigkeiten bereitet hätte, dann war Wares Unschuld bewiesen. Trotzdem (wir werden gleich auf die Erklärung dafür stoßen) wurden keine Bemühungen unternommen, die Richtigkeit dieser Aussage nachzuprüfen! Damit ist aber der Widerruf gerade im entscheidenden Punkt unverifiziert. Aber es kommt noch schlimmer: Im weiteren schilderte Ware des langen und des breiten sein Treiben am Sonntag. An sich ist dieses zwar völlig unerheblich für die Abklärung der Frage, ob Ware in der vorangegangenen Nacht einen Mord begangen hatte, aber für die Bewertung des Widerrufs als Ganzen ist es doch überaus beachtlich, daß diese Schilderung kaum zutreffen kann, da sie mehrere Begebenheiten enthält, die sich nicht gut an einem englischen Sonntag haben abspielen können. So, wie er dasteht, entbehrt also der Widerruf Wares jeder Überzeugungskraft, womit er für unsere Zwecke schon gerichtet ist. Jolly allerdings unterliegt in klarem Widerspruch zum Wortlaut

---

[107] Aber, wie Hirschberg, S. 13, klagt, ist den meisten Richtern das über Justizirrtümer gesammelte Material unbekannt!

[108] Siehe zum Folgenden a. a. O., S. 72—79.

der eigenartigen Täuschung, Wares ausführliche Schilderung betreffe den Samstag und nicht den Sonntag! Möglicherweise ist ihm also in der Datierung ein Fehler unterlaufen, möglicherweise sollten alle Ereignisse um einen Tag vorverlegt werden. Doch auf solche Spekulationen müßten wir uns grundsätzlich gar nicht einlassen. Wir können allein auf das abstellen, was Ware in Wirklichkeit unterzeichnet hat, nicht auf das, was er vielleicht zu unterzeichnen glaubte oder allenfalls unterzeichnet hätte. Es wäre übrigens höchst befremdlich, wenn ein „King's Counsel" und zwei erfahrene Polizeibeamte nicht imstande sein sollten, eine Aussage richtig zu protokollieren. Dennoch wollen wir, um die ganze Fragwürdigkeit des Widerrufs aufzudecken, Jollys Bemühungen auch auf diesem trügerischen Weg verfolgen. Dabei ist festzustellen, daß Jolly keinerlei Beweise dafür vorbringt, daß die Ereignisse, die Ware vom Sonntag erzählt, sich am Samstag wirklich abgespielt haben. Eine Angabe allerdings, nämlich daß Ware die Nacht in einem Gasthof in Stockport verbracht habe, scheint für den Samstag zu stimmen. Zwei Polizeibeamte hatten nämlich in der Folge von Wares Geständnis das dortige Register eingesehen, das am 19. Oktober die Eintragung Wares zeigte. Unverständlicherweise — und im Unterschied zu jener Rowlands! — wurde sie nicht beschlagnahmt, so daß sie bald darauf vernichtet wurde. Leider! Denn Wares Übernachten dort vom 19. auf den 20. Oktober spräche keinesfalls für seine Unschuld, sondern für seine Schuld, es bestätigte sein ursprüngliches Geständnis und hätte erst noch dem Wortlaut des Widerrufs widersprochen! Die Analyse des Widerrufs führt also zu Unklarheiten noch und noch, so daß es völlig unangebracht war, aus ihm endgültige Schlüsse über die Täterschaft Rowlands zu ziehen.

Die Untersuchung Jollys weist also recht viele schwache Punkte auf; wir dürfen deshalb dem Urteil *Silvermans*[109], der sie für unbefriedigend und die in ihr enthaltenen Schlußfolgerungen für wertlos hält, mit Überzeugung beipflichten. Rowland jedoch wurde auf Grund dieses Berichtes nicht begnadigt, sondern gehängt!

Es liegt auf der Hand, daß die Nichtbegnadigung objektiv gesehen einen Fehlentscheid darstellte. Wir wollen uns nun nicht dem müßigen Streit darüber hingeben, ob den Court of Criminal Appeal oder Jolly oder gar den Innenminister die Hauptverantwortung dafür trifft, sondern wir begnügen uns mit der Feststellung, daß sich wieder einmal jene durchgesetzt haben, die stur auf der Richtigkeit eines einmal gefällten Urteils beharren und sich uneinsichtig gegen dessen jegliche Änderung sträuben. Einmal mehr haben die Formalisten triumphiert — auf Kosten der Gerechtigkeit; denn nicht dem Unrecht haben sie den Tod gebracht, sondern der Unschuld! Damals durfte man vielleicht noch an Rowlands Unschuld zweifeln, heute ist das kaum mehr

---

[109] A. a. O., S. 67.

möglich. Im August 1951 trat nämlich in Bristol David John Ware in eine Polizeistation und sagte: „Ich habe eine Frau getötet. Ich weiß nicht, was mit mir los ist. Ich behalte einfach den Drang bei, Frauen auf den Kopf zu schlagen“[110]. Am 16. November 1951 wurde er wegen dieses mörderischen Angriffs schuldig gesprochen, also wegen eines Verbrechens, das dem an Olive Balchin begangenen sehr ähnlich sah[111]!

Wir haben den Justizmord an Rowland sehr ausführlich besprochen, nicht nur, um unsere These von seiner Unschuld eindrücklich zu untermauern, sondern auch und vor allem, weil seine Ursachen und Begleitumstände bis in die Einzelheiten hinein recht tief erforscht sind. Dieses Beispiel lehrt uns sehr eindringlich, von wievielen Irrwegen die Rechtssprechung bedroht ist und daß manche noch vor kurzem auch tatsächlich eingeschlagen worden sind, in einem Land, das wie kaum ein zweites darauf achtet, daß jedem Angeklagten ein fairer Prozeß zugestanden wird. Der Justizmord an Rowland verdiente deshalb unseres Erachtens mehr, als es bisher geschehen ist, in den Vordergrund gerückt zu werden.

d) Der Fall Evans

Am 13. Januar 1950 wurde in London Timothy John Evans wegen Ermordnung seiner Ehefrau und seines Babys[112] zum Tode verurteilt und nach Abweisung der Appellation am 9. März 1950 hingerichtet. Damals zweifelte wohl kaum jemand an seiner Schuld; aber einige Jahre später ließ eine aufsehenerregende Entdeckung zutiefst an ihr zweifeln ... Doch behandeln wir die Ereignisse der Reihe nach, indem wir der ebenfalls recht ausführlichen Darstellung *Pagets*[113] folgen.

Evans hatte den Polizeiapparat selber in Bewegung gesetzt: Am 30. November 1949 suchte er in Wales eine Polizeistation auf und

---

[110] A. a. O., S. 13.

[111] A. a. O., S. 13. Es spielt dabei keine Rolle, daß das Opfer hier am Leben blieb.

[112] Infolge einer Eigenart des englischen Strafprozeßrechtes kann im gleichen Prozeß nur ein Tatbestand verhandelt werden. Die Staatsanwaltschaft mußte sich also für eine der beiden Tötungen entscheiden; sie wählte jene des Babys, wohl um ein Verdikt auf Totschlag zu vermeiden (a. a. O., S. 129). Formell wurde also Evans nur wegen Ermordung seines Kindes verurteilt. Praktisch allerdings spielte die Tötung der Ehefrau im Prozeß trotzdem eine ausschlaggebende Rolle (das ist auch die Meinung von Henderson, a. a. O., S. 189).

[113] A. a. O., S. 115—179; ergänzt wird sie durch zwei Anhänge, den Bericht Hendersons (a. a. O., S. 181—206) und die Wiedergabe einer Unterhausdebatte zu diesem Bericht und zum Fall Evans im allgemeinen (a. a. O., S. 207—253).

erklärte, er hätte über seine Frau „verfügt". Im Lauf der nun einsetzenden polizeilichen Ermittlungen unterzeichnete er insgesamt vier Aussagen.

Nach der ersten[114] hatte seine Frau sich anfangs Oktober schwanger gefühlt, was ihr nicht willkommen war; sie bemühte sich, die Frucht abzutreiben. Eines Tages erhielt Evans bei einer Tasse Tee in einem öffentlichen Lokal von einem Unbekannten zu diesem Zweck Pillen, die er seiner Frau überreichte. Als er am folgenden Abend heimkehrte, traf er seine Frau tot an. Er beseitigte die Leiche, indem er sie in eine Dole steckte. — Obschon diese Schilderung nicht gerade besonders glaubhaft anmutete, da sie doch leicht dem Gehirn eines geistig Gestörten entsprungen sein konnte, wurde die Londoner Polizei benachrichtigt. Diese fand indessen am angegebenen Ort keine Leiche noch auch irgendwelche verdächtigen Spuren. Deshalb wurde Evans bedeutet, man glaube ihm nicht. Darauf erwiderte er, er hätte alles zum Schutz eines anderen so ausgesagt, und er gab nun seine zweite Aussage zu Protokoll[115].

Nach dieser[116] traf von der ersten Aussage alles zu außer der Geschichte vom Unbekannten und außer der Darstellung von der Beseitigung der Leiche. Ins Zentrum rückte nun ein Mann namens Christie, der im selben Haus wie Evans das Parterre bewohnte: Als Evans eines Abends heimkehrte, bot sich ihm Christie als Abtreiber an. Gegen Evans' Willen war Mrs. Evans mit diesem Vorschlag einverstanden. Als Evans am 8. November nach Hause kam, begleitete ihn Christie in die Wohnung, wo er erklärte, die Abtreibung sei mißglückt. Die Frau lag tot im Bett, mit Blutspuren an Gesicht und Unterleib. Christie transportierte dann die Leiche in die leerstehende Wohnung darunter und sagte Evans, er werde sie später in eine Dole stopfen. Trotz alledem ging Evans am nächsten Morgen wie gewohnt zur Arbeit. Auch sorgte er regelmäßig für das Baby, das er tagsüber der Aufsicht Christies überließ. Dieser erzählte von einem jungen Paar, welches das Baby gern für einige Zeit in Pflege nähme. Evans war damit einverstanden, und als er am 10. November heimkehrte, berichtete ihm Christie, er hätte das Baby dem Paar übergeben. Darauf traf Evans auf Anregung Christies Vorbereitungen, London zu verlassen, und nachdem er die Möbel verkauft hatte, reiste er nach Wales. — Diese Schilderung bewegte die Polizei schon zu recht ernsthaften Nachforschungen. Sie fand heraus, daß Evans seiner Tante erzählt hatte, Frau und Kind weilten in den Ferien. Sie suchte auch Christie auf, der krank darniederlag[117]; sie

[114] Siehe a. a. O., S. 115—117.

[115] Zum zweiten Teil dieses Absatzes siehe a. a. O., S. 117/8.

[116] Siehe a. a. O., S. 118—121.

[117] Christie litt an „fibrositis", einer Krankheit, die das Tragen schwerer Lasten verunmöglicht.

stellte fest, daß er während des Krieges in der Polizei gedient hatte und keinerlei Grund bestand, ihn als Abtreiber zu verdächtigen. In Evans' Wohnung fand sie einen möglicherweise gestohlenen Gegenstand, was sie zur Überführung von Evans nach London veranlaßte. Noch bevor Evans dort eintraf, fand die Polizei im Waschhaus im Hinterhof die Leichen von Frau und Kind. Der Evans begleitende Beamte wurde davon in Kenntnis gesetzt, zugleich aber angewiesen, nichts davon verlauten zu lassen. Schweigend ward Evans zur Polizeistation gebracht und dort in ein Büro geführt, wo die auf den Leichen gefundenen Kleidungsstücke sowie die darum gewundenen Umhüllungen ausgebreitet lagen. Dann wurde er vom Chefinspektor über den grausigen Fund orientiert und verdächtigt, den Tod von Frau und Kind verschuldet zu haben[118].

Evans antwortete mit „Ja" und legte in seiner dritten Aussage ein kurzes Geständnis ab! Anschließend erklärte er, sich nunmehr sehr erleichtert zu fühlen, da er sich alles vom Herzen geredet habe; er könne nun auch die Einzelheiten schildern[119].

Das besorgte Evans in seiner vierten[120] und letzten Aussage. Danach war er schon seit einiger Zeit zornig auf seine Frau gewesen, weil sie hemmungslos Schulden einging. Das Klima in der Ehe war deshalb sehr schlecht, es kam häufig zu Wortwechseln, Evans nahm zeitweise gar keine Notiz von seiner Frau und beschäftigte sich ausschließlich mit dem Baby. Bei einem neuerlichen Wortwechsel am 8. November erwürgte er seine Frau in einem Wutanfall; die Leiche versteckte er noch in der gleichen Nacht im Waschhaus und tarnte die Stelle mit einer Holzbeige. Die beiden nächsten Tage arbeitete er wie gewohnt, pflegte das Baby und gab ihm regelmäßig zu essen. Am 10. November erdrosselte er es aber abends mit seiner Krawatte und vergrub den Leichnam neben jenem der Mutter. Dann bereitete er sich auf die Abreise vor, verkaufte die Möbel und verließ London.

Evans hatte also die Tat selber eingestanden, derer man ihn beschuldigte! Als es auf den Prozeß zuging, widerrief er allerdings sein Geständnis und kehrte zur zweiten Aussage zurück, also zu jener, die den Mitbewohner Christie aufs schwerste belastete. Aus der Welt schaffen ließ sich aber dadurch das Geständnis natürlich nicht, es stellte nach wie vor das belastendste Schuldargument der Anklage dar. Folgen wir nun dem Prozeßverlauf!

Nach der formalen Einleitung der Beweisführung durch die Anklage sagte als erster Dr. Teare aus[121], der die Autopsie vorgenommen hatte. Er stellte die Todesursache fest, bezeichnete die Mordmittel

[118] Zum zweiten Teil dieses Absatzes siehe a. a. O., S. 122—124.

[119] Alles a. a. O., S. 124/5.

[120] Siehe a. a. O., S. 125—129.

[121] Siehe a. a. O., S. 130.

und legte dar, daß an der Frau keinerlei Spuren auf einen Abtreibungsversuch hindeuteten[122].

Dann trat der Hauptbelastungszeuge auf, John Reginald Christie[123]. Als Expolizist war er ein erfahrener Zeuge, der klar und präzis aussagte. Am wesentlichsten belastete er Evans durch die folgenden Angaben: Mitten in der Nacht vom 8. auf den 9. November (also nach dem Geständnis von Evans die Nacht, in der er seine Ehefrau ermordete!) wurde er, Christie, durch einen starken, dumpfen Schlag[124] von oben aufgeschreckt und wenig später hörte er Geräusche, wie wenn etwas Schweres bewegt würde. Am Mittwochabend erwiderte Evans auf eine Frage nach Frau und Kind, seine Frau sei nach Bristol verreist. Am Donnerstagabend berichtete Evans, er habe seine Arbeit aufgegeben und suche eine neue Stelle in Bristol. Dabei machte er einen furchtbar erregten Eindruck (also an dem Abend, da er nach seinem Geständnis das Baby ermordete!). Am Freitagabend erzählte er, seine Frau hätte ihm telefoniert. — Christie wurde vom Verteidiger außerordentlich scharf ins Kreuzverhör genommen; aber er blieb unerschüttert. Die direkte Anschuldigung, entweder eine Abtreibung versucht zu haben oder doch erheblich mehr über den Todesfall zu wissen, als er vorgebe, wies er entschieden zurück. Er bestritt, jemals besondere medizinische Kenntnisse erworben und am Anfang des Krieges einen Unfall erlitten, ebenso, etwas derartiges Evans gegenüber erwähnt zu haben, wie dieser es behauptete. Christie verneinte auch, Evans ein medizinisches Buch gezeigt zu haben; immerhin mußte er einräumen, ein solches Buch zu besitzen — aber das besagte natürlich bitter wenig. Seine Vorstrafen endlich lagen schon sehr lange zurück, seither hatte er sich gut gehalten, so daß es weder überraschend noch unbegreiflich ist, daß am Schluß die Sympathien der Geschworenen auf seiner Seite standen.

Die Aussage von Christie wurde anschließend von seiner Ehefrau vollumfänglich bestätigt[125].

Dann legten die Polizeibeamten, die Evans Geständnis bewirkt und entgegengenommen hatten, ihr Zeugnis ab. Im Kreuzverhör[126] ging es dabei vor allem um die Frage, ob Evans die zutreffenden und nur dem Mörder bekannten Einzelheiten seines Geständnisses nicht unvorsichtigen Äußerungen der vernehmenden Beamten selber hatte entnehmen können. Oberinspektor Jennings verneinte, ausgesprochen zu haben, daß das Versteck der Leichen sich hinter einer Holzbeige befunden hatte und daß das Baby mit einer Krawatte erwürgt wor-

---

[122] Die von Dr. Teare immerhin festgestellte innerliche Quetschung in der Vagina war in dieser Hinsicht bedeutungslos.

[123] Siehe a. a. O., S. 130—139.

[124] Engl. „thud".

[125] A. a. O., S. 139/40.

[126] Siehe a. a. O., S. 140—144.

den war. In bezug auf die Holzbeige erteilte Sergeant Black allerdings die gegenteilige Auskunft[127]. Aber was die wichtigere Einzelheit anbetraf, die Krawatte, bestätigte er seinen Vorgesetzten, lediglich zum Schluß räumte er ein, sich nicht mit unbedingter Sicherheit erinnern zu können.

Die Verteidigung rief einzig Evans selber als Zeugen auf. Er erzählte genau die gleiche Geschichte wie in seiner zweiten Aussage. Dabei war, sollten alles Lügen sein, die Übereinstimmung immerhin insofern erstaunlich, als Evans, völlig ungebildet und praktisch ein Analphabet, seine Aussage nicht einfach hatte durchlesen und auswendig lernen können[128]. Aber im Kreuzverhör hinterließ Evan einen miserablen Eindruck und vermochte sein Verhalten in keiner Weise plausibel zu erklären[129]. Vorerst mußte er zugeben, bei fünf verschiedenen Gelegenheiten gestanden zu haben! Seine Geständnisse erklärte er aus der Aufregung, die ihn überkommen hatte, als er vom Tod seines Babys hörte, schon das eine Motivierung, die in rationaler Sicht unverständlich ist. Darüber hinaus widersprach er sich selber, gab an, nicht bei allen fünf Gelegenheiten aufgeregt gewesen zu sein, so nicht, als er seine vierte Aussage gegeben habe, und sagte zwischenhinein noch aus, Christie beschützt haben zu wollen! Des weiteren konnte Evans nicht erklären, wieso er nach seiner dritten Aussage geäußert hatte, sich nun erleichtert zu fühlen. Schließlich, weitaus am unwichtigsten, war er nicht imstande, ein Motiv zu nennen, das Christie zu den Morden veranlaßt haben könnte[130].

Das also ist die Beweislage, wie sie sich dem Gericht darbot. Dem unterzeichneten Geständnis, das weder in seinem Inhalt noch psychologisch als von einem Unschuldigen herrührend hatte erklärt werden können und das zudem durch eine doppelte Zeugenaussage bestätigt worden war, stand eine überaus phantastisch anmutende Geschichte

---

[127] Dieser Widerspruch ist auch PAGET aufgefallen (a. a. O., S. 175). Trotzdem läßt er über seine Rolle im weiteren Prozeßverlauf nichts verlauten; wir erfahren also nicht, ob er von der Verteidigung überhaupt aufgegriffen wurde, und auch in seiner Bewertung werden wir im Dunkeln gelassen. Das ist im Hinblick auf seine offensichtliche Bedeutsamkeit — entzog er doch dem indirekten Beweis für die Richtigkeit des Geständnisses die eine Hauptstütze und ließ die zweite als erheblich weniger vertrauenswürdig erscheinen — immerhin recht erstaunlich.

[128] A. a. O., S. 144.

[129] Siehe a. a. O., S. 144—149. Eines leichten Unbehagens kann man sich bei der Lektüre nicht erwehren. Allzu offensichtlich ist Evans intellektuelle Unbeholfenheit und Unterlegenheit, allzu sehr ist das Frage- und Antwortspiel ein Katz- und Mausspiel.

[130] Auf die entsprechende Frage antwortete er zuerst: „Nun, er war den ganzen Tag zu Hause!“

entgegen, deren Hauptanschuldigung, daß Christie einen Abtreibungsversuch unternommen habe, erst noch vom medizinischen Sachverständigen entkräftet worden war. Was an der Beweisführung der Anklage vielleicht nicht restlos befriedigte — das Medizinbuch im Besitz von Christie, die sich teilweise widersprechenden Polizeiaussagen —, war durch die unzähligen Widersprüche in Evans' eigenem Zeugnis vor Gericht mehr als wettgemacht worden. Die vielleicht bemerkte psychologische Ungereimtheit — nach seinem Geständnis tötete Evans völlig unvermittelt sein Baby, das er vorher aufmerksam und liebevoll betreut hatte — entkräftete nicht die Argumente realer Natur. Man muß deshalb zugeben, daß die gegen Evans gehäuften Beweise kaum Zweifel an seiner Schuld offenließen. Der nach kurzer Beratung gefällte Schuldspruch der Jury kann somit nicht im geringsten getadelt werden, ebensowenig wie die Ablehnung des Gnadengesuchs.

Grabesschweigen hätte sich wohl für immer über den Fall Evans gebreitet, wenn nicht im März 1953 in Christies ehemaliger Küche der neue Mieter eine schaurige Entdeckung gemacht hätte: Als ihm beim Installieren eines Radios ein Teil der Mauer hohl zu sein schien und er darum ein Stück Tapete wegriß, erblickte er dahinter zu seinem Schrecken einen menschlichen Leichnam. Die Polizei wurde gerufen, und sie fand in dieser übertapezierten Höhlung nicht nur eine, sondern drei Frauenleichen, die identifiziert werden konnten. Alle diese Frauen waren erwürgt worden. Des weiteren wurde unter den Fußbodenbrettern die Leiche von Mrs. Christie entdeckt. Mr. Christie, der vorige Mieter, war verschwunden, die Fahndung nach ihm wurde aufgenommen, und eine Woche später konnte er verhaftet werden. Unterdessen hatte man im Hinterhof an der Außenseite des Waschhauses noch zwei weitere weibliche Leichen vergraben gefunden, die bereits seit 1943 oder 1944 dort gelegen hatten. Christie wurde mit allen diesen Morden belastet[131].

Vor Gericht wurde Christie wegen der Ermordung seiner Ehefrau zur Verantwortung gezogen. Da seine Täterschaft unbestritten feststand, konnte er lediglich darauf tendieren, unzurechnungsfähig gesprochen zu werden. Er äußerte sich deshalb sehr freimütig über seine Mordtaten, die mit Ausnahme einer — seine Ehefrau wollte Christie aus Mitleid getötet haben — sexuellen Motiven entsprungen waren. Seine Lust hatte darin bestanden, die Frauen während des Erwürgens und auch noch nachher in Besitz zu nehmen. Eines seiner Opfer hatte er durch Vorspiegelung medizinischer Kenntnisse angelockt und dann bei einer angeblichen Inhalation zu Heilungszwecken betäubt[132].

---

[131] A. a. O., S. 150.

[132] A. a. O., S. 150/1.

Christie gestand aber auch, Mrs. Evans ermordet zu haben[133]! Im einzelnen gab er dazu folgendes an: Am 7. November 1949 überraschte er Mrs. Evans bei einem Selbstmordversuch durch Gas, den er aufhielt. Als er sie am nächsten Tag wieder aufsuchte, war sie wegen ihrer Schwangerschaft und der Ehezwistigkeiten weiterhin verzweifelt und gewillt, ihrem Leben ein Ende zu setzen, doch fehlte es ihr an Mut; deshalb bat sie Christie um Hilfe, wofür sie sich selber ihm als Belohnung offerierte. Zu Intimitäten unfähig, betäubte er die nicht Widerstrebende darauf mit Gas und erwürgte sie dann. Evans erzählte er bei der Heimkehr, seine Frau hätte Selbstmord begangen; im Blick auf ihre schweren ehelichen Auseinandersetzungen sei es für Evans besser, das zu verbergen, da niemand an einen Selbstmord glauben würde. Um die Leiche bekümmerte er, Christie, sich nicht weiter, das heißt, er beseitigte sie nicht selber. Auch war es nicht er, der das Baby tötete. — Die Staatsanwaltschaft hätte diese Aussage — eine ähnliche war von Christie bereits vor der Polizei abgelegt worden[134], und auch ein von Christie verfaßter Zeitungsartikel wich nicht erheblich davon ab[135] — anfechten können, wenn sie in ihr ein falsches Geständnis vermutet hätte, um den Eindruck von Verrücktheit zu erwecken; indessen tat sie nichts dergleichen, sondern betonte lediglich emphatisch, daß Evans wegen der Ermordung seines Babys verurteilt und hingerichtet worden sei[136].

Nach der Entdeckung der verschiedenen Leichen und natürlich erst recht nach Christies Schuldbekenntnis waren schwere Zweifel an der Schuld von Evans aufgestiegen. Eine Untersuchung wurde verlangt, und der Innenminister betraute damit Mr. Scott Henderson, einen „Queen's Counsel". Jene, denen am meisten an einer wahrheitsgemäßen Aufklärung lag, waren allerdings schon von der Art der angeordneten Untersuchung wenig befriedigt. Diese sollte nämlich „privat" gehalten werden und nicht öffentlich; eine solche „private" Untersuchung hatte aber, soweit bekannt, noch nie einen Mißgriff in der Rechtspflege aufgedeckt. Die gegen dieses Vorgehen etwa von der „Howard League for Penal Reform" erhobenen Proteste fruchteten indessen nichts[137]. Zu viel gewichtigerem Tadel gibt aber die Untersuchung selber Anlaß!

Schon in formeller Hinsicht erfüllte sie die Voraussetzungen zu einer wirklichen Wahrheitsfindung kaum. Sie dauerte nur drei Tage, und schon nach drei weiteren Tagen wurde der Bericht abgeliefert —

[133] Siehe dazu a. a. O., S. 150—157.

[134] Siehe a. a. O., S. 158—163.

[135] Siehe a. a. O., S. 157/8.

[136] A. a. O., S. 157.

[137] A. a. O., S. 163.

alles nur, um Christie am vorgesehenen Termin hängen zu können[138]! Angesichts der Wichtigkeit des Untersuchungsobjektes ist das doch eine recht unziemliche Eile, selbst wenn Henderson einige Tage vor der Zeugeneinvernahme die Akten studiert hatte; so genau las er sie übrigens wiederum nicht, daß er den von uns erwähnten Widerspruch in den Aussagen der beiden Polizeibeamten für erklärenswert befunden hätte[139]! Weiter legte Henderson den Anwälten von Evans' Familie ungerechtfertigterweise Hindernisse in den Weg[140]: Sie wurden vom Beginn der Untersuchung nicht informiert und waren deshalb am ersten Tag nicht zugegen; ihre Bitte um eine Abschrift der Aufzeichnungen vom ersten Tag wurde abgeschlagen! Eine Kopie von Evans' Prozeßprotokoll erhielten sie erst verspätet, eine solche von Christies überhaupt nicht. Verweigert wurde ihnen auch die Anwesenheit bei der Beweisaufnahme. Hierin mußte Henderson auf verschiedene Interventionen beim Innenminister hin nachgeben, aber im folgenden stellte er keinem der Zeugen auch nur eine der Fragen, die diese Anwälte ihm vorschlugen. Dieses Verhalten kann man kaum mehr als fair und als der Wahrheit verpflichtet bezeichnen. Es beleuchtet eindringlich die Gefahren einer Untersuchung, bei der die Parteien nicht formell vertreten sind.

Gänzlich unhaltbar ist aber der Bericht Hendersons vor allem im wichtigsten Punkt, im Inhaltlichen; er wimmelt geradezu von Unterlassungen, Unlauterkeiten und leichtfertigen Schlußfolgerungen. Greifen wir die schlimmsten heraus!

Bei der neuen Anhörung von Oberinspektor Jennings stellte sich heraus, daß die auf den Leichen von Mrs. Evans und des Babys gefundenen Sachen Evans in zwei getrennten Häuflein gezeigt worden waren, wobei die Krawatte bei den Babysachen gelegen hatte! Evans, der von der Todesursache bereits in Kenntnis gesetzt worden war, hatte sich also selber zusammenreimen können, daß das Baby mit der Krawatte erdrosselt worden war! Der anwesende ehemalige Verteidiger von Evans betonte denn auch sogleich die entscheidende Bedeutung dieser neuen Angabe, aber Henderson versuchte sie unverzüglich abzuschwächen und fragte, ob die beiden Häuflein sehr nahe nebeneinander gelegen hätten und ob sie als ein Haufen hätten erscheinen können, was bejaht wurde[141]. Für Henderson

---

[138] In der Parlamentsdebatte zum Bericht Hendersons begründete der Innenminister Sir David Maxwell Fyfe diese Eile in bezug auf die Hinrichtung Christies mit Erwägungen der Menschlichkeit (siehe a. a. O., S. 238). Es ist aber wohl mehr als fraglich, ob man auch so „menschlich" gewesen wäre, wenn man Christie noch gebraucht hätte, um einen Mörder zu überführen!

[139] Vgl. a. a. O., S. 216.

[140] Dazu siehe a. a. O., S. 164—165.

[141] Zum Bisherigen siehe a. a. O., S. 165.

stellte das anscheinend Grund genug dar, diesen neuentdeckten Sachverhalt in seinem Bericht gar nicht zu erwähnen, sondern unbekümmert daran festzuhalten, Evans' Geständnis sei nur aus Erst-Hand-Wissen zu erklären[142]! Das ist eine durch und durch unverantwortliche Behauptung, denn nach dieser neuen Aussage mußte man zumindest die *Möglichkeit* offenlassen, daß Evans das Wissen von der Rolle der Krawatte eben doch erst auf dem Polizeiposten bezogen hatte. Offenbar ist Henderson unwillkürlich von der falschen Voraussetzung ausgegangen, daß Evans' Unschuld außerhalb jeden Zweifels bewiesen werden müsse und nicht etwa seine Schuld. Anders jedenfalls läßt sich kaum begreifen, wie Henderson diesen neuen Tatbestand für unerheblich halten konnte, nur weil er nicht unbedingt erheblich sein mußte.

In bezug auf die Krawatte ist Henderson ein weiterer ernster Mißgriff unterlaufen. „Zumindest ein Zeuge“ — bereits das eine merkwürdige Formulierung — sagte nämlich aus, die Mordkrawatte hätte nicht Evans gehört. Henderson akzeptierte das nicht als Beweis; Evans selber habe gesagt, es sei seine Krawatte[143]. Eine in keiner Weise angängige Argumentation! Sicherlich muß diese Aussage bloß eines Zeugen nicht unbedingt als beweiskräftig angesehen werden, aber ihr das Geständnis von Evans entgegenzuhalten, das doch auf seine Richtigkeit hin untersucht werden soll, ist schon beinahe unverzeihlich.

Leichtfertig behandelte Henderson auch die durch bisher unbekannte Zeugnisse aufgeworfene Frage, wann Evans die Leichen vergraben hatte. Zwischen dem 8. und 11. November 1949 hatten nämlich verschiedene Handwerker im Waschhaus gearbeitet, und mindestens einer von ihnen — wieder diese merkwürdige Formulierung! — äußerte sich davon überzeugt, daß beim Reinigen am Freitag, dem 11. November, noch keine Leichen dort vergraben gewesen sein konnten, ebenso hätten dort keine Hölzer gelegen. Evans aber hatte in seinem Geständnis erzählt, die Leichen jeweils noch in der Mordnacht vergraben und die Stelle mit Holz getarnt zu haben. Doch hier maß Henderson dem Geständnis nicht mehr so viel Wert bei wie hinsichtlich der Krawatte, sondern er bezeichnete es als unsicher, ob die Leichen zu diesem Zeitpunkt bereits dort gelegen hätten; zudem versuchte er, mit reinen Vermutungen operierend, dieses Zeugnis als wenig zuverlässig erscheinen zu lassen, ebenso stellte er eine sehr vage Spekulation darüber an, wieso Evans die Leichen erst nach Donnerstag vergraben haben könnte. — Noch weit schlimmer ist jedoch, daß Henderson auf das wertvollste neue Zeugnis gar nicht eintrat, sondern es bloß streifte, um es als unerheblich beiseitezu-

---

[142] Siehe a. a. O., S. 195 (Punkt 29 des Berichts).
[143] Siehe a. a. O., S. 195.

schieben: Ihm lag die Aussage eines Zimmermannes vor, wonach dieser das die Grabstelle verdeckende Holz erst am Montag, dem 14. November, geliefert hatte — frühestens am Mittag, und zwar an Christie! Die Richtigkeit dieser Angabe könne anhand seiner Arbeitszeitkarte überprüft werden! Diese schlechthin entscheidende Aussage — Evans war unbestritten während des Nachmittags des 14. Novembers von London abgereist — wurde von Henderson mit der Bemerkung ad acta gelegt, daß der Zimmermann mit dem Waschhaus nichts zu tun gehabt habe! Das ist eine derart raffinierte und perfide Verschleierung der Wichtigkeit einer Aussage ohne zu lügen, daß man zur Objektivität dieses Berichtes keinerlei Zutrauen mehr aufbringen kann. — Im Zusammenhang mit diesen neuen Zeugenaussagen erhoben sich auch noch einige peinliche Fragen an die Adresse der Polizei. Verschiedene dieser Arbeiter waren nämlich nach der Entdeckung des Mordes an Mrs. Evans und ihrem Baby von der Polizei befragt worden, ihre Aussagen kamen aber weder im Prozeß zur Sprache noch wurde die Verteidigung von ihrem Vorhandensein in Kenntnis gesetzt; wurden sie bewußt unterschlagen? Sehr bestürzend ist auch, daß nach der Erklärung eines Arbeiters bei der Polizei ein Beweisdokument verschwand, nämlich seine Arbeitszeitkarte[144]. Wenn diese Anschuldigungen zutreffen, dann war schon das Verfahren gegen Evans unsauber, dann verdienten die Aussagen der beiden Polizeibeamten ganz grundsätzlich keinerlei Vertrauen, und wir müßten unser Urteil korrigieren, daß bei der Verurteilung und Hinrichtung Evans' alle guten Glaubens sein durften.

Mit schweren Mängeln behaftet sind auch Hendersons Versuche, das Geständnis von Christie als falsch zu erweisen. Gerade das wichtigste, weil scheinbar wissenschaftliche Argument gewinnt er nur auf inkorrekte Weise. Er erwähnt, daß bei der neuerlichen Autopsie der Leiche von Mrs. Evans keine Gasspuren gefunden wurden, und daß Dr. Teare auch bei der ersten Autopsie keine solchen bemerkt hatte, was, falls wirklich eine zur Betäubung ausreichende Gasmenge verwendet worden war, höchst unwahrscheinlich gewesen wäre[145]. Daraus folgert[146] Henderson mit Bestimmtheit, daß Christies Geständnis in einem wichtigen Punkt falsch war. Dabei verschweigt er gänzlich die Aussage eines anderen Arztes! Dieser hatte ausgeführt, er würde nicht erwarten, daß die Anzeichen einer Gasvergiftung wahrgenommen würden, sobald einmal die Erwürgung als Todes-

---

[144] Zum ganzen Abschnitt siehe in erster Linie a. a. O., S. 200 (Punkt 37 des Berichts), a. a. O., S. 210—214 (die erbarmungslose Kritik dieser Stelle durch den Labourabgeordneten Geoffrey Bing), sowie a. a. O., S. 167—168 (PAGETS kürzere Kritik, die wohl auf Bing fußt).

[145] A. a. O., S. 201/2 (Punkt 40).

[146] A. a. O., S. 202 (Punkt 42).

ursache bestimmt worden sei[147]. Diese Auffassung hätte ausdrücklich widerlegt oder mindestens erschüttert werden müssen, bevor aus dem negativen wissenschaftlichen Befund hinsichtlich der Gasspuren eindeutige Schlußfolgerungen gezogen werden durften. Aber Henderson fällt auch hier durch eine Unbekümmertheit auf, die nahe an Unredlichkeit grenzt. — Ebenfalls auf anfechtbare Weise gelangte Henderson zur Überzeugung[148], daß Christie bloß gestand, um unzurechnungsfähig gesprochen zu werden. Wohl bestätigte der Psychiater, der Christie im Auftrag der Verteidigung untersucht hatte, daß dieser am Schluß erheblich mehr Mordtaten eingestand als am Anfang, nämlich sieben statt vier[149], und daß er bei genügend starkem Druck wohl geneigt gewesen wäre, noch mehr auf sich zu nehmen[150]; aber das berechtigte lediglich zu einer Vermutung, nicht zu einer Überzeugung. Das Hauptgewicht liegt deshalb auf der Einvernahme Christies selber, die ein überraschendes und scheinbar aufschlußreiches Ergebnis zeitigte. Christie erklärte nämlich nunmehr sehr zurückhaltend, er könne nicht sagen, ob er Mrs. Evans ermordet habe oder nicht; falls man ihm vorhalten würde, er habe es offensichtlich getan, dann würde er das allerdings akzeptieren[151]. Dieses Zurückweichen vom Geständnis entbehrt aber jeder Überzeugungskraft, da Christie bereits am Vortag bei einer ersten Begegnung mit dem Assistenten Hendersons darauf aufmerksam gemacht worden war, daß keine Beweise für seine Schuld bestünden[152]! Dieses erste Zusammentreffen wie der höchst befremdliche Hinweis werden im Bericht Hendersons völlig übergangen, aber aus einer Beilage dazu kann glücklicherweise beides mit Sicherheit erschlossen werden; dafür sind wir wahrscheinlich sogar der Eile zu Dank verpflichtet, mit der alles abgefaßt wurde, denn sonst wäre diese verräterische Spur wohl noch verwischt worden. Dieses Vorgehen samt dem Verschweigen erregt nun wirklich in höchstem Maß Bedenken, es hält sich gerade noch knapp innerhalb der Grenzen, wo ein bewußter Beeinflussungsversuch noch nicht nachgewiesen werden kann; daß es aber zumindest als Ermunterung zum Widerruf aufgefaßt werden *konnte*, liegt auf der Hand. Für die Beurteilung des Berichts macht es aber im Ergebnis keinen wesentlichen Unterschied aus, ob wir hier Parteilichkeit oder Fahrlässigkeit (was letztlich heißt: Unfähigkeit) annehmen, beides entwertet ihn gleichermaßen vollständig. Zu diesem fragwürdigen Vorgehen kommt erst noch, daß Christie an fort-

---

[147] A. a. O., S. 167.

[148] Ausgesprochen in Punkt 47, a. a. O., S. 206.

[149] Christie erinnerte sich also anfänglich auch zweier anderer, unbestritten von ihm verübter Morde nicht!

[150] A. a. O., S. 203 (Punkt 43).

[151] A. a. O., S. 205 (Punkt 46).

[152] Zu diesem skandalösen Punkt siehe a. a. O., S. 226/7 und S. 169.

geschrittener Schizophrenie litt oder diese Krankheit wenigstens spielte, so daß jegliches Abstellen auf seine Äußerungen ohnehin problematisch war[153]. Aus dem gleichen Grund erscheint als ziemlich unwichtig auch die Aussage eines Gefängnisgeistlichen, der Henderson berichtete, Christie hätte ihm gegenüber starke Zweifel daran geäußert, daß er Mrs. Evans wirklich umgebracht habe[154]. Im übrigen kann über die Bedeutung solcher nicht durch präzise Gegenfragen kontrollierter und geklärter Aussagen nichts Sicheres ausgemacht werden, vor allem hätte auch Christie selber näher über dieses Gespräch mit dem Geistlichen befragt werden müssen. Zu bestimmten Schlüssen hinsichtlich der Glaubwürdigkeit Christies reichte also das Material bei weitem nicht.

Auf Grund der zahlreichen aufgewiesenen Fehler dürfen wir über den Bericht Hendersons zusammenfassend das Urteil sprechen, daß ihm keinerlei Überzeugungskraft innewohnt und seine Schlußfolgerungen unbeachtlich sind, besonders jene[155], daß keine Zweifel an der Verantwortlichkeit von Evans für den Tod seiner Ehefrau und seines Babys vorlägen. Ein Urteil von gleicher Härte haben wir bereits über den Bericht Jollys im Fall Rowland abgeben müssen. Das ist wohl mehr als ein Zufall; wo es um das Eingeständnis eines Justizirrtums oder gar eines Justizmordes geht, sind offenbar die psychischen Widerstände gegen eine unbeirrte Wahrheitssuche einfach zu stark[156]. Ziehen wir daraus wenigstens die Lehre, beruhigende offizielle oder halboffizielle Berichte zu solchen Fällen mit kritischem Scharfblick unter die Lupe zu nehmen; nichts wäre mehr fehl am Platz als Leichtgläubigkeit und blindes Vertrauen.

Der Bericht Hendersons vermag also die Zweifel an Evans' Schuld keineswegs zu zerstreuen. Mit diesem schwankenden Ergebnis müssen wir uns aber nicht zufriedengeben. Uns scheint, die im Gefolge der Entdeckung von Christies Untaten neu zutage getretenen Tatsachen ließen sich mit ausreichender Zuverlässigkeit zu einem eindeutigen Schluß verdichten.

Zunächst ist einmal festzuhalten, daß im Licht dieser neuen Kenntnisse der im Prozeß gegen Evans geführte Beweis vollständig zusammengebrochen ist. Einerseits hat sich der Hauptbelastungszeuge als ein mehrfacher Mörder entpuppt, andererseits läßt sich das Geständnis von Evans inhaltlich auf eine ihn nicht belastende Weise

---

[153] A. a. O., S. 169. Christie sprach zuweilen von sich selber wie von einem Fremden.

[154] Siehe a. a. O., S. 203 (Punkt 44).

[155] Ausgesprochen in Punkt 41, a. a. O., S. 202.

[156] Zum Teil ist das sehr begreiflich; die Erkenntnis, daß ein Justizmord geschehen ist, muß trostlos wirken, und jene in eine irrtümliche Verurteilung immerhin bestürzend genug. Neben diesen Motiven scheint aber auch ein primitives Prestigedenken eine erhebliche Rolle zu spielen.

erklären[157]. Die nackte Tatsache des Geständnisses allein spricht noch gegen Evans. Aber dieses Geständnis ist nicht nur widerrufen worden, sondern es hat sich auch in einem wesentlichen Punkt als unrichtig herausgestellt, nämlich im Bericht über die Beseitigung der Leichen. Darauf weisen die von uns erwähnten Aussagen verschiedener Arbeiter hin[158], aber auch Evans' Geständnis selbst! Darin kam nämlich die Meinung zum Ausdruck, daß das Waschhaus ein unbenutzter Platz war, und Evans gab sogar an, es verschlossen zu haben; nach Christies von Henderson nicht abgelehnter Aussage war aber gar kein solcher Schlüssel vorhanden gewesen, und schließlich hatten es ja auch unbestrittenermaßen mehrere Arbeiter benützt. Es ist in der Tat auffallend, wie Evans' Geständnis in all den Punkten zutrifft, die der Polizei schon damals bekannt waren, und wie es in anderen ihr damals noch unbekannten merkwürdig in die Irre geht[159]. Die Fehlangaben Evans' sind unverständlich, wenn er wirklich der Mörder war, ebenso wie es sich schon kaum plausibel erklären ließ, wieso er als Mörder zwar freiwillig die Polizei aufgesucht, aber den Ort der Leichen falsch angegeben haben sollte[160]. Das Geständnis von Evans ist also sehr unglaubhaft geworden. Dagegen hat seine zweite Aussage, auf die er im Prozeß zurückgekehrt war, unterdessen eine gewaltige Verstärkung erfahren. Schwer ins Gewicht fällt schon allein, daß der damals beschuldigte Christie sich tatsächlich als ein Frauenmörder erwiesen hat, als einer der gefährlichsten unseres Jahrhunderts zudem. Der daraus fließende Verdacht gegen Christie wird untermauert durch die Verletzungen, die Dr. Teare an Mrs. Evans' Leiche festgestellt hat[161]. Für ihn spricht aber auch recht stark Evans' eigene Schilderung, wonach seine Frau auch aus Mund und Nase geblutet hatte; diese Angabe mutet nämlich besonders glaubhaft an, weil sie zu der von Evans angenommenen mißglückten Abtreibung gar nicht paßte, ihre Erfindung für ihn also unzweckmäßig gewesen wäre[162]. Ebenso bedeutsam ist aber, daß der Prozeß gegen Christie aufgedeckt hat, daß er (und zum Teil auch seine Ehefrau) im Prozeß gegen Evans gelogen hatte, und zwar hinsichtlich des Unfalls wie seiner medizinischen Kenntnisse; als lügnerisch erwies sich auch seine Behauptung, den Möbelhändler gar nicht zu kennen, den er Evans empfohlen haben sollte. Diese Lügen belasten Christie schwer, denn als an diesem Mord Unschuldiger hätte er zu ihnen, besonders zur letztgenannten, kaum Anlaß gehabt[163]. Andererseits erhöhen sie die

[157] Vgl. S. 177/8.

[158] Siehe S. 178/9.

[159] Paget-Silverman, S. 172.

[160] Vgl. a. a. O., S. 170/1. Solange die Beweise zwingend erschienen, durfte man darüber als psychologisches Rätsel allerdings hinwegsehen.

[161] Vgl. Anm. 122, auch a. a. O., S. 176.

[162] A. a. O., S. 175/6.

[163] A. a. O., S. 220, S. 176.

Glaubwürdigkeit von Evans' Darstellung ganz beträchtlich, wie übrigens auch die Tatsache, daß Evans zwar über die Sachen seiner Frau verfügt, aber jene des Babys zurückbehalten hatte[164]. Evans' Verhalten war also der von ihm erzählten Geschichte gemäß! — Die Zeichen häufen sich bereits, doch es stoßen noch mehr, womöglich noch gewichtigere hinzu. Die These von Evans' Schuld beruht nämlich ganz allgemein gesehen auf einer äußerst unwahrscheinlichen doppelten Voraussetzung: daß erstens zwei Mörder unabhängig voneinander im gleichen kleinen Hause wirkten, und daß zweitens Evans mit einer erfundenen Anschuldigung gegen einen scheinbar respektablen Menschen rein zufällig einen mehrfachen Mörder traf. Beides ist für sich allein genommen wenig wahrscheinlich, beides zusammen aber, wie es dieser Fall erheischt, geradezu „astronomisch" unwahrscheinlich[165]. Dazu tritt erst noch, daß beide ihre Opfer auf die gleiche Weise töteten und darüber hinaus sogar die Leichen auf die gleiche Weise einbanden. Die Methode der Leicheneinschnürung war allerdings einem anderen Mordfall ähnlich. In Evans' Wohnung fanden sich auch Zeitungsausschnitte über diesen; aber Christie hatte nach dem Tod von Mrs. Evans freien Zutritt zur Wohnung, er hatte seine letzten drei Opfer in dieser Weise umhüllt, und Evans war praktisch ein Analphabet[166]! Als „Erklärung" bliebe nur, daß beide vom gleichen „Vorbild" angesprochen wurden und es auf die exakt gleiche Weise nachahmten, oder daß, wofür jeder andere Hinweis fehlt, Christie und Evans zusammenarbeiteten[167]. Kurz, die These von Evans' Schuld wird immer unglaublicher, die Unwahrscheinlichkeiten häufen sich ins Unerträgliche. Zu alledem kommt geradezu vernichtend die Aussage des Zimmermannes hinzu, der das Holz geliefert hatte[168]. Sie bedeutet nämlich, daß Evans die Leichen am hellichten Tag über den Hof hätte tragen müssen, den Blicken von Christies und zahlreichen anderen Fenstern ausgesetzt! Voraussetzung dazu wäre erst noch gewesen, daß Christie unmittelbar nach Erhalt des Holzes dieses gleich ins Waschhaus gebracht hätte[169]. Hier wird der Glaube an Evans' Schuld vollends unsinnig.

[164] A. a. O., S. 176, S. 220/1.

[165] A. a. O., S. 170.

[166] A. a. O., S. 176.

[167] Paget läßt dies a. a. O., S. 178, als eine entfernte Möglichkeit offen, aber nur, weil sie nicht zwingend widerlegt werden kann.

[168] Vgl. S. 179.

[169] Paget/Silverman, S. 172/3. Theoretisch wäre es denkbar, wenn auch völlig unwahrscheinlich, daß Christie zufällig die Hölzer gerade über der Stelle aufschichtete, wo die Leichen bereits vergraben lagen. Aber in diesem Fall war Evans' Geständnis bezüglich des Holzes komplett unrichtig und überhaupt nur durch „Einflüsterungen" der Polizei erklärbar. Die zweite theoretische Möglichkeit, nämlich daß Evans die Leichen bereits früher vergraben hatte und am Montag nur noch die Hölzer wegnahm, kommt,

Gegenüber dieser erdrückenden Last von Anzeichen gegen Evans' Schuld verblassen die allenfalls nicht ganz geklärten Punkte. *Paget* führt sehr fair jene an[170], die er auffinden kann, aber sie sind allesamt nebensächlich. Evans erkundigte sich anscheinend nicht, wieso das Paar, welchem Christie angeblich das Baby übergab, dessen Sachen nicht gleich mitgenommen hatte[171]; aber hierüber hätte sich für Christie leicht eine brauchbare Ausrede erfinden lassen. Evans erzählte auch seiner Tante eine Lüge über den Verbleib des Babys; aber diese paßte ebensogut zu seiner zweiten Aussage wie zu seinem Geständnis. Unsicher ist ferner, ob Christie überhaupt fähig gewesen wäre, die Leichen zu tragen; indessen sind wir hier allein auf Christies objektiv nicht nachprüfbare Angaben angewiesen, und zudem hat der ihn damals behandelnde Arzt zugegeben, sich im Prozeß gegen Evans in bezug auf das Datum von Christies erster Konsultation wegen Fibrositis geirrt zu haben[172]. Endlich konnten auch die von Evans nicht bemerkten Würgspuren von Blut verdeckt gewesen sein. *Paget* bemüht sich sogar noch, Evans' Geständnis psychologisch begreiflich zu machen. Angesichts der deutlichen Sprache der Fakten ist das an sich überflüssig, aber es ist immerhin bemerkenswert, daß es ihm auf eine einigermaßen einleuchtende Weise gelingt[173]. Nachzutragen bleibt

---

aus dem Stillschweigen Pagets zu schließen, offenbar nicht in Betracht (mit dem Geständnis würde übrigens auch diese Version nicht übereinstimmen!); Christie hätte das ja auch bemerken müssen — und nichts wäre für ihn günstiger gewesen, als eine solche Beobachtung vor Gericht anbringen zu können.

[170] A. a. O., S. 177.

[171] Dieser Punkt ist uns nicht ganz klar. In Evans' zweiter Aussage steht immerhin (siehe a. a. O., S. 120), daß Christie am Abend des Tages, da das Baby angeblich fortgegeben worden war, ihn geheißen habe, den Rest der Sachen des Babys in einem Koffer bereitzustellen, den Christie dann zusammen mit dem Kinderwagen dem Paar überbringen werde.

[172] Als Datum gab er nunmehr den 12. November an und fügte bei, daß das Tragen einer schweren Last eine solche Krankheit hätte verursachen können. — Selbst wenn Christie bereits an diesem Samstag tatsächlich Anzeichen der Krankheit verspürte, spricht das nicht gegen seine Schuld. Er konnte die Leichen durchaus spät am Freitag oder früh am Samstag vergraben haben; da er vermutlich wußte, daß bald eine Lieferung Holz eintreffen werde, mittels welcher er die Stelle verbergen könne, wäre das nicht einmal allzu unvorsichtig gewesen.

[173] A. a. O., S. 173—175. Nach diesem Deutungsversuch war Evans ein Typ, der aus momentanen Unannehmlichkeiten ohne Rücksicht auf zukünftige und vielleicht weit schlimmere sofort herauszukommen trachtete. Die von der Polizei ganz bewußt geschürte Atmosphäre der stillschweigenden Feindseligkeit konnte auf ihn unangenehm, ja unerträglich wirken. Das Geständnis lockerte diese Atmosphäre ohne Zweifel, und so läßt sich sogar Evans' Erleichterung nach dem Geständnis, sein „Nunmehr-Besserfühlen" verstehen.

lediglich noch, daß die aus formaljuristischen Gründen nächstliegende Ehrenrettung der Rechtspflege, nämlich daß Christie die Frau, Evans aber das Kind getötet hat, nicht einmal von Henderson vertreten wurde[174]. Allzu offensichtlich ist es, daß Evans ein Motiv nur zur Ermordung seiner Ehefrau aufwies. Daß Christie nur den Mord an Mrs. Evans zugab, aber jenen am Baby bestritt, läßt sich leicht erklären: auf seine Frauenmorde war er nämlich stolz[175]!

Aus all dem Angeführten scheint sich uns praktisch zwingend der Schluß aufzudrängen, daß Evans tatsächlich unschuldig war[176], er also einem Justizmord zum Opfer gefallen ist.

Der Justizmord an Evans ist im Augenblick wahrscheinlich der am besten bekannte; für viele Gegner der Todesstrafe stellt er das Paradebeispiel dar. Er ist auch in der Tat insofern sehr lehrreich, als er in kaum überbietbarer Deutlichkeit enthüllt, wie sehr selbst ein scheinbar überwältigendes Beweismaterial trügen kann. Wohl noch selten schien ein Fall so klar zu sein, alles deutete nur auf eines, auf die Schuld von Evans — des Unschuldigen. Am beklemmendsten ist gerade, daß der Justizmord an Evans, gemessen an praktikablen Maßstäben, unvermeidlich war. In dieser Hinsicht ist er der wertvollste unter unseren fünf Beispielen; hier müssen wir einsehen, daß auch eine verantwortungsbewußt handelnde Rechtspflege einen Justizmord nicht ausschließen kann; ein aufschlußreiches Ergebnis, das unsere sehr umfangreiche Analyse voll rechtfertigt. Der „Fall" Evans aber, die Hinrichtung dieses völlig ungebildeten, lügnerischen, flatterhaften und unglaublich naiven Menschen, der jedoch in der naturhaften Liebe zu seinem Kind, für dessen Tod er in tragischer Ironie sterben mußte, zu rührender Größe emporstieg, dieser Fall, da die Justiz mit grauenhaft unerbittlicher Hand ein unschuldiges Opfer gerade unter jenen forderte, die ihres Schutzes besonders bedürfen, unter den Wehrlosen aus Ohnmacht oder Unverstand, er möge zum unvergänglichen Mahnmal werden.

e) Der Fall Barbara Graham

Im Laufe des Jahres 1955 wurde in der Gaskammer von St. Quentin in Kalifornien Barbara Graham hingerichtet. Ihre Geschichte ist

---

[174] Siehe a. a. O., S. 189 (Punkt 14 und 15).

[175] A. a. O., S. 177/8.

[176] Koestler (d, S. 130) schreibt 1961 ohne nähere Angaben, daß Evans' Unschuld vor kurzem bewiesen worden sei. Wir wissen nicht, ob hierbei neue Tatsachen entdeckt und verwertet worden sind. Indessen ist das für unsere Zwecke ziemlich belanglos, denn wir halten das von uns Aufgeführte für beweiskräftig genug.

durch den Film „I want to live“[177] weit durch die Welt getragen worden, durch einen Film, der trotz seines scheinbar „reißerischen“ Inhalts sich ehrlich um eine tatsachengemäße Darstellung bemühte[178]. Leider können wir entgegen unserer bisherigen Übung diesen Fall nicht sehr ausführlich behandeln. Das uns als Grundlage dienende Buch von *Rawson* scheint zwar in den allgemeinen Angaben vertrauenswürdig zu sein[179], aber es enthält, etwa über den Prozeßverlauf, viel zu wenig dokumentarisches Material, als daß es uns eine eigenständige Beurteilung erlauben würde. Sinnvollerweise müssen wir deshalb auf eine Gesamtabwägung des Für und Wider verzichten und uns damit begnügen, die bedenklichsten der Umstände herauszugreifen, die zu Barbara Grahams Verurteilung und Hinrichtung geführt haben. Vorausgeschickt sei lediglich noch eine knappe Tatbestandsangabe: Zur Last gelegt wurde Barbara Graham, sich und den beiden dubiosen Unterweltsgestalten Santo und Perkins in Ausführung eines Raubplanes, an dem sich auch noch ein gewisser Bruce King beteiligte, unter einem Vorwand bei Mrs. Monahan Eintritt verschafft und sie dann eigenhändig erschlagen zu haben.

Unerfreulich, wenn auch für die spätere Verurteilung nicht unbedingt ursächlich, waren schon die Zeitungsberichte über Barbara Graham vor dem Prozeß. Die einerseits attraktive, andererseits eines brutalen Mordes beschuldigte Frau bot natürlich der Presse ein sehr dankbares Objekt. Leider unterlagen die Journalisten der tiefen Faszination, die die Verbindung von anziehendem Äußeren und raubtierhaftem Inneren stets auf die Vorstellungskraft ausübt, dermaßen, daß sie den Schuldspruch bedenkenlos vorwegnahmen. Besonders unrühmlich tat sich ein gewisser Ed Montgomery hervor, der Barbara Graham kurzerhand als die schlimmste Verbrecherin der letzten Jahre bezeichnete, als „tizianrote Tigerin“. Diese verantwortungslose

---

[177] Gedreht unter der Regie von R. Wise mit Susan Hayward in der Titelrolle.

[178] Albert Camus: „Die erbarmungslose Geschichte, die dieser Film schildert, ist eine wahre Geschichte“ (wiedergegeben auf dem Titelblatt von Rawson). Auch die Filmkritik (z. B. in der Neuen Zürcher Zeitung vom Samstag, dem 16. Mai 1959) hat seine Ehrlichkeit nicht in Frage gestellt. Auf eine wesentliche indirekte Bestätigung seines Wahrheitsgehaltes werden wir gegen den Schluß unserer Besprechung stoßen (siehe S. 190).

[179] Sie stimmen mit jenen des Films überein und stützen sich auf die Berichte Ed Montgomerys, der immerhin den Pulitzer-Preis zugesprochen erhielt (siehe die hintere Umschlagseite von Rawson). Wenigstens was die beiden Hauptpunkte angeht, auf die sich unser Schlußurteil hauptsächlich stützen wird, werden sie ferner vollumfänglich durch den Bericht der Friskoer Gefängnisreporterin Bernice Freeman (in der Schweizer-Illustrierten-Zeitung, Jahrgang 1963, No. 8—10) bestätigt.

Berichterstattung richtete aber wahrscheinlich Barbara Graham in den Augen zahlloser Leser (das heißt auch potentieller Geschworener!), ehe sie überhaupt vor dem Richter stand[180].

In erster Linie bietet aber im Prozeß selber manches Anlaß zu entschiedenem Tadel:

Bedenklich stimmt das Zeugnis von Bruce King. Dieser sagte als Augenzeuge folgendes aus: Bei seinem Eintreten in das Mordhaus eine Minute nach seinen Kumpanen — neben Barbara Graham die Mitangeklagten Santo und Perkins — sei diese vor der bereits halb zusammengesunkenen Bewohnerin gestanden und hätte mit einer Pistole in der Rechten unentwegt auf sie eingeschlagen, während die Linke sie am Haar gepackt hielt. Barbara Graham ward also als entfesselte, entsetzliche Furie gezeichnet. Aber Kings anschauliche Schilderung, mit einer naive Gemüter überzeugenden Indignation vorgetragen, darf keinesfalls als zuverlässig angesehen werden. King hatte sich nämlich an der Ausführung des Raubplanes zugegebenermaßen beteiligt, er war also zunächst selber des Mordes dringend mitverdächtig. Darum ist es überaus zweifelhaft, ob seine Barbara Graham belastende und der Staatsanwaltschaft gefällige Aussage wirklich allein der Gerechtigkeit dienen sollte, wie er im Kreuzverhör ohne übertriebene Bescheidenheit ausführte, und gar nicht der Rettung seiner eigenen Haut[181].

Auf eine geradezu niederträchtige Weise war Barbara Graham dazu bewogen worden, einem verkappten Polizeibeamten ihre Anwesenheit am Tatort zuzugeben. Eine als Zellengenossin eingeschmuggelte Agentin hatte sich anerboten, ihr einen falschen Alibizeugen zu beschaffen[182]. Dieser, in Wirklichkeit eben ein Polizeibeamter, erklärte sich bei der Unterredung während der Sprechzeit im Gefängnis dazu bereit, das Alibi zu liefern, doch verlangte er Gewißheit darüber, wo sie am fraglichen Abend gewesen sei. Ihren Angaben glaubte er nicht, wiederholt forderte er sie auf, doch endlich zuzugeben, daß sie dabei gewesen sei; als alles nichts fruchtete, „bedauerte" er, bei solcher Unklarheit das Risiko eines Meineids nicht eingehen zu können, und traf Anstalten, sich zu verabschieden. Da, in dieser verzweifelten Klemme, stieß Barbara Graham ihr Zugeständnis hervor[183]. Das Tonband über diese Unterhaltung wurde nun vor Gericht abgespielt. Jedem einigermaßen Vernünftigen hätte jedoch klar sein müssen, daß eine unter solchen Umständen gefallene Äußerung keinerlei Beweis-

---

[180] Siehe Rawson, S. 93/4, vgl. auch S. 9.

[181] Siehe a. a. O., S. 112—115. In Freemans Darstellung trägt King den Namen John True, der von kaum mehr zu überbietender Ironie wäre.

[182] Siehe a. a. O., S. 103—104.

[183] Dieses Zwiegespräch siehe a. a. O., S. 107—110.

wert beanspruchen kann. Dieser wird auch nicht dadurch begründet, daß Barbara Graham in ihrem Bemühen, den Alibizeugen von der Gefahrlosigkeit einer Lüge zu überzeugen, unter anderem erklärt hatte, der verschwundene Zeuge, von dem er eine widersprechende Aussage befürchte, werde auch verschwunden bleiben[184]. Zwar bewahrheitete sich anscheinend diese Voraussage, aber sie war auch nicht schwierig; wer die Praktiken der amerikanischen Unterwelt nur von ferne kennt, weiß, daß solche „entfernte" Zeugen nicht wieder aufzutauchen pflegen. Das Verschwinden als solches aber konnte ebensogut wie Barbara Graham selber ihren Gegenspielern von Nutzen sein. Der Gesprächsinhalt belastet also Barbara Graham kaum. Das Vorgehen der Polizei dagegen bleibt ungeheuerlich, ein grausames Spiel mit der Todesangst, eine erpresserische Folter. Man hätte deshalb erwarten sollen, daß der Verteidiger mit letztem Einsatz gegen diese Methoden protestiert hätte; doch nichts dergleichen geschah, im Gegenteil! Erregt meldete er sich zum Wort, erklärte, ungeachtet seiner vielen Mahnungen zur Wahrhaftigkeit wenigstens ihm gegenüber hätte ihn seine Klientin immer wieder angelogen, weshalb er sein Amt als Pflichtverteidiger niederlegen möchte. Dieses Ersuchen wurde abgelehnt, wobei der Vorsitzende ausführte, gerade die Kenntnis des Charakters der Angeklagten stemple ihn zu ihrem geeigneten Verteidiger, und wobei er auf ein entsprechendes Anliegen begütigend versicherte, die Einstellung des Verteidigers werde vom Gericht nicht mißdeutet[185]. Der seine Klientin selber verleugnende Verteidiger führte also den Prozeß weiter! Das hieß der ersten Ungeheuerlichkeit gleich eine zweite beifügen, denn ein solcher Verteidiger vermag unmöglich seine Funktion als Gegengewicht zur ohnehin fast übermächtigen Staatsanwaltschaft richtig auszufüllen.

Auf diesen beiden so wackeligen Pfeilern — der Zeugenaussage und dem „Eingeständnis" — ruhte aber im Wesentlichen die Beweisführung. Wohl wurde anscheinend als belastendes Moment[186] noch vorgebracht, ohne die Anwesenheit Barbara Grahams hätte das Opfer die Verbrecher gar nicht eingelassen; aber offenbar stützte sich dieses Schuldargument vor allem auf die Aussagen der Mitangeklagten Santo und Perkins, und außerdem handelte es sich um ein naturgemäß

---

[184] Siehe a. a. O., S. 108, vgl. S. 106.

[185] Dieses erstaunliche Zwischenspiel siehe a. a. O., S. 118.

[186] Von ihm erfahren wir von RAWSON nur im Zusammenhang mit der Sinnesänderung Ed Montgomerys nach dem Prozeß, und zwar auf eine sehr unvollständige Weise (siehe a. a. O., S. 131); deshalb setzen wir die vorsichtigen Worte „anscheinend" und „offenbar". Hier wird die von uns eingangs erwähnte Untauglichkeit des Buches von RAWSON für eine kritische Gesamtdarstellung offensichtlich.

unzuverlässiges[187]. Wohl bestätigte die Aussage ihres Gatten Barbara Grahams Angaben über ihren Verbleib am Mordabend nicht; aber erstens ist ein Angeklagter keineswegs verpflichtet, ein Alibi zu erbringen, und zweitens war Mr. Graham das erste Mal einvernommen worden, als er noch unter Einfluß von Rauschgift stand[188]! Eine neuerliche Unkorrektheit also! Schließlich mochte es auf die Geschworenen vernichtend wirken, daß Barbara Graham unter Bewährung stand — wegen Meineides[189]. Aber sachlich bewies das in bezug auf den Mord überhaupt nichts, und psychologisch ist es sogar fraglich, ob die Neigung zu Lügenhaftigkeit nicht eher gegen die Teilnahme an einem Gewaltdelikt spricht. Zusammenfassend sind wir deshalb zum Schluß berechtigt, daß die Verurteilung Barbara Grahams kein Vertrauen einflößt.

Nach der Verurteilung fand Barbara Graham endlich treue Streiter, die sich rückhaltlos für ihr Leben einsetzten, ihren neuen Anwalt, den von diesem beigezogenen Kriminalpsychologen, der aber unglücklicherweise mitten in seinem Wirken verstarb, und den durch einen Tip aus der Unterwelt aufgeschreckten Ed Montgomery[190]. Die Bemühungen dieser drei Männer blieben nicht ohne Ergebnis. So stellte sich heraus, daß Barbara Graham Linkshänderin war[191], womit Kings Schilderung nochmals an Glaubwürdigkeit einbüßte. Vor allem aber wurde nunmehr entdeckt, daß King bei der ersten Einvernahme in San Franzisko ein Geständnis abgelegt hatte, wovon in der Verhandlung gegen Barbara Graham in Los Angeles kein Wort gefallen war[192]! Aber selbst diese üble Unterlassung beeindruckte die Justizbehörden nicht; hartnäckig sträubten sie sich gegen jedes Zugeständnis. Nur um den eine ablehnende Haltung einnehmenden Staatsanwalt nicht zu verletzen, der die Anklage geführt hatte, wurde Barbara Graham ein nachträglicher Lügendetektor-Test verweigert[193]. Hier offenbart sich

---

[187] Die ihm zugrunde liegende Voraussetzung, daß keiner der drei andern in irgendeiner Beziehung zum Opfer gestanden hatte, die das Einlassen erklären würde, ist schlechthin unbeweisbar.

[188] Zu diesem Punkt siehe a. a. O., S. 105/6, vgl. S. 123—124. Bei Freeman fehlt jede Andeutung in diese Richtung, weshalb wir davon absehen, diesen Punkt mit Nachdruck auszuwerten.

[189] Der Staatsanwalt spielte das als seinen größten Trumpf aus (siehe a. a. O., S. 125/6).

[190] Es wurde ihm zugeflüstert, daß King, Santo und Perkins das Opfer selber genau gekannt hatten und die Geschichte von der Beteiligung einer Frau aufgelegter Unsinn sei (a. a. O., S. 131).

[191] Siehe a. a. O., S. 134.

[192] Siehe a. a. O., S. 138/9.

[193] Siehe a. a. O., S. 135/6.

eine rücksichtslose Solidarität des Justizapparates auf Kosten möglicherweise Unschuldiger. Desgleichen wurde die Hinrichtungsordnung — zuerst Barbara Graham als Haupttäterin und dann die Mittäter — nicht umgekehrt[194], obwohl das Santo und Perkins vielleicht zu einer entlastenden Aussage hätte bewegen können; auf die beibehaltene Weise nämlich stellte Barbara Graham ein Schutzschild für die beiden dar, sie konnten sich in der nicht aussichtslosen Hoffnung wiegen, eine hübsche Frau werde ohnehin nicht hingerichtet, womit auch sie als Nebentäter vor diesem Schicksal bewahrt bleiben würden[195]. Somit wurden jedenfalls nicht alle Möglichkeiten zur Verhütung eines Justizmordes genutzt, oder sie konnten aus juristischen Gründen nicht genutzt werden, was beides gleich unerquicklich ist. Einmal mehr behauptete dermaßen die Halsstarrigkeit das Feld; Barbara Graham wurde hingerichtet.

Aus dem von uns ausgebreiteten Material läßt sich kein sicherer Schluß auf Barbara Grahams Unschuld ziehen. Hingegen hat sich die Berechtigung von Zweifeln an ihrer Schuld überzeugend herausgestellt, was für unsere Zwecke vollauf genügt. Wie schwach die Position jener ist, die an ihrer Schuld festhalten, hat auch ein aufschlußreiches Nachspiel erhellt: Im Zusammenhang mit der durch die Affäre Chessman in Kalifornien aufgelebten grundsätzlichen Diskussion um die Todesstrafe wandte sich am 10. März 1960 im Senat der Generalstaatsanwalt, ein entschiedener Parteigänger der Todesstrafe, gegen den vom Film „I want to live" hervorgerufenen Eindruck von Barbara Grahams Unschuld. Im Wunsch, von einer schweren Bürde frei zu werden, habe nämlich auf dem Sterbebett ein Gefängniswärter einem Staatsanwalt mitgeteilt, daß Barbara Graham ihm die Mordtat eingestanden habe[196]! Das ist eine Geschichte, die vielleicht auf Pietät spekulieren kann, aber den Verstand gänzlich unbeeindruckt läßt; gar zu viele sind der möglichen kritischen Einwände. Alle vier (Barbara Graham — Gefängniswärter — Staatsanwalt — Generalstaatsanwalt) können die Unwahrheit gesagt, die drei erstgenannten sich mißverständlich ausgedrückt, die drei letztgenannten etwas mißverstanden haben. Außerdem beruht die ganze Geschichte ausschließlich auf im Wesentlichen unkontrollierbaren Angaben nur der einen Seite, der an der Befestigung der Schuld Barbara Grahams in den Augen der Öffentlichkeit viel gelegen sein mußte. Seltsam ist auch, daß der Gefängniswärter von einer schweren Bürde gesprochen haben

[194] A. a. O., S. 153.

[195] Siehe a. a. O., S. 133/4, S. 138.

[196] Siehe Rev. int. crim. pol. tech., 1960. No. 1, Rubrik „A travers le monde", S. 191.

soll; nach seiner Aussage war ja gar nichts Unrechtes geschehen; wenn ihn aber die an Barbara Grahams Schuld lautgewordenen Zweifel dermaßen bedrückten, dann ist nicht einzusehen, wieso er mit seinem Wissen nicht schon früher hervorgetreten war. Kurz, diese Geschichte entkräftet nicht ein einziges unserer vorherigen Bedenken; statt unsere Zweifel zu beschwichtigen, erhöht sie sie eher noch; denn offenbar kann der Film anders nicht widerlegt werden! Die Möglichkeit, daß Barbara Graham einem Justizmord zum Opfer gefallen ist, kann folglich keineswegs ausgeschlossen werden. Uns scheint, das Vorliegen eines Justizmordes sei sogar wahrscheinlich. Gewisse Ähnlichkeiten zu den bereits behandelten und nachdrücklich belegten Justizmorden sind unverkennbar; jedenfalls die „Symptome“ gleichen sich somit in auffallender Weise. Deshalb sollte, wer immer gegen die Todesstrafe wegen der Gefahr eines Justizmordes ankämpft, den Fall Barbara Graham nicht aus den Augen lassen.

Wir haben nun insgesamt fünf justizmordverdächtige Fälle dargestellt und dabei jedenfalls vier Justizmorde überzeugend aufgewiesen. Das ist sicherlich keine besonders imposante Zahl. Aber davon abgesehen, daß grundsätzlich schon ein einziges überzeugendes Beispiel berechtigten Befürchtungen rufen würde, Ähnliches könnte sich wieder abspielen, darf die Bedeutung dieser Zahl doch nicht unterschätzt werden. Einmal sind wir dem Rahmen unserer Arbeit entsprechend keineswegs bemüht gewesen, systematisch nach möglichst allen Justizmorden zu forschen; wir haben lediglich die überzeugendsten Beispiele herangezogen. Zum andern muß es fast als Glücksfall angesehen werden, wenn ein Justizmord überhaupt erwiesen werden kann; nicht nur sind fast immer mächtige Widerstände des Justizapparates zu überwinden, sondern es spricht auch alle Wahrscheinlichkeit dafür, daß bei weitem nicht jede tatsächliche Unschuld auch beweisbar ist[197]. Zieht man zusätzlich noch in Betracht, daß die Todesstrafe in den letzten Jahrzehnten von den zivilisierten Staaten, auf die sich unsere Betrachtung beschränkt, nur zurückhaltend angewendet worden ist, dann dünken einen die vier aus unserem Jahrhundert stammenden Beispiele, von denen sich drei sogar erst nach dem zweiten Weltkrieg ereignet haben, gar nicht mehr so wenig. Es würde jedenfalls zum mindesten als kühn erscheinen, sie als verschwindende Ausnahmen hinzustellen.

---

[197] Vgl. KOESTLER, d, S. 78—80. Aus der Zeit zwischen 1920 und 1940 vermag dieser Autor nicht weniger als fünf Fälle von der britischen Insel namentlich anzugeben, die justizmordverdächtig sind; dazu stoßen erst noch zwei Fälle, wo trotz sich widersprechenden wissenschaftlichen Gutachten zu einem Hauptpunkt die Angeklagten verurteilt und gehängt wurden (siehe a. a. O., S. 87/8).

3. Anzeichen für das Vorkommen von Justizmorden

Für den Nachweis des Vorkommens von Justizmorden fast ebenso aufschlußreich wie Beispiele selbst sind jene Fälle, wo es zwar zu keinem Justizmord gekommen ist, wo aber bei veränderten äußeren Umständen leicht einer hätte geschehen können.

Am eindeutigsten hierher gehören die nur dank einem glücklichen Zufall vermiedenen Justizmorde. Dafür zwei Beispiele: Als gegen Ausgang des letzten Jahrhunderts im Staat Mississippi ein gewisser Purvis wegen Ermordung eines Negers gehängt werden sollte, löste sich der Knoten der Schlinge, die Maske wurde abgerissen und Purvis fiel unverletzt auf die Erde. Die entsetzte Menge entschied sich für den Abbruch der Hinrichtung. Als diese erneut angeordnet wurde, befreite eine Gruppe von Männern nächtlicherweile Purvis und hielt ihn verborgen. Als er sich stellte, wurde er begnadigt. 1917 gestand auf dem Totenbett ein alter Mann, damals den Mord begangen zu haben, und er schilderte die Einzelheiten genau[198]. Eine ähnlich wunderbare Rettung begab sich 1901 in Florida. Dort war ein J. B. Brown wegen Mordes zum Tode verurteilt worden; während sein Kopf bereits in der Schlinge steckte, wurde das Urteil nochmals verlesen — und dessen Wortlaut ordnete versehentlich nicht seine, sondern die Hinrichtung des Obmanns der Geschworenen an! Man wagte trotz der Offensichtlichkeit des Versehens nicht, das Urteil zu vollstrecken, Brown wurde begnadigt. Zwölf Jahre darauf gestand der ebenfalls verurteilte Mittäter, die Tat allein ausgeführt zu haben, was sich als richtig herausstellte[199]. In diesen beiden Fällen ist die Vermeidung eines Justizmordes wahrhaftig nicht menschlichem Verdienst zuzuschreiben; das Leben zweier Unschuldiger lag allein in der Hand des blinden Zufalls! Wer will, kann in den rettenden Zufällen allerdings eine Fügung von oben erblicken, aber er vergesse nicht, daß wohl andere vergeblich auf eine solche gewartet haben; übrigens würden derartige Vorkommnisse heute, wo die Hinrichtungen nicht mehr öffentlich stattfinden, schwerlich mehr als einen Aufschub zeitigen[200]. Darum werfen diese beiden Beispiele von glückhaft Bewahrten vor allem die eindringliche Frage auf: Wievielen blieb eine solche rettende Wendung versagt? Es wäre blindes mittelalterliches Gottesurteilsdenken, einfach regelmäßig auf eine solche zu vertrauen.

---

[198] v. Hentig, die Strafe II, S. 134.

[199] A. a. O., S. 149/50.

[200] So versagte beispielsweise 1938 in Huntsville (Texas) der elektrische Stuhl; er wurde repariert und der Delinquent einfach vier Tage später hingerichtet (a. a. O., S. 134, Anm. 3). — Der Grund für die geschilderte Reaktion der Öffentlichkeit auf solche Zwischenfälle ist im Weiterleben der alten Anschauung zu suchen, daß im Mißlingen einer Hinrichtung eine göttliche Mißfallensäußerung liege (vgl. a. a. O., S. 133).

Beachtung verdient in diesem Zusammenhang aber überhaupt jedes Fehlurteil in einer Mordsache oder einer verwandten Angelegenheit[201]; an Beispielen mangelt es uns nicht.

Sehr beeindruckend sind die noch aus der Zeit vor dem zweiten Weltkrieg stammenden Zahlen aus dem Staat New York, vorgelegt vom damaligen Leiter der Anstalt Sing-Sing. Danach wurden ihm zur Hinrichtung insgesamt 415 Delinquenten eingeliefert; bei 55 von diesen wurden die Todesurteile durch die höchste Strafinstanz des Bundesstaates aufgehoben, was in 30 Fällen zu einem Freispruch, in 18 zu einer milderen Qualifizierung des Verbrechens führte. Es wurden also nicht weniger als sieben Prozent der ursprünglichen Todeskandidaten später freigesprochen, die Gesamtfehlerquote betrug gar elf Prozent[202]! Das sind erschreckende Zahlen, selbst wenn man annimmt, daß manche der Freigesprochenen in Wirklichkeit schuldig waren und nur aus Treue zum Grundsatz „in dubio pro reo" freigesprochen wurden. Diese Zahlen mögen — hoffen wir es! — die meisten Fehlleistungen der Rechtspflege enthalten, aber sicher ist das keineswegs, schon darum nicht, weil lebensmüde Verurteilte auf eine Berufung überhaupt verzichten können[203]. Im übrigen ist die Fehlerquote einfach zu hoch, um in die restlichen 360 Todesurteile unbedingtes Vertrauen hegen zu können, und schließlich läßt sich nicht hinwegdisputieren, daß in einem Zeitraum von vielleicht 20 Jahren in einem einzigen amerikanischen Bundesstaat 30 Menschen in der Todeszelle saßen, die im Sinne des Gesetzes als unschuldig anzusehen sind. Angesichts solcher Zahlen erhält man eine Ahnung davon, wie groß die Gefahr des Vorkommens von Justizmorden in Wirklichkeit

---

[201] So kann beispielsweise eine irrtümliche Verurteilung wegen Totschlags erheblich sein, da die Abgrenzung zum Mord in manchen Fällen unklar ist, die Entscheidung also möglicherweise von Zufällen abhängt. Selbst eine irrtümliche Verurteilung wegen Körperverletzung braucht nicht unbeachtlich zu sein, wenn diese leicht auch zum Tod hätte führen können. Das hat vor einigen Jahren ein aufsehenerregendes Beispiel in England deutlich vor Augen geführt. Wie das spätere Geständnis der wirklichen Täter offenbarte, waren nämlich drei Männer namens Emery, Thompson und Powers wegen schwerer Verletzung eines Polizisten verurteilt worden. Falls der betreffende Polizist aber gestorben wäre, hätten die drei fast unweigerlich den Tod erleiden müssen. Die Gefahr eines dreifachen Justizmordes war also hier unheimlich nahe! Und ob er später entdeckt worden wäre, ist äußerst fraglich, denn die wirklichen Täter hätten dann kaum gestanden (zu diesem Fall siehe PONCET, Vers l'abolition de la peine de mort en Angleterre, Rev. int. crim. pol. tech., 1956, No. 1, S. 61).

[202] v. HENTIG, a. a. O., S. 147.

[203] Zwei Beispiele von solchen Lebensmüden in Sing-Sing siehe a. a. O., S. 147.

sein kann. Einzelfälle verblassen daneben; lediglich um nicht die Meinung aufkommen zu lassen, wir verfügten aus der Zeit seit dem letzten Weltkrieg über gar keine Beispiele irrtümlicher Verurteilungen aus den Vereinigten Staaten, verweisen wir hier kurz auf die Fälle Foster[204], Alcorta[205] und Solera[206].

Die amerikanischen Verhältnisse gelten nun nicht unbedingt auch für Europa. Aber das Beispiel von Deutschland fällt kaum erfreulicher aus; sowohl nach dem ersten wie nach dem zweiten Weltkrieg lassen sich zahlreiche Fälle von Fehlurteilen namhaft machen. So ist es in der Tat überaus bemerkenswert, daß ein einziger deutscher Verteidiger — Max Hirschberg — in den Jahren nach dem ersten Weltkrieg in drei Mordfällen die Fehlerhaftigkeit des ersten Urteils im Wieder-

---

[204] Wie die beiden anderen gleich zu nennenden Fälle von Nerin E. Gun in der Schweizer-Illustrierten-Zeitung dargelegt, und zwar ziemlich ausführlich (Jahrgang 1959, No. 36 ff.). Die Berichte dieses Korrespondenten erwecken ungeachtet der etwas breiten Schilderung nicht nur der menschlichen und sozialen Hintergründe, sondern auch der bloßen Begleitumstände, und ungeachtet der vielleicht zuweilen doch journalistisch übersteigerten Dramatik des Geschehens den Eindruck von Gründlichkeit und Sachkenntnis. Die entscheidenden Punkte werden nicht übergangen, und es fehlt auch nicht an präzisen Angaben. — Foster fiel vor allem einer falschen Identifizierung durch die Witwe des Ermordeten zum Opfer; nur der rückhaltlose Einsatz seines Anwaltes rettete ihn vor dem elektrischen Stuhl, der ihm sicher schien, als der Oberste Gerichtshof in Washington 1958 das Todesurteil bestätigte. Ein Tip aus der Unterwelt wies schließlich auf die richtige Spur, zu einem bekannten Gangster hin; dieser sah Foster nicht unähnlich, so daß wenigstens die Fehlidentifizierung verständlich ist. Im übrigen befriedigt aber weder die Untersuchung noch der Prozeßverlauf; allzu sehr spielten Vorurteile — zum Teil spezifisch südstaatliche — eine Rolle.

[205] A. a. O., Jahrgang 1961, No. 16 (S. 36). An Leiden der Todesangst stand Alcorta ebenso wie der viel bekanntere Chessman fast Übermenschliches aus; elfmal mußte er sich zum letzten Gang vorbereiten, dreimal wurde der Aufschub erst in der letzten halben Stunde gewährt. — Vor dem Obersten Gerichtshof in Washington hörte der für die Verurteilung verantwortliche Staatsanwalt manch hartes Wort; ein Richter (kein geringerer als Chief Justice Warren) schleuderte ihm entgegen: „Sie lügen", ein anderer: „Sie sind so schuldig wie ein Mörder", ein dritter fragte schließlich vernichtend: „Haben sie wirklich Jurisprudenz studiert?".

[206] A. a. O., Jahrgang 1961, No. 49 (S. 20). Solera wurde 1946 wegen Mordes verurteilt, seltsamerweise aber nicht zum Tode, sondern nur zu lebenslänglichem Zuchthaus. Solera hatte gelogen, um eine Schwarzschlachtung zu vertuschen. Als er mit der Wahrheit herausrückte, wirkte sie nicht mehr glaubhaft, besonders da der Mittäter leugnete. Das Alibi, das eine Frau hätte bezeugen können, blieb wegen Angst vor der Eifersucht des Ehemannes aus! — Der Freispruch erfolgte 1961.

aufnahmeverfahren hat nachweisen können[207], im Fall Rettenbeck[208], im Fall Götz[209] und im Fall Pfeuffer[210]; von Seltenheit kann da nicht mehr gesprochen werden. In die gleiche Zeit fällt auch die Entdeckung der Untaten des scheinbar biederen Gärtnermeisters Denke, dieses Massenmörders, der über seine Morde säuberlich Buch führte; dank diesem außergewöhnlichen Umstand stellte sich nun heraus, daß ein gewisser Trautmann, ehemals zum Tod verurteilt und dann begnadigt, seit 12 Jahren unschuldig im Zuchthaus saß[211]. Aber auch nach dem zweiten Weltkrieg, in einer neuen Epoche, deren Strafrechtspflege vielleicht mehr Vertrauen einflößt als jene frühere in einer Zeit vieler innerer Wirren, sind mehrere schwere Irrtümer vorgekommen. *Mostar* kennt seit 1945 nicht weniger als zwölf[212], und er pflegt sonst keine leeren Behauptungen aufzustellen; mindestens bei dem von ihm ausführlich behandelten Fall Lang[213] muß das Vorliegen eines Fehlurteils anerkannt werden. *Arndt* führt namentlich vier Fehlurteile aus der Nachkriegszeit auf[214], jene über Burkhardt[215],

---

[207] Hirschberg, S. 70.

[208] A. a. O., S. 75—78. Rettenbeck wurde zum Tod verurteilt, aber begnadigt, und verbüßte als Unschuldiger 15 Jahre im Zuchthaus! — Noch 10 Jahre nach der Mordtat vom Dezember 1918 konnte Hirschberg einen andern dermaßen belasten, daß er Rettenbeck freikämpfen konnte. Schon das ein deutliches Anzeichen dafür, daß hier viel Skandalöses geschehen ist.

[209] A. a. O., S. 68—69. Auch Götz wurde zum Tod verurteilt und begnadigt; sechs Jahre darauf erwies sich der „Mord" als eine versuchte Abtreibung mit tödlichem Ausgang.

[210] A. a. O., S. 64—66. Pfeuffer wurde anfechtbarerweise nur wegen Totschlags verurteilt, dafür aber zur Maximalstrafe. Auch hier reduzierte sich jedoch der Tatbestand auf eine versuchte Abtreibung mit tödlichem Ausgang.

[211] Ernst v. Salomon: „Der Fragebogen", Hamburg 1951, S. 158—159. Die zum Teil wörtliche Wiedergabe dieser Stelle durch v. Hentig, a. a. O., S. 146, spricht für ihre Zuverlässigkeit.

[212] Mostar, Unschuldig verurteilt, S. 18.

[213] A. a. O., S. 205—254. Lang wurde 1947 wegen Mordes entgegen dem Willen der Staatsanwaltschaft nur zu lebenslänglichem Zuchthaus verurteilt. 1953 wurde Lang im Wiederaufnahmeverfahren wegen Mangels an begründetem Verdacht — also nicht nur wegen Mangels an Beweisen! — freigesprochen, wobei es fast zu einem Freispruch wegen erwiesener Unschuld gereicht hätte.

[214] Arndt, S. 44 (auch die Quelle für die Angaben in den Anm. 215 bis 218).

[215] Wegen Totschlags an einem Kameraden zu 12 Jahren Zuchthaus verurteilt, im Wiederaufnahmeverfahren wegen erwiesener Unschuld freigesprochen.

Plückhahn[216], Rossmann[217] und Klein[218]. Schließlich ist noch 1961 im Fall Rohrbach ein Justizirrtum aufgedeckt worden[219].

Fehlurteile über Mordtaten sind also bis in die neueste Zeit hinein mehrfach vorgekommen; es kann keine Rede davon sein, daß sie nur ganz vereinzelt aufgetreten sind. Die Frage ist nun allerdings, ob Folgerungen für die Gefahr von Justizmorden auch aus den Fehlurteilen gezogen werden dürfen, die gerade nicht zu einem Justizmord geführt haben, sei es wegen rechtzeitiger Entdeckung, sei es wegen Korrektur durch die Begnadigungsinstanz, sei es wegen Fehlens der Todesstrafe überhaupt. Unseres Erachtens ist das zu bejahen, weil eben jede rechtskräftige irrtümliche Verurteilung wegen Mordes grundsätzlich den Weg zum Justizmord freilegt. Die Verhütung des Schlimmsten in unseren Beispielen darf uns also keineswegs beruhigen. Jeder von diesen bekannt gewordenen Irrtümern wirft die Frage nach den unbekannt gebliebenen auf; der eigentlich augenfällige, weil er an die weniger augenfälligen denken läßt, der nur dank einem glücklichen Zufall entdeckte, weil dieser leicht hätte ausbleiben können, der von der höheren Instanz berichtigte, weil man leider nicht regelmäßig auf Sorgfalt und Gewissenhaftigkeit zählen darf, und weil häufig bloß formelle, also im Hinblick auf die Schuldfrage zufällige Gründe für die Berichtigung maßgebend waren. Auch der infolge der Begnadigung vermiedene Justizmord wirft die Frage auf, ob sie wirklich allein aus Zweifeln an der Schuld erfolgte und nicht infolge anderer, davon völlig unabhängiger Erwägungen, was letztlich wiederum hieße, daß die Rettung der Unschuld dem Zufall zu verdanken war. Aus diesen Gründen würden wir es für eine frevle Unbekümmertheit halten, an den Menetekeln dieser Fehlurteile achtlos vorbeizusehen; auch sie weisen auf indirekte, aber nichtsdestoweniger deutliche Weise auf die Möglichkeit von Justizmorden hin.

B. Die Antwort der systematisch-theoretischen Analyse

Ebenso aufschlußreich wie das Heranziehen der praktischen Erfahrungen ist die planmäßige theoretische Durchforschung des Phänomens Justizmord auf seine Ursachen hin. Einmal wird sie uns das wirkliche Ausmaß der Gefahr noch deutlicher aufzeigen. Vor allem aber wird

---

[216] Wegen Mordes 1955 zu lebenslänglichem Zuchthaus verurteilt, 1957 freigesprochen.

[217] Wegen Beihilfe zu Mord zu 15 Jahren Zuchthaus verurteilt, erwirkte 1955 nach der vollen Verbüßung der Strafe die Wiederaufnahme. (Aus den kurzen Angaben Arndts geht nicht klar hervor, ob dieser Fall nicht doch in die Zeit nationalsozialistischer Rechtsprechung zurückreicht; seinen eigenen Prämissen würde das allerdings widersprechen.)

[218] Wegen zweifachen Mordes 1946 zum Tod verurteilt, 1956 aber auf freien Fuß gesetzt, weil die Wiederaufnahme notwendig wurde.

[219] Müller-Meiningen jr. in 12 Antworten, S. 112.

erst sie erkennen lassen, ob Justizmorde ausschließlich auf behebbar anmutende Nachlässigkeiten seitens der Gesellschaft zurückgehen, oder ob nicht mindestens zum Teil vielmehr auf eine allgemeine, jeder menschlichen Strafrechtspflege innewohnende Mangelhaftigkeit. Sie wird also mit anderen Worten die Beurteilung der zentralen Frage verstatten, ob man Justizmorde vernünftigerweise überhaupt als vermeidbar ansehen darf.

Der Gedanke zu einer solchen Klärung liegt nicht fern; trotzdem scheint er bisher weitgehend in kasuistischer Argumentation untergegangen zu sein. Um so rühmlicher ist der Versuch *Hirschbergs*, dem Justizirrtum von dieser grundsätzlichen Seite her beizukommen.

1. Die Ursachen des Justizmordes im einzelnen und die Unmöglichkeit ihrer individuellen Ausschaltung

Als erstes müssen wir bestrebt sein, die einzelnen Gefahrenquellen für die Entstehung von Justizmorden aufzuzeigen. Hierbei können wir in wichtigen Teilen *Hirschbergs* Untersuchung der „kriminalistischen Hauptursachen der Fehlurteile[220]" folgen. Durch Ergänzungen und Begriffsausweitungen haben wir uns bemüht, unsere Übersicht möglichst umfassend zu gestalten. Indessen ist dies nur ein Nebenziel; für uns entscheidend ist unserem Programm gemäß die Prüfung jeder einzelnen Gefahrenquelle darauf hin, ob sie auf eine befriedigende Weise unschädlich gemacht werden könnte.

a) Unrichtiges Verhalten von Justizbeamten

Eine erste, kaum namentlich angeführte und nur widerstrebend zur Kenntnis genommene Ursache für Fehlleistungen der Rechtspflege stellt das unkorrekte Verhalten von eigens zu ihrem Dienst berufenen Personen dar. Wir denken dabei in erster Linie an die Untersuchungsphase, in der sich das Schicksal eines Beschuldigten praktisch bereits entscheiden kann.

Am übelsten ist es natürlich, wenn die Untersuchungsorgane sich eine geradezu verbrecherische Handlungsweise zuschulden kommen lassen, indem sie Geständnisse oder Aussagen erpressen. Derartiges ist in unserem Jahrhundert auch in politisch ruhigen, geordneten Staaten durchaus noch vorgekommen.

Am schlimmsten sieht es in den USA aus, wo Foltermethoden bei der Polizei mit der rühmlichen Ausnahme des FBI anscheinend noch nicht völlig außer Gebrauch gekommen sind, wobei sie gemeinerweise nur gegen arme, hilflose Opfer angewendet werden[221]. Angesichts des

---

[220] Siehe Hirschberg, S. 15 ff., das erste Kapitel.

[221] Diese Beschuldigung entnimmt Hirschberg, S. 20, dem Buch eines hohen amerikanischen Richters!

gravierenden Tatbestandes soll diese allgemeine Feststellung durch zwei Beispiele ergänzt werden. Im Fall Johnson[222] (1911) wurde der Beschuldigte dadurch gefügig gemacht, daß man ihm erzählte, vor dem Gefängnis stehe eine rasende Menge, nur durch das Geständnis könne er dem Lynchen entgehen. Jahre später bezeichnete eine Zeugin den wirklichen Täter, Johnson wurde begnadigt und entlassen; eine Entschädigung für die mehr als zehn im Zuchthaus verbüßten Jahre erhielt er indessen nicht, weil er durch sein falsches Geständnis selber zu seiner Verurteilung beigetragen hatte, ein bezeichnendes Nachspiel, hinter dessen grausamer Ironie sich eine beängstigende Rücksichtslosigkeit des Justizapparates abzeichnet. Noch viel brutaler ging es im Fall Sheeler[223] (1939) in Philadelphia zu, wo der Angeschuldigte während mehrerer Tage aufs roheste mißhandelt wurde. Außerdem wurde er psychisch mit unwahren Angaben unter Druck gesetzt; es trat sogar ein bezahlter Polizeispitzel als „einwandfreier", überführender Zeuge in Funktion. Nach einer Woche brach Sheeler zusammen, legte ein Geständnis ab und wurde von einem Berufsgericht verurteilt. Nach langem Kampf erfolgte 1951 der Freispruch, wobei neben dem vorhin Angeführten auch einwandfrei festgestellt wurde, daß Sheeler zur Zeit der Mordtat in New York geweilt hatte.

In Europa dürfte die Gefahr von so brutalen Machtmißbräuchen durch die Polizei geringer sein, aber auch hier sind schwere Unkorrektheiten vorgekommen. In einem holländischen Mordfall[224] im Jahr 1923 erpreßte der untersuchende Kriminalist, der damals erfolgreichste der Niederlande, die entscheidende Zeugenaussage, indem er mit einer Anzeige wegen Abtreibung und auch mit Verfolgung wegen Beihilfe zum Mord drohte. Die Zeugen waren aber nicht so gewissenlos wie der Kriminalist und bezichtigten sich schließlich selber des Meineides, so daß alles ans Tageslicht kam. Von einer Verfolgung des fehlbaren Beamten hat man aber bezeichnenderweise nichts gehört! Im Fall Lang[225] wurde der Beschuldigte vom Kriminalkommissar im Mai 1947 einmal 40 Stunden lang mit einer Unterbrechung von nur 6 Stunden verhört[226]. Der gleiche Beamte beeinflußte auch die Zeugen, einen davon sogar in erpresserischer Weise[227]. Immerhin erklärte sich in diesem Fall das untragbare Vorgehen aus der später zutagegetretenen Schizophrenie auf eine nicht ehrenrührige Weise,

---

[222] Hirschberg, S. 20—21, erwähnt auch bei v. Hentig, die Strafe II, S. 154, Anm. 1.

[223] Hirschberg, S. 17—19.

[224] Siehe Mostar, a. a. O., S. 134 ff.

[225] A. a. O., S. 205 ff. (vgl. auch Anm. 213). Übrigens einer der instruktivsten der von Mostar dargelegten Fälle.

[226] A. a. O., S. 238.

[227] A. a. O., S. 240.

doch bedeutet das für das Opfer solchen krankhaften Übereifers auch nicht den geringsten Trost.

Wir dürfen uns wohl die Hoffnung erlauben, daß derart krasse Druckmittel nur selten angewendet werden. Gefährlich kann aber auch die allenthalben gebräuchliche verfeinerte psychologische Methode[228] sein, das „gute" Zureden, das Locken mit einer Zigarette, das Verheißen einer Beendigung des ermüdenden Verhörs und anschließend einer entspannten, ja freundlichen Atmosphäre. Gerade dumm-schüchterne und labile Menschen können dieser im Grunde genommen ebenfalls druckausübenden Methode erliegen, was besonders bedenklich ist, weil diese Menschen sich auch im übrigen nur schlecht zu wehren wissen. Gerade die besonders Schutzbedürftigen stehen also in erhöhter Gefahr! Erinnern wir uns hier auch an die mitleiderweckende Gestalt von Evans, dessen Geständnis wohl auf solche Weise zustande kam[229].

Ein ebenso ernster Feind der Wahrheit wie Böswilligkeit oder mißverstandener Ehrgeiz ist aber auch die Voreingenommenheit, die alles nicht ins festgefügte Bild Passende einfach ignoriert. Sie führt zu dem, was *Hirschberg* treffend „eingleisige Untersuchung" nennt. Ein Musterbeispiel dafür haben wir bereits im Fall Jakubowski angetroffen; nicht weniger schlimme Unterlassungen waren einige Jahre zuvor im Fall Rettenbeck[230] vorgekommen: Obschon auch die Geliebte des Angeschuldigten ein Motiv aufzuweisen hatte, handelte es sich doch beim Mordopfer um die Ehefrau Rettenbecks, und obschon sie sich außerdem durch das Verschweigen der Anwesenheit eines Verwandten verdächtig gemacht hatte, obgleich dieser seinerseits das Haus zur kritischen Zeit in Richtung zum Tatort hin verlassen hatte und seine Verwandten unwahre Angaben über seinen Aufenthalt machten, wurde diese Spur gar nicht verfolgt. Auch hier fällt es schwer, noch an unbedingte Gutgläubigkeit zu glauben, aber dieses Kriterium ist ja für unsere jetzige Untersuchung nicht ausschlaggebend. Im übrigen sind weniger offensichtliche Vorurteile nicht minder gefährlich, lassen sie sich doch kaum aufdecken.

Die Häufigkeit solchen Versagens bei Justizbeamten läßt sich schwerlich zuverlässig festlegen. Möglicherweise kommt es, besonders als bestimmende Ursache für einen Justizirrtum, nur relativ selten vor. Für den davon Betroffenen ist es aber darum nicht weniger bedrohlich, und es ist um so verhängnisvoller, als die meisten Gesetzgeber von einem geradezu blinden Vertrauen in die Makellosigkeit der Justizbeamten erfüllt sind, während sie deren potentiellen Widersachern, den Verteidigern, oft viel Schlechtes zutrauen und dagegen

---

[228] Vgl. ihre recht anschauliche Schilderung bei MOSTAR, a. a. O., S. 13.

[229] Vgl. Anm. 173.

[230] HIRSCHBERG, S. 75—78; zu Einzelheiten vgl. auch Anm. 208.

auch Vorkehrungen treffen. Diese Haltung könnte kaum schlagender zum Ausdruck kommen als in der geltenden deutschen Regelung des Wiederaufnehmeverfahrens, nach dessen widersinnigster Bestimmung dasselbe Gericht über den Wiederaufnahmeantrag entscheidet, das die Verurteilung ausgesprochen hat! Daneben enthält es zahlreiche weitere, durchaus gewichtige Unzukömmlichkeiten, indem es etwa der Staatsanwaltschaft ein Beschwerderecht gegen Wiederaufnahmebeschlüsse einräumt und den Verteidiger bei der Vernehmung von ihm beigebrachter neuer Zeugen ausschließt[231]! Diese so schwerwiegenden, teils offensichtlichen Mängel lassen das mit etwas anderen Worten von *Hirschberg* formulierte Urteil als fast unanfechtbar erscheinen, daß der Gesetzgeber in erster Linie die Fiktion von der Unfehlbarkeit der Rechtspflege aufrechterhalten wollte, selbst auf Kosten eines Unschuldigen. Bezeichnend ist auch die mangelnde Gleichstellung von Staatsanwaltschaft und Verteidigung im Gesetz. So besitzt diese — jener sowohl geld- wie machtmäßig meist ohnehin unterlegen — keinen umfassenden Anspruch auf Orientierung über den Gang der Voruntersuchung, die Möglichkeit, bei der Ermittlung des Sachverhaltes mitzuwirken und notfalls korrigierend einzuspringen, ist also dem Verteidiger nicht von Gesetzes wegen gewährleistet[232]. Das ist aber selbst dann unbefriedigend, wenn die Staatsanwaltschaften sich gegenüber den Verteidigern in der Regel entgegenkommend verhalten; denn sie sind zu einem solchen Verhalten eben doch nicht verpflichtet, so daß Ausnahmen davon vorkommen können. Auch im angelsächsischen Bereich, der *Hirschberg* als Vorbild vorschwebt, ist dieses Problem der Gleichstellung nicht unbedingt gelöst. So bedauert *Silverman*[233], daß in England der amtliche Verteidiger kein Geld erhält, um eigene Nachforschungen anzustellen. Außerdem wähle praktisch die Staatsanwaltschaft die Zeugen aus; wohl übergebe sie der Verteidigung eine Liste der Einvernommenen, aber ohne deren Aussagen; Nachprüfungen stießen aber auf erhebliche Schwierigkeiten materieller wie psychologischer Art, jemand, dem die Polizei versichert habe, seine Aussage sei unwesentlich, lasse sich nur schwer als Zeuge gewinnen und dann kaum als ein guter, überzeugender[234]. Natürlich variieren alle diese Bestimmungen von Land zu Land, aber die Vermutung dürfte begründet sein, daß die Grundhaltung nirgends fundamental anders ist, ganz einfach darum, weil jeder Staat die Neigung hat, die zu seinem Apparat gehörenden Organe zu bevorzugen. Fragen könnte man sich noch, ob die Gesetzesmängel nicht zum Teil

---

[231] Die ins einzelne gehende, umfassende Kritik dieser Regelung siehe bei HIRSCHBERG, S. 113 ff.

[232] Siehe a. a. O., S. 100—103.

[233] PAGET/SILVERMAN, S. 42.

[234] A. a. O., S. 43.

als so schwer erscheinen, daß sie als eigentliche Ursache von Justizirrtümern anzusprechen sind; *Hirschberg* hat ihnen denn auch ein eigenes Kapitel gewidmet[235]. Indessen halten wir fest, daß bei den heute im Vordergrund stehenden Gesetzesmängeln, besonders bei den von uns gestreiften, immer noch ein menschliches Ungenügen dazutreten muß[236], das zwar vielleicht bei einer klugen Gesetzesregelung hätte vermieden werden können, das aber als auslösendes Phänomen doch bestehen bleibt. Gesetzeskorrekturen würden lediglich seine Bekämpfung erleichtern, es aber nicht völlig unschädlich machen, schon weil es auch schwache Verteidiger gibt. Im übrigen dürften wir die Würdigung der Gesetzesmängel als ausschlaggebende Ursache auch von unserer Fragestellung her vernachlässigen, da es ganz selbstverständlich ist, daß die allein auf sie zurückzuführenden Irrtümer grundsätzlich vermeidbar sind.

Die für uns entscheidende Frage lautet nunmehr also: Besteht irgendwelche Aussicht dafür, daß die Irrtumsursache des Versagens von Justizbeamten in absehbarer Zukunft gänzlich ausgeschaltet werden kann? Unseres Erachtens ist das entschieden zu verneinen. Die Erreichung des dazu erforderlichen intellektuellen Niveaus sollte zwar möglich sein, schwerlich aber jene des ethischen — nicht nur auf Grund der Einsicht in die allgemeine menschliche Fehlerhaftigkeit. Gerade die unbedingte Voraussetzung dafür, das Wissen um die eigene Fehlbarkeit, der Mut, begangene Irrtümer einzugestehen und der Wille, sie nach Möglichkeit wiedergutzumachen, gerade das hat der Justiz bis heute in einem geradezu erschreckenden Ausmaß gefehlt. Auf ihr hartnäckiges Festhalten am einmal eingeschlagenen Weg und auf ihren fast unüberwindlichen Widerstand gegen das Eingeständnis von Fehlern haben wir bereits häufig verweisen können, darunter mit stoßendsten Beispielen wie bei den Justizmorden an Lesurques, Jakubowski, Rowland und Evans. Dennoch sei die Liste fortgeführt, um zu verdeutlichen, daß es sich hier fast um eine Berufskrankheit handelt, die jedenfalls nicht selten auftritt. Viel Bemerkenswertes berichtet gerade in dieser Hinsicht *Mostar*. Als 1868 die Akten des Falles Berger, der sich von 1834 bis 1838 in Pommern abgespielt und mit einem Justizmord geendet hatte, veröffentlicht wurden, verschwieg man schamhaft die Namen der Richter und des Ortes[237]. Im Fall Ziethen (1883, Elberfeld)[238] wurde der wirkliche Mörder, den die

---

[235] Hirschberg, S. 96 ff.

[236] Anders wäre es etwa, wenn man positiv verbindliche Beweisregeln wiederaufleben ließe, etwa das „aus zweier Zeugen Mund, wird alleweil die Wahrheit kund". Dann könnte das Gesetz sehr leicht die alleinige Ursache für einen Justizirrtum abgeben.

[237] Mostar, a. a. O., S. 48. Das Verhalten der für die Verurteilung Maßgebenden war durchaus schmählich.

[238] A. a. O., S. 75 ff.; vgl. auch Hirschberg, S. 26—29, mit Literaturhinweisen.

Polizei von vornherein für unschuldig hielt[239], dadurch zu einer belastenden Aussage gebracht, daß man ihm erzählte, Ziethen hätte ihn der Tat bezichtigt[240]. Als er wenige Jahre später vor dem Untersuchungsrichter sein inzwischen erfolgtes Geständnis bestätigen sollte, wurde er vorerst einmal darauf aufmerksam gemacht, daß er allenfalls auf eine schwere Strafe gefaßt sein müsse[241]. Trotz des mehrfachen Wechsels von Geständnis und Widerruf und obschon die beigezogenen Berliner Kriminalisten von seiner alleinigen Schuld überzeugt waren, legte die Staatsanwaltschaft Beschwerde gegen die Genehmigung des Wiederaufnahmeantrages durch das Landgericht ein und drang damit beim Oberlandesgericht durch[242]. Auch eine spätere glückliche Entdeckung, die praktisch einen Alibibeweis für die kritischen fünf Minuten ermöglichte, verhalf neuen Wiederaufnahmeanträgen nicht zum Erfolg[243]. Die am Fehlurteil Bonmartini (Italien, 1902) schuldigen Richter avancierten später, der Staatsanwalt wurde gar zum Generalstaatsanwalt befördert[244]. Im Fall Plank war die Staatsanwaltschaft zu erhaben, auf anonyme Briefe (die die Wahrheit enthielten!) überhaupt einzugehen, und als sich die Ehefrau des Angeklagten bei der Behörde auf sie berief, wurde sie kurzerhand verdächtigt, die Briefe selber geschrieben zu haben[245]. Im Fall Lang wurde ein erster Wiederaufnahmeantrag, der sich im Wesentlichen auf mehrere unbescholtene neue Zeugen stützte, die aussagten, kurz nach den Schüssen ein schnelles Getrappel von Fliehenden vernommen zu haben, neben formalistischen Erwägungen auch mit der Begründung verworfen, ein weiterer Nachbar hätte nichts gehört; dabei wohnte dieser 150 Meter vom Tatort entfernt, die andern aber kaum 20 Meter[246]! Bezeichnend ist auch die bei *v. Hentig*[247] wiedergegebene Äußerung eines Richters, der bei einem nach menschlichem Ermessen klaren Fall eines Irrtums eben doch vor dessen eindeutiger Feststellung zurückschreckte. Als Musterbeispiel darf schließlich auch der Fall Cauvin (Marseille, 1891) gelten. Als die einzige, für die Verurteilung maßgebende Belastungszeugin von Gewissensbissen gepeinigt gestand,

---

[239] Mostar, a. a. O., S. 81.

[240] A. a. O., S. 85.

[241] A. a. O., S. 90.

[242] A. a. O., S. 90.

[243] A. a. O., S. 91. Der Fall Ziethen wurde nicht zu Unrecht als der deutsche Fall Dreyfus bezeichnet.

[244] A. a. O., S. 115.

[245] A. a. O., S. 150/1.

[246] A. a. O., S. 228/9. Als es dann später doch zur Wiederaufrollung des Prozesses kam, erlaubte sich der Oberstaatsanwalt zu erklären, sie sei „unter dem Druck einer mit allen Mitteln arbeitenden Presse" erfolgt (a. a. O., S. 233).

[247] Die Strafe II, S. 144.

ihre Aussage erlogen zu haben, wurde sie gefragt, wieviel ihr für diesen Widerruf bezahlt worden sei, und die Staatsanwaltschaft versuchte auf jede Weise, sie als unglaubwürdig hinzustellen — was sie keineswegs hinderte, sich nach Kräften gegen die Revision der allein auf Grund der Aussage dieser nun als lügenhaft angesehenen Person erfolgten Verurteilung Cauvins zu stemmen[248]. Im Blick auf so zahlreiche Vorkommnisse wird man die bitter-böse und wohl auch etwas überscharfe Sentenz[249], daß Gerichte bisweilen „den Justizmord der eigenen Kompromittierung bei weitem vorziehen", nicht mehr für jeder Grundlage entbehrend halten. Jedenfalls scheint noch mancherorts bei den Organen der Strafrechtspflege eine Wandlung der Einstellung vonnöten zu sein[250], bevor wir völlig darauf vertrauen könnten, daß überall in der Strafjustiz wenigstens das Menschenmögliche getan wird, um begangene Fehler wiedergutzumachen und zukünftige zu verhindern.

b) Unzutreffendes Geständnis

Noch heute gilt, nahezu überall außer in einigen Fachkreisen, das Geständnis als der überzeugendste Schuldbeweis, und besonders im angelsächsischen Rechtsbereich zeitigt es bedeutsame prozessuale Folgen[251]. Aber auch bei uns ist die Untersuchung wie auch noch die Gerichtsverhandlung sehr stark darauf ausgerichtet, ein Geständnis zu erzielen, was zeigt, daß man wenigstens unbewußt ein Beweisverfahren ohne Geständnis als irgendwie unvollständig empfindet. Die Abklärung, ob dem Geständnis ein solch erhöhter Beweiswert innewohnt, ist daher außerordentlich wichtig.

In Wirklichkeit ist nun das Geständnis keineswegs ein unbedingt zuverlässiges Beweismittel; falsche Geständnisse kommen vor und können einen Justizirrtum verursachen. Wir erinnern hier an den Fall Evans, wo das Geständnis, obschon widerrufen, eine entscheidende Rolle spielte. Das wohl erstaunlichste Beispiel eines falschen Geständnisses hat sich aber anfangs unseres Jahrhunderts in Österreich begeben, der Fall Bratuscha. Hier gestand, als das Verschwinden seiner Tochter Verdacht weckte, der Befragte nicht nur, sie ermordet, sondern gleich auch noch, danach aus Hunger eine kannibalische Mahlzeit zu sich genommen zu haben. Dank der bei vielen Empörung her-

---

[248] Siehe HIRSCHBERG, S. 33—34.

[249] Zitiert bei REIK, Der unbekannte Mörder, S. 169; ihren Ursprung vermag er nicht mit Sicherheit anzugeben, doch glaubt er, sie stamme von Polgar.

[250] Selbstverständlich aber auch auf Seite der Öffentlichkeit, die manchmal einen gewaltigen Druck auf die Rechtspflege ausübt und bei der eine peinlich skrupulöse Justiz wohl leicht in den Geruch mangelnder Tatkraft geriete.

[251] Siehe HIRSCHBERG, S. 17; MOSTAR, a. a. O., S. 11.

vorrufenden Begnadigung durch den Kaiser kam es nicht zur Hinrichtung. Drei Jahre später tauchte das angebliche Mordopfer unversehrt, wenn auch halbverhungert, wieder auf! Ebenso seltsam wie der Inhalt des Geständnisses sind aber auch die Beweggründe, die zu ihm geführt haben. Offenbar wurde Bratuscha vom Ortsgendarmen ein erstes Geständnis abgepreßt, zu dem er nachher gemäß der Devise: „Ein Mann, ein Wort!" unerschütterlich stand, in allen Phasen der Untersuchung, vor Gericht und selbst nach dem Todesurteil[252]! Wo immer gegen die rein theoretische Aufdeckung von Irrtumsmöglichkeiten eingewendet wird, so etwas komme doch im praktischen Leben nicht vor, ist es ratsam, an diesen so unglaubhaft anmutenden und fast unbegreiflichen Fall Bratuscha zu gemahnen. Von zwei weiteren zur Verurteilung führenden falschen Mordgeständnissen berichtet *Hirschberg*[253]. Schließlich gehören hierher noch die im vorigen Abschnitt erwähnten beiden amerikanischen Fälle von erpreßten Geständnissen. Ebenso wichtig wie Einzelbeispiele ist jedoch auch die allgemeine Beobachtung, daß in einzelnen Fällen eine geradezu erschreckende Zahl von Selbstbeschuldigungen zu verzeichnen ist[254].

Welches sind nun die Gründe, die zu einem falschen Geständnis führen können? Einen der wichtigsten haben wir bereits behandelt, nämlich das unpflichtgemäße Betragen von Justizbeamten in seinen beiden Erscheinungsformen des brutalen Zwanges wie des psychologischen Druckes; die letztere Methode ist allerdings in der Regel bereits derart gemildert, daß sie sich erst in Verbindung mit der geschwächten Widerstandskraft des Verdächtigten verderblich auswirkt[255]. Die wohl größte Gefahr strahlt aber von geistigen und seelischen Erkrankungen aus: „Bei jedem Mord sensationeller Art melden sich die Geisteskranken und die Psychopathen. Wir sehen bestürzt, wieviele solcher Persönlichkeiten mitten unter uns leben und wie stark der Drang nach Schmerzzufügung ist"[256]. Und auch solche Selbstbeschuldigungen können vom Anschein durchaus gestützt werden[257]! Als Gründe weniger bedeutsam, wenn auch keineswegs auszuschließen, dürften der Lebensüberdruß, die Renommiersucht und die Aufopferung zugunsten eines anderen sein[258]. Ebenfalls nicht gänzlich außer acht gelassen werden

[252] Siehe zum ganzen Fall MOSTAR, a. a. O., S. 118 ff., und HIRSCHBERG, S. 23/4.

[253] Siehe HIRSCHBERG, S. 22/3, den Fall Gawenda (1881), bei dem Mißhandlungen zum Geständnis beigetragen zu haben scheinen, und S. 24 den Fall Sanchez-Kalero (Spanien 1913), wo der Irrtum erst ans Tageslicht kam, nachdem die beiden Geständigen zwölf Jahre im Zuchthaus verbüßt hatten und bereits begnadigt worden waren.

[254] v. HENTIG, Freispruch, S. 10.

[255] Auf diesen Gefahrenpunkt weist hin MOSTAR, a. a. O., S. 27/8.

[256] v. HENTIG, a. a. O., S. 10.

[257] Siehe einige Beispiele a. a. O., S. 11—13.

[258] Vgl. HIRSCHBERG, S. 22.

sollte die Möglichkeit, daß selbst ein Unschuldiger in eine Zwangslage geraten kann, in welcher das Gestehen als das verhältnismäßig noch günstigste erscheint. Das klingt widersinnig, ist aber keineswegs abwegig, denn gerade wo die Todesstrafe noch besteht, bietet ein Geständnis, vor allem wenn es mit glaubwürdiger Zerknirschung vorgetragen zu werden vermag, gute Aussichten auf Begnadigung. Ein hartnäckiges Bestreiten der für sicher gehaltenen Schuld dagegen erregt Verärgerung und Mißbilligung, es erweckt den Eindruck von Verstocktheit und Verkommenheit, wie *Chessman* mit bemerkenswertem Scharfblick konstatiert[259] — und am eigenen Leben erfahren hat. Auch der unglückliche Jakubowski hätte seinen Kopf vielleicht durch ein Geständnis retten können[260].

Unzutreffende Geständnisse kommen folglich als Ursache von Justizirrtümern durchaus in Betracht; das besondere Vertrauen in dieses Beweismittel ist nicht gerechtfertigt. Das gilt um so mehr, als es nicht einmal einheitlich bewertet wird. So sehr man auf belastende Geständnisse der Verdächtigten baut, so sehr mißtraut man den sie entlastenden anderer und sucht sie nach Möglichkeit zu entkräften[261]; ein folgenschweres, geradezu klassisch zu nennendes Beispiel für diese unverantwortliche Haltung haben wir im Fall Rowland angetroffen.

Es stellt sich somit nur noch die Frage, ob das Vorkommen von unzutreffenden Geständnissen gänzlich verhindert werden könnte. Das ist offensichtlich zu verneinen, und es leuchtet auch ohne weiteres ein, daß die Unwahrheit eines Geständnisses nicht in jedem Fall erkennbar sein muß. Wir können folglich nur die Lehre daraus ziehen, daß jedes Geständnis sorgfältig überprüft und durch andere belastende Momente verstärkt werden sollte; wo aber selbst diese vorliegen — durchaus keine wirklichkeitsfremde Annahme —, ist guter Rat schwerlich mehr aufzutreiben. Das aber heißt, daß keinerlei Garantie dafür besteht, daß Justizirrtümer auf Grund unzutreffender Geständnisse vermieden werden können.

Dieses Ergebnis ist insofern von besonderer Bedeutung, als es den zuweilen in die Diskussion geworfenen Vorschlag, zur Vermeidung von Justizmorden nur Geständige hinzurichten, als zur Erreichung dieses Ziels untauglich entlarvt. Im übrigen wäre dieser Vorschlag auch in ethischer Sicht höchst unbefriedigend, da er den hartnäckig Leugnenden gegenüber dem Geständigen und damit vielleicht doch Reuevolleren in einem kaum erträglichen Ausmaß begünstigen würde[262].

---

[259] CHESSMAN, S. 285, vgl. auch S. 258.

[260] Vgl. S. 156.

[261] Auf diese Antinomie macht ebenfalls aufmerksam v. HENTIG, die Strafe II, S. 143.

[262] Diesen Vorschlag hält gleichfalls für unnütz und untragbar BAUMANN, S. 84.

c) Unzutreffende Zeugenaussage

Das wohl unzuverlässigste Beweismittel ist die Zeugenaussage. Ihre Richtigkeit ist bedroht durch das weite Feld der Lüge und das beinahe unbegrenzte des Irrtums, wozu erst noch ein recht umfangreiches Zwischenfeld psychischer Verwirrungen stößt. Wir wollen weniger aus dem überreichen Reservoir an Beispielen schöpfen als die typischen Gefahrenpunkte aufzeigen.

Fast zwangsläufig stehen Lügen zu erwarten, wenn der wirkliche Täter als Zeuge auftritt. Der Fall Evans hat uns praktisch demonstriert, wie verderblich sich eine solche Zeugenaussage auswirken kann. Die Gefahr, daß es zu einer derartigen Situation kommt, ist aber recht groß, sobald einmal ein Falscher verdächtigt und angeklagt wird. Die Erfahrung lehrt nun mit aller Deutlichkeit, daß die meisten Schuldigen wenig Gewissensskrupel haben, Unschuldige an ihrer Statt büßen zu lassen[263], wie es übrigens im Blick auf die allgemeine Beschaffenheit des menschlichen Charakters nicht anders zu erwarten ist, am wenigsten von einem Mörder. Im Fall Rettenbeck hat der wirkliche Täter eiskalt beschworen, daß er die Tat nicht begangen habe[264], und auch im Fall Ziethen hat sich der Täter nicht zu einer den Unschuldigen wirklich rettenden Haltung durchringen können[265]. Es ist daher ein unverzeihlicher Fehler, den Aussagen selber nicht Unverdächtiger zu vertrauen; aber — das ist eine der wichtigen Lehren aus dem Fall Evans — solche Verdächtigkeit braucht nicht auf der Hand zu liegen und nicht einmal erkennbar zu sein. Ebenso unhaltbar ist es, auf belastende Aussagen von Mitbeschuldigten abzustellen, auch wenn diese ihre Teilnahme, häufig allerdings bloß eine solche weniger schlimmer Natur, eingestanden haben; denn eine solche Aussage trägt meistens kleinere oder größere Vorteile ein, sie bedeutet beispielsweise, was uns vor allem angeht, fast sichere Rettung vor der Todesstrafe und noch mehr vor der Hinrichtung. Aber offenbar ist noch bei manchen Gerichten die Anschauung verbreitet, ein Geständiger, also ein Reuiger, werde doch nicht neue Gewissensschuld auf sich laden[266] [267]. Von einer nicht mehr zu überbietenden Naivität ist diese Überzeugung besonders dann, wenn einerseits die Vorteile der belastenden Aussage enorm sind und andererseits ihre Verweigerung sehr ernste Folgen zeitigen könnte, was bei der angelsächsischen Institution des „Kron-

---

[263] Hirschberg, S. 24/5.

[264] A. a. O., S. 25, vgl. auch unsere Anm. 208.

[265] Vgl. S. 202.

[266] Hirschberg, S. 24

[267] Diese Schlußfolgerung ist natürlich als allgemeingültige eine reine Fiktion, die aber auf Grund der in der Strafrechtspflege nicht selten anzutreffenden Schmalspurpsychologie ein zähes Leben besitzt (vgl. a. a. O., S. 24).

zeugen", speziell in ihrer amerikanischen Handhabung[268], der Fall ist. Hier winkt dem, der die Mittäter belastet, Straferlaß oder doch viel mildere Strafe, während er, wenn er den Wünschen des Staatsanwaltes nicht entgegenkäme, befürchten müßte, daß ein Mitangeklagter die Rolle des Kronzeugen einnimmt und ihn dabei, vielleicht auch durch Lügen, verderbenbringend belasten könnte. Der Fall Graham sollte in dieser Hinsicht Lehre genug sein.

Lügen sind aber selbstverständlich nicht nur von Personen zu befürchten, die um den wahren Sachverhalt wissen. Jedes starke Gefühl, etwa die Liebe zu einem (nicht angeklagten) Verdächtigen oder der persönliche Haß auf den Angeklagten, ist mächtig genug, um die allenfalls vorhandenen Hemmungen vor einer Lüge im Zeugenstand überwinden zu können. Es war darum im Fall Lang unverantwortlich gehandelt, der ehemaligen Geliebten des Angeklagten, deren Gefühle für ihn nun aber ins Gegenteil umgeschlagen hatten, trotz zahlreicher Widersprüche Glaubwürdigkeit zuzuerkennen[269]. Eine starke Triebfeder ist auch die Geltungssucht, und so ist der Zeuge, der seiner Aussage und damit sich selber um jeden Preis Bedeutsamkeit verschaffen will, anscheinend keine seltene Figur[270]. Ein solcher ist beispielsweise in einem holländischen Mordfall in einer durchaus nicht nebensächlichen Rolle aufgetreten[271]. — Die Gefahr von lügenhaften Zeugenaussagen wird noch dadurch erhöht, daß sie ziemlich gefahrlos sind. Die Staatsanwaltschaft wird nämlich nur selten geneigt sein, einen Zeugen, der ihren wahrscheinlich bestgemeinten Intentionen gedient hat, einer Strafverfolgung zu unterwerfen; allem Anschein nach kommen denn Meineide auch recht häufig vor[272].

Der große Feind jedoch ist der Irrtum, dem die Menschen so sehr unterworfen sind, daß Zeugenaussagen geradezu als generell unzuverlässig erscheinen[273]. Noch besonders ragt hervor die falsche Identifizierung[274], die nach der übereinstimmenden Meinung von *Hirschberg*

---

[268] A. a. O., S. 31.

[269] Siehe MOSTAR, a. a. O., vor allem S. 225/6, S. 228, S. 234/5, S. 249.

[270] A. a. O., S. 137.

[271] Siehe a. a. O., S. 134, 136, 137.

[272] Siehe HIRSCHBERG, S. 32—34. Namentlich wäre hier das Beispiel Cauvin in Erinnerung zu rufen.

[273] A. a. O., S. 35, auch mit Literaturangaben.

[274] HIRSCHBERG verwendet dafür den Ausdruck „falsches Wiedererkennen", der den eigentlichen Vorgang wohl deutlicher bezeichnet, doch stört uns die Verbindung von „falsch" und „Erkennen"; wenn ein Bedürfnis nach Ersetzung des eingebürgerten Fremdwortes bestehen sollte, würden wir deshalb „vermeintliches Wiedererkennen" vorziehen.

und *v. Hentig*, die zahlreiche Beispiele aufführen[275], die häufigste Irrtumsquelle überhaupt darstellt[276]. Auch von unseren fünf Beispielen von Justizmorden sind ja zwei eindeutig darauf zurückzuführen, jene an Lesurques und Rowland. Jener an Rowland macht klar, daß sich in bezug auf den gleichen Angeklagten mehrere Zeugen gänzlich unabhängig voneinander irren können, jener an Lesurques lehrt eindrücklich, daß selbst eine übereinstimmende Identifizierung durch zahlreiche Personen falsch sein kann. Übrigens stellt die Zahl von sieben falsch identifizierenden Zeugen durchaus keine Rekordzahl dar. Im Fall Beck[277] beschworen zehn, im Fall Andrews[278] gar 17 Zeugen, den Täter mit Sicherheit wiederzuerkennen; immerhin handelte es sich dabei nicht um Mordfälle. Beachtlich ist, daß die Ähnlichkeit zwischen dem unschuldigen Angeklagten und dem wirklichen Täter keineswegs groß zu sein braucht; etwa im Fall Greenwood (ebenfalls kein Mordfall) beschränkte sie sich auf blondes Haar und blaue Augen[279]. Hier offenbart sich, wie mächtig der Wunsch sein kann, im Vorgeführten den Schuldigen zu erkennen.

Das hat bereits zur Frage übergeleitet, wieso solche Irrtümer zustande kommen können. Ein wichtiger Grund liegt in der geradezu unglaublichen Selbstüberschätzung mancher Zeugen, die ihre eigene Beobachtungsgabe für unfehlbar halten. *Hirschberg* zitiert einige erwähnenswerte Äußerungen[280]: Im Fall Game (1773) erklärte eine Zeugin: „Ich würde nach acht Jahren unter Tausenden einen Mann wiedererkennen, den ich nur einen Augenblick gesehen hatte“; im Fall Beck: „Ich ging geradewegs in den Gerichtssaal und fand den Angeklagten stehend vor der Anklagebank; ich sah seinen Rücken; ich hätte ihn unter Tausenden wiedererkannt; ich habe ihn sofort wiedererkannt; ich bin ganz sicher, das ist der Mann“ (sie irrte sich wie die neun anderen Frauen). Am (später vollstreckten) Todesurteil gegen Sacco und Vanzetti wirkte eine Zeugin mit, die sich noch nach einem Jahr an 16 Einzelheiten der Person Saccos „bis zur Größe der Hände, der Länge des Haares und den Schatten der Augenbrauen“ erinnern wollte und sie auch beschrieb — gemacht hatte sie diese ein-

[275] Hirschberg, S. 36 ff., vgl. auch S. 13; v. Hentig, a. a. O., S. 151. Vor allem letzterer stützt sich dabei überwiegend auf die Sammlung von Edwin M. Borchard: „Convicting the Innocent“, Garden City, 1932. In dieser ist fast die Hälfte der 65 Fehlurteile, nämlich 29, auf falsche Identifizierung zurückzuführen. — Darauf, daß schon mehrfach scheinbar überzeugende Fehlidentifizierungen vorgekommen sind, weisen hin auch Paget/Silverman, S. 36.

[276] Hirschberg, S. 35/6; v. Hentig, a. a. O., S. 151.

[277] Siehe Hirschberg, S. 38—40.

[278] Siehe a. a. O., S. 40—41.

[279] A. a. O., S. 44.

[280] Siehe alle a. a. O., S. 36.

gehende Beobachtung zum Zeitpunkt der Schießerei selber „auf eine Entfernung von 60 Fuß während einer Zeitdauer von anderthalb bis drei Sekunden aus einem Auto, das mit steigender Geschwindigkeit 15 bis 18 Meilen in der Stunde fuhr“! Übersehen wir nicht, daß solche Zeugen speziell gefährlich sind, jedenfalls wenn sie ihre maßlose Unbescheidenheit nicht gerade in aller Öffentlichkeit verkünden. Nichts überzeugt nämlich besser als die eigene Überzeugung, und eine selbstsichere, gradlinige Haltung vor Gericht ohne Zögern und Schwanken, ohne Abschwächungen und Korrekturen hinterläßt gefährlicherweise bei vielen Gerichtspersonen einen besonders guten Eindruck. Ein weiterer wichtiger Faktor ist der, daß in Erregungszuständen die individuelle Beobachtung versagt und dann durch kollektiv-mythisches Erinnerungsmaterial aufgefüllt wird[281]. Immer wieder werden die Täter nach uralten Verdachtsvorstellungen beschrieben, „sie sind dunkel, rothaarig, haben einen stechenden Blick, niedere Stirn, aufgeworfene Lippen, sind vierschrötig, ist bei Zweizahl der eine groß, der andere klein“[282]. So kommt es dann, daß Maskierte, die einen südlichen Dialekt sprechen, für Neger, Dünne und Blonde für wohlbeleibt und rothaarig gehalten werden[283]. Ein schönes Beispiel einer eigentlichen Zeugenpsychose liefert auch der Eldagsen-Fall (1854); im ersten Prozeß sagten alle — darunter schmählicherweise ohne selber erworbene Einsichten Pfarrer und Bürgermeister — Schlechtes über die beiden Angeklagten und Gutes über den Hauptbelastungszeugen aus, im Wiederaufnahmeverfahren und im Meineidsprozeß dann ungefähr das Gegenteil[284].

Selbstverständlich kommen, wie bereits das letzte Beispiel gezeigt hat, auch andere Irrtümer als Fehlidentifizierungen vor, aber infolge deren enormen Bedeutung stehen sie im Hintergrund. Wir geben lediglich ein Beispiel wieder, das klarlegt, daß ein Zeugnis selbst dann falsch sein kann, wenn alle Umstände für seine Richtigkeit sprechen. In einem Mordfall hatte die Geliebte des Angeklagten, die zudem von ihm schwanger war, erklärt, er habe zur kritischen Stunde nicht bei ihr geweilt. Der Gerichtspräsident hebt — an sich mit Recht — den besonderen Wert dieser Aussage hervor, da sie doch der Zeugin unendlich schwer gefallen sein müsse. Noch vor Beendigung des Prozesses erscheint sie aber wieder vor Gericht und kann nun anhand eines Büchleins, in dem alle Besuche verzeichnet sind, belegen, daß sie sich bei der ersten Aussage getäuscht hat[285]. Hier lag die Berichtigung auch im ureigensten Interesse der Zeugin selber. Im allgemeinen sehen jedoch die Zeugen ihre Irrtümer nur sehr schlecht ein und nehmen eine

---

281 v. Hentig, a. a. O., S. 152, S. 21.
282 A. a. O., S. 152.
283 A. a. O., S. 21, Anm. 2.
284 Mostar, a. a. O., S. 66—68 bzw. S. 73.
285 Siehe v. Hentig, a. a. O., S. 155, Anm. 2.

einmal gegebene Aussage nur höchst widerwillig zurück. Das mag zum Teil auf Scham und Angst vor der Verachtung durch die andern zurückgehen[286], zum Teil wird aber hier sicherlich dieselbe Verstocktheit sichtbar, die schließlich sogar die Diener der Rechtspflege selber so häufig beherrscht.

Es liegt auf der Hand, daß falsche Zeugenaussagen aus Lüge oder Irrtum bis in alle Zukunft weiter vorkommen werden. Die Frage ist nur, ob man sie stets erkennen und dadurch unschädlich machen könnte. Es leuchtet ohne viel Worte ein, daß dem nicht so ist. Wohl läßt sich zuweilen durch eine Nachprüfung der Beobachtungsbedingungen, die eigentlich ganz selbstverständlich sein sollte, sogar nachweisen, daß der Zeuge schlechthin nicht festgestellt haben konnte, was er festgestellt haben will. So ist es nachweisbar unsinnig, wenn ein Zeuge auf eine Distanz von 676 Metern einen Menschen anhand der Gestalt und Körperbewegungen mit Sicherheit erkannt haben will und sich überdies anheischig macht, zwei weitere Personen, die danebenstanden, jederzeit wiederzuerkennen, obschon er nicht einmal ihre Gesichter sah; solches geschah aber im Mordprozeß Hilsner, und das Gericht ließ sich von solchem Belastungsmaterial führen[287]! Aber durch diese Nachprüfungen würden nur einige wenige Fälle erfaßt. Natürlich sind in manchen Fällen die sonstigen Begleitumstände verdächtig; aber es läßt sich kein vernünftiger Grund ersehen, wieso immer ein erkennbarer Hinweis auf die Unrichtigkeit einer Zeugenaussage vorhanden sein sollte. Man wird sich deshalb damit abfinden müssen, daß hinter jeder, auch hinter der noch so zuverlässig scheinenden Zeugenaussage, Lug oder Trug zum Vorschein kommen kann.

Hirschberg erachtet die Gefahr einer falschen Identifizierung für so groß, daß er fordert, eine solche niemals allein als vollen Schuldbeweis anzuerkennen[288]. Dieser im ersten Augenblick recht sinnvoll anmutende Vorschlag ist jedoch in mehrfacher Hinsicht problematisch. Vor allem fiele die Grenzziehung, wann ein Beweis noch als ausschließlich auf Identifizierung beruhend anzusehen ist, außerordentlich schwer; würde etwa das Vorhandensein eines Motivs oder ein unerklärter Geldbesitz als Ergänzung genügen? Es ist unschwer zu erkennen, daß man sich hier in endlosen Diskussionen ergehen könnte; eine klare Regelung wäre aber sehr vonnöten, denn sonst müßte man ernstlich damit rechnen, daß in der Gerichtspraxis Identifizierungen einfach durch völlig unerhebliches Beweismaterial ergänzt würden. Daneben stellt sich aber auch die grundsätzliche Frage, ob überhaupt ein so zuverlässiges Beweismittel besteht, daß es dieses offenbar unzuverlässige Beweismittel wieder zu validieren vermöchte. Nach allem,

---

[286] So deutet freundlicherweise Mostar, a. a. O., S. 14, den Tatbestand.

[287] Siehe Hirschberg, S. 42, vgl. auch S. 45—48.

[288] Hirschberg, S. 45.

was wir bei der Besprechung der einzelnen Irrtumsquellen ausgeführt haben und noch ausführen werden, ist das zu verneinen. Schließlich könnte — ein mehr praktischer Gesichtspunkt — eine solche Deklassierung des Zeugenbeweises[289] die Zunahme von ungeahnt frechen Verbrechen begünstigen. Diese Einwände gegen den Vorschlag *Hirchsbergs* sollen aber keineswegs vergessen lassen, wie unzuverlässig Zeugenaussagen sind und wie sehr es ganz allgemein — nicht nur im Strafprozeß! — nötig wäre, sie vorsichtiger zu beurteilen, als es bis heute an den meisten Orten der Fall ist.

d) Unzutreffendes Sachverständigengutachten

Als letzte Hoffnung auf eine unbedingte Wahrheitserkenntnis bietet sich das Sachverständigengutachten dar. Hier scheint man endlich auf völlig sicherem Boden zu stehen, auf jenem der Wissenschaft. In Wirklichkeit ist jedoch auch dieser Boden von gefährlichen Löchern durchsetzt, die auch einem geschulten Blick nur zum Teil erkennbar sind.

Die Erfahrung auch unseres Jahrhunderts lehrt, daß unrichtige Gutachten nicht selten vorkommen[290], darunter sogar in Mordprozessen. Im Fall Breuer bekundete ein Chemiker, der Schuß müsse aus Distanz abgegeben worden sein; in der zweiten Verhandlung schwächte er diese Behauptung ab; der beste Schießsachverständige Deutschlands schließlich erklärte, es liege ein idealer Selbstmörderschuß vor[291]! Nicht immer werden aber die kompetentesten Spezialisten zu Rate gezogen; es können Sachverständige auftreten, die die erforderlichen Voraussetzungen zu einer verbindlichen Entscheidung der strittigen Frage gar nicht mitbringen. Im Fall Götz trat in der Hauptverhandlung als einziger Sachverständiger ein alter Apotheker auf, der erklärte, Zyankali werde nicht als Abtreibungsmittel verwendet, sondern nur zu Mord oder Selbstmord. Als Quelle seiner Weisheit gab er ein von einem Bekannten geliehenes, populäres Buch an. Die von der Verteidigung geladenen Sachverständigen sagten dagegen im Wiederaufnahmeverfahren aus, daß sämtliche Gifte zur Abtreibung verwendet würden, besonders von unkundigen Personen[292]. Besonders bedenkenerregend an diesem Fall ist, daß das Gericht in der Hauptverhandlung sich mit diesem einen Sachverständigen begnügte, obschon auf

[289] Darauf müßte es praktisch hinauslaufen, auch wenn nicht in jeder Zeugenaussage notwendigerweise eine Identifizierung steckt; die andern Zeugnisse sind nämlich keineswegs so viel zuverlässiger — man denke beispielsweise an die Wiedergabe eines Gesprächs —, daß man sie von der generellen Beschränkung des Beweiswertes ausnehmen dürfte.

[290] Siehe dazu allgemein v. Hentig, a. a. O., S. 156 ff., und Hirschberg, S. 54 ff.

[291] Siehe v. Hentig, a. a. O., S. 156.

[292] Hirschberg, S. 69.

Grund seiner beruflichen Tätigkeit ein umfassendes Wissen über das fragliche Gebiet keineswegs unbedingt vorausgesetzt werden konnte und er auf Grund seiner eigenen Aussage über ein solches Wissen sogar offensichtlich nicht verfügte, und daß das Gericht auf dieser Basis es wagte, ein Todesurteil auszusprechen. Dazu kommt erst noch, daß das Gericht die Unrichtigkeit des Gutachtens durch einen Blick in ein gerichtsmedizinisches Lehrbuch selber mühelos hätte entdecken können[293].

Auch der beamtete Sachverständige, etwa der Gerichtsarzt, besitzt keineswegs immer das notwendige Spezialwissen, gerade weil er alle Zweige seiner Wissenschaft beherrschen sollte. Das hindert aber leider nicht, daß man seinem Zeugnis — unbewußt dem alten Spruch folgend: „Wem Gott ein Amt gibt, dem gibt er auch den Verstand" — besonders großes Vertrauen schenkt und den Gutachten von Privatärzten geradezu grundsätzlich vorzieht[294]. Im Fall Pfeuffer gab der Gerichtsarzt sein Gutachten dahin ab, daß der Tod durch Ersticken eingetreten sei, verursacht durch das nur durch Gewaltanwendung erklärbare Gelangen des Gebisses in den Schlund. Dabei vernachlässigte er die von ihm selber festgestellten Kennzeichen eines Abtreibungsversuches, die das Gericht und die Verteidigung unglaublicherweise überhaupt nicht beachteten. In der neuen Hauptverhandlung hielt der Gerichtsarzt an seinem Gutachten fest, aber die von der Verteidigung unmittelbar geladenen Sachverständigen (das Gericht lehnte deren Ladung ab!) erklärten, der Tod sei klarerweise durch eine Luftembolie als Folge einer beim Abtreibungsversuch zugefügten Verletzung herbeigeführt worden, das Bild eines Erstickungstodes liege nicht vor[295]. Der Gerichtsarzt mußte zugeben, bei der Leichenöffnung die Vorkehrungen zur Feststellung einer Luftembolie nicht getroffen zu haben. Auch in diesem Fall hätte das Gericht die Unrichtigkeit des Gutachtens wenigstens in einem Punkt leicht selber feststellen können, denn ein Blick in ein gerichtsmedizinisches Lehrbuch hätte es davon unterrichtet, daß das spontane Verschlucken von künstlichen Gebissen häufig vorkommt[296].

Die durch das Abstellen auf Sachverständigengutachten erhoffte Verankerung in der Wissenschaft ist folglich schon darum trügerisch, weil Sachverständige wissenschaftlich versagen können; dazu kommt erst noch, daß auch die Möglichkeit eines ethischen Versagens, also der Abgabe eines bewußt unrichtigen Gutachtens, nicht generell verneint

---

[293] A. a. O., S. 69/70. Aus dieser Kritik geht zugleich hervor, daß die Verteidigung in der Hauptverhandlung schwerste Unterlassungssünden begangen hat.

[294] A. a. O., S. 54.

[295] A. a. O., S. 65—66.

[296] A. a. O., S. 67.

werden kann. Doch selbst wenn die Vermittlung des Wissensstoffs fehlerfrei erfolgt, besteht noch keine Gewähr dafür, daß man nun in den Besitz unumstößlicher Wahrheiten gelangt ist. Wohl ist echte Wissenschaft vorurteilsloses Bemühen um Wahrheit und dauerndes Überprüfen der erarbeiteten Einsichten, aber das hindert nicht, daß sich auch Irrtümer einschleichen und wenigstens eine Zeitlang halten können. Das gilt trotz der enormen wissenschaftlichen Fortschritte der letzten Jahrzehnte selbstverständlich auch für den heutigen Wissensbestand, und vielleicht nimmt die Gefahr bei dem rasant zunehmenden Stoff nicht einmal ab. Ebenso wie heute im Licht verfeinerter Untersuchungsmethoden zahlreiche Erkenntnisse von gestern revidiert werden müssen, kann morgen dasselbe mit denen von heute geschehen. Ein Beispiel soll aufzeigen, daß wir uns hier nicht bei theoretisch zwar unwiderlegbaren, aber praktisch unerheblichen Erwägungen aufgehalten haben: „In einem Oldenburger Prozeß unserer Tage ging es um die Reißfestigkeit eines Strickes, mit dem der Angeklagte seine Frau erdrosselt haben sollte; eine ganze Reihe einwandfreier Gutachten bewertete diese Reißfestigkeit sehr hoch, und der Mann wurde zu lebenslänglichem Zuchthaus verurteilt; vier Jahre später verfügte das Kriminaltechnische Institut in Göttingen über eine neue Apparatur, die weit exakter arbeitete, und auf Grund seines Gutachtens mußten nun Wiederaufnahme und Freispruch erfolgen“[297]. Auch eine begründete wissenschaftliche Ansicht darf also nicht endgültiger Wahrheit gleichgesetzt werden!

Es ist möglich und in Mordprozessen hoffentlich sogar anzunehmen, daß die Gerichte nur selten falsche Auskünfte von Sachverständigen erhalten. Die wenigen Fälle wiegen aber besonders schwer, da die Gerichte den Gutachten in Überschätzung der Wissenschaft wie der Wissenschafter meistens blindlings vertrauen, und da sie, selbst wo sie etwas kritischer gesinnt sind, im Grunde genommen den Sachverständigen ausgeliefert sind, weil sie keine eigene Sachkenntnis und in der Regel auch nur höchst geringe Kontrollmöglichkeiten besitzen.

Unzutreffende Gutachten werden zweifellos auch in Zukunft vorkommen. Die Frage ist nun, ob man sich dagegen irgendwie vorsehen könnte. Sie ist nur zu einem geringen Grad zu bejahen. Durch den regelmäßigen Beizug eines zweiten, vom ersten gänzlich unabhängigen Sachverständigen und, sofern die beiden Gutachten auch nur in einem beachtlichen Punkt auseinandergehen, eines neutralen Oberexperten — ein Verfahren, das jedenfalls für Mordprozesse durchführbar anmutet — ließe sich zwar die Gefahr von wissenschaftlich schlechthin unhaltbaren Angaben stark vermindern, aber nicht völlig beheben, da Oberexperten ebenfalls versagen können. Vor allem aber gälte auch dann die Schranke der Bindung an den gegenwärtigen, nicht endgülti-

---

[297] MOSTAR, a. a. O., S. 15.

gen Wissensstand. Durch zurückhaltende, eindeutige Schlußfolgerungen kaum erlaubende Formulierungen, wie sie wahrscheinlich häufig gerade von den besten Wissenschaftern angewendet würden[298], ließe sich wohl die Zahl der im Licht der Zukunft fehlerhaften Angaben wesentlich herabsetzen; aber dann würde ja zugleich die von der Wissenschaft erhoffte felsenfeste Stütze zu positiven Schlüssen von vornherein weitgehend wegfallen.

Auf Grund alles Angeführten geht hervor, daß auch das Sachverständigengutachten nicht als unbedingt zuverlässiger Pfeiler der Wahrheit angesehen werden darf. Im Blick auf die tausendfache Bewährung wissenschaftlicher Erkenntnisse im Alltag mögen unsere grundsätzlichen Vorbehalte gegen sie etwas übertrieben erscheinen, doch sind sie logisch schwerlich anfechtbar. Aber selbst unter der Annahme, es seien wenigstens Teile des Wissensbestandes derart fundiert, daß sie unumstößlich festständen, ist die Gefahr von Justizirrtümern keineswegs gebannt. Einmal wäre eine zuverlässige Bestimmung dieser Teile äußerst schwierig, wenn nicht ausgeschlossen, und unzweifelhaft wäre den Gerichten höchstens eine oberflächliche Überprüfung der Richtigkeit einer Einordnung im Einzelfall möglich. Zum andern reichen in der Regel wissenschaftliche Aussagen lediglich zu einer Belastung des Angeklagten aus, aber bei weitem nicht zu seiner lückenlosen Überführung. Auch aus diesen Gründen ist darum die Meinung[299], angesichts der wissenschaftlichen Fortschritte unseres Zeitalters sei der Einwand des Justizirrtums überholt, mit Bestimmtheit zu verwerfen.

e) Psychologische Fehlschlüsse

Zu einer strikten Beweisführung sind psychologische Erwägungen von vornherein nicht geeignet. Trotzdem werden häufig solche angestellt, vor allem wenn das übrige Beweismaterial nicht sonderlich überzeugt, und zuweilen sind sie faktisch sogar für eine Verurteilung ausschlaggebend. Dabei begegnet man immer wieder den gleichen schablonenhaften Vorstellungen darüber, wie sich ein Schuldiger benimmt und wie ein Unschuldiger keinesfalls. Sie wirken im ersten Moment recht einleuchtend und treffen wohl in der Mehrzahl der Fälle auch effektiv zu; darum wird ihnen offenbar von vielen Gerichten unwillkürlich allgemeine Geltung zuerkannt. Das ist indessen ein für die Strafrechtspflege bedrohlicher Irrtum, denn wie die Erfahrung lehrt und das psychologische Überdenken ergibt, kommen zahlreiche, durchaus plausible Ausnahmen vor.

Weit verbreitet und darum besonders gefährlich ist die Bewertung der Lüge eines Angeklagten als Schuldbeweises. Sie beruht auf der dop-

---

[298] Wie HIRSCHBERG, S. 56, feststellt, pflegen nämlich gerade die Sachverständigen mit geringer Sachkunde ihre Ergebnisse mit der größten Sicherheit zu verkünden.

[299] Geäußert etwa bei GRAVEN, S. 111.

pelten Voraussetzung, daß ein Unschuldiger nie einen vernünftigen Grund zu einer Lüge aufweist und nie ohne solchen zu einer Lüge greift. Das ist fast offensichtlich eine unsinnige Annahme. Wieso sollte nicht auch ein Unschuldiger versuchen, sei es nun letzten Endes vernünftig oder nicht, das Gewebe erdrückender Scheinbeweise durch eine Lüge zu zerreißen[300]? Die Wahrheit zeichnet sich bei weitem nicht immer durch besondere Glaubhaftigkeit aus, und zuweilen würde sie das Netz um den Angeklagten nur enger knüpfen. So ist es sehr begreiflich, daß im Mordfall Leister (1924) der der Ermordung seiner Ehefrau beschuldigte Angeklagte den Besitz einer Schußwaffe sowie geschlechtliche Beziehungen mit einer anderen Frau leugnete. Trotzdem fielen diese Lügen — erstere stellte sich übrigens später als sinnlos heraus, da seine Waffe nicht die Mordwaffe war — beim Todesurteil offenbar stark ins Gewicht; der vier Jahre darauf erfolgte Freispruch demonstriert aber klar, wie wackelig eine solche Beweisgrundlage ist[301]. Besonders naheliegend ist für den Angeklagten eine Lüge dann, wenn sie zur Verheimlichung einer andern Straftat unentbehrlich ist. Der Einwand, ein des Mordes Angeklagter werde doch geringfügigere Delikte eingestehen, wenn es um seinen Kopf gehe, sieht an seiner wirklichen Situation vorbei. Während der Anfangsphase einer Untersuchung wird nämlich ein Unschuldiger die Gefahr für seinen Kopf noch kaum als so unmittelbar bedrohlich empfinden, daß er ein anderes Delikt eingesteht, das vielleicht überhaupt noch nicht bekannt ist und dessen er jedenfalls noch nicht ernsthaft verdächtigt wird, und sich damit eine sichere Bestrafung zuzieht. Später aber hilft es ihm kaum mehr etwas, mit der Wahrheit herauszurücken, wenn sie nicht beweisbar ist, denn nach der so furchtbar simplifizierenden Maxime, daß überhaupt in nichts mehr Glauben verdient, wer einmal gelogen hat, wird dann ein solches Geständnis leicht als bloßes Manöver gewertet, um der vollen Strafe für das schwerere Verbrechen zu entgehen. Wertvolle Lehren in dieser Hinsicht liefern die Fälle Solera[302] und Pfeuffer[303]. Aus allem dürfte deutlich geworden sein, daß die Lüge eines Angeklagten lediglich als Verdachtsmoment, niemals aber als Schuldbeweis angesehen werden darf.

Womöglich noch unsicherer ist das ebenfalls verbreitete Abstellen auf die Reaktionen des Angeschuldigten bei der Entdeckung der Tat, bei der Einvernahme während der Untersuchung und vor Gericht.

---

[300] Hirschberg, S. 50.

[301] Zu diesem Fall siehe a. a. O., S. 50—51.

[302] Vgl. Anm. 206.

[303] Pfeuffer gestand den Abtreibungsversuch nicht ein, als es um seinen Kopf ging, sondern erst, als er den Kampf um seine Rehabilitierung vom Totschlagsurteil aufnahm; sein Geständnis wurde deswegen von der Strafkammer auch prompt als unglaubwürdig zurückgewiesen (Hirschberg, S. 65—66).

Mit großer Zähigkeit hält sich die Vorstellung am Leben, daß Erröten, Erbleichen, Stammeln oder Zittern auf die Schuld des Angeklagten schließen lassen[304]. Eine nüchterne Betrachtung führt dagegen rasch zum Resultat, daß es sich hier lediglich um ein verhängnisvolles Vorurteil handelt. So ist nicht im mindesten einzusehen, wieso nicht auch ein Unschuldiger erbleichen, zittern und allenfalls ins Stammeln geraten sollte, wenn ihm ein scheinbar erdrückendes Belastungsmoment entgegengehalten wird; desgleichen, wieso nicht auch ein Unschuldiger erröten könnte, wenn er beispielsweise den Polizeibeamten, dem Gericht oder dem Publikum anmerkt, daß er von ihnen des schändlichen Verbrechens für schuldig gehalten wird — ganz abgesehen davon, daß schüchterne Menschen oft ohne besonderen Anlaß erröten[305]. Daneben besteht erst noch die allgemeine Gefahr, daß ein Unschuldiger sich wie ein Schuldiger benimmt, weil er im Grunde seines Herzens die begangene Untat wünschte; von Schuldgefühlen wird er dann gerade bei einem Mord kaum verschont bleiben, und diese können bei der Umwelt den Eindruck von realer Schuld erwecken. Auf diesen Gefahrenfaktor der Gleichsetzung von psychischer und materieller Realität weist nachdrücklich und mit ausführlicher Begründung *Reik* hin[306], die Folgerungen leuchten aber auch dem mit der Tiefenpsychologie Unvertrauten ein. Es dürfte nun auf der Hand liegen, wie nichtssagend Beobachtungen der psychisch bedingten Reaktionen des Angeschuldigten sind. Abschließend sei auch noch ein aufschlußreiches Beispiel dafür erwähnt, der Fall Gietzinger (1899), in dem solche unbrauchbare, zum Teil geradezu lächerliche Beobachtungen sich häuften und offenbar wesentlich zur Verurteilung beitrugen[307].

Fraglich bleibt demnach nur noch, ob solche psychologische Fehlschlüsse in Zukunft verhindert werden können; eindeutig beantworten läßt sich das kaum. Einerseits ist ihre Unzuverlässigkeit dermaßen augenfällig, daß ihre Eliminierung eigentlich auf keine wesentlichen Hindernisse stoßen sollte. Andererseits lassen sich vertraute, liebgewordene und nicht zuletzt manchmal auch opportune Ansichten nur mit größter Mühe ausrotten; es steht zu befürchten, daß man ihnen, selbst wenn man sie nicht mehr ausspräche, doch noch nachleben würde. Die Tatsache, daß sie bis heute lebendig geblieben sind, obschon sie sich durch denkbar einfache Überlegungen entkräften lassen, wie wir festgestellt haben, spricht jedenfalls nicht für ihre baldige Überwindung.

---

[304] A. a. O., S. 51.

[305] Vgl. a. a. O., S. 51/2.

[306] Reik, Der unbekannte Mörder, S. 40, S. 155. ff.

[307] Siehe dazu Hirschberg, S. 52—53. — Wie sich Ende 1903 herausstellte, hatten die von der vox populi Schuldiggesprochenen mit dem Mord überhaupt nichts zu schaffen.

f) Unbewußte Antriebe und Vorstellungen

Im siebenten Kapitel haben wir festgestellt, daß unbewußte und jedenfalls uneingestandene Antriebe und Vorstellungen das Verhalten der strafenden Gesellschaft erheblich zu beeinflussen vermögen. Diese Kräfte sind nun selbstverständlich auch im Strafprozeß selber wirksam und können einen Irrtum mitverursachen; wahrscheinlich ist das sogar viel häufiger der Fall, als wir zunächst anzunehmen geneigt sind. Überall dort, wo das Beweismaterial bei sachlicher Betrachtung als eindeutig ungenügend erscheint und es trotzdem einem unabhängigen Gericht zu einer Verurteilung ausreichend erschien — wir haben zahlreiche solche Fälle gestreift —, müssen solche Kräfte an der Arbeit gewesen sein. Sie sämtliche bloßzulegen, ist für unsere Zwecke nicht erforderlich, so daß wir im Folgenden lediglich die mächtigsten und für unsere Frage bedeutsamsten aufzeigen.

Sehr gefährlich ist der durch das Verbrechen hervorgerufene Wunsch nach dem Zurückschlagen, entspringe er nun Abwehrinstinkten, den eigenen aggressiven Bedürfnissen oder sogar echtem Gerechtigkeitsverlangen. Die von ihm erzeugte Spannung drängt nämlich heftig nach einer Entladung, unter Umständen sogar an einem Ersatzobjekt[308]; Zeugen neigen dann dazu, im ersten besten den Täter „wiederzuerkennen“[309], ein einigermaßen Verdächtiger wird sogleich für schuldig gehalten und auch schuldig gesprochen. Daß dieser den klaren Blick trübende und die Richtigkeit der Rechtsprechung bedrohende Wunsch ein ziemlich allgemeiner ist, haben wir im erwähnten Kapitel bereits hinreichend aufgewiesen, und wir haben dort auch gesehen, daß die Ankläger sich ihn nicht selten zunutze machen[310]. Beim Mord und bei der Todesstrafe als den die Affekte am stärksten aufwühlenden Erscheinungen des Strafrechts ist nun das emotionelle Moment noch besonders ungebändigt, die unerläßliche Sachlichkeit wird also gerade hier besonders häufig aus dem Feld geschlagen werden[311].

Eine unheimlich wichtige, vielleicht oft sogar ausschlaggebende Rolle kommt in der Strafrechtspraxis dem persönlichen Eindruck zu, den der Angeklagte dem Gericht macht[312]. Dieser Eindruck ist nun aber alles andere als zuverlässig. Hinter ihm steht nämlich ein Gewimmel von Vorstellungen, die objektiv in keiner Weise stichhaltig sind. Wertvolle Aufschlüsse darüber verdanken wir vor allem *v. Hentigs* Analyse des Freispruchs beim Morde. Obschon er eigentlich genau von der entgegengesetzten Seite als wir an das Problem herangeht, näm-

---

[308] v. Hentig, a. a. O., S. 150.
[309] A. a. O., S. 152.
[310] Vgl. S. 139.
[311] Vgl. v. Hentig, Freispruch, S. 61.
[312] Vgl. dazu die Äußerung eines bekannten Verteidigers a. a. O., S. 16/7, ebenso Mostar, a. a. O., S. 15/6.

lich vom zweifelhaften Freispruch aus, sind seine Ausführungen für uns sehr brauchbar; denn ebenso, wie eine bestimmte Eigenschaft den stark belasteten Angeklagten retten kann, kann ihr Gegenteil ihn ins Verderben führen. Wesentlich ist nun vor allem, daß „wir tief im Inneren körperlichen Niedergang, Häßlichkeit, Armut, Lebensfiasko und Grobkörnigkeit eher mit der Neigung zum Verbrechen verbinden als Erfolg, Bildung, Politur und unseresgleichen"[313]. Dem uns Abstoßenden trauen wir also leicht ein Verbrechen zu, nicht aber dem uns Anziehenden. Es kommt denn auch nicht von ungefähr, daß hübsche Frauen manchmal auch bei stärkstem Belastungsmaterial freigesprochen werden[314]. Überhaupt verspricht es dem Täter beste Rettungschancen, wenn es ihm gelingt, den Eindruck einer Disharmonie zwischen der Tat und seiner Persönlichkeit zu erwecken. Beispielsweise „trauen wir Gift der zarten und zärtlichen Frau zu; dem Beil in ihrer sanften Hand versagen wir den Glauben"[315]. Ebenso schwer fällt uns die Vorstellung, daß ein Schwerverbrecher nette Angehörige besitzt; das ist schon von raffinierten Angeklagten (oder Anwälten!) ausgenützt worden, indem sie von A bis Z unechte Rührszenen arrangierten, etwa mit einer unschuldsvoll aussehenden Frau und mit reizenden Kinderchen[316]. Das alles haben wir angeführt, um zu verdeutlichen, als wie gewichtig der Einfluß solcher Vorstellungen einzuschätzen ist; indirekt können wir daraus erschließen, wie groß die Gefährdung für einen Dummen, Häßlichen, Unkultivierten, kurz, für einen Abstoßenden sein kann. — Große Vorteile trägt dem Angeklagten auch Frömmelei ein, denn weit verbreitet ist die Gleichsetzung des sich fromm gebärdenden Menschen mit dem guten Menschen[317]; wie falsch sie ist, zeigt sich am besten etwa daran, daß die Massenmörder Denke und Angerstein ebenso wie der Eisenbahnattentäter Matuschka alle als fromm galten[318]. Wiederum als Gegenstück dazu ist der äußerlich Unfromme, der auf Grund dieses Vorurteils leichter verdächtigt und beschuldigt wird, einer besonderen Gefahr ausgesetzt. — Als nicht geringfügig ist ferner selbst die Rolle des Sexuallebens des Angeklagten zu veranschlagen! „Es ist fast Regel, daß in Mordprozessen Liebessachen, Ehebrüche, duldsame Gatten, sexuelle Seitenwege und alle dunklen Winkel zum Vorschein kommen. Je älter die Richter, je puritanischer und provinzieller die Geschworenen sind, um so mehr erschreckt sie dieser neue Einblick. Sie rächen den Verlust

[313] v. Hentig, a. a. O., S. 20.

[314] Einige Beispiele siehe a. a. O., S. 18—20.

[315] A. a. O., S. 28.

[316] Siehe a. a. O., S. 26.

[317] Siehe dazu a. a. O., S. 21—23; vgl. vom selben Autor auch Mord, S. 24/5.

[318] Reik, a. a. O., S. 30.

von Illusionen durch unerbittliche Moral ...“[319]. Besonders ernste Folgen zeitigen die schlimmsten Verstöße gegen den offiziellen Sexualkodex. Wenn etwa die Geliebte eines sozial Hochstehenden anscheinend um dieser Beziehung willen ermordet wird, weckt das nicht unbedingt Abscheu, sondern es wird von manchen insgeheim als Exempel begrüßt[320]. Es läßt sich unschwer bestimmen, wie die Reaktion ausfällt, wenn die Ehefrau die Ermordete ist; nach derselben Wertung wird die Geliebte die größte Mühe haben, sich vom Verdacht zu befreien oder bei belastenden Umständen der Verurteilung zu entgehen. Davon abgesehen, daß aus sexuellen Übertretungen zuweilen ein starkes Motiv zu einer Mordtat hergeleitet werden kann, ist natürlich ihre unbewußte Verknüpfung mit der Frage, ob jemandem ein Mord zuzutrauen sei, unsinnig und lächerlich, ist es doch nicht einzusehen, wieso etwa ein Ehebrecher besonders zu einem Gewaltdelikt wie dem Mord neigen sollte. — Abschließend sei noch erwähnt, daß es für einen Angeklagten auch eminent wichtig ist, eine genügende Dosis Mitgefühl für das Opfer an den Tag zu legen, sonst riskiert er, als verstockt und roh beurteilt zu werden; man wird ihn dann auch eines Mordes für fähig halten, was zu seinen Ungunsten entscheiden kann. Es ist zwar absurd, und es mag als unglaublich erscheinen, daß ein Unschuldiger deswegen in Gefahr geraten kann, weil er sich zur Tat gefühlsmäßig distanziert verhält oder gar, weil er keine Reue zeigt, was doch beides nur normal ist; der Fall Jakubowski hat uns indessen eine eindrückliche Lehre erteilt[321].

Außerordentlich stark ist endlich die Neigung, den Schuldigen unter den „Außenseitern“ zu suchen, was diesen leicht zum Verhängnis gereichen kann: „Vorstrafen, schlechter Ruf, parasitäre Existenzformen genügen, den Mordverdacht zu bestärken“[322]. Für uns kommt diese Neigung keineswegs überraschend, stimmt sie doch mit jener anderen bestens überein, den Rechtsbrecher auszustoßen[323]. Was ist nämlich dann naheliegender, als ihn dort zu suchen, wo wir ohnehin Verabscheutem, Fremdem, Andersartigem und darum leicht auch Verhaßtem begegnen? Es ist darum immer sehr vorteilhaft für einen Angeklagten, wenn er durch Zugehörigkeit zu einer angesehenen Gruppe oder durch

---

[319] v. Hentig, Freispruch, S. 32. Diese Worte beziehen sich eigentlich auf das Mordopfer und erläutern, wie es zugunsten eines Angeklagten entscheiden kann, wenn es als minderwertig beurteilt wird. Es ist jedoch bemerkenswert, daß sie mindestens ebensogut auf einen Angeklagten passen. — Den Einfluß des Moralisierens auf das Strafrecht hat scharfsichtig auch Camus, II, S. 35, beobachtet.

[320] v. Hentig, a. a. O., S. 33.

[321] Siehe S. 156, vgl. zum Allgemeinen auch Mostar a. a. O., S. 16.

[322] v. Hentig, die Strafe II, S. 152.

[323] Siehe § 27, besonders S. 131.

Geldbesitz als unseresgleichen, als respektabel erscheint[324]. Wie groß dagegen die Gefahr für Außenseiter ist, erhellt am besten daraus, daß unsere fünf Opfer von Justizmorden alle zu ihnen gehören[325], wie übrigens auch die meisten Opfer der andern von uns erwähnten Fehlurteile; als typische Außenseiter verdienen hier auch Sacco und Vanzetti, deren Los seinerzeit die Welt aufwühlte, speziell genannt zu werden[326]. Hieran wird die bittere Wahrheit offenbar, wie sehr das Strafgesetz beim Schutz der Außenseiter, das heißt der Dummen, der Armen[327] und der Andersartigen, versagt.

Es bleibt nun noch abzuklären, ob eine erfolgverheißende Bekämpfung dieser unbewußten Vorstellungen und Neigungen möglich ist. Wir halten das für sehr fraglich. Sicher ist, daß sie noch viel schwerer fällt als jene der bewußten Fehlüberzeugungen, weil man sich eben hier des eigentlichen Antriebes nur in Ausnahmefällen bewußt ist und er zudem häufig von einer scheinbar rationalen Begründung überdeckt ist. Durch viel geduldige Aufklärungsarbeit könnte man vielleicht mit der Zeit erreichen, daß den zum Urteilen herangezogenen Personen wenigstens die Hauptgefahren bewußt wären und sie ihren Eindrükken gegenüber ganz allgemein mißtrauischer gestimmt würden; die Abneigung vieler Kreise, nicht zuletzt juristischer, gegen eine wirklich in die Tiefe gehende Psychologie läßt aber von vornherein nicht allzuviel erhoffen. Vor allem aber wird das Unbewußte sich schwerlich je einzäunen lassen, immer wieder wird es als ursprüngliche Lebensmacht hervorbrechen und das bewußte Denken überwältigen und übertölpeln.

g) *Unkritisches Überdenken*

Eine sehr wichtige Ursache von Fehlurteilen ist schließlich das mangelhafte Überprüfen und Überdenken des Beweismaterials. Wie leichtfertig oder doch unkritisch solches manchmal als richtig anerkannt wird, haben wir eindrücklich bereits bei unseren fünf Justizmorden und anhand zahlreicher weiterer Fälle bei der Würdigung der einzelnen Beweismittel gesehen. Zur Ergänzung seien hier lediglich noch einige Erläuterungen zu Nebenpunkten und zur Verbindung von Beweisteilen angebracht. Beides ist besonders bei den sogenannten Indizienprozessen, also wenn der Täter nicht durch sein eigenes Geständnis oder durch Augenzeugen „überführt" ist, von wesentlicher Bedeutung. An sich ist nun der Beweisweg über Indizien keineswegs minderwertig, aber oft wird die Beweiskette vorschnell für geschlossen

---

[324] Vgl. v. HENTIG, Freispruch, S. 20/21.

[325] Wegen der besonderen Zeitumstände gilt das auch für den vermöglichen Lesurques.

[326] Vgl. BAUER, S. 221.

[327] Darauf weist hin auch MOSTAR, a. a. O., S. 12.

erachtet[328]; auch darf man die Tücken des Zufalls nicht unterschätzen, die Lückenlosigkeit vorspiegeln können[329]. Sehr lehrreich ist etwa der Fall Lang, wo recht starke Belastungsmomente vorlagen und übersehen wurde, daß die von der Anklage gegebene und vom Gericht offenbar für wahr befundene Schilderung des Tatablaufs von Anfang an zwei miteinander unvereinbare Elemente enthielt[330]. Bemerkenswert ist auch, wie hier mit dem Motiv der Habgier operiert wurde, obschon der Bauernhof gar nicht dem Ermordeten gehörte, sondern dessen Mutter, so daß er gar nicht an die Ehefrau, die Geliebte Langs, überging[331]. Ein ähnliches Nichtdurchdenken des Motivs ist uns schon beim Fall Jakubowski aufgefallen[332]. Vielleicht sind die Gerichte bei der Bestimmung der Motive überhaupt wenig kritisch gesinnt und folgen unwillkürlich den ausgefahrenen Geleisen; so hat auch im Fall Götz das Gericht das vom Staatsanwalt aufgestellte, erbärmlich schwache Motiv offenbar hingenommen, daß der seine Braut liebende Angeklagte sie umgebracht habe, um eine wertlose Uhr nicht zurückgeben zu müssen[333]. Den Gipfel der Kritiklosigkeit erreicht aber ein Gericht dort, wo es Unsinn für wahr nimmt. Das ist im Fall Pfeuffer gleich zweifach geschehen. Zum einen nahm es ohne die Spur eines Beweises und nicht einmal sonderlich zweckentsprechend an, es habe eine Knebelung stattgefunden, und es zog dabei die abstruse Möglichkeit in Betracht, sie habe sich während der Abtreibung (mit welcher die Frau einverstanden war!) ereignet; zum andern unterschob es dem Angeklagten die erstaunliche Spekulation, die Leiche sei bereits nach

---

[328] Vgl. a. a. O., S. 14/5.

[329] Vgl. v. Hentig, a. a. O., S. 13.

[330] Beim Kontrollversuch im Wiederaufnahmeverfahren stellte sich heraus, daß Lang nicht, wie angenommen wurde und wohl auch Voraussetzung seiner Schuld war, den „Lockschuß" abgegeben haben konnte, da er dann dem sofort reagierenden späteren Mordopfer nicht, wie feststand, so kurz darauf am Brunnen hätte begegnen können (Mostar, a. a. O., S. 243/4, siehe auch S. 222; vgl. allerdings auch die unklare Stelle auf S. 224, daß Lang, wenn er am Ort stand, wo der Lockschuß abgefeuert wurde, das Mordopfer „sehr wohl an der gleichen Stelle treffen konnte". Sie ist aber, selbst wenn sie zu den beiden anderen Stellen in unaufhebbarem Widerspruch stehen sollte, nach Lage der Dinge immerhin viel weniger einleuchtend als diese, wenn nicht gar unverständlich); mit Langs eigener Aussage über seinen Aufenthaltsort zum Zeitpunkt des Lockschusses stimmte aber diese Begegnung durchaus überein (a. a. O., S. 243). Beim ersten Augenschein während der Revisionsverhandlung — in der Hauptverhandlung hatte man auf einen solchen überhaupt verzichtet! — war diese ebenso simple wie entscheidende Abklärung seltsamerweise unterlassen worden (a. a. O., S. 224).

[331] A. a. O., S. 229.

[332] Vgl. S. 152/53 und S. 156.

[333] Hirschberg, S. 70.

einigen Tagen derart verwest, daß die Todesursache sich nicht mehr feststellen lasse[334]. — Mit diesen knappen Angaben haben wir wenigstens einige der Gefahren, die fehlerhaftes (oder gar fehlendes!) Denken mit sich bringt, skizziert.

Die ungenügend kritische Einstellung des Gerichts ist sicherlich eine sehr häufige Ursache von Justizirrtümern, ja, man kann sich sogar fragen, ob sie nicht ausnahmslos vorliege. Ganz in diese Richtung zielt *Hirschberg*, der die Unzuverlässigkeit der einzelnen Beweismittel zwar aufdeckt, aber als entscheidende Ursache doch ihre unkritische Bewertung ansieht[335]. Darin scheint uns nun aber doch eine beträchtliche Unterschätzung der Tücken der einzelnen Beweismittel zu liegen, denn wir haben festgestellt, daß im Einzelfall die besonderen Mängel eines Beweismittels bei weitem nicht immer ersichtlich sind. Einfach auf die ihm allgemein innewohnende letztliche Unzuverlässigkeit abzustellen, bedeutete aber, jeden Beweis an sich zu verunmöglichen. Damit erhebt sich also die Frage, ob sich überhaupt ein sowohl untrüglicher wie praktikabler Maßstab auffinden läßt, an dem sich das Überprüfen und Überdenken ausrichten kann. *Hirschberg* hat darauf eine Antwort zu geben versucht; da er sie aber geradezu für eine umfassende Lösung des Problems des Fehlurteils hält, ist hier noch nicht der Platz, sie zu beurteilen. Dagegen haben wir noch abzuklären, ob das erforderliche Niveau an Kritikfähigkeit von allen Gerichten überhaupt erreicht werden könnte. Wir halten das für recht unwahrscheinlich. Schon den zweifellos hohen Anforderungen an das Denkvermögen, die eine durchdringende Untersuchung des Beweismaterials stellt, wären nicht alle Gerichte gewachsen. Daneben würde eine wirkliche Erfüllung dieser Aufgabe so viel Zeit und Arbeit kosten, daß sie praktisch ohnehin kaum möglich wäre[336]. Vor allem aber ist dem Denkvermögen in den Gefühlen ein mächtiger Widersacher gesetzt, der es gerade bei Erscheinungen wie Verbrechen und Strafe, die den Menschen so unmittelbar erregen und fesseln, kaum je wird rein arbeiten lassen[337].

2. Die Unmöglichkeit ihrer generellen Ausschaltung

Wir haben nun die hauptsächlichen Gefahrenmomente für einen Justizirrtum aufgezeigt und dabei festgestellt, daß sie sich einzeln vielleicht verkleinern, aber nicht restlos unschädlich machen lassen. Es ist

---

334 Siehe a. a. O., S. 65, 66, 67. Übrigens bezeichnend für die Streiche, welche die durch das Verbrechen angeregte Phantasie dem Denkapparat spielt.

335 Siehe die Betitelung der Hauptursachen, a. a. O., S. 16.

336 Darauf haben wir beim Fall Rowland bereits hingewiesen, vgl. S. 164/5.

337 Vgl. unsere Ausführungen unter Lit. e und f, sowie zum ersten Teil des Absatzes S. 225 ff.

aber jetzt noch zu prüfen, ob nicht ein Allheilmittel aufzufinden ist, das sämtliche dieser Gefahren bannt.

a) Die Untauglichkeit der Begnadigungsinstanz zur Abhilfe

Es versteht sich nach allem bisher Vorgebrachten eigentlich von selber, daß diese Fähigkeit der Begnadigungsinstanz, in die manche Anhänger der Todesstrafe ihr Vertrauen setzen[338], nicht zukommen kann. Es ist nämlich nicht im geringsten einzusehen, wieso die konkreten Mängel einer Beweisführung, die selbst einem aufmerksamen Gericht verborgen bleiben können, nun plötzlich von der Begnadigungsinstanz, die ja erst noch eine nur mittelbare Kenntnis von der Beweisaufnahme besitzt, entdeckt werden sollten, und zwar ohne Ausnahme. Das ist offensichtlich eine völlig illusorische Hoffnung. Neben dieser grundsätzlichen Unzulänglichkeit darf man aber auch die faktischen Mängel, die der Begnadigungsinstanz wie allem Menschlichen anhaften, nicht unterschätzen. Wie kraß das Versagen sein kann, haben wir ja im Fall Jakubowski beobachtet[339], und auch in den Fällen Rowland und Graham war die Ablehnung der Begnadigung schwer verständlich. Außerdem ist die Begnadigungsinstanz nicht überall und nicht immer wirklich frei, sie ist an ungeschriebene Gesetze und an Tabus gebunden[340] und steht unter dem manchmal sehr heftigen Druck der öffentlichen Meinung. So ist es fast Regel, daß die Begnadigung nicht ausgesprochen wird, wenn ein Polizist dem Verbrechen zum Opfer gefallen ist, was 1953 in England zur vielleicht skandalösesten Hinrichtung seit dem zweiten Weltkrieg geführt hat. Hier wurde nämlich Derek Bentley hingerichtet, obschon er erstens lediglich 19 Jahre zählte und so junge Leute normalerweise von der Exekution, die bei unter 18jährigen überhaupt ausgeschlossen ist, verschont bleiben, obschon er zweitens nach *Pagets* Wissen der erste bloße Mittäter überhaupt war, der hingerichtet wurde, ohne daß auch dem Haupttäter dasselbe widerfuhr (dieser war erst 16jährig), obschon er drittens der Unzurechnungsfähigkeit sehr nahe kam und obschon viertens seine Mitverantwortung ganz und gar fraglich war[341]. So bestehen Hemmungen dagegen, bei Mittäterschaft einen Mann zu begnadigen und eine Frau hinzurichten, was in einem amerikanischen Fall einem möglicherweise Unschuldigen das Leben gekostet hat[342]. Was die öffent-

[338] So beispielsweise RUESCH, Todesstrafe, S. 43; DEHNOW, S. 27; KÜHLE, S. 101.

[339] Vgl. S. 155.

[340] Vgl. die Schilderung der Begnadigungsmechanismen im angelsächsischen Bereich, wo sie am ausgeprägtesten auftreten, bei v. HENTIG, die Strafe II, S. 53—55.

[341] Siehe PAGET/SILVERMAN, S. 109, zum letzten Punkt vgl. in unserem folgenden Paragraphen II, A, 2.

[342] Siehe v. HENTIG, a. a. O., S. 148, Anm. 4.

liche Meinung angeht, so wird sie fast unweigerlich überall dort berücksichtigt, wo der Entscheid über die Begnadigung beim Träger eines politischen Amtes liegt, der sich der Wiederwahl stellen muß[343]; aber auch sonst wird man ihren Einfluß nicht gering veranschlagen dürfen, denn auch eine unabhängigere Begnadigungsinstanz wird Mißfallensäußerungen des Volkes scheuen und sich bemühen, sein uneingeschränktes Vertrauen in die Strafrechtspflege zu erhalten. Auch aus praktischer Sicht ist also das Vertrauen auf die Begnadigungsinstanz nicht gerechtfertigt.

Das alles soll nicht heißen, daß die Begnadigungsinstanz überhaupt keine nützliche Funktion erfüllt. Sicherlich ist sie grundsätzlich imstande, die allerschlimmsten Verirrungen abzuwenden, sie wird dank ihrer Zusammensetzung in der Regel einen kühleren Kopf bewahren können als die Gerichte, was bei Mordfällen, die die Öffentlichkeit besonders erregen, ein wertvolles Gegengewicht darstellt, und sie kann auch versuchen, die unklaren Fälle auszuscheiden. Zuverlässig wird ihr das aus dem eingangs erwähnten Grund allerdings nicht gelingen, aber es kann doch dazu beitragen, einzelne Unschuldige vor dem Tod zu bewahren. In der Tat hatten schon viele Unschuldige ihr Leben nur der Begnadigungsinstanz zu danken — wir haben zahlreiche solche Fälle gestreift —, was mehr als eine genügende Rechtfertigung für ihr Bestehen ist, selbst wenn sie häufig unwissentlich, also aus anderen Motiven als Zweifeln an der Schuld, das schreckliche Übel des Justizmordes vermeiden helfen sollte. Andererseits darf man aber auch nicht übersehen, daß die Institution der Begnadigungsinstanz seltsamerweise die Gefahr eines Justizmordes auch erhöhen kann, und zwar, weil sie die Verantwortung für die Exekution weniger verdoppelt als teilt[344]: Die Gerichte müssen noch nicht die endgültige Entscheidung fällen und fühlen sich darum auch nicht letztverantwortlich, während die Begnadigungsinstanz mit einem gewissen Recht den Standpunkt einnehmen kann, die Abklärung der Schuldfrage sei Sache des Gerichts, zumal dieses dazu viel besser in der Lage sei als sie selber, ihre Aufgabe bestehe in der Sorge dafür, daß die letzte, unerbittliche Härte nur dort zur Anwendung gelange, wo es wegen der Schrecklichkeit der Tat und der Verdorbenheit des Täters als unumgänglich erscheine. Einen eindrücklichen Anschauungsunterricht über die Gefahr dieser aufgeteilten Verantwortung hat uns wiederum der Fall Jakubowski erteilt[345]. Wie groß oder gering nun aber auch ihre

---

[343] Das hat sich auch im vorhin erwähnten amerikanischen Fall ausgewirkt, wo der Gouverneur eigentlich gerne begnadigt hätte, aber aus politischen Erwägungen Rückendeckung beim Staatsanwalt suchte, die verweigert wurde (vgl. a. a. O.).

[344] Darauf weist hin etwa BOCKELMANN, 12 Antworten, S. 148.

[345] Vgl. S. 155.

Bedeutung im Allgemeinen sein mag, fest steht jedenfalls, daß das Bestehen einer Begnadigungsinstanz keinerlei Sicherheit gegen das Vorkommen von Justizmorden bildet.

b) Die Fragwürdigkeit der Ersetzung der Wahrscheinlichkeit durch die Gewißheit

Einen sehr ernstzunehmenden Versuch, das Problem des Justizirrtums an der Wurzel zu fassen und zu beseitigen, unternimmt *Hirschberg*, durch dessen Arbeit sich gewissermaßen als Leitmotiv die Überzeugung von der Vermeidbarkeit des Justizirrtums zieht. Nach seiner Ansicht liegt die tiefste Ursache für Fehlurteile darin, daß die Richter sich mit Wahrscheinlichkeit statt mit Gewißheit begnügen[346].

Diese These wird nun allerdings wenig überzeugend untermauert, am Fall Götz, wo ein beinahe zwingender Gegenbeweis vorlag[347], am Fall Rettenbeck, wo eine andere Täterschaft eigentlich näher lag[348], und schließlich — zur Diskreditierung der Formel vom „vernünftigen Zweifel", der an der Schuld nicht bestehen dürfe — an einem Fall, wo einer Belastungszeugin gegen neun Alibizeugen geglaubt wurde[349]. In allen diesen Fällen waren also die Beweise von hoher Wahrscheinlichkeit — mit einem geringeren Maßstab wird sich niemand ernsthaft begnügen wollen — weit entfernt, das Versagen lag folglich bei den Gerichten und nicht beim Maßstab. Indessen fällt die Mangelhaftigkeit dieses Nachweises nicht sehr ins Gewicht, denn es ließen sich bessere Beispiele anführen, etwa der Fall Evans, und es ist auch offensichtlich, daß das Zufriedengeben mit der Wahrscheinlichkeit — kaum bestreitbar die wahre Leitschnur auch der heutigen Gerichte[350] — eo

[346] HIRSCHBERG, S. 79.

[347] Siehe a. a. O., S. 75.

[348] Dazu siehe unsere Angaben auf S. 199.

[349] HIRSCHBERG, S. 82—83.

[350] Deutlich ist das im angelsächsischen Bereich, wo die Regel gilt, daß die Schuld des Angeklagten „beyond any reasonable doubt" bewiesen sein müsse (a. a. O., S. 82), was eben nicht außerhalb jedes Zweifels heißt; man vergleiche dazu einen instruktiven Ausschnitt aus einer Rechtsbelehrung eines englischen Richters bei PAGET/SILVERMAN, S. 113. Aber auch das deutsche Reichsgericht und ähnlich der Bundesgerichtshof hat sich zum Maßstab der hohen Wahrscheinlichkeit bekannt (HIRSCHBERG, S. 79/80). Selbst die in der Schweiz übliche Formel „der an Sicherheit grenzenden Wahrscheinlichkeit" verläßt qualitativ gesehen den Bereich der Wahrscheinlichkeit nicht, sondern sie umschreibt lediglich ihren höchsten Punkt; außerdem ist es zweifelhaft, ob dieser Forderung stets in ihrer vollen Strenge entsprochen wird, ja man kann sich sogar fragen, ob sie sich überhaupt in einer genügenden Anzahl von Fällen erfüllen ließe, wenn man den praktischen Aufgaben des Strafrechts noch gerecht werden will. — Im übrigen lehren die erschreckend zahlreichen Verurteilungen in Fällen, wo nicht einmal die Wahrscheinlichkeit der Schuld nachgewiesen wurde, daß nicht einmal dieser Maßstab durchgehend befolgt wird.

ipso eine gewisse Gefahrenquote in sich schließt, wenn sie auch bei wirklich hohen Ansprüchen an den Grad der Wahrscheinlichkeit gering sein mag. Entscheidend ist vielmehr, ob der Maßstab der Gewißheit wirklich eine Lösung des Problems verspricht.

Zu dieser Abklärung ist zunächst der Begriff der Gewißheit zu definieren. Gewißheit ist nun nicht nur etwas quantitativ, sondern etwas qualitativ anderes als Wahrscheinlichkeit; diese besagt lediglich ein Übergewicht der einen Möglichkeit über die entgegengesetzte, Gewißheit dagegen ist „die Überzeugung von der notwendigen kausalen Verknüpfung, von der *Unmöglichkeit des Andersseins*"[351]. Diese Formulierung ist jedoch noch mehrdeutig; wir müssen unterscheiden, ob zur Gewißheit genügt schon die subjektiv ehrliche oder erst die objektiv absolut unanfechtbare Überzeugung des Gerichts von der Unmöglichkeit des Andersseins. Im ersten Fall ist die Gefahr von Justizirrtümern noch gar nicht behoben, denn selbstverständlich kann auch eine ehrliche Überzeugung trügen, ist sie doch lange nicht immer mit äußerster kritischer Urteilsfähigkeit gepaart. Bei der zweiten, *Hirschberg* wohl entsprechenden Deutung[352] ist dagegen die Gefahr eines Fehlurteils tatsächlich beseitigt — aber auf Kosten der Praktikabilität. Dieser Maßstab der Gewißheit erfordert nämlich, daß jede Möglichkeit des Andersseins, auch die geringste, die phantastischste, die unglaubhafteste, selbst wenn überhaupt kein Anzeichen auf sie hindeutet, zwingend ausgeschlossen werden kann. Das ist in der überwältigenden Mehrzahl der Fälle ganz offensichtlich eine unerfüllbare Forderung, und nach unserer Analyse der einzelnen Fehlerquellen, die uns überhaupt keinen völlig sicheren Boden für eine Beweisführung hat erkennen lassen, sind wir sogar zum Schluß berechtigt, daß es sich um eine schlechterdings unerfüllbare Forderung handelt; denn selbstverständlich vermag auch eine Summierung von fast mit Sicherheit zutreffenden Faktoren, also von Wahrscheinlichkeiten, keine Gewißheit zu erbringen, sondern nur den Grad der Wahrscheinlichkeit zu erhöhen. *In konsequent kritischer Sicht gibt es folglich keine ganz eindeutigen Fälle.* Die effektive Anwendung des Maßstabes der Gewißheit würde somit das Strafrecht zum Erlöschen bringen. Funktionsunfähig würde es übrigens selbst dann, wenn entgegen unserer Ansicht wenigstens ausnahmsweise doch ein so strikter Beweis erbracht werden könnte.

Die hier vertretene Auffassung ist keineswegs neu, und *Hirschberg* hat denn auch versucht, sie zu entkräften. Vor allem prangert er die ethische Laxheit an, die im Sich-Abfinden mit der Möglichkeit von

---

[351] HIRSCHBERG, S. 94, vgl. auch die vor allem auf HUME fußende Entwicklung des Gedankens, S. 92 ff.

[352] „Die Gewißheit schließt jede Möglichkeit des Anderssein aus" (a. a. O., S. 94).

Fehlurteilen liegt[353]. Aber damit sieht er am Kernproblem vorbei, das praktischer und nicht ethischer Natur ist. Wir können ethisch noch so leidenschaftlich empfinden, die Schranken der Realität vermögen wir damit nicht zu durchbrechen, und wenn wir sie nicht anerkennen wollen, leisten wir höchstens der Heuchelei Vorschub. Zur Entkräftung unserer Auffassung wäre der Nachweis unentbehrlich gewesen, daß es gewisse, zu einer Überführung auch ausreichende Beweiselemente gibt, auf die wir mit unbedingter Sicherheit bauen dürfen; einen solchen vermissen wir jedoch völlig[354]. Es ist auch bezeichnend, daß die beiden von *Hirschberg* zitierten Juristen aus der Zeit von 1800, die an die Möglichkeit des Erlangens von Gewißheit glaubten, sich in recht seltsame Gedankengänge verstrickten. Der eine hielt ein freiwilliges Geständnis (wie läßt sich übrigens die Freiwilligkeit zuverlässig feststellen?) oder zwei vollgültige Augenzeugen für zuverlässig überführend, was mit strenger Gewißheit nicht viel zu tun hat. Der andere sah ein, daß absolute Gewißheit ein unerreichbares Ziel ist, und landete dann beim Unding des „moralischen Ausschlusses" der gegenteiligen Möglichkeiten[355]. Auch die schon in einer Anmerkung erwähnten Reichsgerichtsurteile, die die Notwendigkeit des Begnügens mit der hohen Wahrscheinlichkeit sehr logisch begründeten, vermochten von *Hirschberg* in der sachlichen Grundlage nicht angegriffen zu werden[356], sondern er brandmarkte sie einfach als verhängnisvoll und wies auf jene früheren Juristen, deren Meinungen wir soeben entwertet haben, als bessere Vorbilder hin.

Es bleibt somit beim Schluß, daß der Maßstab der Gewißheit eine unerfüllbare Forderung enthält und folglich zur Lösung des Problems des Justizirrtums als untauglich erscheint, es sei denn, man wollte sich dem Chaos einer Gesellschaft ohne wirksame Strafrechtspflege ausliefern. Die Einsicht, daß eine restlos zuverlässige Überführung eines Angeklagten unmöglich ist, richtet zugleich jeden Versuch, die Gefahr eines Justizmordes dadurch aus der Welt zu schaffen, daß man eine Unterteilung in klare und nicht ganz klare Fälle vornimmt, auf welch einfache Weise etwa *Graven* das Problem des Justizmordes zu lösen vermeint[357]; denn, wiederholen wir es noch einmal, die Annahme

[353] A. a. O., S. 74, S. 12.

[354] In einem andern Zusammenhang, bei der Kritik des heute noch üblichen Richtens nach dem gefühlsmäßigen Gesamteindruck, spricht HIRSCHBERG allerdings seine Hoffnung auf die „exakte wissenschaftliche Beweiswürdigung der Zukunft" aus (a. a. O., S. 125, vgl. auch S. 118), ohne aber dabei auf die Frage einzugehen, ob dadurch das Erlangen von Gewißheit tatsächlich ermöglicht wird. Unsere Zweifel daran haben wir bereits anderwärtig ausgesprochen (vgl. S. 211—214).

[355] Siehe HIRSCHBERG, S. 80—81.

[356] Siehe a. a. O., S. 79—80.

[357] Siehe GRAVEN, S. 113. Denselben Lösungsversuch hatte übrigens bereits Friedrich der Große unternommen (EB. SCHMIDT, Einführung, S. 259).

völlig zweifelsfreier Fälle ist eine Illusion, und außerdem würde die Unterteilung kaum immer zuverlässig ausfallen.

Das Scheitern dieses wirklich grundlegenden Lösungsversuchs bedeutet, daß gegen die Gefahr eines Justizirrtums auch kein Allheilmittel besteht, was heißt, *daß wir den Justizirrtum ganz allgemein als ein Übel ansehen müssen, das nicht gänzlich vermieden werden kann.* Damit soll natürlich nicht im mindesten ausgedrückt werden, daß sich nicht zahlreiche der heute begangenen Irrtümer vermeiden ließen. Sicherlich ist im Gerichtsalltag noch vieles zu verbessern, und es ist sehr zu hoffen, daß *Hirschbergs* Arbeit in dieser Beziehung die gebührende Beachtung findet; aber allen den so lobenswerten Bemühungen um die Befreiung der Strafrechtspflege vom Makel des Irrtums ist kein voller Erfolg vergönnt, sondern es ist ihnen in der begrenzten menschlichen Erkenntnisfähigkeit eine unübersteigbare Schranke gesetzt.

C. Ergebnis

Unsere sehr ausführliche Untersuchung hat zum Ergebnis geführt, daß die Gefahr von Justizirrtümern auch heute noch vorhanden ist und daß keine Aussicht besteht, sie in absehbarer Zeit ausschalten zu können. Dasselbe gilt folgerichtigerweise auch für die Gefahr von Justizmorden (nur daß ihr Ausmaß wohl verhältnismäßig geringer sein dürfte); denn da wir überhaupt keinen Weg gefunden haben, der mit völliger Sicherheit zur Wahrheit führt, vermag eben auch eine allfällige besondere Gewissenhaftigkeit dort, wo es um die Todesstrafe geht, die Gefahr nicht grundsätzlich aufzuheben. *Für heute und jedenfalls noch für die nahe Zukunft ist also mit der Anwendung der Todesstrafe untrennbar auch die Möglichkeit von Justizmorden verbunden.*

Dieses Ergebnis hätte sich vielleicht auf eine einfachere, weniger langwierige Weise gewinnen lassen. Der Hinweis auf die von vornherein kaum bestreitbare Unvollkommenheit des menschlichen Erkenntnisvermögens — die mehr oder minder deutlich ausgesprochene Urteilsgrundlage[358] fast aller Autoren, die die Möglichkeit eines Justizmordes bejahen[359] — hätte wohl, unterstützt durch einige kasuistische Angaben, zur Überzeugung der Unvoreingenommenen ausgereicht. Erheblich wäre im Grunde genommen wohl selbst die Feststellung gewesen, daß es jedem halbwegs begabten Kriminalschriftsteller mit Leichtigkeit und ohne gewaltsame Verzerrungen der Reali-

---

[358] Siehe besonders SCHEIWILLER, Todesstrafe, S. 63/4; KÜHLE, S. 99; MOSTAR, a. a. O., S. 27; ALT, S. 70.

[359] Hierher gehören beispielsweise noch BAUER, S. 220, ARNDT, S. 43, BAUMANN, S. 83, GOWERS, S. 81, und selbstverständlich auch v. HENTIG, die Strafe II, S. 158.

täten gelingt, einen Unschuldigen derart in ein Verdachtsnetz zu verstricken, daß seine Lage als schlechthin hoffnungslos erscheint; denn was sich so leicht als reales Geschehen vorstellen läßt, wird sich hin und wieder auch in Wirklichkeit ereignen können. Jedenfalls muß man sich darüber im klaren sein, daß auch in der Wirklichkeit der Besitz eines überzeugenden Alibis — die beste und zwingendste Entlastungsmöglichkeit — von vielen Zufälligkeiten abhängt[360] und somit reine Glückssache ist.

Diese Erwägungen hätten aber noch Ausflüchte offengelassen und die gerade in Juristenkreisen sehr starken Widerstände gegen das Eingeständnis der Möglichkeit von Justizmorden kaum überwunden. Es mußte darum versucht werden, durch eine umfassende Analyse die Einsicht in die Unabwendbarkeit des Justizirrtums und somit bei bestehender Todesstrafe auch des Justizmordes unausweichlich zu machen. Nur so konnten die Versicherungen, daß keine praktische Gefahr bestehe, eindeutig als naiv und unzutreffend entlarvt werden[361]; nur so haben wir das offensichtlich enorm wichtige Ergebnis auf eine Weise untermauern können, daß wir befugt sind, entscheidende Schlüsse über die Berechtigung der Todesstrafe zu ziehen.

II. Die Bedeutung der Irrtumsgefahr

Der Justizirrtum bewirkt, daß ein Unschuldiger die Strafe für eine gar nicht von ihm begangene Untat erleiden muß. Das ist offensichtlich ein schreiendes Unrecht, das gegenüber dem Betroffenen persönlich in keiner Weise gerechtfertigt werden kann. Angesichts der latenten Irrtumsgefahr erhebt sich daher die Frage, wie weit sich das Strafen überhaupt noch aufrecht erhalten läßt.

A. Die Unhaltbarkeit der Todesstrafe

Ein besonders entsetzlicher Irrtum ist der Justizmord, der die menschliche Existenz eines Unschuldigen unwiderruflich auslöscht. Das ist in zweierlei Hinsicht zutiefst erschreckend: Es bedeutet erstens daß aus einem Verfahren, das der Gerechtigkeit dienen soll, im Ergebnis dasselbe resultiert, wie wenn ein Mord, also das schlimmste Verbrechen, begangen würde; in den Bahnen des Rechts und mit Hilfe der dem Recht dienenden Kräfte wird also sozusagen der Gipfelpunkt des Unrechts verwirklicht: ein Mensch wird seines elemen-

---

[360] Vgl. v. Hentig, a. a. O., S. 154.

[361] Solche Versicherungen sind etwa in einer ziemlich hochtrabenden Weise von hohen Würdenträgern der englischen Rechtspflege 1948 abgegeben worden, siehe Paget/Silverman, S. 9, S. 87. Übrigens gab es schon um 1850 Stimmen, die die Unmöglichkeit des Justizmordes versicherten (siehe Sello, S. 6, vgl. auch Koestler, d, S. 77).

tarsten Rechtes beraubt. Es bedeutet zweitens, daß auch bei nachträglicher Entdeckung des Irrtums nicht die geringste Möglichkeit besteht, das zugefügte Unrecht am Opfer wiedergutzumachen, denn dieses ist tot, endgültig vernichtet. Beide Vorstellungen sind schlechthin unerträglich, beides belastet jede Rechtspflege in untragbarem Ausmaß, denn eine Rechtspflege, die ihre Mitwirkung an der Schaffung höchsten und zugleich völlig irreparablen Unrechts zwar nicht beabsichtigt, aber doch in Kauf nimmt, steht zu ihren idealen Zielen in einem unaufhebbaren Selbstwiderspruch[362]. Folglich muß solches Unrecht von der Strafrechtspflege unbedingt vermieden werden, und das ist allein durch die Abschaffung der Todesstrafe zu erreichen, wie wir des langen und breiten nachgewiesen haben. *Der der Rechtspflege durch einen Justizmord zugefügte Abbruch ist also derart groß und ernst, daß die Beseitigung der Todesstrafe als geboten erscheint.*

Bevor wir das aber als allgemein verbindliche Forderung statuieren, müssen wir noch die Einwände prüfen, die zur Entkräftung oder Begrenzung des soeben dargelegten Gedankenganges vorgebracht werden: Aufmerksamkeit verdient einmal, daß es tatsächlich eine Sicht gibt, in welcher der Justizmord nicht als so grauenhaft erscheint, nämlich die religiöse. In dieser bewirkt der Justizmord eben kein endgültiges Unrecht, denn Gott kann und wird für den gerechten Ausgleich sorgen[363]. Darum aber zu glauben, an der Todesstrafe festhalten zu können, erachten wir für verfehlt und für in sich selber widersprüchlich. Für verfehlt, weil auch in dieser Sicht beim Justizmord im Namen des Rechts schlimmstes Unrecht geschieht; für in sich selber widersprüchlich, weil Gott gleichermaßen wie den unschuldig Hingerichteten auch den unschuldigen Mordopfern Gerechtigkeit widerfahren lassen kann, so daß die Folgen des Mordes gleich wie jene des Justizmordes gar nicht mehr als so ungeheuerlich schwer erscheinen, weshalb nicht mehr recht einzusehen ist, wieso für Mord überhaupt noch die Todesstrafe verhängt werden soll[364]. Unzureichend ist dieser Entkräftungsversuch übrigens auch, weil ein solch

---

[362] Ebenso richtig wie das Ungeheuerliche klarstellend schreibt MOSTAR, a. a. O., S. 16, daß wir die Gefahren der Wahrheitsfindung auf uns nehmen müssen und sie nicht dem Angeklagten aufbürden dürfen.

[363] Am deutlichsten ausgesprochen ist diese Auffassung, auf die auch v. HENTIG, a. a. O., S. 139, aufmerksam macht, bei SCHEIWILLER, a. a. O., S. 64.

[364] Einem analogen Widerspruch sind wir bei der Durchleuchtung des religiösen Begründungsversuches bereits begegnet, vgl. S. 26. — Es ist eigenartig, wie hier die religiöse Sicht, die sonst häufig bestimmtere Urteile erlaubt als die philosophisch-ethische, den Boden unter den Füßen verliert, und es ist bemerkenswert, daß sie hier die menschliche Verantwortlichkeit nicht erhöht, sondern herabsetzt.

unverdienter Tod sich nur bei einem Gläubigen fruchtbar auswirkt[365], während er bei einem in Unglauben Beharrenden, der später vielleicht noch gläubig geworden wäre, verheerende Folgen zeitigt[366]. So weisen wir nur der Vollständigkeit halber noch darauf hin, daß dieser Lösungsversuch natürlich von vornherein nur für Gläubige annehmbar ist und darum ohnehin keine allgemeine Geltung beanspruchen könnte[367].

Beachtlich ist ferner der Einwand, daß die allgemeinen Erfordernisse der Strafrechtspflege und die realen Notwendigkeiten eine so weitgehende Berücksichtigung der zugegebenermaßen stoßenden Einzelfälle verunmöglichten. Hervorgehoben wird das etwa von *Dombois,* der auf die Unausweichlichkeit auch einer gewissensbelastenden Entscheidung in manchen Situationen hinweist[368], und im Anschluß an *Cathrein von Kühle*[369]. Diese Schranke der Notwendigkeit für ethisches Denken, die wir in unserer Arbeit durchweg anerkannt haben, ist aber hier noch bedeutungsloser als in den anderen gestreiften Fällen; denn wo es um das Leben von Unschuldigen geht, müssen die Anforderungen noch höher geschraubt werden als sonst. So wäre hier das Abstellen auf den Abschreckungsgedanken vollends unsittlich, was auch von Kreisen eingesehen wird, die im übrigen an ihm festhalten[370]. Für ein schlimmeres Übel als den Tod eines Unschuldigen könnte man höchstens den totalen Zusammenbruch der Rechtsmacht ansehen, der jedoch beim Verzicht auf die Todesstrafe für Mord sicherlich nicht zu befürchten ist[371].

Als letztes ist noch die Bedeutung der Einrede abzuklären, daß die Möglichkeit einer irrtümlichen Anwendung einer Institution — auch der Todesstrafe — nichts gegen die Rechtmäßigkeit einer Institution als solcher besage[372]. Sofern damit lediglich ausgedrückt wird, daß die Gefahr eines Irrtums nichts am abstrakten Wert der Todesstrafe ändere, also nichts daran, ob Mörder an sich die Todesstrafe verdienen, ist das unzweifelhaft völlig richtig. Sofern aber damit, was

[365] So ist bei Scheiwiller, a. a. O., S. 64, Voraussetzung für den reichen Ausgleich in der Ewigkeit, daß der Unschuldige den Tod ergeben auf sich nimmt!

[366] Auch dieser Gesichtspunkt, der konsequenterweise zur selbstverständlich unsinnigen Regelung führen müßte, nur Gläubige hinzurichten, ist uns nicht neu, vgl. S. 29.

[367] Vgl. S. 30/31.

[368] Dombois, der Tod im Recht, S. 256.

[369] Kühle, S. 101.

[370] Gowers, S. 77. Wie diese Stelle zeigt, kommt allerdings die gegenteilige Ansicht — Besser den Falschen hängen als den Richtigen nicht! — ebenfalls noch vor.

[371] Vgl. § 4, II.

[372] So formuliert Süsterhenn, S. 28.

wahrscheinlicher ist, auch die generelle Rechtmäßigkeit der praktischen *Anwendung* der Todesstrafe behauptet werden soll, können wir dem keinesfalls zustimmen. Denn wie wir bereits dargelegt haben, sind bei der Todesstrafe die Folgen eines Irrtums so gravierend und so einschneidend, derart in diametralem Widerspruch zum Rechten stehend, daß sie von einer Institution des Rechts nicht in Kauf genommen werden dürfen, außer im glücklicherweise ziemlich irrealen Fall der äußersten Notwendigkeit. Oder etwas allgemeiner ausgedrückt: eine Wertbetrachtung, die es für unmaßgeblich hält, ob sich in das Bemühen zur Wertverwirklichung eine Wertvernichtung einschleicht, ist im Grunde genommen Wertverleugnung.

Das Ungenügen der vorgebrachten Einwände berechtigt uns nun zum Schluß, *daß die Anwendung der Todesstrafe für Mord wegen der Gefahr des Justizmordes nicht zu verantworten ist; die Abschaffung der Todesstrafe erscheint daher als unausweichlich.*

B. Die Verantwortbarkeit der Freiheitsstrafe

Der Gedankengang, der zum Urteil der Unhaltbarkeit der Todesstrafe geführt hat, muß noch daraufhin untersucht werden, ob nicht viel mehr aus ihm gefolgert werden könnte und müßte, nämlich die Unhaltbarkeit jeder Strafe überhaupt, insbesondere der Freiheitsstrafe. Diese sicherlich unerwünschte Wirkung wird von verschiedenen Anhängern der Todesstrafe behauptet und zum Versuch benutzt, daraus eine zusätzliche Waffe gegen das Argument des Justizmordes zu schmieden[373]. Das ist indessen ein hoffnungsloses Beginnen, denn die Unterschiede zwischen Freiheits- und Todesstrafe sind auch hinsichtlich des Irrtums gewaltig, so daß von einer ebenso weitreichenden, analogen Konsequenz für die erstere nicht die Rede sein kann. Einerseits ist bei der fälschlich verhängten Freiheitsstrafe das zugefügte Leid viel weniger schlimm als bei der Todesstrafe, und damit ist auch das Unrecht nicht mehr so grauenhaft und der Widerspruch zu den Idealzielen des Rechts nicht mehr so klaffend. Andererseits läßt die Freiheitsstrafe im Gegensatz zur Todesstrafe grundsätzlich die Möglichkeit einer nachträglichen Berichtigung und einer wenigstens ersatzweise ausgleichenden Wiedergutmachung offen[374]. Natürlich ist die im Gefängnis oder Zuchthaus verbrachte Zeit unwiederbringlich verloren, aber wenn sich die Gesetzgeber und die Gerichte endlich einmal zu der gebotenen wirklich großzügigen Entschädigungspraxis durchringen könnten, würden sich am Schluß wohl nur noch die wenigsten der unschuldig Verurteilten über ihr Los beklagen. Allerdings wird diese Wiedergutmachung in zahlreichen Fällen gar nicht zustande kommen, da manche Irrtümer nie aufgedeckt werden oder die zu Unrecht Be-

---

[373] Siehe KÜHLE, S. 102; DEHNOW, S. 23; GRAVEN, S. 113.

[374] Das betont etwa MOSTAR, a. a. O., S. 23.

straften bereits vor der Entdeckung verstorben sein können; aber selbst in diesen Fällen werden die Opfer überall dort, wo die Gesetze nicht in formalem Rechtsdenken erstarrt sind, treu wenigstens von der Aussicht auf Rehabilitation begleitet. In einigen wenigen Fällen bewirkt schließlich auch die Freiheitsstrafe einen endgültigen, schlechterdings nicht wiedergutzumachenden Schaden[375], beispielsweise wenn der unschuldig Verurteilte die Schande und die Deklassierung nicht erträgt und geisteskrank wird oder Selbstmord verübt. Immerhin handelt es sich dann um eine seltene, nicht wesensnotwendige Folge der irrtümlich verhängten Freiheitsstrafe[376]. Die irrtümliche Anwendung ist somit auch bei der Freiheitsstrafe noch bedenklich genug, aber doch unvergleichlich weniger folgenschwer als bei der Todesstrafe. Was an Unbefriedigendem zurückbleibt, kann aus dem Gesichtspunkt der Notwendigkeit verantwortet werden; denn es ist kaum zu bestreiten, daß der Verzicht auf die Freiheitsstrafe — was heute praktisch heißen würde: auf die Strafe überhaupt — zu unabsehbaren, kaum erträglichen Folgen, zu Rechtsunsicherheit, Gewalttat und Chaos führen würde. *Die grundsätzliche Berechtigung der Freiheitsstrafe wird also durch die Gefahr eines Irrtums nicht berührt,* wohl aber sollte, wie wir verschiedentlich angedeutet haben, die *Ausgestaltung* der Freiheitsstrafe darauf Rücksicht nehmen. In *dieser* Hinsicht müßte man den Justizirrtum bei der Freiheitsstrafe einmal durchdenken, statt ihn als indirektes Argument zur Duldung eines Zustandes, in dem Justizmorde vorkommen können, zu mißbrauchen.

C. Ergebnis

Nach dem Scheitern auch dieses letzten Diskreditierungsversuches dürfen wir abschließend feststellen, daß die Meinung von der Unannehmbarkeit der Gefahr eines Justizmordes nicht im geringsten entwertet werden konnte. Im Gegenteil hat sie sich ethisch als sehr begründet und praktisch als weitgehend unbedenklich erwiesen. Darum ist das Argument des Justizmordes stark, sowohl entscheidend wie kaum angreifbar. Es richtet die Todesstrafe grundlegend, das heißt, es berechtigt und nötigt zu ihrer eindeutigen Ablehnung.

Dieses Ergebnis[377] ist äußerst wertvoll und lohnt die aufgewendete

---

[375] Vgl. hierzu GREINWALD, S. 188 und S. 246 (Anm. 20).

[376] Das gilt allerdings nur dort, wo für einen humanen, von unnötigen Erniedrigungen und Schikanen befreiten Strafvollzug Sorge getragen wird.

[377] Wir verzichten auf seine zusätzliche Stützung durch beipflichtende Meinungen anderer Autoren, weil deren Begründungen meistens sehr knapp sind und den Wert des Arguments des Justizmordes fast als selbstverständlich anerkennen. Das ist angesichts des offensichtlich furchtbaren Unrechtsgehalts des Justizmordes zwar sehr begreiflich, aber zum Ziehen weitreichender Schlußfolgerungen wie der unsrigen wohl doch nicht ganz ausreichend.

Mühe in unserem mit Abstand längsten Paragraphen reichlich. Wir sind damit — nach der Verneinung der staatlichen Kompetenz zur Verhängung der Todesstrafe — bereits auf den *zweiten durchschlagenden Einwand gegen die Todesstrafe* gestoßen.

§ 29. Andere Irrtümer

Neben dem Justizmord kommen noch andere Irrtümer vor, die zwar nicht Unschuldige, aber doch nicht Vollschuldige treffen.

I. Die Hinrichtung nicht voll Schuldfähiger

A. Die Gefahr

Sehr groß ist die Gefahr, daß Geisteskranke hingerichtet werden. Am besten geht das aus nackten Zahlen hervor: Zwischen 1900 und 1948 wurden in England 4077 Personen wegen Mordes in Haft genommen. Davon wurden 1013 Personen wieder entlassen oder freigesprochen. Von den verbliebenen 3064 Angeklagten waren wegen Psychose verhandlungsunfähig 412 Personen, 783 weitere wurden im Urteil für schuldig, aber geisteskrank erklärt. Nach der Verurteilung erkrankten schließlich noch weitere 46 Personen geistig[378]. Von 3064 des Mordes Angeklagten waren also 1241 geisteskrank, was gut 40 Prozent[379] ausmacht! Eindrücklich ist auch, daß von 35 in Zürich untersuchten Mördern nicht weniger als 33 entweder psychopathisch oder schwachsinnig waren[380]. Bei so großen Zahlen ist die Annahme wohl von vornherein illusionär, daß alle geistig Kranken, die voll Unzurechnungsfähigen wie die vermindert Zurechnungsfähigen, entdeckt würden. Das führen besonders jene Fälle vor Augen, wo die Erkrankung erst nach der Verurteilung bemerkt wurde; das lehrt auch die Überlegung, daß eine Geisteskrankheit im Anfangsstadium schwerlich immer erkennbar ist und sicherlich nicht immer erkannt wird[381]. Des weitern sind auch die Gesetze keineswegs überall so

---

[378] Diese Aufstellung siehe v. Hentig, die Strafe II, S. 59; man vergleiche auch die anders angeordneten, ähnlichen Zahlen aus einem Zeitraum von 50 Jahren a. a. O., S. 123.

[379] Koestler, f., S. 75. v. Hentig gelangt a. a. O., S. 123, gar zu einem Prozentsatz von 55, doch scheint er dabei zwei Zahlen addiert zu haben, von denen die eine bereits in der anderen enthalten war (sonst wäre jedenfalls der Widerspruch zwischen den Zahlen auf S. 59 und S. 123 eklatant und unerklärlich).

[380] Schröder, S. 24.

[381] Besonders im Anfangsstadium der Schizophrenie scheinen nicht selten Gewaltdelikte, deren Natur dann leicht verkannt wird, begangen zu werden (Schipkowenski, S. 60; Bauer, S. 66; Mohr, S. 5/6). — Zwei allerdings noch aus dem 19. Jahrhundert stammende Beispiele von erst bei der Sektion des Hingerichteten entdeckten krankhaften Veränderungen im Gehirn siehe Bauer, S. 67/8.

abgefaßt, daß möglichst alle nicht voll Zurechnungsfähigen der Todesstrafe entgehen. Besonders rückständig und verwerflich waren bis vor kurzem die Bestimmungen des englischen Rechts, nach welchen, wie *Koestler* geistreich aufgezeigt hat, man eigentlich auch intelligentere Tiere hätte bestrafen können[382], und nach welchen die wenigsten Geisteskranken als für ihre Taten nicht voll verantwortlich betrachtet werden durften[383]; da der Ausweg der verminderten Zurechnungsfähigkeit in England erst noch verschlossen war[384], bedeutete das, daß zahllose Geisteskranke zum Tode verurteilt wurden und noch mehr hätten verurteilt werden müssen, wenn die Geschworenen sich nicht zuweilen über die geltende Rechtsvorschrift[385] einfach hinweggesetzt hätten[386]. Der Homicide-Act von 1957 hat hier eine gewisse Besserung gebracht, indem er den Begriff der verminderten Zurechnungsfähigkeit einführte, allerdings einen recht engen, der zwar biologisch Abnorme erfaßt, aber jedenfalls nach der ersten, wohl präjudizierenden Prozeßentscheidung nicht auch Psychopathen; die Beeinträchtigung der Willenssphäre wird also noch nicht als erheblich anerkannt, der Geist der M'Naghten-Regel, die allein auf die Ein-

---

[382] Siehe Koestler, d, S. 49 ff. bzw. f, S. 67 ff.

[383] Siehe a. a. O., f, S. 75 ff. Unzurechnungsfähig war nämlich nach der berüchtigten M'Naghten-Regel nur, wer gar nicht weiß, was er tut, oder wer nicht einzusehen imstande ist, daß das, was er tut, schlecht ist (den genauen Wortlaut siehe a. a. O., f, S. 78, und zu dessen theoretischer Anwendbarkeit auf Tiere insbesondere S. 70).

[384] Anders in Schottland, wo die verminderte Zurechnungsfähigkeit zu allseitiger Zufriedenheit seit fast einem Jahrhundert anerkannt ist. Trotzdem mußte Lord Chief Justice Goddard zugeben, die schottische Regelung kaum zu kennen (a. a. O., f, S. 86).

[385] Die materiell völlig unhaltbare M'Naghten-Regel ist darüber hinaus auch in formeller Hinsicht auf eine sehr außergewöhnliche Weise entstanden, nämlich 1843 als richterliche, aber außerprozessuale Mißbilligung eines Urteils, das sich selber durchaus auf Präjudizien stützen konnte (vgl. a. a. O., f, S. 77—80). Trotzdem sind jahrzehntelang alle Bemühungen zur Aufhebung der M'Naghten-Regel an der reaktionären Einstellung der Richter und des Oberhauses gescheitert (siehe a. a. O., f, S. 81—83).

[386] Das kommt nach Koestlers begründeter Ansicht ziemlich häufig vor, auch um die Härten des englischen Mordbegriffs (vgl. dazu S. 98) zu mildern (a. a. O., f, S. 75/6). Die vorhin wiedergegebenen Zahlen über den Anteil der Geisteskranken bei den Mördern in England können also leicht zu hoch sein und das Bild verfälschen; da aber andererseits doch manche Geisteskranke getreu dem Wortlaut der M'Naghten-Regel zum Tod verurteilt worden sind (siehe neben a. a. O., f, S. 84, vor allem die a. a. O., d, S. 127 ff., enthaltene Liste der zwischen 1949 und 1953 in England, Schottland und Wales Hingerichteten, von denen — vgl. d, S. 152 bis 153 — etwa die Hälfte von einer geistigen Störung irgendwelcher Art betroffen war), dürfen sie doch als Anhaltspunkt gelten.

sichtsfähigkeit abstellt, ist noch nicht überwunden[387]. — Ferner wird bei Mordtaten, welche die Öffentlichkeit besonders erregen, das Vorliegen einer geistigen Erkrankung nicht selten ziemlich bewußt mißachtet[388]. Schließlich gibt es gar keine klare Trennungslinie zwischen Gesunden und geistig Erkrankten[389]. Angesichts all dieses Materials wird man schwerlich bestreiten können, daß mit der Anwendung der Todesstrafe unweigerlich auch Hinrichtungen von geistig oder seelisch Erkrankten einhergehen.

B. Ihre Bedeutung für die Todesstrafe

Die Bedeutung dieser Gefahr darf jedoch unseres Erachtens nicht überschätzt werden. Zwar schlägt die Exekution eines Geisteskranken einem tiefverwurzelten Gefühl ins Gesicht, aber dieses läßt sich keineswegs unter allen Voraussetzungen logisch begründen, so daß die Todesstrafe kaum allgemein entwertet werden kann. Von den relativen Straftheorien her ist nämlich die strikte Vermeidung der Hinrichtung von Geisteskranken gar nicht unbedingt erforderlich. Bei der um der Abschreckung willen ausgesprochenen Todesstrafe wäre sie jedenfalls wenig folgerichtig[390], bei der aus Sicherungsgründen verhängten sogar absurd[391], und bei der aus der Notwendigkeit abgeleiteten schließlich wäre jede unterschiedliche Behandlung der Geisteskranken und der Gesunden vollends unverständlich und sinnwidrig[392]. Wenn

[387] Siehe HELDMANN, S. 324—326.

[388] So im Fall Kürten (RIESE, S. 15) und wohl auch im Fall Haarmann (a. a. O., S. 31—33), so bei Guiteau, der den amerikanischen Präsidenten Garfield erschoß (HIRSCHBERG, S. 58—60) und vielleicht auch beim Mörder des Präsidenten McKinley (vgl. v. HENTIG, a. a. O., S. 124). Die allgemeine Feststellung dieses Verhaltens durch REIWALD haben wir bereits auf S. 67 wiedergegeben.

[389] ALT, S. 64/5.

[390] Es ist nicht einzusehen, wieso nicht auch die Hinrichtung eines Geisteskranken die Öffentlichkeit abschrecken sollte. Außerdem sind auch die Geisteskranken selber der Abschreckung kaum grundsätzlich unzugänglich, was bei den häufig besonders gefährlichen (HIRSCHBERG, S. 87) vermindert Zurechnungsfähigen wohl auf der Hand liegt und auch daraus hervorgeht, daß abgesehen von den schlimmsten Fällen auch im Irrenhaus eine Disziplin aufrechterhalten werden kann (auf diese Tatsache, die auch KOESTLER, f, S. 70/71, erwähnt, weist mit Nachdruck hin KIELHOLZ in MENG, S. 303). — Was die ethische Seite angeht, so ist die Verwendung des Geisteskranken als bloßen Mittels kein bißchen stoßender als die des Normalen.

[391] Vgl. im 4. Kapitel Anm. 107 und den Schluß des zweiten Absatzes von § 17.

[392] KÜHLE, S. 109, versteigt sich allerdings zur seltsamen Behauptung, daß der Staat gegenüber Geisteskranken nicht in eine Notwehrlage geraten könne, da das bonum commune nur durch schwerste sittliche Schuld ernsthaft zu gefährden sei; ein solchermaßen aufgefaßtes bonum commune verliert indessen jeden Zusammenhang mit den Gedanken von praktischer Notwendigkeit und Notwehr.

nun Geisteskranke in der Regel auch dort von der Todesstrafe ausgenommen sind, wo das Zweckdenken vorherrscht, deutet das darauf hin, daß entweder doch eine subjektive ethische Vorwerfbarkeit als Voraussetzung der Gerechtigkeit der Strafe angesehen wird oder daß aus anderen Gründen die Tötung Geisteskranker tabu ist. Ein solches Tabu wäre übrigens keineswegs sinnlos, es könnte eine Barriere gegen jeden Ansatz dazu errichten, unproduktives menschliches Leben eigenmächtig zu beseitigen. In dieser Hinsicht könnte also die Gefahr von Hinrichtungen Geisteskranker auch für ein reines Zweckdenken durchaus beachtlich sein.

Durch die Gefahr der Hinrichtung von Geisteskranken im Kern betroffen wird aber einzig die im Sinne der absoluten Straftheorien ethisch begründete Todesstrafe; denn sie, die auf einem Schuldvorwurf beruht, kann gegenüber einem Schuldunfähigen niemals gerechtfertigt sein, und dasselbe gilt, da zur Rechtfertigung der Todesstrafe nur ein voller Schuldvorwurf genügt, auch für die nicht voll Schuldfähigen. Danach scheint die Todesstrafe von den absoluten Straftheorien her ganz allgemein unhaltbar zu werden, da die mit ihr untrennbar verbundene Möglichkeit der Hinrichtung von „Nicht-Schuldigen“ gerade bei einer ethisch bestimmten Denkweise kaum hingenommen werden dürfte.

Diese Überlegung betrifft indessen die Geisteskranken nur unter der Voraussetzung speziell, daß die Willensfreiheit bejaht wird! Andernfalls wäre nämlich die Unterscheidung zwischen der Unzurechnungsfähigkeit der Geisteskranken und der Zurechnungsfähigkeit der übrigen Leute — also zwischen Schuldunfähigkeit und Schuldfähigkeit — eine rein formale[393]; man könnte wohl ein Kriterium bestimmen[394], aber es wäre ein ethisch gleichgültiges[395]; denn es ist nicht im geringsten einzusehen, wieso eine Person für Charaktereigenschaften und für Taten verantwortlich sein soll, die einer Erbanlage oder einer Milieuschädigung notwendigerweise entsprungen sind, aber nicht für solche, die auf eine Gehirnerkrankung zurückgehen. Das gilt selbstverständlich trotz der Beeinträchtigung der normalen Willensbildung beim Geisteskranken[396], da wiederum nicht recht einzusehen ist, wieso man unter den notwendigerweise entstandenen Regungen und Handlungen nur für jene haften soll, die auf einem einigermaßen durchschnittlichen Weg zustandegekommen sind. Ebenfalls gilt es ungeachtet der Tat-

[393] Roeder, S. 197.

[394] Etwa die bewußte Einschaltung des — kausal determinierten! — Willens (Scheiwiller, die philosophischen Prinzipien des Strafrechts, S. 17), des „Ichs“ (Meng, S. 509/10).

[395] Das empfindet etwa Kielholz, siehe in Meng, S. 303.

[396] Auch mit diesem Kriterium versucht man die Frage der Zurechnungsfähigkeit von jener der Willensfreiheit zu lösen, siehe bei Roeder, S. 159 bis 166.

sache, daß manche Geisteskranke — aber lange nicht alle[397]! — unfähig sind, zwischen „gut" und „böse" zu unterscheiden; denn angesichts der übermächtigen, ein Ausweichen von vornherein verunmöglichenden Antriebe[398] ist diese Fähigkeit von sekundärer Bedeutung und vermag keine eigenständige Verantwortung zu begründen. Allein wenn das Wissen um die Strafdrohung und eine realistische Vorstellung von ihrem Inhalt Voraussetzung der Gerechtigkeit der Strafe wäre, müßten manche Geisteskranke (aber auch manche anderen Delinquenten) von der Bestrafung ausgenommen werden; aber mit einer ethischen Begründung der Strafe hat diese Voraussetzung nicht mehr viel gemeinsam[399]. Wenn man also die Willensfreiheit verneint, so ist im Licht der absoluten Straftheorien die Todesstrafe entweder auch für Geisteskranke zulässig oder dann für überhaupt niemanden[400].

Wird dagegen die Willensfreiheit bejaht und als Schuldvoraussetzung anerkannt, dann ist die Hinrichtung von Geisteskranken tatsächlich bestürzend und unerträglich, da bei ihnen die sittliche Freiheit und damit zugleich die Schuldfähigkeit aufgehoben oder doch herabgesetzt ist. Die große Irrtumsgefahr wiegt hier also schwer, ja man dürfte sie wohl als ausschlaggebenden Gesichtspunkt bezeichnen. Aber auch in diesem Zusammenhang ist die strenge Unterscheidung zwischen geistig Kranken und Gesunden im Grunde genommen unbefriedigend, da eine volle sittliche Freiheit überhaupt niemandem vergönnt ist[401]. So ist die Ablehnung der ethisch begründeten Todesstrafe darum, weil sie faktisch auch Nicht-voll-Schuldfähige trifft, letzten Endes nur ein allerdings herausragender Spezialfall ihrer generellen Ablehnung auf Grund der allgemein beschränkten menschlichen Schuldfähigkeit.

Der Hinweis auf die Gefahr der Hinrichtung von Geisteskranken ist also keineswegs bedeutungslos, er trifft mindestens die ethisch begründete Todesstrafe empfindlich. Aber wie die vertiefte Betrachtung zeigt, ergibt sich aus ihm kein völlig selbständiges Argument gegen die Todesstrafe, sondern es geht in einem viel umfassenderen unter.

---

[397] Siehe eine maßgebende Stimme von ärztlicher Seite bei Koestler, f, S. 81, sowie Kielholz in Meng, S. 303.

[398] Nach unseren zahlreichen Ausflügen in das Reich der Psychologie ist wohl der Hinweis am Platz, daß wir hier nicht als Psychologen, sondern als Philosophen in der Rolle von konsequenten Deterministen urteilen.

[399] Das hat unsere Besprechung des Versuchs von Ruesch, eine deterministische Verantwortlichkeit zu begründen, mit aller wünschenswerten Deutlichkeit aufgezeigt, vgl. S. 57—60.

[400] Letzteres ist natürlich unsere Auffassung, vgl. S. 60/61.

[401] Vgl. S. 61—63.

II. Die Hinrichtung zu-wenig-Schuldiger

Nicht außer acht lassen darf man auch die Gefahr, daß von der Todesstrafe des Mordes[402] Zu-wenig-Schuldige erfaßt werden; zuweilen konstruiert nämlich das Strafrecht eine Verantwortlichkeit, die jedenfalls in gewissen Fällen nicht mehr als den tatsächlichen Verhältnissen entsprechend und als gerecht erscheint. Es können dann Delinquenten zum Tod verurteilt und sogar hingerichtet werden, deren Handlungsweise weder in objektiver noch subjektiver Hinsicht auch nur annähernd so verwerflich ist wie jene des Mörders.

A. Die Gefahr

1. Kausalhaftung für Körperverletzung

Recht bedenklich ist in dieser Hinsicht die Kausalhaftung für Körperverletzungen, die in England auch nach dem Homicide-Act von 1957 noch weitgehend besteht, ist doch die Haftung lediglich durch das weite Kriterium der Voraussehbarkeit eingeschränkt; jedenfalls bei willentlich zugefügten ernsteren Körperverletzungen wird, wenn der Tod eintritt, der Tötungsvorsatz einfach impliziert, sie werden dem Mord gleichgesetzt[403]. Es liegt auf der Hand, daß dadurch krasse Ungerechtigkeiten entstehen können, indem Gleiches sehr ungleich und Ungleiches gleich behandelt wird. So ist es sehr leicht möglich, daß von zwei Delinquenten, deren Taten beide gleich schwer sind, der eine zum Tod oder zur maximalen Freiheitsstrafe, der andere zu einer befristeten Freiheitsstrafe verurteilt wird, nur weil infolge vom Täter nicht gesteuerter Faktoren die Verletzungen im einen Fall zum Tod führten; ja, es ist keineswegs ausgeschlossen, daß der Tod bei der schwereren Tat ausbleibt und bei der leichteren eintritt; der weniger

---

[402] Unserem in der Einleitung formuliertem Programm getreu beschränken wir uns auch hier auf die für Mord verhängte Todesstrafe. Da nicht einmal diese im I. Teil begründet zu werden vermochte, sind Todesurteile für andere „zivile" Delikte ohnehin unhaltbar (vgl. Einleitung, Anm. 6). Es spricht also ebenfalls gegen die Todesstrafe, daß solche Urteile trotzdem vorkommen. Recht häufig sind sie vor allem in den USA, besonders wegen Notzucht; dabei werden viel mehr Neger als Weiße von der vollen Härte des Gesetzes betroffen, wurden doch zwischen 1937 und 1950 wegen Notzucht 233 Neger und lediglich 26 Weiße hingerichtet (v. Hentig, die Strafe II, S. 53). In diesem Fall ist also die Ungerechtigkeit sogar eine doppelte.

[403] Vgl. Heldmann, S. 318, S. 319/20. Nach der durch den Homicide-Act grundsätzlich abgeschafften „doctrine of constructive malice" bestand früher eine Kausalhaftung für unbeabsichtigte und unvorhergesehene Tötungen, also selbst für leichte Körperverletzungen, wenn sie anläßlich der Begehung eines Delikts oder bei Widerstand gegen eine rechtmäßige Amtshandlung, vor allem gegen eine rechtmäßige Verhaftung, geschahen (a. a. O., S. 317, vgl. auch Paget/Silverman, S. 99/100).

schuldige und objektiv auch weniger gefährliche Täter wird dann viel strenger bestraft als der andere und unter Umständen zum Tod verurteilt. Unhaltbar ist andererseits auch, daß die Körperverletzung als ein objektiv ziemlich weniger verwerfliches Verhalten gleich behandelt wird wie das gewollte Töten, wie der Mord als das mit Abstand schlimmste Verbrechen; ja, nach dem Homicide-Act ist es sogar möglich, daß eine zum Tod führende Körperverletzung strenger bestraft wird als ein Mord, da nur noch gewisse Arten des Mordes als „capital murder" gelten[404]. Aber auch ohne alle diese zusätzlichen Ungerechtigkeiten wäre die Kausalhaftung bei Körperverletzungen gänzlich untragbar, weil sie an sich ein Unrecht darstellt[405]. Der Erfolg, der Tod des Opfers, ist zwar vom Täter zu einem beträchtlichen Grad zu verantworten, aber da er zum Teil die nicht angestrebte Folge von ihm unbeeinflußter Faktoren ist, doch nicht ganz, was allein für die Todesstrafe genügen könnte. Neben solchen Erwägungen müssen generalpräventive Überlegungen, deren Richtigkeit übrigens hier besonders zweifelhaft ist, zurücktreten[406]. Völlig unerheblich wäre selbstverständlich auch das Argument, ohne diese Kausalhaftung könnte man möglicherweise manche Verbrecher, die im Grunde genommen durchaus den Tod des Opfers bezweckt hatten, nicht gebührend hart bestrafen; man würde ja damit zugleich die Bestrafung solcher, die den Tod nicht bezweckt hatten, in Kauf nehmen, man würde, um die Vollschuldigen mit dem Tod bestrafen zu können, einfach die andern zu hart bestrafen, was natürlich völlig gewissenlos wäre.

2. Solidarische Gruppenhaftung

Womöglich noch stoßender berührt eine zu weite Fassung des Mittäterschaftsbegriffs, wie sie vor allem im angelsächsischen Bereich in extremer Weise anzutreffen ist. Dort haftet man bei einer gemeinsamen Begehung eines anderen Deliktes für todbringende Akte eines Kumpans, auch wenn man dabei nicht selber mitgewirkt und vorher nichts davon gewußt und nicht einmal an eine solche Möglichkeit

---

[404] Die Aufzählung der Tatbestände des „capital murder", auf dem allein noch die Todesstrafe steht, siehe 5. Kap., Anm. 10.

[405] Andere, in der Auswirkung ähnliche Unbilligkeiten haben wir bereits in § 21 angeführt (vgl. dort vor allem Anm. 8 und 10). Dort galt es, den Mangel der Unteilbarkeit plastisch hervortreten zu lassen, hier aber ist der Ort, die allgemeine Bedeutung dieser der Fehlbarkeit entspringenden Unbilligkeiten zu bestimmen, wobei wir ein Beispiel für alle sprechen lassen. Die Gesichtspunkte der Unteilbarkeit und der Fehlbarkeit ergänzen sich, der Mangel der Unteilbarkeit ist infolge der Fehlbarkeit erheblich, während der Mangel der Fehlbarkeit durch die Unteilbarkeit verschärft wird, wie sich gerade an den Zu-wenig-Schuldigen deutlich zeigt.

[406] Wer bei der Tat gar nicht den Tod des Angegriffenen ins Auge faßt, wird auch kaum an diese Kausalhaftung denken.

gedacht hat; es wird also einfach eine Gesamthaftung konstruiert[407]. Das kann sich dann so auswirken, daß ein an einem Bankraub Beteiligter hingerichtet wird, weil einer seiner Kumpane auf der Flucht einen Polizisten erschossen hat, hingerichtet wird, obschon er selber bereits fünfzehn Minuten vor der Schießerei verhaftet worden war; oder so, daß ein vor einem Gebäude zusammen mit dem Taxifahrer auf seine Bekannten wartender Mann voll zur Verantwortung gezogen wird, weil drinnen bei deren Raubüberfall ein tödlicher Schuß fällt — ungeachtet der Behauptung, er hätte nichts vom Raubüberfall, geschweige denn von der Verwendung einer Waffe gewußt[408]. Natürlich ist es in solchen Fällen *möglich*, daß der scheinbar Unbeteiligte eben doch eine wesentliche Verantwortung trägt (der draußen Wartende kann beispielsweise der eigentliche Organisator des Coups sein), aber *sicher* ist das keineswegs, so daß nicht ausgeschlossen werden kann, daß infolge dieser gewaltsamen Gesamthaftung an der Tötung völlig Unbeteiligte ihr Leben verlieren. Diese Gefahr ist besonders bedrohlich, weil solche Gruppenhinrichtungen in den Vereinigten Staaten recht häufig vorkommen[409]. Das vielleicht empörendste Beispiel stammt aber aus England, der Fall Bentley[410]. Bentley hatte nach den Aussagen dreier Polizeibeamter seinem jüngeren Gefährten Craig zugerufen: „Gib es ihm, Chris!“; darauf hatte dieser geschossen und einen Polizisten verwundet[411]. Soweit ist, sofern diese Äußerung wirklich gefallen ist[412], Bentleys Verantwortlichkeit klar. Aber nach diesem Schuß ließ sich Bentley vom verwundeten Polizisten widerstandslos festnehmen, ja niederschlagen, vom selben Polizisten, von dem er sich vorher, als dieser noch unverletzt war, in einem Handgemenge hatte freikämpfen können; auch ließ er sich

---

[407] v. HENTIG, a. a. O., S. 52, S. 131/2. Möglicherweise wurde diese Gesamthaftung in England durch die in Anm. 403 erwähnte Abschaffung der „doctrine of constructive malice“ ebenfalls gemildert (vgl. a. a. O., S. 132, Anm. 2, wonach die Gesamthaftung zum Teil auf dieser Doktrin aufgebaut ist; HELDMANN weist aber auf keine derartige Änderung hin, obwohl sie enorm wichtig wäre); indessen ist diese Frage für uns nebensächlich, entscheidend ist, daß solche Konstruktionen überhaupt vorkommen können.

[408] v. HENTIG, a. a. O., S. 132, Anm. 3. Ein weiteres Beispiel, verbunden noch mit einer Kausalhaftung für Körperverletzung, siehe a. a. O., S. 52, Anm. 3.

[409] Vgl. a. a. O., S. 52, ebenso v. HENTIG, der Gangster, S. 107—109.

[410] Die verhältnismäßig kurze, aber präzise und angriffige Gesamtdarstellung PAGETS siehe PAGET/SILVERMAN, S. 89 ff.

[411] A. a. O., S. 92.

[412] Nach den übereinstimmenden Aussagen von Craigs Mutter und Bentleys Vater hatte Bentley Craig nie „Chris“ gerufen, sondern „Kit“. Ein Hörfehler der Polizisten ist immerhin möglich, aber wenn ein Teil mißverstanden worden ist, dann kann es auch der andere sein.

widerstandslos von ihm durchsuchen und zu guter Letzt gar als Schild von ihm benützen[413]. Nach etwa einer Viertelstunde, in welcher Bentley zum Teil unbewacht war, ohne zu versuchen, sich wieder Craig zuzugesellen, traf Verstärkung ein. Craig erschoß nun einen Mann dieser Verstärkung[414]. Obschon der Bruch Bentleys mit Craigs mörderischen Absichten geradezu mustergültig zutage getreten war[415], wurde Bentley wegen Mittäterschaft zum Tod verurteilt. Der entscheidenden Frage, ob das gemeinsame Unternehmen nicht mit der Verhaftung beendet gewesen sei, wich dann der Appellationsgerichtshof im wesentlichen mit der Begründung aus, daß Bentley im Kreuzverhör selber erklärt habe, zum Zeitpunkt des tödlichen Schusses nicht verhaftet gewesen zu sein[416]! So stellte der Gerichtshof in einer Angelegenheit über Tod und Leben nicht auf die tatsächlichen Verhältnisse ab, sondern auf die Aussage eines halb Schwachsinnigen[417]. Das ist erstaunlich, unverständlich und bestürzend. Dasselbe gilt, wie wir schon an einer früheren Stelle[418] erwähnt haben, für seine Hinrichtung. Beizufügen ist hier lediglich, daß in diesem Fall offenbar eine neue „Doktrin“ zum Zug gekommen ist, nämlich daß, wo ein Polizist getötet wird, jemand gehängt werden muß[419]. Diese Doktrin ist ungeheuerlich und schmählich, eine Polizei, die sich von solchem ungezügelten Racheverlangen leiten läßt, ist verachtenswert.

Die Kausalhaftung für das Verhalten eines andern hat mit dem Bemühen um gerechte Bestrafung nicht mehr das geringste zu tun, sie ist ein Exzeß des generalpräventiven Denkens und untergründig wohl auch des Racheverlangens. Ihre rationale Zweckmäßigkeit ist nämlich bestreitbar[420], während ihre ethische Unhaltbarkeit auf der Hand liegt. Sie erhöht die Verantwortung des einzelnen über jedes Maß, nämlich über seine eigene Handlungs- und Vorstellungswelt hinaus, und negiert zugleich im Grunde genommen die individuelle

---

[413] A. a. O., S. 92/3.

[414] A. a. O., S. 93.

[415] Vgl. a. a. O., S. 107.

[416] A. a. O., S. 103/4.

[417] A. a. O., S. 108.

[418] Vgl. S. 223.

[419] Paget/Silverman, S. 110, vgl. auch Koestler, f., S. 64.

[420] Wer sich mit einem andern zur Begehung eines Delikts gegen das Eigentum zusammenschließt, wird wohl nicht gleich an die Möglichkeit denken, daß der andere dabei jemanden umbringt. Außerdem spielt diese Kollektivhaftung dem rücksichtslosen Bandenführer eine Waffe in die Hand, um seine Untergebenen allesamt auf Gedeih und Verderb an sich zu ketten: Er muß nur dafür sorgen, daß auf dem Schauplatz eines Verbrechens seiner Bande ein Toter zurückbleibt! (Diese Konsequenz ist allerdings durch das Institut des „Kronzeugen“ gemildert, das aber seinerseits wieder größte Bedenken erweckt, vgl. den Fall Graham).

Verantwortlichkeit, weil sie sie in einer irrealen kollektiven auflöst[421], so daß selbst das individuelle Zurückweichen im entscheidenden Moment und sogar die tätige Reue nichts mehr helfen, da der Rückweg versperrt ist. Eine solche Regelung ist schlechtweg heimtückisch und niederträchtig.

3. Allgemeines zur Gefahr von Verzerrungen durch das Recht selber

Wir haben nun die beiden auffälligsten und wohl auch schlimmsten Gefahrenpunkte behandelt. Obwohl beide aus dem angelsächsischen Bereich stammen, wäre es voreilig, sie für die europäischen Verhältnisse einfach als bedeutungslos zu betrachten. Erstens ist es vor allem bezüglich des Mittäterschaftsbegriffs nicht einmal so sicher, daß die bei uns herrschenden Rechtsvorstellungen sich derart grundlegend von den angelsächsischen unterscheiden, daß nicht ebenfalls einmal eine zu weite Haftung möglich wäre[422]. Vor allem aber liegt hinter diesen rechtlichen Fehlkonstruktionen ein allgemeines Problem verborgen, nämlich jenes der zutreffenden Erfassung der Realität durch das Strafrecht. Das Strafrecht muß als Recht seinem Wesen nach beispielsweise den Begriff der Verantwortlichkeit, die sich im Leben dem Auge in tausenderlei Gestalt zeigt, allgemein umschreiben; darunter fallen müssen, der Aufgabe des Strafrechts entsprechend, nicht nur die evidenten Fälle von Verantwortlichkeit, sondern auch die versteckteren wie eben etwa jene der nicht offenkundigen Mittäterschaft. Das Recht muß versuchen, dafür Kriterien zu finden, für etwas also, das kaum zuverlässig greifbar ist, so daß sich fast zwangsläufig oder mindestens sehr leicht Irrtümer einschleichen. Aus diesem Grund ist wohl die Vermutung erlaubt, daß an allen Orten durch das Recht selber leichtere oder schwerere Verzerrungen des wirklichen Bildes verursacht werden, die sich dann in einem Einzelfall sehr stoßend auswirken können. Deutlich sichtbar werden sie vor allem bei einer Änderung der Rechtsauffassung; das früher Geschehene erscheint dann leicht als völlig unrichtig und unhaltbar[423]. Zuzugeben ist allerdings, daß dort,

---

[421] Dazu gilt letzten Endes dasselbe, was wir in der Kritik an der Konstruktion des Staates als sittlicher Person ausgeführt haben (§ 23, I, A).

[422] So spricht P.-A. LALIVE (in Rev. int. crim. pol. tech. 1956, No. 1, Echos et Variétés, S. 27) zum Fall Bentley die sicherlich anfechtbare Meinung aus, das schweizerische Teilnahmerecht sei kaum anders als das englische.

[423] Darauf macht aufmerksam MOSTAR, a. a. O., S. 28/9, und zwar am Beispiel der Beurteilung der Ärzte, die am Euthanasie-Programm im Dritten Reich widerwillig mitgewirkt haben. Erwähnenswert ist auch, daß Chessmans Tat nach einer 1951 herausgekommenen neuen Gesetzesdefinition nicht mehr mit dem Tod hätte bestraft werden können (das berichtet allerdings CHESSMAN, S. 298, selber; wenn es zutrifft, dann wäre seine Hinrichtung erst recht ein abscheulicher Akt!).

wo Verzerrungen nicht konkret aufgewiesen werden können, die Gefahr nur geringfügig sein wird und kaum ausschlaggebend ins Gewicht fallen kann. Immerhin darf man nicht übersehen, daß sich dahinter noch eine weitere Frage erhebt, nämlich die, ob wir Menschen überhaupt imstande sind, den Inhalt des Gerechten als des uns leitenden Wertes zutreffend zu erfassen. Auch hier wird man die Möglichkeit von Irrtümern einräumen müssen, nicht allein aus Bescheidenheit, sondern auch wegen der vielen divergierenden Meinungen über das, was als gerecht anzusehen ist. Auch diese letzte Fragwürdigkeit allen menschlichen Bemühens um Gerechtigkeit muß aber im Auge behalten werden, wenn es um das vom Recht angeordnete Sterben eines Menschen geht.

B. Ihre Bedeutung für die Todesstrafe

Die Bedeutung der Gefahr der Hinrichtung Zu-wenig-Schuldiger für die Bewertung der Todesstrafe ist beträchtlich. Denn es macht angesichts des herausragenden und einzigartigen Charakters der Todesstrafe keinen wesentlichen Unterschied aus, ob ein Unschuldiger oder ein Zu-wenig-Schuldiger hingerichtet wird. Auch der letztere hat nicht die schärfste Strafe verdient, sondern höchstens einen ansehnlichen Teil davon. Die Todesstrafe jedoch ist unteilbar[424], entweder verdient man sie ganz, oder dann eine andersartige Bestrafung; es ist deshalb unannehmbar, wenn ihr ein Zu-wenig-Schuldiger zum Opfer fällt (während man vielleicht bei der langjährigen Freiheitsstrafe anders urteilen dürfte, da sie sich wenigstens der Art nach nicht von einer kürzeren unterscheidet). Zu beachten ist, daß diese Argumentation auch gegenüber den relativen Straftheorien ausreichende Kraft besitzt, nur würde man dort weniger von ungenügender Schuld als von ungenügender Schwere der Tat sprechen. Diese wird nämlich niemals allein vom Erfolg bestimmt, sonst könnte man ja auch die fahrlässige Tötung mit dem Tod bestrafen, sondern sie hängt ganz wesentlich ab auch von der inneren Beziehung des Täters zu seinem Verbrechen und zu dessen Erfolg, von seinen Vorstellungen und Zielen[425]. Diese Beziehung ist aber in den von uns angepeilten Fällen nicht eng genug, das deliktische Verhalten erscheint auch in objektiver Hinsicht nicht als derart bedrohlich und verwerflich, daß die Todesstrafe noch als proportionaler[426] Aufwand bezeichnet werden könnte. Das bewußte, kaltblütige, methodische und unerbittliche Töten, das die Todesstrafe zum Inhalt hat, kann bestenfalls als äquivalente Abwehrmaßnahme angesehen werden gegenüber einem Verhalten, das mit vollem Willen eine Tötung herbeiführt.

---

[424] Vgl. § 21.
[425] Vgl. S. 47 die im Ergebnis wohl gleiche Ansicht SPENDELS.
[426] Zu dieser Anforderung der Verhältnismäßigkeit vgl. § 13, I.

Grundsätzlich gilt also hier dasselbe, was wir im vorigen Paragraphen zur Bedeutung des Justizmordes ausgeführt haben. Einschränkend ist aber beizufügen, daß wenigstens die stoßendsten Rechtsentgleisungen kaum als unvermeidlich eingeschätzt werden können. Ob aber die wohl unvermeidlichen geringfügigeren ebenfalls generell untragbar sind, ist sicherlich recht zweifelhaft. Wir gewinnen somit hier nur ein in gewissen Verhältnissen unbedingt durchschlagendes Argument gegen die Todesstrafe. In anderen Verhältnissen ist es zwar nicht gegenstandslos — dazu ist der entgültige Charakter der Todesstrafe doch zu ernst —, aber es vermöchte eine starke Begründung der Todesstrafe kaum generell zu entwerten. Jedoch stellt es jedenfalls in der heutigen Situation in einigen der wichtigsten Staaten, welche die Todesstrafe noch kennen, ein durchaus erhebliches Argument gegen die Todesstrafe dar.

Neben dem Justizmord verblassen somit die anderen Irrtümer, ohne aber deswegen unbeachtlich zu sein; denn auch bei leichteren Irrtümern fällt der irreparable Charakter der Todesstrafe schwer ins Gewicht.

9. KAPITEL

Die Brutalität der Todesstrafe

Zu den wichtigsten Fragen um die Todesstrafe gehört zweifellos auch jene nach ihrer Brutalität; denn falls sie zu bejahen ist, wird die Todesstrafe auf alle Fälle erheblich abgewertet, liege nun die Brutalität im Wesen, in der Gestalt oder in den Auswirkungen der Todesstrafe.

§ 30. Die Hinrichtungsprozedur

Zahlreiche Probleme gerade hinsichtlich der Brutalität bereitet die Hinrichtungsprozedur. Einerseits sollte sie aus Gründen der Zweckmäßigkeit und Gerechtigkeit so beschaffen sein, daß sie mit Sicherheit zum Tod führt und ausnahmslos anwendbar ist; andererseits sollte sie zur Vermeidung jedes brutalen Anscheins auf eine möglichst wenig gewalttätige Weise den Tod rasch und ohne starke Schmerzen herbeiführen.

I. Die Brutalität des Hinrichtungsaktes

A. Die Brutalität der heute üblichen Hinrichtungsarten

Diese Anforderungen kann man heute noch kaum als erfüllt bezeichnen, selbst wenn man davon absieht, daß infolge des Wissens des Verurteilten um sein Los der Todesstrafe ohnehin ein grausamer

Zug innewohnt[1], der vollends unerträglich dort wird, wo Aufschub, Ablehnung eines Antrags und neue Hinrichtungsorder in raschem Wechselspiel einander folgen[2]. Eine gewisse Brutalität liegt selbstverständlich auch in den Vorbereitungshandlungen, die den Todeskandidaten unfähig zum Widerstand während der eigentlichen Hinrichtungsprozedur machen sollen[3]. Beides dürfte man aber wohl als bedauerliches, aber größtenteils unvermeidliches Beiwerk des Hinrichtungsaktes ansehen. Entscheidend ist deshalb, ob dieser selber den Anforderungen genügt, was bei den heute üblichen Hinrichtungsarten zum Teil eindeutig zu verneinen, zum Teil mindestens recht fraglich ist.

1. Das Köpfen

Besonders brutal und ekelerregend ist das *Köpfen*, auch in der modernen Form mit der Guillotine, dem Fallbeil. Zwar nahm Dr. Guillotin — übrigens keineswegs der Erfinder dieser Todesmaschine — optimistisch an, der Verurteilte werde höchstens einen „kühlen Hauch im Nacken" spüren[4], und heute vertritt *v. Hentig* die Ansicht, daß die Schmerzlosigkeit des Enthauptens sich schwerlich bestreiten lasse[5]. Indessen liegen einige Berichte aus Frankreich vor, die an diesem Urteil große Zweifel wecken. So reagierte 1905 der Kopf eines Enthaupteten sogar mehr als einmal auf den Anruf mit seinem Namen, indem er die Lider bewegte, und zwar nicht in einer zuckenden Weise; nach ungefähr einer halben Minute hörten die

---

[1] Vgl. § 12, II. Das Grauen des Todeskorridors recht eindrücklich beschrieben hat CHESSMAN, S. 317, vgl. auch S. 13—21 den die düster-makabre Atmosphäre gut treffenden Bericht über den letzten Gang eines Insassen des Todeskorridors.

[2] Man denkt hier in erster Linie an das die Welt bewegende Schicksal Chessmans, aber auch im Fall Graham scheint das Leiden der Todesangst auf diese unglückliche Weise erhöht worden zu sein, siehe RAWSON, S. 5—8.

[3] In England treten oder eher stürzen der Henker und sein Gehilfe kurz vor der Exekution in die Zelle des Todeskandidaten und binden seine Hände auf den Rücken (GOWERS, S. 16; v. HENTIG, die Strafe II, S. 63). Tätlicher Widerstand ist dabei erstaunlicherweise kaum vorgekommen; aus der neueren Zeit ist ein einziger solcher Fall bekannt geworden — und es handelte sich, wie die Briten offenbar mit Genugtuung vermerken, um einen Ausländer! Seither müssen die Verurteilten immerhin mit dem Rücken zur Tür sitzen (GOWERS, S. 17/8, vgl. auch die bissige Kritik an dieser gerühmten Reibungslosigkeit durch KOESTLER, f, S. 21). — Auch in Frankreich versucht man den Verurteilten zu überraschen; hier hat seine Fesselung so zu erfolgen, daß er den Nacken beugen muß; dann wird er zur Guillotine geschleift (CAMUS, I, S. 30/1).

[4] CAMUS, I, S. 31, Anm. 1.

[5] v. HENTIG, a. a. O., S. 65.

Reaktionen auf[6]. Auch der Blick scheint zuweilen noch belebt zu sein: Ein Arzt beobachtete, daß die Augen eines Enthaupteten ihn fixierten und ihm folgten[7], ein Priester unserer Tage, daß die Augen eines Enthaupteten ihn wie flehend ansahen, und daß auf das Kreuzeszeichen hin die Lider sich bewegten und die Augen einen weicheren Ausdruck bekamen[8]. Womöglich noch eindrücklicher und grauenhafter ist aber die bloße Lektüre der Meinung zweier Ärzte über die Folgen der Enthauptung. Danach bietet diese ein furchtbares Schauspiel: rhythmische Blutströme, entsetzliche Muskelzuckungen, Herzkrämpfe, schreckliche und grimassenartige Verzerrungen des Mundes, starre, aber transparente Augen ohne Leichenopaleszenz. Ein Teil dieser Erscheinungen kann minuten-, ja stundenlang dauern; der Tod tritt nicht sofort ein, die vitalen Teile überleben die Enthauptung, diese ist eine Vivisektion, gefolgt von einer vorzeitigen Beerdigung[9]! Angesichts dieser Zeugnisse, die sich noch vermehren ließen[10], und angesichts der wissenschaftlichen Äußerung wird die Überzeugung wohl sehr fragwürdig, daß das Bewußtsein meist sofort schwinde oder höchstens noch ganz kurz verbleibe und daß die scheinbaren Reaktionen bloße Reflexe seien[11]. Unbestreitbar ist aber jedenfalls, daß das Köpfen unabhängig von den Empfindungen des Enthaupteten einen gräßlichen Akt darstellt, es ist denkbar gewaltsam, blutig, bewirkt sichtbar[12] oder unsichtbar ein wildes Aufbäumen des Körpers und schändet die menschliche Gestalt, kurz, es ist abscheulich[13]. Dieses vernichtende Urteil über die Enthauptung ist insofern besonders bedeutsam, als sie in Frankreich nach wie vor in Übung steht und als die Wahl bei einer Wiedereinführung der Todesstrafe in Deutschland

---

6 GRAVEN, S. 98, die Einzelheiten siehe S. 121/2.

7 A. a. O., S. 122. Wie im vorhin erwähnten Fall war der Kopf auf die Schnittfläche gefallen, was den Bluterguß verminderte.

8 CAMUS, I, S. 32. Möglich war dem Priester diese Beobachtung nur, weil entgegen dem Brauch das abgeschlagene Haupt nicht sogleich zum Rumpf in einen dann verschlossenen Korb gelegt wurde. Dieser Brauch, der die nackte Wirklichkeit verhüllt und verbirgt, ist ebenso bezeichnend wie verdachterregend.

9 Einen wörtlichen Auszug aus diesem ärztlichen Bericht, der aus dem letzten Jahrzehnt stammt, siehe a. a. O., S. 31.

10 Das versichert CAMUS, a. a. O., S. 32.

11 Einige solche Gegenstimmen siehe bei GRAVEN, S. 98/9.

12 Nach dem ebenfalls von CAMUS (I, S. 31) wiedergegebenen Bericht eines Hilfsscharfrichters über eine Hinrichtung „hüpfte der Rumpf buchstäblich im Korb herum und zerrte an den Stricken. Zwanzig Minuten später, auf dem Friedhof, waren noch Zuckungen zu sehen".

13 Das betont vor allem GRAVEN, S. 98/9 (Anm. 243) und S. 102; derselben Ansicht sind ferner DEHNOW, S. 9, und wohl auch HERRWIGH, S. 277, der von einem „grausigen Stück Mittelalter" spricht.

und gleichermaßen in der Schweiz aus Gründen der Tradition leicht wieder auf diese Todesart fallen könnte.

2. Das Hängen

Ziemlich grausam ist auch das *Hängen,* sofern es zu einem langsamen Erstickungstod führt. Die Lebenszeichen hören erst nach einer geraumen Zeitspanne auf, in einem bekanntgewordenen Fall betrug sie volle 30, in einem andern immer noch lange 17 Minuten[14]. Ob das Bewußtsein sogleich schwindet, ist zweifelhaft; jedenfalls ein Wiedererweckter spricht ausdrücklich von großem Schmerz, der durch das Körpergewicht verursacht wird[15]. Das Hängen sieht überdies sehr abstoßend aus, denn in der Agonie kommt es zu wilden Zuckungen[16]. Schließlich ist diese Methode nicht unbedingt völlig zuverlässig, wie die Fälle lehren, wo vom Galgen Abgenommene wieder Lebenszeichen von sich gaben[17]. — Die moderne Form des Hängens, so die englische mit dem „langen Seil", ist bestrebt, dem Verurteilten einen schnellen und schmerzlosen Tod durch Genickbruch oder, wie sich der britische Coroner vorsichtiger ausdrückt, durch eine Verlagerung oder Dislokation der Halswirbel zu geben[18]. Nach *v. Hentigs* Ansicht wird diese „Dislokation" allerdings nicht ausnahmslos zur Zerreißung der Nervenbahnen führen, an die Stelle schneller Bewußtlosigkeit tritt dann ein langsamer Erstickungstod; auch die British Medical Association beurteilt die Raschheit und Sicherheit dieser Methode sehr zurückhaltend[19]. *Koestler* bezeichnet die offiziellen Versicherungen, seit der Einführung der neuen Methode sei es zu keinen Mißgeschicken mehr gekommen[20], sogar als Heuchelei, und er kann auch abgesehen vom „schrecklich verpfuschten Aufknüpfen der Nürnberger Kriegsverbrecher" auf eine Exekution hinweisen, die eine „empörende Schlächterei" darstellte, nämlich auf jene von Mrs. Thompson im Jahre 1923[21]. Ein weiterer ernster und eigenartiger Nachteil dieser

---

[14] Siehe v. Hentig, a. a. O., S. 66 und S. 67, Anm. 1. Einmal wurde ein Mann, der bereits 15 Minuten gehangen hatte, sogar wieder ins Leben zurückgerufen (Koestler, d, S. 15).

[15] Siehe v. Hentig, a. a. O., S. 65.

[16] Gowers, S. 10; Graven, S. 99/100.

[17] Vgl. Graven, a. a. O., v. Hentig, a. a. O., S. 65, und vor allem Koestler, d, S. 15.

[18] v. Hentig, a. a. O., S. 67.

[19] Sie hält sie für wahrscheinlich ebenso gut wie jede andere praktikable (siehe, auch zum ersten Teil des Satzes, a. a. O.).

[20] So äußerte sich etwa das Home Office, siehe Gowers, S. 12.

[21] Koestler, d, S. 15/6. Der in diesem Zusammenhang von Regierungsseite gegenüber Koestler erhobene Vorwurf der Entstellung amtlicher Dokumente mußte unter öffentlicher Entschuldigung zurückgezogen werden (vgl. S. 16 die Fußnote des Übersetzers)!

Art des Hängens besteht darin, daß ihre Anwendung nicht in allen Fällen annehmbar ist. Bei gewissen Verurteilten könnten nämlich schreckliche und schockierende Dinge geschehen, unter anderen grausigen Möglichkeiten könnte beispielsweise der Kiefer weggeschleudert, aber auch der Kopf vom Rumpf gerissen werden[22]. Bei diesen Verurteilten muß man also zu einer anderen Hinrichtungsart — aber zu welcher? — greifen oder sie begnadigen, wie es in England getan wird. Das ist nicht einmal so selten erforderlich, wie man meinen möchte; aus den vorangegangenen 15 Jahren waren der Royal Commission immerhin fünf solche Fälle bekannt. Die seltsame und ungerechte Folge davon aber ist, daß die Entscheidung darüber, ob ein Mörder den Tod erleiden muß oder nicht, auch von seiner Knochenstruktur abhängt[23]!

3. Der elektrische Stuhl

Auch der *elektrische Stuhl* ist alles andere als ein einwandfreies Tötungsinstrument. Die erste Hinrichtung mit dieser Apparatur, die übrigens infolge einiger schlechter Erfahrungen mit dem Hängen eingeführt wurde[24], war ein grauenvolles Rösten und Verbrennen, die Atmung des Verurteilten setzte erst nach einer Viertelstunde aus[25]. Danach wurden Verbesserungen angebracht, aber noch heute ist es sehr zweifelhaft, ob der elektrische Stuhl immer rasch, sicher und schmerzlos tötet. Neben der Möglichkeit eines technischen Versagens wirken sich physische Besonderheiten stark aus, so daß Mißerfolge schon vorgekommen sind[26]. Was der Delinquent durchmacht, ist schwer zu bestimmen, denn bezeichnenderweise ist ihm ein Helm umgelegt, der Schreie dämpft oder erstickt[27] und auch die Gesichtszüge verdeckt. Fürchterlich sind jedenfalls die Folgen des elektrischen Schlages: Der Verurteilte wirft sich mit voller Wucht in die Riemen, sein Gesicht wird, so weit man es vom Mund bis zur Kehle sieht, weinrot, und manchmal steigt eine Rauchfahne vom Scheitel auf, die den Raum mit dem Geruch von verbranntem Fleisch erfüllt[28]; auch steigt die Temperatur im Gehirn bis zum Siedepunkt[29]. Der ganze Vorgang gemahnt also eher an ein „Grillieren"[30] als an einen raschen, tödlichen Schlag.

---

[22] Gowers, S. 12, auch S. 11, vgl. auch v. Hentig, a. a. O., S. 66, Anm. 4.

[23] Zum ganzen Punkt siehe Gowers, S. 12.

[24] v. Hentig, a. a. O., S. 66.

[25] Graven, S. 101.

[26] Siehe v. Hentig, a. a. O., S. 67.

[27] v. Hentig, die Strafe I, S. 235.

[28] v. Hentig, die Strafe II, S. 69, Anm. 1. Die Beobachtung stammt von einem sehr erfahrenen Gefängnisarzt.

[29] A. a. O., S. 65.

[30] Vgl. Graven, S. 102.

4. Das Erschießen

Mit dem Köpfen teilt sich das *Erschießen* — für „zivile" Delikte eine seltene Hinrichtungsart — in den ernstlichen Nachteil, eine Wunden schlagende, blutige und unter Umständen auch eine entstellende Tötungsart darzustellen. Außerdem ist es ein unzuverlässiges Mittel, nicht selten ist ein Gnadenschuß notwendig[31]; daraus geht zugleich hervor, daß es auch keine weitgehende Schmerzlosigkeit zu gewährleisten vermag. Somit ist auch das Erschießen als brutaler Akt anzusprechen.

5. Die Gaskammer

Trotz ihrer zeitgeschichtlichen Belastung erscheint die *Gaskammer* noch als das am wenigsten schlimme Exekutionsinstrument. Jedenfalls hält es *Graven,* der die bisher von uns besprochenen Hinrichtungsarten allesamt als barbarisch und abstoßend verwirft[32], für befriedigend[33]. Ein Vorzug besteht sicherlich darin, daß der Körper weder erheblich verletzt noch verunstaltet wird[34]. Dagegen ist es zweifelhaft, ob die Gasdämpfe wirklich sehr rasch zur Bewußtlosigkeit führen[35]. Es wird von einem Fall berichtet, wo ein Mann bei vollem Bewußtsein minutenlang gegen die tödlichen Dämpfe ankämpfte; in einem anderen will sich ein Zeuge durch die gasdichten Fenster vier Minuten lang in der Taubstummensprache mit dem Verurteilten unterhalten haben; auch bezeichnete ein Priester, der bereits mehr als einem halben Hundert Erhängungen beigewohnt hatte, die Gaskammer als das Schrecklichste, was er je gesehen habe. Verdächtig mutet auch an, daß das Gesicht des Verurteilten durch eine Ledermaske verborgen und der Leib durch starke Riemen festgehalten ist. Allfällige Verzerrungen des Mienenspiels und ein mögliches Aufbäumen des Körpers können somit nicht beobachtet werden. Aus diesen Gründen kann vorderhand — das Material über die verhältnismäßig neue Tötungsart ist noch knapp — auch die Gaskammer kaum als ein völlig unbrutales Hinrichtungsmittel angesehen werden[36].

6. Ergebnis

Sämtliche heute üblichen Hinrichtungsarten sind also nicht einwandfrei beschaffen, das zuweilen propagierte Schlagwort: „Besser

---

[31] Siehe Graven, S. 101, der auch einige Beispiele anführt.

[32] A. a. O., S. 97, S. 102.

[33] Siehe a. a. O., S. 106.

[34] v. Hentig, a. a. O., S. 68/9.

[35] Eine entsprechende Zeittabelle aus dem Staat Nevada wird von v. Hentig, a. a. O., S. 68, in Zweifel gezogen.

[36] Die faktischen Angaben zu den letzten Sätzen haben wir ebenfalls von v. Hentig, a. a. O., S. 68—69, bezogen.

sterben ohne zu leiden als leiden ohne zu sterben!"[37] zeugt von Leichtgläubigkeit, die allerdings durch eine beschönigende Berichterstattung[38] noch geschürt, und von Unwissenheit, die immerhin von den das wahre Bild der Exekution verhüllenden und verbergenden Maßnahmen gefördert wird. Diese wahrscheinlich recht verbreitete Ahnungslosigkeit wird erst noch durch eine instinktive Abneigung dagegen gestützt, der Wahrheit ins Auge zu sehen[39]. Es ist daher sicherlich eine wichtige Aufgabe der Gegner der Todesstrafe, die Schleier, mit denen der Hinrichtungsvorgang gewöhnlich umgeben wird, immer wieder unnachgiebig wegzureißen und den Sachverhalt so darzustellen, wie er ist[40]. Die Bemühungen vor allem *v. Hentigs* und *Gravens* für diese Aufklärung sind also sehr verdienstvoll.

B. Der Ausweg einer anderen Tötungsart

Es erhebt sich nun noch die wesentliche Frage, ob die heute üblichen, unbefriedigenden Hinrichtungsmethoden nicht durch eine andere, neuartige und nicht abstoßende Prozedur ersetzt werden könnten.

1. Die medizinische Tötung

Wenn überhaupt jemand eine Methode anzugeben vermag, die äußerlich gewaltlos, rasch und schmerzlos zum Tod führt, dann ist es sicherlich die medizinische Wissenschaft. Am empfehlenswertesten wäre nun nach dem Bericht der Royal Commission, die diese Möglichkeit prüfte, offenbar die intravenöse Einspritzung mit einem Barbiturat[41]. Indessen steht, wie die Royal Commission bedauernd feststellte, dieser Weg der „medizinischen" Tötung infolge praktischer Hindernisse vorläufig nicht offen[42]. Schwierigkeiten bereitet einmal, daß die intravenöse Einspritzung nicht in jedem Fall möglich ist und daß das Subjekt sich dazu hergeben muß[43]. Diese beiden Punkte erscheinen

---

[37] Ein Beispiel siehe bei BLOCH-MICHEL, S. 216.

[38] Vgl. v. HENTIG, a. a. O., S. 68, CAMUS, II, S. 30.

[39] So hat die in ihrer Gesamthaltung durchaus aufgeschlossene protestantische Halbmonatsschrift „Film und Radio" in ihrer Ausgabe vom 16. Mai 1959 (11. Jahrgang, Nr. 10) dem Film über das Los Barbara Grahams die minutiöse Schilderung der Hinrichtungsvorbereitungen vorgeworfen und sie als „reißerisch" getadelt, ohne sie aber als unwahr zurückweisen zu können.

[40] Der in der letzten Anmerkung erwähnte Film hat in dieser Beziehung sicherlich einen wertvollen Beitrag geleistet, was in der Filmkritik der Neuen Zürcher Zeitung (Samstag, 16. Mai 1959, Morgenausgabe) schön herausgearbeitet wurde.

[41] Siehe v. HENTIG, a. a. O., S. 67.

[42] GOWERS, S. 13. Die Kommission empfahl aber nachdrücklich, die Gangbarkeit dieser Methode periodisch zu prüfen (a. a. O., S. 13—14).

[43] v. HENTIG, a. a. O., S. 67, Anm. 5.

jedoch kaum als ausschlaggebend. Einerseits läßt sich angesichts der enormen Fortschritte und Kenntnisse der modernen Medizin nur schlecht vorstellen, daß sie wirklich keine allgemein anwendbare, „humane" Tötungsmethode sollte finden können. Andererseits läßt sich der allfällige Widerstand eines Verurteilten notfalls gewaltsam überwinden, wie ja genau besehen jede Hinrichtung eines nicht zum Sterben bereiten Verbrechers dessen Überwältigung[44] erfordert. Außerordentlich bedeutsam ist dagegen das dritte Hindernis, nämlich das Widerstreben des Ärztestandes, seine beruflichen Fertigkeiten zum Zweck des Tötens einzusetzen[45]. Diese Einstellung der Ärzteschaft ist nicht nur tief verwurzelt, sondern vor allem auch zutiefst berechtigt. Niemandem nämlich kann das ohnehin unhaltbare Amt des Vollstreckers eines Todesurteils[46] weniger zugemutet werden als einem Arzt, dessen vornehmste und höchste Aufgabe doch gerade in der Erhaltung des Lebens besteht. Durch das Töten würde der Arzt in einen evidenten Selbstwiderspruch verwickelt, er verriete die Reinheit der ärztlichen Ziele und verstieße damit gegen seine besondere Würde. Der Widerstand der Ärzte gegen die Einführung der „medizinischen" Tötung ist also sehr begründet, und an ihm könnte auch in Zukunft jeder derartige Versuch zerschellen. Vor allem aber vermag die „medizinische" Tötung grundsätzlich nicht zu befriedigen, da sie die Entfernung des Makels der Brutalität mit der Entwürdigung der Heilkunde und des Heilstandes sehr teuer erkauft. Der Ausweg der „medizinischen" Tötung ist also zumindest sehr problematisch.

2. Die Erleichterung des Todes

In Betracht kommen aber auch bescheidenere Lösungsversuche. Auf zwei beachtliche Meinungsäußerungen weist *Graven* hin[47]:

Tarde fragt, wieso man dem Verurteilten nicht ein schnell wirkendes Gift in die Hand gebe, das er sich dann — in der Bestimmung des Zeitpunktes innerhalb eines gewissen Rahmens frei — selber zuführen könne. Es ist in der Tat so, daß man das Sterben von Sokrates ohne Bedenken und ohne Abscheu zu erwecken auf einer Bühne zeigen könnte, niemals aber unverhüllt den Vollzug einer modernen Art der Todesstrafe. Der schwache Punkt dieses Vorschlages liegt darin, daß man dann doch zu einer der anderen Hinrichtungsarten greifen müßte, wenn der Verurteilte das Gift aus irgendeinem Grund nicht einnähme. Ob aber wegen dieser Weigerung, die auf sehr begreif-

---

[44] Diese braucht nicht in Tätlichkeiten manifest zu werden, sondern meistens genügt die Einsicht des Verurteilten in die Aussichtslosigkeit jedes Widerstandes.

[45] Siehe ebenfalls a. a. O.

[46] Vgl., auch zum Folgenden, § 25, besonders III.

[47] Siehe GRAVEN, S. 106.

lichen[48] und sogar auf sehr respektablen[49] Motiven beruhen könnte, der Mangel der Schmerzhaftigkeit des Hinrichtungsaktes als sozusagen vom Täter selber verschuldet eher hingenommen werden dürfte als sonst, ist vor allem im Blick auf uns selber als Schmerzzufügende fraglich; unzweifelhaft bleiben jedenfalls die übrigen Mängel bestehen. Prüfenswert würde also dieser Lösungsversuch wohl nur in Verbindung mit der Gaskammer als dem noch am wenigsten schlimmen der heutigen Tötungsinstrumente, das wenigstens den Leib nicht entstellt.

Lacassagne fragt ganz einfach, wieso man dem Verurteilten nicht eine Anästhesie zuteil werden lasse. Ein begründetes Bedenken dagegen läßt sich tatsächlich nicht erblicken; insbesondere dürfte auch vom ärztlichen Berufsethos her nichts gegen eine Maßnahme einzuwenden sein, die lediglich der Schmerzbekämpfung dient. In Verbindung mit der Schmerzunempfindlichkeit und insbesondere mit der Einschläferung dürfte dann aber die Tötung in der Gaskammer als ein im wesentlichen entbrutalisierter Hinrichtungsakt angesehen werden.

3. Die Aussicht auf praktische Verwirklichung

Die große Frage ist jedoch, ob eine solche theoretische Lösungsmöglichkeit auch Aussicht besitzt, in die Praxis einzuziehen. Auf Grund der gewonnenen Einsichten[50] in einflußreiche psychische Antriebe des Bestrafenden, besonders in jene Affekte, die gerade zu den schärfsten Strafen wie der Todesstrafe anstacheln, halten wir es für recht zweifelhaft, daß der Vorschlag einer „sanften" Tötung auf genügend Gegenliebe bei der Masse der Anhänger der Todesstrafe stoßen würde[51]; die Aggressivität müßte ja dann einen weitgehenden Verzicht leisten. Eine Gesellschaft, die dazu fähig und bereit ist, wird aber auch die übrigen Fragwürdigkeiten der Todesstrafe besser erkennen und sie tiefer empfinden, und darum wird sie die Todesstrafe wohl gerade ganz abschaffen. Es ist daher eher unwahrscheinlich, daß die Todesstrafe mit der entbrutalisierten Tötung eine Verbindung eingehen wird.

---

[48] So auf der einfachen Todesangst, aber etwa auch auf der trotzigen Überlegung, daß, wer schon die Todesstrafe verhängt, auch die unschöne Vollstreckung selber besorgen und nicht versuchen soll, sich ihren peinlichen Anblick auf eine bequeme Weise zu ersparen.

[49] So auf der unbedingten Ablehnung jeder Form der Selbsttötung.

[50] Vgl. § 27, I, B.

[51] Nach Reiwald (in Meng, S. 140) ist es eine Tatsache, daß der Vorschlag einer derart gemilderten Tötung kaum auf Anhänger stößt. Nach einer von der Illustrierten „Revue" veranlaßten und am 12. April 1958 publizierten Umfrage betrug der Anteil jener Befragten, die als Hinrichtungsart die Tötung nach Einschläferung des Verurteilten bevorzugten, aber immerhin 17 % (siehe eine Einschiebung bei Camus, II, S. 41).

II. Die Bedeutung des aufgewiesenen Tatbestandes

Die Todesstrafe, so wie sie bis heute vollzogen wird, ist also ein widerlicher, von Brutalität nicht freier Akt. Es ist aber nicht selbstverständlich, daß man die Todesstrafe deswegen eindeutig ablehnen darf. Sicher ist, daß die Hinrichtungsprozedur das ästhetische Empfinden gröblich verletzt; das dadurch hervorgerufene Mißbehagen nimmt wahrscheinlich nicht wenige entscheidend gegen die Todesstrafe ein[52]. Jedenfalls in praktischer Hinsicht dürften also die aufgewiesenen Nachteile recht bedeutend sein und eine wichtige Kraftquelle für die Ablehnung der Todesstrafe darstellen[53]. Unseres Erachtens fallen sie aber auch wertmäßig erheblich ins Gewicht. Wohl läßt sich die Auffassung vertreten, die Gerechtigkeit einer Bestrafung werde durch den abscheulichen Anblick des Vollzugs nicht im geringsten berührt[54]. Das ist indessen überaus formalistisch gedacht. Gerade bei der Verwirklichung eines hohen Wertes müssen doch niedrige Begleitumstände besonders störend wirken. Wo diese gar einige Gemeinsamkeiten mit dem bekämpften Unwert aufweisen, da wird das angestrebte Ziel, verfolgt mit ihm widersprechenden Mitteln, sicherlich fundamental in Frage gestellt[55]. Der Vollzug der Todesstrafe enthält aber mit der Gewalttätigkeit, der Schmerzzufügung und der kalten Erbarmungslosigkeit Elemente, die gerade für das Unrecht und nicht zuletzt für den Mord charakteristisch sind. Jedenfalls bei den schlimmsten Hinrichtungsarten stehen diese Eigenschaften so sehr im Vordergrund, daß man den Einwand der Brutalität der Hinrichtungsprozedur wohl für ausschlaggebend ansehen darf — und es fällt schwer, unter den heute üblichen Hinrichtungsarten eine einwandfreie Ausnahme zu bestimmen! Aber selbst wenn dieser Einwand nicht unbedingt völlig durchschlagen sollte, würde er höchstens unerheblich, wenn ihm eine restlos überzeugende Begründung der Todesstrafe gegenüberstände.

§ 31. Die verrohende Wirkung

Große Aufmerksamkeit gebührt unzweifelhaft der Frage, ob die Todesstrafe verrohend wirkt; denn wenn das zu bejahen ist, wird allermindestens die Erreichung der mit der Todesstrafe angestrebten Ziele, seien sie nun wertmäßiger oder praktischer Art, sehr ungewiß.

---

[52] Das ist vor allem die bei GRAVEN, S. 97, vertretene Ansicht.

[53] GRAVEN, S. 104, hält den Hinweis auf die abstoßende Hinrichtungsprozedur für den wichtigsten Einwand gegen die Todesstrafe überhaupt.

[54] Nachdrücklich und fast pathetisch betont das SCHEIWILLER, Todesstrafe, S. 37, nach welchem die Idee der Gerechtigkeit und das daraus hervorgehende Strafleiden so hoch und heilig sind, daß selbst dessen entsetzenerregender Anblick die Majestät der Gerechtigkeit offenbaren würde.

[55] Vgl. hierzu allgemein § 9, II, A und § 27, II.

I. Ihr tatsächliches Vorhandensein

A. in der Geschichte

In der Aufklärung hat sich die Erkenntnis Bahn gebrochen[56], daß harte, grausame Strafen verrohend wirken, weil sie abstumpfen[57] anstatt Hemmungen zu errichten. Eine solche Strafe war nun auch nach dem Wegfallen der sadistischen Schärfungen wenigstens für das Auge die Todesstrafe. Solange sie noch öffentlich vollstreckt wurde, ist denn auch ihre verrohende Wirkung recht augenfällig zutage getreten. Die Exekution stellte sich als ein primitives Amüsement für verkommene Menschen dar, bei dem auch neben der Hinrichtung Gewaltakte nicht fehlten[58]. Die Erregung der Menge stieg dabei zuweilen ins Ungeheure, und so konnte es beispielsweise geschehen, daß im Jahre 1807 bei einer Hinrichtung in England fast 100 (!) Tote auf dem Platz zurückblieben[59]. Mit dem Rückzug der Todesstrafe aus der Öffentlichkeit hat man aus solchen Vorfällen die Konsequenz gezogen und zugleich indirekt eingestanden, daß der Anblick der Todesstrafe verroht.

B. in der Gegenwart

Heute wird man sich also in erster Linie fragen, welchen Einfluß die Todesstrafe auf die Henker und auf ihre Hilfspersonen ausübt, die ihrer Vollstreckung unmittelbar beiwohnen und sie unverhüllt sehen. Die Erfahrungen der neuesten Zeit sind nicht einheitlich. Der englische Henker Pierrepoint, der nach seiner Erklärung mehr Hinrichtungen erlebt hat als jeder andere Lebende[60], sowie seine Assistenten, Ersatzleute und der ganze Gefängnisstab überhaupt werden nicht als brutalisiert eingeschätzt[61]. Von französischen Scharfrichtern dagegen berichtet *Camus* über Jargon wie über Benehmen manches Abstoßende, das von Verrohung zeugt[62]. Möglicherweise rührt dieser Unterschied von jenem in der Hinrichtungsprozedur her, ist doch das Köpfen ungleich blutiger und gewaltsamer als das Hängen; bei einer noch milderen Tötungsart wie der mit Gas wäre dann ein brutalisierender Effekt noch weniger zu erwarten. Man darf also die Voll-

---

[56] Siehe EB. SCHMIDT, Einführung, S. 207 (zu Voltaire), BLOCH-MICHEL, S. 194 (zu Robespierre, der sich dann allerdings wie schon mancher andere zur Macht gelangte „Idealist" nicht an seine Einsichten gehalten hat) und allgemeiner BAUER, S. 145.

[57] Das räumt beispielsweise auch ein Autor wie KÜHLE (S. 111) ein, der sicherlich nicht der Weichlichkeit bezichtigt werden kann.

[58] Siehe GOWERS, S. 10/1, KOESTLER, d, S. 11—13.

[59] KOESTLER, d, S. 13.

[60] Siehe GOWERS, S. 19.

[61] GOWERS, S. 23, S. 82—84.

[62] Siehe CAMUS, I, S. 38.

strecker von Todesurteilen kaum allgemein als durch die Todesstrafe verroht ansehen; außerdem würde eine auf diesen Kreis beschränkte Verrohung zwar abstoßen, aber praktisch verhältnismäßig ungefährlich sein, weil diese Leute ihre niederen Triebe auf eine legale Weise ausleben können. Entscheidend ist deshalb die Wirkung der Todesstrafe auf das Fühlen der Allgemeinheit. Hier zeigt sich nun, daß auch das Verbergen der Hinrichtungshandlung den verrohenden Einfluß kaum völlig zu beseitigen vermag. Schon allein das Wissen darum, daß irgendwo hinter Gefängnismauern das sonst Verbotene und Unerhörte — das Töten! — mit dem Segen des Rechts geschieht, beflügelt die Phantasie, und auch von den bloß vorgestellten, nicht unmittelbar geschauten Bildern strahlt eine tiefe Faszination aus. Zum Ausdruck kommt sie etwa darin, daß der Mordprozeß dort, wo es um das Leben des Angeklagten geht, besonders sensationsgeladen ist[63]; auch scheint sich dann eine morbide und geile Neugier nach entsetzlichen und schmutzigen Einzelheiten noch breiter als sonst zu machen[64]; vereinzelt kommt es gar zu nachbildenden Mordtaten[65]. Vor allem aber erweist sich die Anziehungskraft dieser Bilder aufs abstoßendste in den zahlreichen Bewerbungen um das Amt des Henkers[66], die deutlich machen, welche niedrigen Triebe durch die Todesstrafe angeregt werden[67]. Das gibt sicherlich zu ernsten Bedenken Anlaß[68] und läßt die Befürchtung aufsteigen, daß einige von jenen,

---

[63] Schon allein wegen dieses Nachteils und der damit einhergehenden schlechten Folgen erklärte sich Richter Frankfurter vom Supreme Court of the United States of America jedenfalls für sein Land als entschiedener Gegner der Todesstrafe (siehe Gowers, S. 59/60).

[64] Derart scharf ins Gericht fährt Hollis, S. 275, mit der Einstellung der britischen Öffentlichkeit, die er als nationale Schande bezeichnet. Gleichzeitig erwähnt er, daß die Berichterstattung etwa in den skandinavischen Staaten und in den Niederlanden, die alle die Todesstrafe nicht mehr kennen, viel sachlicher sei.

[65] Gowers, S. 85.

[66] In England treffen durchschnittlich fünf Bewerbungsschreiben in der Woche ein (Gowers, S. 84), eine ganze Reihe hat auch das Bundesjustizministerium in Bonn erhalten (Dreher, S. 547) und Camus, I, S. 39, spricht gar von Hunderten von Menschen, die sich auch ohne Entgelt als Scharfrichter anbieten.

[67] Zu diesem wichtigen Punkt siehe Gowers, S. 84 (vgl. auch S. 21 und S. 135) und Dreher, S. 547. Dem Urteil dieser beiden Autoren kommt besondere Beachtung und Geltung zu, weil beide auf Grund ihrer amtlichen Tätigkeit Einblick in ein umfangreiches Material besaßen und unabhängig voneinander in beiden Ländern zum gleichen Ergebnis gelangt sind.

[68] Wesentlich beeinflußt haben solche Gowers, indem sie ihn dazu bewogen, jede dogmatische, das heißt jede nicht auf Nützlichkeitserwägungen beruhende Todesstrafe abzulehnen und auch bei dieser den positiven Nachweis der Nützlichkeit zu verlangen (siehe a. a. O., S. 135).

die den entfachten Blutdurst nicht oder nicht mehr auf legalem Weg befriedigen können, ihn anderweitig zu stillen versuchen[69]. Der einer rein rationalen Psychologie entspringende Einwand, die Todesstrafe verschaffe also wenigstens einem der ohnehin Blutdürstigen auf eine für die Gesellschaft nützliche Weise Erfüllung seines Triebes[70], ist schon dadurch widerlegt, daß manche Henker trotzdem zu Mördern geworden sind[71]; des weiteren sieht er grundsätzlich daran vorbei, daß die Todesstrafe selber Anreize hervorruft und dadurch Veränderungen bewirkt. Eine derartige, wichtige Folge haben wir bereits erwähnt, nämlich daß in den Bewerbungen um das Henkeramt die Lust am Töten ans Tageslicht zu treten wagt und dabei anscheinend schon die Scham verloren hat[72]; so unlogisch ist das übrigens nicht einmal, denn wenn der Staat das Töten schon braucht und es womöglich noch als Erfüllung eines sittlichen Gebotes bezeichnet, wieso sollte man sich dann des Verlangens danach besonders schämen?

Von der Todesstrafe wird also eine sicherlich recht bedeutsame Schranke niedergerissen. Das Beispiel des Staates, der Leben nimmt, ist auch darum recht gefährlich, weil es zu Nachahmungen veranlassen kann. Der Nachahmungstrieb liegt im Gegensatz zur abschreckenden Wirkung sichtbar zutage[73], wie früher die Lynchungen ungeschickter Henker sehr drastisch erwiesen haben[74], und wie heute, wenn auch weniger offenkundig, die Tatsache lehrt, daß Lynchakte überwiegend in Staaten vorkommen, die die Todesstrafe noch kennen[75]. Die Todesstrafe erhält eben die Ansicht aufrecht, daß gewisse Menschen den Tod verdienen. Das kann dann auch „zu Spekulationen über die Unwerthaftigkeit des menschlichen Lebens in anderen Fällen reizen“[76], das „hält eine Vorstellungswelt wach, in die sich der Mord aus Rache oder zur Vergeltung wirklichen oder vermeintlichen Unrechts gut einfügt“[77]. Die Meinung, die Wesentlichkeit des

---

[69] Siehe Camus, I, S. 40, und v. Hentig, die Strafe II, S. 4/5.

[70] So Ruesch, Todesstrafe, S. 45/6.

[71] Radbruch, el. jur. crim., S. 144; v. Hentig, a. a. O., S. 4/5. — Außerdem würde die bewußte Verwendung eines blutdürstigen Menschen im Henkeramt dieses als besonders unsittlich erscheinen lassen, vgl. § 25, II.

[72] Das darf man der Todesstrafe wohl auch dort zur Last legen, wo sie im Augenblick gar nicht besteht, also auch in der Bundesrepublik Deutschland; denn solche Äußerungen werden doch nur durch die Aussicht auf eine Wiedereinführung genährt, so daß es letztlich doch die Todesstrafe ist, die so fatale Hoffnungen weckt.

[73] So v. Hentig, die Strafe I, S. 364.

[74] A. a. O., S. 363/4, vgl. auch S. 346, wonach es Kriminelle gab, die die Strafe des Vierteilens nachzuahmen versuchten.

[75] Vgl. § 19.

[76] Baumann, S. 86.

[77] Nowakowski, S. 337.

Unterschiedes zwischen autoritativem und privatem Töten leuchte jedem ein[78], mutet in psychologischer Hinsicht naiv an; denn die Bilder des Tötens, die die schlummernden aggressiven Triebe beleben, bleiben desungeachtet die gleichen. Die Todesstrafe läßt den Menschen vom Gedanken des Tötens nicht fortkommen, sich nicht von ihm distanzieren, und darin liegt wohl ihre tiefste, von ihrem Wesen ausgehende Gefahr.

C. Ergebnis und Abrundung

Wir haben somit manches vornehmlich Psychologische anführen können, das die verrohende Wirkung der Todesstrafe fast gewiß macht. Insbesondere erscheint es als durchaus möglich, daß sie ein Klima schafft, welches selbst das Vorkommen von zusätzlichen Morden begünstigt. Eine wichtige indirekte Stütze erhält diese Meinung[79] sicherlich durch die Statistik, nach deren Resultaten die Todesstrafe die Mordkriminalität jedenfalls nicht senkt[80]. Immerhin fehlt es auch an einem deutlichen Beweis dafür, daß sie sie erhöht, auch wenn das in psychologischer Sicht, besonders auch im Hinblick auf die Schwächen des Abschreckungsgedankens[81], wahrscheinlich sein mag. Möglicherweise wird also der Verrohungseffekt durch den Abschreckungseffekt einigermaßen neutralisiert, allerdings nur in seiner schlimmsten äußeren Folge, den Mordtaten; alle anderen unzähligen Formen der Roheit dringen gleichwohl in den Körper der Gesellschaft ein und können in vielen Bereichen zu unabsehbaren Schädigungen führen, die Gedankenwelt der einen vergiftend und das Leben der von ihnen Abhängigen verbitternd oder gar zerstörend. Vielleicht könnte die verrohende Wirkung durch eine Verbesserung der Hinrichtungsprozedur vermindert werden[82], doch würde auf alle Fälle ein unaustilgbarer Restbestand zurückbleiben; denn die Todesstrafe böte auch dann der ungesunden, die latenten aggressiven Triebe anziehenden und erregenden Vorstellung Nahrung, daß zuweilen unter dem Siegel des Rechts getötet wird und getötet werden darf, ja soll. Mit der Todesstrafe scheint deshalb untrennbar auch die verrohende Wirkung verbunden zu sein, ein Ergebnis, das zu Aufsehen mahnt.

---

[78] So versucht SCHEIWILLER, Todesstrafe, S. 59, das Argument der Verrohung zu entkräften.

[79] Geteilt wird sie etwa von MENG, S. 507, ALT, S. 23, CAMUS, I, S. 29, BAUMANN, S. 85—86 und für die heutigen Hinrichtungsarten wohl auch von GRAVEN, S. 103—104.

[80] Vgl. S. 79.

[81] Vgl. S. 82 ff.

[82] Dabei müßte angesichts des milderen, immer weniger drastisch vor Augen geführten Todes auch der allfällige Abschreckungseffekt an Kraft einbüßen.

II. Ihr Wert als Argument gegen die Todesstrafe

Die verrohende Wirkung belastet die Todesstrafe außerordentlich schwer; denn ihretwegen verstößt die Todesstrafe gegen den elementarsten Wert des Rechts, gegen seine Ordnungsfunktion[83]. Dadurch würde die Todesstrafe selbst dann unhaltbar, wenn sie in rein ethischer Sicht, also ohne Betrachtung der realen Folgen, als eine gerechte Strafe, ja sogar als die einzig gerechte Strafe erschiene[84]. Die durch die Todesstrafe bewirkte Verrohung würde nämlich die erstrebte Verwirklichung des Gerechten illusorisch machen, ja sie als gleisnerisch hinstellen, da sie in Wirklichkeit Folgen, die dem Sinn des Rechts zuwiderlaufen, und möglicherweise sogar schlimmste Untaten hervorrufen könnte, die dann ihrerseits wieder zu einer verrohenden Bestrafung nötigten. Kurz, hier würde ein für die Realitäten blindes ethisches Denken ad absurdum geführt.

Die verrohende Wirkung stempelt somit die Todesstrafe zu einer grundsätzlich unhaltbaren Einrichtung. Außer Zweifel steht dieses Urteil dort, wo die Todesstrafe das Vorkommen von Morden begünstigt. Kaum anfechtbar ist es aber auch, wenn die Verrohung sich nur in anderen ordnungswidrigen Erscheinungen äußert. Nur wenn die Todesstrafe die Mordkriminalität wirklich senken und wenigstens in dieser Beziehung einen ordnungsfördernden Faktor enthalten sollte, würde dieses Urteil fraglich; jedoch fehlt jedes Anzeichen für eine solche Wirkung der Todesstrafe.

Die Ablehnung der Todesstrafe wegen ihrer verrohenden Wirkung erscheint daher als unumgänglich. Lediglich weil wir vielleicht diese Wirkung nicht restlos zwingend haben nachweisen können — teils ist das Material infolge der häufig unwillkürlich defensiven Einstellung mancher Abolitionisten gegenüber dem Abschreckungsgedanken noch knapp, teils liegt das wohl auch in der Natur der Sache —, zögern wir, die Berufung darauf zu den schlechthin durchschlagenden Gesichtspunkten gegen die Todesstrafe zu zählen. Aber trotz dieser Einschränkung bleibt die verrohende Wirkung mindestens wahrscheinlich; das neugewonnene Argument ist deshalb auch ohne die letzte Eindeutigkeit sehr gewichtig und stellt die Todesstrafe sehr ernstlich in Frage[85].

Die aus der Brutalität der Todesstrafe hervorgehenden Einwände sind also recht wesentlich und ließen sich vielleicht sogar noch verstärken. Ihre Bedeutsamkeit ist aber auch so beträchtlich und wird von den bisher bekannten Einwänden lediglich von den beiden des Justizmordes und der mangelnden staatlichen Berechtigung zur Verhängung der Todesstrafe übertroffen.

---

[83] Vgl. § 4, I.

[84] Baumann, S. 86.

[85] Nachdrücklich betont das vor allem auch Baumann, S. 84—87.

10. KAPITEL

Die Unmenschlichkeit der Todesstrafe

Als letzter Einwand gegen die Todesstrafe erhebt sich gewichtig jener der Unmenschlichkeit, denn wohl kein Vorwurf richtet vernichtender als dieser.

Das Ideal der Menschlichkeit dürfte grundsätzlich unangefochten sein. Dagegen lassen sich die Auffassungen von seinem Inhalt nicht leicht auf einen gemeinsamen Nenner bringen. Wir wollen uns nun nicht in langwierige und vielleicht erst noch zu keinem klaren Resultat führende Diskussionen darüber einlassen, wie der Begriff Menschlichkeit umfassend, abstrakt und präzis definiert werden könnte. Damit würden wir uns nicht nur weit von unserem eigentlichen Thema — der Todesstrafe — entfernen, sondern auch unnötige Arbeit leisten. Für unsere Zwecke reicht nämlich die noch ziemlich unbestimmte Umschreibung aus, daß menschlich nur sein kann, was dem Menschen entspricht, also was seiner Natur, seiner Existenzsituation, seinen Fähigkeiten und seinen Einsichten angemessen ist. Auch wenn wir lediglich von dieser Charakterisierung ausgehen, werden wir mit der wünschenswerten Eindeutigkeit einige spezifisch bedenkliche Aspekte der Todesstrafe aufzeigen können, die durchaus ein abschließendes Urteil über deren Wert erlauben. Bevor wir uns aber mit ihnen befassen, wenden wir uns der Vorfrage zu, ob der Verzicht auf die Todesstrafe seinerseits menschlich wäre.

§ 32. Die Menschlichkeit des Verzichts auf die Todesstrafe

Manchmal wird zur Entlastung der Todesstrafe vorgebracht, daß auch der Verzicht auf sie mit Unmenschlichkeiten verbunden sei. Da aber die Unmenschlichkeit der Todesstrafe dadurch nicht im geringsten gemildert wird, ist dieser Rettungsversuch von vornherein recht zweifelhafter Art; immerhin ist es prüfenswert, ob wir wirklich in einem Dilemma zwischen verschiedenen Unmenschlichkeiten stehen.

I. Die Menschlichkeit der langjährigen Freiheitsstrafe

Nicht ganz selten wird die Auffassung vertreten, daß die lange Freiheitsstrafe, besonders die lebenslängliche, im Grunde genommen grausamer und unmenschlicher sei als die Todesstrafe, da sie die Verurteilten völlig verkümmern und verstumpfen lasse[1]. Nach der Erklärung eines hervorragenden englischen Gefängnisfachmanns gegenüber dem Select Committee on Capital Punishment (1929—1930) ist diese Gefahr bereits bei jeder Freiheitsstrafe akut, die länger als zehn

[1] Siehe bei Gowers, S. 45 und S. 129, sowie Dreher, S. 563, und Dombois, Mensch und Strafe, S. 114.

Jahre dauert[2]! Dieses Urteil hat für bestimmte Verhältnisse vielleicht einmal eine gewisse Berechtigung aufgewiesen, für die heutigen aber ist es wohl überholt und trifft jedenfalls nicht allgemein zu. Wo — wie beispielsweise in England[3] — für eine einigermaßen sinnvolle Arbeit, für eine Freizeit, die großzügig unterhaltende und belehrende Möglichkeiten (Radio, Sport, Bücher, Zeitschriften) bietet, und für zahlreiche Kontaktgelegenheiten (brieflich und persönlich) mit der Außenwelt gesorgt ist, da sind derart üble Folgeerscheinungen von der Freiheitsstrafe kaum so rasch zu erwarten, sondern ihre Wirkung wird eher auf eine gewisse Einförmigkeit und Beschränktheit des Gefangenen im Denken und Verhalten begrenzt sein[4] — auf einen Tatbestand also, der bei gewissen Personen durchaus auch im Leben in der Freiheit beobachtet werden kann. Ernster wird die Gefahr bei einer sehr langen Freiheitsstrafe; die Auffassung[5], daß nach etwa 20—25 Jahren der Verurteilte nicht mehr fähig sei, sich als freier Mensch in der Gesellschaft zurechtzufinden, leuchtet ein, und möglicherweise kann man dann sogar von einer gewissen „Verblödung" sprechen. Auf eine genaue Abklärung dieses Einwurfs können wir jedoch verzichten. Zu seiner Entkräftung wäre nämlich neben der Suche nach Verbesserungen im Vollzug in erster Linie die Aufhebung der echten lebenslänglichen oder eine Verkürzung der maximalen Freiheitsstrafe in Betracht zu ziehen[6]. Aber selbst wenn dieser Weg aus praktischen[7] oder aus wertmäßigen[8] Gründen nicht beschritten werden

[2] Siehe Gowers, S. 45.

[3] Siehe Koestler, d, S. 105—106, Gowers, S. 129.

[4] Zu dieser Ansicht gelangte die Royal Commission, siehe Gowers, S. 131; die Gefängnisärzte wußten sogar von Fällen, wo die Entwicklung überraschend positiv verlief (siehe ebenfalls a. a. O.).

[5] Geäußert von Dreher, S. 563.

[6] Recht kurz ist in der Regel die Dauer der Freiheitsstrafe für Mörder in England, beträgt sie doch nur selten mehr als zehn Jahre und häufig sogar weniger (siehe Gowers, S. 126 und Koestler, d, S. 103/4); dabei ist allerdings zu berücksichtigen, daß von der Todesstrafe wohl zahlreiche der gefährlichsten Mörder (außer den geisteskranken, die denn auch länger, nicht selten lebenslänglich, verwahrt werden) schon beseitigt worden sind.

[7] Sie wären in der Regel kaum gewichtig, vgl. Gowers, S. 127/8, S. 128/9, S. 132; für vereinzelte Fälle müßte man allerdings wohl Ausnahmen treffen, doch ließen sie sich unter dem Gesichtspunkt der Notwendigkeit, in dem auch die Menschlichkeit notgedrungen ihre Schranke findet, verantworten.

[8] Dreher, S. 562, geht davon aus, daß Mord mit einer absoluten Strafe geahndet werden müsse und eine zeitliche nicht genüge. Dieses Werturteil ist indessen keineswegs zwingend, sondern es ist nur ein Auftreten des fragwürdigen Talionsgedankens in einem weniger anstößigen Gewand; außerdem müßte es vor dem Einwand der Unmenschlichkeit zurücktreten, denn eine menschenfeindliche Gerechtigkeit kann für Menschen nicht verbindlich sein.

könnte, wäre der Hinweis auf die Gefahr der Verformung unerheblich und vermöchte die Unmenschlichkeit der Todesstrafe niemals aufzuwiegen. Zwar ist es menschlich unzweifelhaft wenig erstrebenswert, einen Menschen langsam der Apathie und der Unfähigkeit zur Selbstlenkung zuzuführen und ihn möglicherweise gar der Verdummung preiszugeben; aber deswegen seine menschliche Existenz im Namen der Menschlichkeit von vornherein gerade ganz auszulöschen, ist widersinnig und verwerflich. Erstens verdient bei der Bestimmung, welche Strafe menschlich oder doch menschlicher als die Alternative sei, sicherlich auch die Meinung der von der Strafe selber Betroffenen Gehör; diese ziehen nun in der großen Mehrzahl die Freiheitsstrafe der Todesstrafe ganz entschieden vor[9], und zwar nicht nur im Angesicht der unmittelbaren Todesdrohung, sondern auch im Rückblick, nachdem sie die trotz allen Erleichterungen immer noch harte Realität[10] der Freiheitsstrafe kennengelernt haben; somit entfällt mindestens der speziellere Vorwurf der Grausamkeit der Freiheitsstrafe im Vergleich zur Todesstrafe. Zweitens darf man wegen des vielleicht unbefriedigenden Endresultates der sehr langen Freiheitsstrafe doch nicht einfach den davorliegenden Zeitraum vom Strafbeginn an für nichts erachten. In ihm kann nämlich noch unendlich viel menschlich Bedeutsames geschehen; der Gefangene kann beispielsweise die Verantwortung für den Mitmenschen einsehen und innerlich bejahen lernen, er kann früher begangenes Unrecht materiell oder psychisch auszugleichen versuchen und insbesondere die Mordtat zutiefst bereuen und sie in vielen langen, einsamen Nächten bitter sühnen; es kann dabei etwas gewonnen und geschaffen werden, das auch durch den allfälligen späteren Abstieg seinen Wert für die Menschenwelt nicht verliert[11]. Es ist dabei ziemlich nebensächlich, ob eine solche positive Entwicklung sehr wahrscheinlich ist oder nicht; solange sie nur als möglich erscheint, ist es absurd, im Namen der Humanität die menschlichen Entwicklungsmöglichkeiten brutal mit der Todesstrafe abzu-

---

[9] Siehe Koestler, d, S. 103, Gowers, S. 130.

[10] Eindringlich schildert sie Koestler, d, S. 107—110, wobei er besonders die Bedeutung der geistig-psychischen Entbehrungen unterstreicht — im Hinblick auf den durchschnittlichen Gefangenen vielleicht fast zu sehr.

[11] Wer sich lieber an Greifbares hält, sei auf die Möglichkeit verwiesen, daß ein Gefangener der Heilkunde zu großen Fortschritten verhilft, indem er sich für vielleicht gefährliche, aber aufschlußreiche Experimente zur Verfügung stellt; oder daß ein Gefangener wissenschaftliche Kenntnisse erwirbt, die anderen Menschen das Leben erleichtern oder verschönern. Selbst letzteres ist nicht eine leere Phantasterei, wie das Beispiel des im Jahr 1963 verstorbenen „Lebenslänglichen" Robert Stroud zeigt, der sich im Gefängnis zu einem namhaften Kenner der Vogelwelt und der Vogelkrankheiten entwickelte (bekanntgeworden ist dieses außergewöhnliche Gefangenenschicksal durch den menschlich schönen Film „Birdman of Alcatraz" mit Burt Lancaster in der packenden Titelrolle).

schneiden. Drittens ruft die Annahme, daß es Leben gibt, das keinen Sinn mehr in sich trägt, und daß folglich die Todesstrafe der Freiheitsstrafe aus Menschlichkeit zuweilen vorzuziehen sei, äußerst bedenklichen Konsequenzen[12]. Mit der exakt gleichen Begründung, nur daß die tatsächlichen Umstände, die das menschliche Leben schon zwanzig Jahre vorher lebensunwert machen sollen, viel offener und eindeutiger zutage liegen, könnte man nämlich auch sämtliche unheilbaren Geisteskranken aus Menschlichkeit töten[13], ebenso wohl auch die lediglich Senilen und vielleicht, da sie sich überflüssig vorkommen, auch noch gerade alle Arbeitsunfähigen überhaupt. Hieran wird offensichtlich, daß wir beim Argument der Unmenschlichkeit der Freiheitsstrafe vor einer überheblichen und anmaßenden Auffassung der Menschlichkeit stehen, die niemals als wegweisend anerkannt werden darf. Die Berufung auf die Unmenschlichkeit der Freiheitsstrafe ist somit jedenfalls gegenüber der Todesstrafe gänzlich verfehlt.

II. Die lebensbeschützende Wirkung des Verzichts auf die Todesstrafe

Zuweilen wird den Gegnern der Todesstrafe auch vorgeworfen, daß sie in ihrem Humanitätstaumel zwar gegenüber den Mördern menschlich, gegenüber den Mordopfern aber unmenschlich seien[14]; sie vernachlässigten in ihrem Bemühen, Mordgesellen das Leben zu retten, die elementarste Aufgabe des Staates, den Schutz des Lebens der friedlichen Bürger[15]. Obschon nun diese Anschuldigung den Begriff der Menschlichkeit, wie im folgenden Paragraphen deutlich werden wird, wesentlich zu eng faßt — nämlich als bloßes Mitleid mit dem Mörder und als Verteidigung seines Lebensrechtes, welche Haltung dann mit der angeblichen Herzlosigkeit gegenüber dem Opfer und mit der Mißachtung seines Lebensrechtes[16] konfrontiert wird —, und

---

[12] Entgangen sind sie erstaunlicherweise auch dem sonst sehr wachsamen DREHER.

[13] Diese Überlegung ist unabhängig davon richtig, ob der als menschenunwürdig angesehene Zustand von Menschen herbeigeführt wurde oder nicht.

[14] So BAUMBACH, Deutsche Juristenzeitung, 1928, S. 38, dem sich DEHNOW, S. 63, mit Nachdruck anschließt.

[15] Die erstrangige Bedeutung dieser Aufgabe betonen vor allem DEHNOW, S. 58/9 und SÜSTERHENN, S. 18, die in der Wahl der Mittel für ihre Lösung beide wenig wählerisch sind (vgl. S. 75 — bei Anmerkung 24 — und S. 73); vollends ohne irgendwelche Rücksichten ist der Ausbruch des Schutzbedürfnisses bei BAUMBACH, a. a. O.

[16] Sinnvoll sind diese beiden Vorwürfe natürlich nur unter der rückblickenden Annahme, daß bei Bestehen der Todesstrafe der mörderische Angriff vielleicht unterblieben wäre. Andernfalls drücken sie lediglich ein heuchlerisch verbrämtes Racheverlangen aus, vgl. auch KOESTLER, d, S. 114.

obschon sie folglich den Einwand der Unmenschlichkeit der Todesstrafe höchstens teilweise zu entkräften vermöchte, wollen wir sie auf ihre tatsächliche Berechtigung hin untersuchen. Denn wir teilen die Ansicht, daß Menschlichkeit von Zweckmäßigkeit nicht gänzlich losgelöst werden kann[17], und die schlimmste denkbare Folge des Verzichts auf die Todesstrafe wäre gerade in menschlicher Hinsicht zweifellos, daß mehr Menschen als vorher ihr Leben durch Mörderhand verlören. Wir würden dann jedenfalls in einen unangenehmen Konflikt geraten und könnten uns nicht mehr für Menschlichkeit schlechthin, sondern lediglich noch für das verhältnismäßig Menschlichere entscheiden.

In Wirklichkeit befinden wir uns nun aber nicht in einer derart unerfreulichen Lage. Im Gegenteil ist die Vermutung erlaubt, daß die grundsätzliche Respektierung des menschlichen Lebens selbst am Mörder auch für die Allgemeinheit einen vorzüglichen Schutz des Lebens zeitigt. Eine solche staatliche Haltung setzt nämlich ein wertvolles Vorbild, da sie in einer eindrücklichen und widerspruchsfreien Weise die Unantastbarkeit des menschlichen Lebens unterstreicht; dadurch ersteht ein starkes Bollwerk gegen jede staatliche Vernichtung von Leben, das als unnütz angesehen wird. Die bedingungslose Achtung des menschlichen Lebens verfehlt aber auch auf den einzelnen ihren Eindruck nicht, sie ist geeignet, auch in ihm bewußt oder unbewußt die Vorstellung von der Unantastbarkeit des menschlichen Lebens aufkeimen zu lassen, und das Zurückschrecken vor jedem Töten stärkt die lockeren Hemmungen gegen die wilden aggressiven Triebe des Menschen, da es diesen die Nahrung versagt und sie unnachgiebig in Schranken hält. Diese Erwägungen[18], denen die Überzeugung zugrunde liegt, daß man dem Menschen nicht beibringen sollte, den Tod zu fürchten, sondern das Leben zu heiligen[19], machen es mindestens einleuchtend, daß der Verzicht auf die Todesstrafe auch das Leben der potentiellen Mordopfer am wirksamsten schützt. Jedenfalls ist der ganze Gedankengang innerlich folgerichtig, während die Überlegung, daß gerade durch das Töten des Mörders der Wert des Lebens am nachdrücklichsten vor Augen geführt werde[20], doch widersprüchlich anmutet; denn das Töten um der Ehrfurcht vor dem Leben willen durchbricht ja eben denselben Grundsatz und öffnet damit auch weitergehenden Zweifeln an seiner Geltung Tür und Tor. Bestärkt wird man in der Auffassung von der lebensbeschützenden Wirkung des

---

[17] So v. Hentig, die Strafe II, S. 117/8.

[18] Vorgetragen wurden sie vor allem von v. Hentig, a. a. O., S. 103/4, Grassberger, S. 430, und Foerster, S. 128.

[19] Vgl. eine entsprechende Äußerung Lamartines bei Graven, S. 28.

[20] So Süsterhenn, S. 30, und wohl auch die Royal Commission, vgl. S. 79 unserer Arbeit.

Wegfallens der Todesstrafe auch durch unsere bisherigen Untersuchungsresultate, die jedenfalls keine gegenteilige Folge haben erkennen lassen[21]; der Einwand, die ganze Argumentation beruhe auf einem unrealistischen Menschenbild[22], entbehrt daher selber einer überzeugenden sachlichen Grundlage. Auch in Hinsicht auf die praktischen Folgen für die Gesellschaft erweist sich somit der Verzicht auf die Todesstrafe keineswegs als unmenschlich.

§ 33. Die Mißachtung der Menschlichkeit durch die Todesstrafe

Wir kommen nun zum Kernpunkt, zum Verhältnis der Todesstrafe zur Menschlichkeit. Wie schon in der Einleitung zu diesem Kapitel angedeutet wurde, erstreben wir dabei nicht unbedingt eine lückenlose Überschau, die sämtliche Ungereimtheiten hervorzieht und beleuchtet, sondern uns genügt es, die stoßendsten Widersprüche oder wenigstens einige davon aufzudecken.

I. Die einzelnen Verstöße der Todesstrafe gegen die Menschlichkeit

Die Todesstrafe mißachtet das Gebot der Menschlichkeit vor allem in dreifacher Beziehung aufs gröbste.

A. Die Verletzung des Grundsatzes der Unantastbarkeit des menschlichen Lebens

Die elementarste Unmenschlichkeit der Todesstrafe liegt darin, daß sie eigenmächtig menschliches Leben vernichtet. Dadurch hebt sie die Menschlichkeit schon in ihrer Grundlage auf; denn die Auslöschung von Menschenleben läßt sich keinesfalls mit einer Wertvorstellung vereinbaren, die sich am Menschen ausrichtet und ihn damit ins Zentrum aller Bestrebungen rückt. Die Tötung von Menschen erscheint daher unter dem Gesichtspunkt der Menschlichkeit stets als widerspruchsvoll. Widersinnig ist sie außerdem, weil sie mit dem menschlichen Leben zugleich die reale Voraussetzung alles menschlich relevanten Geschehens — alles Fühlens, Denkens und Handelns — zerstört.

An diese Einsicht schließt sich folgerichtig der Grundsatz der Unantastbarkeit des menschlichen Lebens an. Unangefochten dürfte er in seinem Kern — der Ehrfurcht vor dem Menschenleben — sein; umstritten sind dagegen seine Grenzen:

1. Die Unwichtigkeit der Schranke der Notwendigkeit

Daß überhaupt Grenzen gezogen werden dürfen, muß wohl anerkannt werden, wie am besten das Beispiel der individuellen Not-

---

[21] Vgl. vor allem § 15, aber auch § 19 und § 31.

[22] Ein solches wirft SCHEIWILLER, Todesstrafe, S. 61, FOERSTER vor.

wehrlage zeigt[23], wo die Unverletzlichkeit des Menschenlebens eben bei beiden Varianten Schaden leidet. Jedoch handelt es sich hier lediglich um die uns altbekannte Schranke der Notwendigkeit, die es uns verunmöglicht, stets allen Übeln auszuweichen, und die uns manchmal sogar zwingt, das kleinere Übel von zweien aktiv herbeizuführen. Die Tötung des Mörders erscheint aber weder als praktisch notwendig noch auch nur unbedingt als das kleinere Übel. Wie wir insbesondere im letzten Paragraphen einmal mehr festgestellt haben, bewirkt nämlich die Schonung des Lebens des Mörders nicht, daß dafür einfach manche unschuldigen Menschen dem Tod ausgeliefert werden; fast eher ist das Gegenteil anzunehmen. Aber selbst wenn wir uns darin irren sollten, wäre der Vorwurf des falschen, im Grunde genommen unmenschlichen Abwägens von recht zweifelhaftem Wert. Man darf nämlich dem Tod eines Opfers zum Vergleich nicht bloß den Tod des Mörders gegenüberstellen, welcher dann im Entscheidungsfall zweifellos als der annehmbarere von beiden erschiene, sondern man muß auch berücksichtigen, daß diese Alternative eine aktive Tötungshandlung von unserer Seite bedingt, also eine elementare Unmenschlichkeit, sei sie auch der Not entsprungen. Ob man aber selber unmenschlich sein darf, um der Unmenschlichkeit eines andern vorzubeugen, und ob man überhaupt um der Menschlichkeit willen unmenschliche Akte begehen darf, ist sicherlich zutiefst fraglich; sehr achtenswert ist jedenfalls die Auffassung, das Töten stelle einen solchen Verstoß gegen das Grundgebot der Menschlichkeit dar, daß man es sich keinesfalls selber zuschulden kommen lassen sollte. Jede Sorge um das menschliche Leben, die Tötungsmaßnahmen ins Auge faßt, hinterläßt daher einen zwielichtigen Eindruck, um so mehr, als sie in der Bekämpfung des Verkehrsunfalles[24] — der größten von menschlichem Verhalten abhängigen Bedrohung unseres Lebens im heutigen Alltag — ein dankbareres und unproblematischeres Tätigkeitsgebiet fände. Die Respektierung auch des Lebens des Mörders erscheint also unter dem Gesichtspunkt der Notwendigkeit durchaus als haltbar.

2. Die Fragwürdigkeit der ethischen Grenzen

Entscheidend ist deshalb nunmehr die Abklärung der Frage, ob man beim Mörder aus ethischen Gründen vom Gebot der Unantastbarkeit des Menschenlebens abweichen dürfe.

Wenn nun irgendwo eine derartige Ausnahme zulässig ist, dann sicherlich beim Mörder, der ja selber die Menschlichkeit mit Füßen getreten hat. Indessen berührt das daraus hervorgehende Argument,

---

[23] Angeführt wird es etwa von Scheiwiller, a. a. O., S. 47.

[24] Auf seine Bedeutung im Vergleich zum Mord weisen speziell hin Grassberger, S. 429, Mannheim, S. 56/7 und Reiwald, S. 162.

der Mörder habe durch seine Tat sein Lebensrecht selber verwirkt, gar nicht den Zentralpunkt. So wie wir den Grundsatz der Unantastbarkeit hergeleitet haben, ist nämlich entscheidend nicht die subjektive, sondern die objektive Seite. Wir haben als unmenschlich gebrandmarkt nicht, daß ein Mensch den Tod leiden muß, sondern daß wir einem Menschen den Tod geben. Darum ist es letzten Endes ziemlich belanglos, ob man ein *unbedingtes* subjektives Lebensrecht jedes einzelnen bejaht oder nicht. Darum ist auch das Bonmot sehr gedankenlos, daß die Herren Mörder beginnen sollten, mit dem Töten aufzuhören; gerade der Staat, der als werterhaltende und wertförderne Instanz begriffen wird, gerade wir als Menschen müssen doch mit dem Beispiel der Menschlichkeit vorangehen[25]. Jedenfalls wäre die Annahme absurd, die Unmenschlichkeit des Mörders erlaube eine Unmenschlichkeit von unserer Seite und werde durch sie gar noch ausgeglichen.

Die Tötung des Mörders ließe sich also nur verantworten, wenn unsere Pflicht zur Menschlichkeit ihm gegenüber erloschen wäre. Voraussetzung dafür würde aber mindestens sein, daß man den Mörder schlechterdings nicht mehr als Menschen betrachten könnte. Auch auf diesem Weg ist schon versucht worden, die Tötung des Mörders zu legitimieren[26]; indessen ist dieser Weg gleichfalls höchst unsicher. So ist es in allgemeiner Hinsicht sehr bedenklich, einem Wesen, das immerhin menschliche Gestalt trägt, die Menschenqualität abzusprechen. Damit verleugnet man den naturgegebenen Begriff des Menschen und wirft sich zum Herrn über die Frage auf, wer eigentlich als Mensch zu gelten habe. Das ist sowohl vermessen wie auch gefährlich, denn indem wir den Boden der eindeutigen Unterscheidungsmerkmale verlassen, geben wir den Hort der Menschlichkeit der unbewußten oder der bewußten Willkür preis. Die Erklärung des Mörders zum Nichtmenschen ist aber auch in spezieller Hinsicht unhaltbar. Sie verneint die grundsätzliche Entwicklungs- und Läuterungsfähigkeit des Menschen, weshalb die auf ihr beruhende Todesstrafe dem Vorwurf ausgesetzt ist, daß „sie den Menschen zu einem rein leiblichen Wesen erniedrigt"[27]; vielleicht ist aber diese Einstellung eher unedel als ausnahmslos unrealistisch[28]. Unzweifelhaft wirklichkeitsfremd ist da-

---

[25] Gegen dieses Bonmot hat sich mit ähnlicher Begründung auch CARLO SCHMID im parlamentarischen Rat gewendet, siehe DÜSING, S. 281.

[26] Siehe besonders KÜHLE, S. 93 und S. 102, der sich auf keinen geringeren als THOMAS V. AQUIN stützen kann, nach welchem der Mensch unter Umständen zum Tier herabsinkt (vgl. auch 2. Kap., Anm. 18). Vehement beziehen auch RUESCH, Todesstrafe, S. 26 und 29, und DEHNOW, S. 69, dagegen Stellung, den Mörder noch als unseresgleichen anzusehen und ihn dementsprechend zu behandeln.

[27] So RADBRUCH, Vorschule, S. 96.

[28] Vgl., auch zum Übrigen, S. 88/89 unserer Arbeit.

gegen das Ziehen einer scharfen Trennungslinie zwischen den Mördern und den übrigen Menschen. Daß eine solche nicht besteht, lehrt schon die ehrliche Selbsteinsicht[29]. Diese läßt uns nämlich erkennen, daß die Mörder von Regungen angetrieben werden, die anlagemäßig auch in uns selber enthalten sind[30] — und dann taucht auch die beunruhigende Frage auf, ob es wirklich unser eigenes Verdienst ist, wenn diese Regungen in uns nicht dieselbe extreme Entwicklung eingeschlagen und die Hemmungen derart überwuchert haben[31]. Wie dem aber auch sei, der Mörder fällt jedenfalls nicht aus dem vorgefügten Rahmen des Menschen. Wer aber nicht fähig oder nicht willens ist, eine gewisse Verwandtschaft mit dem Mörder zu sehen und innerlich anzuerkennen, sei auf unseren psychologischen Exkurs über die Bestrafung verwiesen, der anhand zahlreicher Tatsachenbeobachtungen diese Verwandtschaft in der Triebgrundlage überzeugend und deutlich offenbart hat[32]. Von der Menschennatur her ist es also unsinnig, den Mörder als schlechthin anders, als Nichtmenschen zu bezeichnen. Ohne diese klare Trennungsmöglichkeit ist es aber eine Ungeheuerlichkeit ohnegleichen, ihm gegenüber das Gebot der Menschlichkeit außer Kraft zu setzen.

So verbleibt nur noch der Einwand, der Grundsatz der Unantastbarkeit des Menschenlebens sei ganz allgemein nur von beschränkter Gültigkeit, da er den Wert des bloßen biologischen Daseins überschätze und folglich in höheren Werten eine Schranke finde. Wir halten jedoch auch diese Auffassung für unzureichend. Der Vorwurf der Überbewertung des bloßen Lebens[33] trifft nämlich nicht ins Zentrum, haben wir doch das menschliche Leben als solches keineswegs zum höchsten Wert erhoben, sondern es lediglich als den elementarsten erkannt. Daraus ergibt sich aber die Folgerung, daß seine Vernichtung auch die Verwirklichung der allfälligen höheren Werte verunmöglicht, also auch gegen diese verstößt und somit auf jeden Fall wertwidrig ist. Die Berufung auf die begrenzende Wirkung höherer Werte[34] verkennt daher entweder diese tatsächliche Abhängigkeit, oder dann beharrt sie auf einer abstrakten Wertvorstellung, die dem Menschen keine eigenständige Bedeutung zuerkennt und daher als

[29] Oder, wie es KOESTLER, d, S. 113, ausdrückt, die Verbindung von Demut und Phantasie.

[30] Ausdrücklich anerkennen das KOESTLER, d, S. 113 und FOERSTER, S. 48.

[31] Auf eine schöne Weise warnt JESCHECK, S. 40, vor jeder Selbstüberhebung.

[32] Siehe § 27.

[33] Besonders bestimmt wird er von KÜHLE, S. 2 und S. 5, ausgesprochen; vgl. auch BETSCHART, S. 129.

[34] Siehe besonders SCHEIWILLER, Todesstrafe, S. 58, nach welchem das menschliche Leben der sittlichen Ordnung unbedingt untergeordnet ist.

menschenfeindlich zurückgewiesen werden muß[35]. Natürlich völlig paradox ist schließlich die Ansicht[36], gerade die Heiligkeit des Lebens fordere die Vernichtung desjenigen, der sie mißachtet habe; denn das ist eine seltsame Heiligung, die sich am heiligen Gut selber vergreift.

Der Gedanke der Unantastbarkeit des Menschenlebens vermochte somit nicht erschüttert zu werden. Es geschieht deshalb mit durchaus gutem Grund, wenn sich Gegner der Todesstrafe zu diesem Grundsatz bekennen und sich auf ihn berufen[37].

B. Das Überschreiten des menschlich ermeßbaren Bereiches

Die im Grunde genommen eindeutigste Unmenschlichkeit der Todesstrafe liegt darin, daß sie den Bereich des menschlich Ermeßbaren überschreitet. Wir kennen nämlich die tiefste und die letzte Bedeutung des Todes nicht. Wir wissen lediglich, daß der Tod das Leben des Menschen auf dieser Erde abschließt, aber wir wissen nicht mit Sicherheit, ob er darüber hinaus metaphysische Konsequenzen für den Getöteten nach sich zieht und welche sie sind. Die Todesstrafe fügt also dem ihr Unterworfenen möglicherweise einen enormen Schaden zu, zum Beispiel indem sie ihn an der Erfüllung seiner Lebensaufgabe verhindert; die Todesstrafe ist ein Stoß ins Ungewisse und, da wir ihre endgültige Bedeutung gar nicht zu beurteilen imstande sind, eine Ungeheuerlichkeit[38]. Die Todesstrafe überschreitet also das menschliche Einsichtsvermögen und damit das menschliche Maß[39], sie ist darum schlechterdings unmenschlich und kann von Menschen grundsätzlich nicht verantwortet werden. Nur wenn wir in eine Zwangslage gerieten, könnte das Töten entschuldigt werden; bei der Todesstrafe liegt jedoch keine solche vor[40].

Es ist beachtlich, wie die Unmenschlichkeit der Todesstrafe hier ohne jeden gefühlsmäßigen Beiklang logisch entwickelt werden konnte; die einzige Voraussetzung war, daß die volle Bedeutung des

---

[35] Vgl. den Schluß von Anm. 8.

[36] Vorgebracht von REICHENSPERGER, siehe DÜSING, S. 63.

[37] Getan hat das speziell BARTH, siehe RENDTORFF, S. 66; aber auch die Deutsche Strafrechtskommission hat auf diesen Grundsatz abgestellt, siehe JESCHECK, S. 9.

[38] Dieser wichtige Gedankengang stammt vom bedeutenden Naturwissenschafter und Denker Hans DRIESCH (Die sittliche Tat, Leipzig 1927, S. 76).

[39] Mit einer etwas anderen Begründung — nämlich daß der Staat nicht Herr über Leben und Tod sei und mit dem Leben mehr nehme, als er geben könne — weist auch ARNDT, S. 42, auf die Maßlosigkeit der Todesstrafe hin.

[40] Vgl. zu diesem Urteil, das schon DRIESCH, a. a. O., S. 78, mit Entschiedenheit ausgesprochen hat, insbesondere § 4, II.

Todes sich einer sicheren menschlichen Erkenntnis entzieht — und das läßt sich kaum bestreiten!

C. Die Durchbrechung der menschlichen Solidarität vor dem Tode

Die tiefste Unmenschlichkeit der Todesstrafe besteht aber wohl darin, daß sie die gemeinsame menschliche Front vor dem Tode durchbricht und damit die menschliche Solidarität im grundlegendsten verleugnet; denn der Tod erscheint unabhängig von seiner letztgültigen metaphysischen Bedeutung als der Urfeind des Menschen.

Subjektiv wird der Tod meistens als eine große Bedrohung empfunden. Instinktiv fürchten wir uns wohl alle vor dem Sterben, das ins Ungewisse führt, und jedenfalls sind wir von der Vorstellung tief beunruhigt, daß unser Dasein in der Welt eines Tages beendet und wahrscheinlich auch bald vergessen sein wird. Wir alle stehen somit vor dem Problem des Sterbenmüssens. Die einen verdrängen es, die anderen suchen sich eine Lösung zurechtzulegen, aber auch bei diesen ist es nicht gewiß, daß sie dann im Augenblick des Todes wirklich gelassen sterben werden. Wir alle können kaum völlig sicher sein, daß wir vor dem Tod nicht ebenfalls von der urtümlichen, kreatürlichen Todesangst gepackt werden und sie als grausame Qual durchleiden. Daher mutet es als eine elementare Verletzung der menschlichen Solidarität an, einen Menschen der Todesangst auszuliefern. Bei der Todesstrafe geschieht das aber erst noch in einer erheblich gesteigerten Form[41], die wohl viele von uns für ihre eigene Person als nahezu unerträglich empfinden würden. Wir brauchen uns also des Mitgefühls für den zum Tod verurteilten Mörder keineswegs zu schämen[42], denn er erleidet ein Los, von dem wir wohl alle hoffen, daß es uns auch nur in einer ähnlichen Weise erspart bleibe — und das in der Regel selbst dem Mordopfer erspart geblieben ist[43]! Wir handeln also weder gerecht noch menschlich, wenn wir den Mörder den Sterbensängsten preisgeben.

Aber auch in einer mehr objektiven Sicht ist die Solidarität vor dem Tode geboten; denn der Tod ist seiner Natur nach ein Widersacher der menschlichen Ziele. Rücksichtslos zerreißt er innige menschliche Beziehungen, er macht unzählige Hoffnungen und Bestrebungen zunichte und bringt über viele Menschen unsagbares Leid. Alles menschliche Tun, alles menschliche Erleben steht unter der dauernden Bedrohung des Todes; mitten aus einem menschlich vielleicht wert-

---

[41] Vgl. § 12, II.

[42] Ausdrücklich in Schutz nimmt das Mitleid selbst mit dem Mörder auch KLEIN, S. 8.

[43] Vgl. ebenfalls § 12, II.

vollen Wirken, mitten aus einem schönen Erleben heraus können wir dem Dasein entrissen werden. Aber auch die Menschenliebe findet im Tod eine bittere Grenze; der Tod kann aus unserer Mitte Menschen entführen, die noch kaum vom Schönen des Lebens gekostet haben und sich daran von Herzen erfreuen konnten, und insbesondere auch Menschen, denen wir in irgendeiner Form ungerecht oder lieblos begegnet sind, was wir noch hätten gutmachen wollen oder sollen. So tritt der Tod dem Menschen gegenüber als Zerstörer von Geliebtem und Wertvollem, von schon Erreichtem wie von erst Erstrebtem. Deshalb ist es angezeigt, eine gemeinsame menschliche Front gegen den Tod aufzurichten und ihn abzuwehren, soweit es in unserer Macht steht; in vielen Fällen wird das ja auch als ganz selbstverständlich empfunden, was etwa darin zum Ausdruck kommt, daß die Menschen bei großen Unglücksfällen häufig mit letztem Einsatz für die Rettung vom Tode Bedrohter kämpfen, oder darin, daß die medizinischen Fortschritte in der Bekämpfung todbringender Krankheiten begeistert begrüßt und als Wohltat für die Menschheit, als menschliche Großtat gepriesen werden. Die menschliche Solidarität im Angesicht des Todes braucht sich aber keineswegs in dieser bloßen Abwehrhaltung zu erschöpfen, sondern sie vermag der Herausforderung des Todes auch positiv zu begegnen. Gerade durch den Tod, der alles Geschehene und alles Versäumte endgültig macht, wird nämlich jedes Menschenschicksal einzigartig und unwiederbringlich und gewinnt dadurch eine immense Bedeutung. Erst auf dem Hintergrund des Todes wird der ganze Ernst unserer Verantwortung für den Mitmenschen offenbar; stets sollten wir uns vor Augen halten, daß wir mit Todgeweihten zusammenleben und daß jede unserer Handlungen und Äußerungen unsere letzte einem Menschen gegenüber sein kann. So erblüht gerade aus dem Gedanken an den Tod und an dessen zerstörerische Wirkung die Menschenliebe, die aufbaut. Die Menschenliebe kann zwar nicht den Tod unwirksam machen, wohl aber das Leben lebenswerter, indem sie sich bemüht, allen Menschen wohlzutun und jedes Leben mit Inhalt und Freude zu erfüllen. Das ist die einzig menschlich sinnvolle Antwort auf die Unentrinnbarkeit des Todes, daß man das Leben bereichert und menschliche Werte tapfer immer wieder von neuem schafft. So könnten wir den Tod für uns fruchtbar machen, gerade weil wir in sein unverhülltes, menschenfeindliches Antlitz sehen, und so könnten wir ihn in den Grenzen des Menschen auch überwinden[44]. Diese tiefe menschliche Schicksalsverbundenheit vor dem Tod stellt aber jedes Töten von Menschen als unmenschlich hin, handle es sich bei diesen auch um Mörder. Gewiß hat der Mörder

[44] Wunderschön dargestellt hat diesen Gegensatz von Tod und Liebe Thomas Mann im „Zauberberg", in Hans Castorps Traum im Schnee, einer der überwältigendsten Stellen der Menschheitsliteratur.

die Mitmenschlichkeit im tiefsten gebrochen, aber das entbindet *uns* nicht vom Gebot, menschlich zu sein und der untrennbaren menschlichen Gemeinschaft gegenüber dem Tode zu leben.

II. Die Bedeutung dieser Unmenschlichkeit

Die Todesstrafe hat sich somit in mehrfacher Beziehung als zentraler Verstoß gegen die Menschlichkeit erwiesen. Vielleicht hat der nüchterne und sachliche Ton unserer Beweisführung auf manchen etwas enttäuschend gewirkt, vielleicht hätte man temperamentvollere und mitreißendere Worte über die Menschlichkeit erwartet. Aber uns konnte es nicht darum gehen, solche zu begeistern, die ohnehin von der Unmenschlichkeit der Todesstrafe bereits überzeugt sind, sondern wir mußten danach trachten, in den Anhängern der Todesstrafe Zweifel an deren Wert wachzurufen und sie von der Unmenschlichkeit der Todesstrafe zu überzeugen. Zu diesem Zweck eignet sich aber eine ruhige, völlig unpolemische Betrachtungsweise eher als eine leidenschaftliche und bekenntnishafte; deshalb waren wir bemüht, auch unsere Auffassung von der Unmenschlichkeit der Todesstrafe mit kühler Folgerichtigkeit zu entwickeln, und wir hoffen, daß es uns dabei gelungen ist, diese Auffassung in ein fast unzerreißbares Gewand zu kleiden.

Der Einwand der Unmenschlichkeit wiegt unzweifelhaft schwer. Die Frage ist nur noch, ob er durch die Schranke der Notwendigkeit wesentlich abgeschwächt wird. Das ist jedoch zu verneinen, da die Verstöße der Todesstrafe gegen die Menschlichkeit derart fundamental und gravierend sind, daß sie nur im Fall der äußersten Not begangen werden dürften, also nur, wenn die Existenz des Menschlichen überhaupt auf dem Spiele stünde[45], was aber kaum je der Fall ist[46]; aber selbst dann wäre die Anwendung der unmenschlichen Todesstrafe widerspruchsvoll, unbefriedigend, betrüblich, ja furchtbar.

Der Einwand der Unmenschlichkeit gehört somit zu den durchschlagendsten und zu den vernichtendsten gegen die Todesstrafe. Möglicherweise bietet er sogar Handhabe, die Todesstrafe aus dem Bereich des Erwägenswerten und Diskutablen schlechterdings auszuschließen, so wie es schon mit anderen Erscheinungen des Strafrechts geschehen

---

[45] Vgl. § 4, I, wo wir als unbedingt notwendig nicht den Schutz jedes einzelnen Rechtsgutes erkannt haben, sondern nur den Schutz der Existenz des Rechts an sich. In diesem Zusammenhang sei auch noch einmal darauf aufmerksam gemacht, daß die Gegenüberstellung des Lebens des Opfers mit jenem des Mörders den Inhalt der Menschlichkeit bei weitem nicht ausschöpft, da der Tötungshandlung als solcher ein unerhörter menschlicher Unwert innewohnt.

[46] Vgl. § 4, II, wobei hier die Gefahr noch geringer ist, weil das Menschliche eher weniger Ordnung voraussetzt als das Recht.

ist[47]. Wie dem aber auch sei, wir dürfen uns jedenfalls mit voller Überzeugung den Worten anschließen, daß „es weder im Herzen des Einzelmenschen noch in den Sitten der Gesellschaft einen dauerhaften Frieden geben wird, solange der Tod nicht aus den Gesetzen verbannt ist"[48].

Ergebnis des II. Teils und Schlußfolgerung

Als Ergebnis des II. Teils[49] dürfen wir festhalten, daß sich die Todesstrafe als äußerst fragwürdig erwiesen hat, haben wir doch mehrere sehr starke Argumente gegen sie ausfindig gemacht. Drei davon konnten wir als für sich allein ausschlaggebend bezeichnen, nämlich den Einwand der mangelnden staatlichen Berechtigung zur Verhängung der Todesstrafe, den Einwand des Justizmordes und den Einwand der Unmenschlichkeit. Zwei weitere erschienen ebenfalls als recht gewichtig, nämlich der Einwand des psychologischen Unwertes der Todesstrafe und der Einwand der Brutalität. Lediglich der Einwand der Unvollkommenheit der Todesstrafe als Strafe hätte selbständig nicht bestehen können. Die Ablehnung der Todesstrafe läßt sich also sogar mehrfach überzeugend begründen!

Da im I. Teil die Versuche zur Begründung der Todesstrafe im wesentlichen gescheitert sind, fällt somit das Fazit sehr eindeutig zugunsten der Gegner der Todesstrafe aus. *Die Todesstrafe ist als eine völlig unhaltbare Institution erschienen, auf deren Abschaffung man mit aller Entschiedenheit drängen darf.*

---

[47] Allgemein hat das HOLLIS, S. 259/60, festgehalten, wobei er namentlich die Folter, die Sippenhaftung und die Schärfung der Todesstrafe erwähnt. Im Speziellen gilt das für die Verstümmelungsstrafen (vgl. JESCHECK, S. 9); wenn aber diese als Vernichtung von bloßen Teilen unzulässig sind, dann ist nicht recht einzusehen, wieso die Todesstrafe als Vernichtung des Ganzen nicht ebenfalls völlig außer Betracht fällt (vgl. ARNDT, S. 40/1).

[48] CAMUS, II, S. 45.

[49] Der II. Teil ist so breit ausgefallen, daß unsere in der Einleitung abgegebene Versicherung, daß wir die Argumente der Befürworter besonders eingehend zu prüfen beabsichtigen, nun vielleicht sogar in einem etwas zweifelhaften Licht erscheint. Indessen ist zu berücksichtigen, daß der Mehrumfang des II. Teils hauptsächlich auf einen einzigen Paragraphen zurückzuführen ist, nämlich auf jenen über den Justizmord, der zwar die Sammlung und Verarbeitung von viel Tatsachenmaterial erforderte, dabei aber mit verhältnismäßig wenigen grundsätzlichen philosophischen und ethischen Problemen befrachtet war. Außerdem beansprucht es naturgemäß nicht so viel Raum, ein Gedankengebäude zu erschüttern, wie es zu begründen; für das erste genügt die Entdeckung einer einzigen Schwäche, für das zweite dagegen muß eine Verankerung und eine Abstützung nach allen Seiten erfolgen. So glauben wir trotz des nahezu doppelten Umfangs des II. Teils nicht, daß uns Einseitigkeit zur Last gelegt werden kann.

Der Verfasser möchte seine Zufriedenheit über dieses Ergebnis nicht verbergen, aber zugleich möchte er bekräftigen, daß er sich ehrlich bemüht hat, das Ergebnis auf einer objektiven Grundlage zu gewinnen. Er ist nicht ohne Hoffnung, daß seine Arbeit manchen Anhänger der Todesstrafe umstimmt oder doch in seiner Überzeugung wanken macht, und es würde ihn natürlich freuen, wenn seine Gedankengänge sich in der geistigen Auseinandersetzung bewährten und auf Anerkennung stoßen sollten. Die tiefste Genugtuung aber würde es ihm bereiten, wenn er mit seiner Arbeit auch einen praktischen Beitrag zur Bekämpfung der Todesstrafe, in der Unterstützung von Abschaffungsbestrebungen wie in der Erschwerung von Wiedereinführungsplänen, leisten könnte; denn im Lauf seiner Beschäftigung mit dem Problem hat der Verfasser die Todesstrafe immer tiefer verabscheuen gelernt, immer eindringlicher wurde sie ihm zu einem Symbol der Rückständigkeit, der Grausamkeit, der Unvernunft, der Rücksichtslosigkeit und der Unmenschlichkeit.

FSC
www.fsc.org
MIX
Papier | Fördert
gute Waldnutzung
FSC® C083411

Kolibri 360 GmbH
Ferdinand-Jühlke-Straße 7
99095 Erfurt, Deutschland
produktsicherheit@kolibri360.de